集人文社科之思 刊专业学术之声

集 刊 名：郭沫若研究

主　　编：卜宪群　蔡　震

副 主 编：张　勇

编　　委：卜宪群　冯　时　李　怡　李　斌　杨胜宽
　　　　　张　勇　张　越　周海波　赵现海　赵笑洁
　　　　　彭邦本　蔡　震　魏　建

编辑部主任：李红薇

编　　辑：陈　瑜　赵欣悦　徐　萌

2025年第1辑总第20辑

集刊序列号：PIJ-2017-192
集刊主页：www.jikan.com.cn/郭沫若研究
集刊投约稿平台：www.iedol.cn

郭沫若研究

2025 年第 1 辑
总第 20 辑

卜宪群　蔡　震◎主编
张　勇◎副主编

社会科学文献出版社
SOCIAL SCIENCES ACADEMIC PRESS (CHINA)

目 录

纪念《甲申三百年祭》出版八十周年

《甲申三百年祭》的出版及其他 …………………………… 蔡　震 / 003
牵强附会　鼠目寸光
　——论民国时期反对者对郭沫若《甲申三百年祭》的批驳
………………………………………………………………… 廖久明 / 014
郭沫若《甲申三百年祭》引用史料考 ……………………… 张舰戈 / 025

文学研究

郭沫若历史剧《屈原》戏曲改编的"全景图" …………… 何　俊 / 037
冤案模式与政治伦理悲剧
　——对郭沫若历史剧《屈原》的再考察 ………………… 宋　宁 / 049
"屈原阐释"的历史化与作为情感政治的《屈原》 ……… 汤　晶 / 067
郭沫若"人民本位"观流变考
　——以五幕历史剧《屈原》的创作为中心 ……………… 谭嫦嫦 / 079

史学研究

中国近现代普遍历史的观念兴起与叙事建构
　——从晚清经学到郭沫若的史学革命 …………………… 刘禹彤 / 103

郭沫若对古代社会形态演变"推移期"的评判
——以其诸子研究为观察视角 ………………………… 杨胜宽 / 118
《中国古代社会研究》与马克思主义史学的开创 ………… 董家宁 / 139
郭沫若社会史易学研究评述 ………………………………… 朱彦民 / 154
出土文献视域下的郭沫若《周易》研究 …………………… 王志平 / 161

生平思想

武汉第三厅美术抗战的广泛影响与现代中国绘画实践的拓展
…………………………………………………………… 赵欣悦 / 183
郭沫若何时出任救亡日报社社长 ……………… 黄振南 李金桂 / 201

古文字研究

甲骨文字形组类演变规律一例:"于"字的考察 …… 刘 源 王梦薇 / 221
新见《逋盉新考》修改手稿与尚未面世的《两周金文辞大系考释续编》
——兼谈黄盛璋与郭沫若先生之交谊 …………… 王一凡 关砚文 / 228
文献学视野下的图录与学术史中的郭沫若
——李红薇《郭沫若金文著作的文献学研究》读后 ……… 苏 辉 / 238

翻译研究

试论郭沫若翻译文学语言的色彩感 ………………………… 咸立强 / 251

版本研究

郭沫若译《约翰沁孤的戏曲集》的版本演变考及文化伦理阐释
…………………………………………………………… 张 勇 / 277
《卜辞通纂》的版本及递嬗 ………………………………… 李红薇 / 290

史料辩证

新见郭沫若"关于先秦哲学资料选的意见"的信札考释 …… 张沛林 / 303
郭沫若留日佚文考证与研究现状 …………………………… 熊　辉 / 309

编后记 …………………………………………………………… / 327
征稿启事 ………………………………………………………… / 329

纪念《甲申三百年祭》出版八十周年

《甲申三百年祭》的出版及其他

蔡 震[*]

摘 要：《甲申三百年祭》单行本的出版与其被收入的《历史人物》的出版，都有些特别之处。他们内含郭沫若创作观念的文化信息，可以给我们一些研究郭沫若的提示。首先，是关于郭沫若跨文学与史学的写作活动。如果能够把他文学写作和历史学研究的两个空间打通，再去看他的历史题材文学创作，势必能拓宽研究的视野，有更深入的开掘。同时，在郭沫若史学研究活动中，也可以看到有文学冲动、文学因素的介入和影响，他的一些学术思考及表达，从文体形式、思维方式，到叙事的语言、风格等，都会呈现与一般史论不同的特点。其次，对于《甲申三百年祭》，我们可以再做一些深入的思考。这篇史论，在鲜明的政治层面的主题之外，应该还有从历史层面关于"帝王思想与人民思想的斗争"的深入思考。

关键词：郭沫若；《甲申三百年祭》；《历史人物》

《甲申三百年祭》的出版，在郭沫若著译作品的出版中是最为特别的一例，它应该与该篇史论的写作、主题、发表，以及当时的抗日根据地和解放区、国统区的政治文化环境密切相关。其中包含关于《甲申三百年祭》研究可以思考的空间。

一

郭沫若对于自己著作（包括文学写作、学术写作、翻译）的长文，发表后一般会有单行本集子的出版。这是一种常态，但《甲申三百年祭》发表之后的出版情况却比较复杂，郭沫若似乎没有考虑将其单独出版。虽然如此，

---

[*] 蔡震，中国社会科学院郭沫若纪念馆研究员。

《甲申三百年祭》还是出版了许多种单行本。根据目前尚能见到的郭沫若著译作品出版资料，该书的单行本版本如表一所示。

表一 《甲申三百年祭》单行本情况

出版社（单位）	出版时间	版本	备注
延安新华书店总店	1944年5月		
新华书店	1944年6月		
苏中出版社	1944年9月		
胶东新华书店	1944年10月	初版	
天津光华书局	1944年		
上海野草出版社	1945年10月	初版	
上海野草出版社	1945年11月	再版	书名作《明末亡国史　甲申三百年祭》
		另一版次	书名作《甲申三百年祭——明末亡国史》
新华书店晋察冀分店	1945年11月	翻印本	
渤海新华书店	1945年12月	初版	
通化日报社	1946年1月1日		
北平野草出版社	1946年3月	重版	
宁安印刷厂	1946年	翻印本	
东北书店	1948年2月	初版	
人民出版社	1949年3月		
新潮出版社			出版时间应在新中国成立前
太行新华日报社			出版时间应在新中国成立前
大众书店			出版时间应在新中国成立前
冀南书店			出版时间应在新中国成立前
人民出版社	1954年3月	第一版	
人民出版社	1954年4月	第一版第二次印刷	
人民出版社	1972年2月	第二版	
人民出版社	1973年4月	第二版	
中央文献出版社	1991年8月	初版	书名作《历史的启示——重印〈甲申三百年祭〉》
人民出版社	2004年	第三版	

表一中，新中国成立后只统计了人民出版社的几个版本、版次，以及中央文献出版社的版本。所以下文所论，只涉及新中国成立之前的情况。

尽管这不是一份完整的统计资料（事实上也没有可能做出完整的统计），但我们从中可以看到这样的史实。

《甲申三百年祭》单行本的出版，绝大多数在抗日根据地和解放区进行。国统区可以确认的有野草出版社（上海、北平）两个版本及另一个版次。

上海野草出版社的再版本将书名改作《明末亡国史　甲申三百年祭》，另一版次书名作《甲申三百年祭——明末亡国史》。北平野草出版社的版本只是上海野草出版社初版的再版本。书名的变化似乎还是有些用意的，突出"明末亡国史"的题意。野草出版社的情况没有查到相关史料，是否就是为出版《甲申三百年祭》而存在，可存疑。

野草出版社的《甲申三百年祭》，我们称之为"野草本"，应该给予特别关注。我认为这个本子是由新华日报社编辑的，这从编排内容、"前言"的撰写可以看出来。野草本在《甲申三百年祭》正文之外，附录了三篇文章：《甲申事变——明末亡国的历史》、宗顾《三百年前》、舒芜《在情理之上——读史笔记》。全书有一署名"华按"的"前言"。

附录的三篇文章均曾发表在《新华日报》。《甲申事变——明末亡国的历史》一文介绍了明末阶级斗争和民族斗争形势的剧烈变化，宗顾的文章阐释了研究明末历史的现实意义，加以舒芜的读史笔记，它们显然都是《新华日报》配合连载发表《甲申三百年祭》而刊出的。将这三篇文章附录于此，是再恰当不过的安排。而这个编辑思路只有《新华日报》编辑部可以做到。况且从版权的角度而言，也只有《新华日报》可以这样编排。

"前言"对于《甲申三百年祭》作了高度评价，称赞郭沫若作《甲申三百年祭》，"科学地解说历史"，"文章里充满了爱国爱民族的热情"。《前言》还特别抨击了现实中"有以吴三桂阮大铖自拟的人们"，指斥他们歪曲恩格斯在《德国农民战争》中的论述，不过是借以向郭沫若"狂吠一阵"。"前言"用了一个署名："华按"，"华"应该就是《新华日报》（编辑部）之意。

《新华日报》是中共中央南方局的机关报，在抗日民族统一战线的政治框架内，新华日报社在国统区是合法存在的，其业务活动当然也是合法的。所以，由《新华日报》编辑部编辑的《甲申三百年祭》单行本得以在国统区出版，而且似乎也只有这个野草本得以出版。

虽然我们无法确切地知道，郭沫若是否有过出版《甲申三百年祭》单行本的考虑，也无从确认（以目前的文献史料）国统区是不是有其他出版社出版过《甲申三百年祭》单行本，但回看一下《甲申三百年祭》发表后国统区舆论场的动态，就可以很清楚地了解《甲申三百年祭》所面临的生存环境。

《甲申三百年祭》1944年3月10日脱稿，3月19日至22日，连载发表于《新华日报》。

3月24日，《中央日报》即发表陶希圣执笔的社论《纠正一种思想》，认为《甲申三百年祭》代表的是"鼓吹败战主义和亡国思想"，称"不能姑息和放松这种反常思想，听其谬种流传"。

4月13日，《中央日报》发表社论《论责任心》，指责"有一种决不至于流行而竟然流行的思想，就是把今日革命抗战救国途中的中国，比拟于宋末或明末亡国时代的中国"。

4月20日，叶青作《郭沫若〈甲申三百年祭〉平议》[①]的长文，攻击《甲申三百年祭》宣传失败主义，赞扬农民起义，"是适合共产党需要的一篇时髦文章"。

8月，独立出版社出版叶青等著《关于〈甲申三百年祭〉及其他》。该书"前言"称："编者深恐这种无责任心的滥开炮，俾他糜烂性的毒气，影响于抗战大业民族复兴，故特搜集反驳文章，编为小册，以供防毒消毒之用。"[②]

面对这样的攻击、指责，郭沫若没有著文反驳，不是不作，而是不能。一方面，郭沫若因为任职于国民政府军事委员会政治部的身份，无法直接予以回击，只能秉持"沉默就是最好的答复"。另一方面，"即使要答复，也没有地方登载得出来"。[③] 国统区的舆论场是由国民党当局操控的。写篇反驳的文章尚且无发表的地方，遑论出版。可以想见，《甲申三百年祭》难以找到出版之处。

这就是《甲申三百年祭》——一篇史学论著在国统区的生存环境。这是由国统区的政治生态决定的。

---

① 收叶青等《关于〈甲申三百年祭〉及其他》，独立出版社，1944。
② 见叶青等《关于〈甲申三百年祭〉及其他》。
③ 《阳翰笙日记选》，四川文艺出版社，1985。

《甲申三百年祭》的出版及其他

与此成鲜明对照的是《甲申三百年祭》在抗日根据地和解放区的出版。

《甲申三百年祭》单行本主要由新华书店及其各分店出版或印制。这与解放区的出版管理体制有关。完全不同于国统区的出版体制，抗战期间，中国共产党在各抗日根据地创办了自己的出版发行机构。陆续建立了解放社、中共中央出版发行部、新华书店。中共中央出版发行部既是出版管理机构，也是出版发行机构，后改为中央出版局。新华书店隶属中共中央出版发行部，主要出版一般社会科学读物，承担向陕甘宁边区、各抗日根据地，以及向国统区发行边区出版的报刊、书籍的任务。

苏中出版社、通化日报社、东北书店、大众书店等，都是在各抗日根据地党委领导下的宣传出版部门。

《甲申三百年祭》在抗日根据地和解放区的出版，是一个统一的出版行为，是为各级党组织进行思想建设、组织建设工作提供所需要的学习文件而安排的出版。中央宣传部、总政治部在《关于学习〈甲申三百年祭〉的通知》中，有明确要求，"各地收到广播后，将两书翻印，在干部中散发，展开讨论"①（虽然不是每一版本都编印了这个通知）。这也是由一种政治环境——抗日根据地、解放区的政治环境所决定的。

《甲申三百年祭》于1944年4月18日、19日，由延安《解放日报》全文转载。在这之前的4月12日，毛泽东在作《学习和时局》的报告中特别指出："近日我们印了郭沫若论李自成的文章，也是叫同志们引以为鉴戒，不要重犯胜利时骄傲的错误。"②

6月7日，中共中央宣传部、中央军委总政治部联合发出通知，号召党和军队的干部认真学习《甲申三百年祭》，要求党员，"首先是高级领导同志，无论遇到何种有利形势与实际胜利，无论自己如何功在党国，德高望重，必须永远保持清醒与学习的态度，万万不可冲昏头脑，忘其所以，重蹈李自成与戈尔洛夫的覆辙"③。

从《解放日报》转载开始，到在各抗日根据地和解放区的一系列出版安排，都遵循了毛泽东指示的精神和中共中央宣传部、中央军委总政治部

---

① 载苏中出版社1944年9月15日版《甲申三百年祭》。两书，即《甲申三百年祭》与苏联高涅楚克的剧本《前线》。
② 毛泽东：《学习和时局》，《毛泽东选集》第3卷，人民出版社，1991，第948页。
③ 载苏中出版社1944年9月15日版《甲申三百年祭》。戈尔洛夫，《前线》中的人物。

联合通知的要求。

毛泽东在11月21日致郭沫若的信中写道:"你的《甲申三百年祭》,我们把它当作整风文件看待。小胜即骄傲,大胜更骄傲,一次又一次吃亏,如何避免此种毛病,实在值得注意。""你的史论、史剧有大益于中国人民,只嫌其少,不嫌其多,精神决不会白费的,希望继续努力。"①

抗日根据地和解放区出版的《甲申三百年祭》各种版本的编排不尽相同,譬如,苏中出版社1944年9月15日版编辑有《中央宣传部总政治部通知》、《前记》、《甲申三百年祭》正文三部分内容,胶东新华书店1944年10月(初)版编辑为《中央宣传部总政治部通知》、《编者的话》、《甲申三百年祭》正文三部分内容,有些版本仅收录《甲申三百年祭》全文。以《编者的话》《前记》等名义辑入各版本的文字,实为《解放日报》转载《甲申三百年祭》时所加的"编者按"。

抗日根据地和解放区出版《甲申三百年祭》,不是一般意义上的图书出版,而表现为一种政治出版行为。它是非学术性出版,是党建学习文件的出版。因中国共产党党建工作的需要,这样的出版延续至今。这也是《甲申三百年祭》葆有旺盛政治生命力的一个原因。

二

《甲申三百年祭》发表之后,郭沫若自己从未谈及对于出版单行本有没有过考虑,或是有什么样的考虑。三年之后,他将该篇史论辑入著作集《历史人物》,由上海海燕书店1947年8月初版印行。为什么会以这样的方式出版《甲申三百年祭》?

《历史人物》这个集子其实颇有意思,在郭沫若的作品、著作集中也是一个特别的存在。该著作集收录九篇文章,包括《论曹植》《隋代大音乐家万宝常》《王安石》《王阳明》《甲申三百年祭》《夏完淳》等,其中八篇确实是在论述评说历史人物(包括与郭沫若同时代的郁达夫、闻一多,也可称作历史人物),唯独《甲申三百年祭》一篇例外,这是论述一个朝代兴废之事的史论,倒是正文之外作为"附录"的《关于李岩》是在评说一个历史人物。所以初看这个目录,会有一个疑问:将《甲申三百年

---

① 《毛泽东书信选集》,人民文学出版社,1983,第241页。

祭》辑入这个著作集,是不是只为让它能够出版?

也许郭沫若编《历史人物》集时确实有这样的动机在其中,但这个集子的"特别",还不只是这一点。尽管集子名《历史人物》,所收文章都是关于历史人物的研究,但它们实际上并没有纳入郭沫若历史学研究的学术系统之中。郭沫若似乎也没有把这个集子归入历史学著作之列。他将《历史人物》视为杂文、散文、随笔集一类的作品著述集。在十余年后编辑《沫若文集》(这是他自己编定的)的时候,《历史人物》被编入文集第12卷,辑入同一卷的是《蒲剑集》《今昔集》。《沫若文集》(总计17卷)第14卷至第17卷辑录的才是历史学、古文字学著作。这里不妨顺便插一句,《郭沫若全集》将《历史人物》集编入"历史编",且将其部分文章拆分了,其实未必妥当。

郭沫若为什么要编这样一部著作集呢?他在编这个集子的时候撰写了一篇文章——《我的历史研究——序〈历史人物〉》[①]。开篇便说:研究历史人物,"主要是凭自己的好恶,更简单地说,主要是凭自己的好","我的好恶的标准是什么呢?一句话归宗:人民本位"!接下去郭沫若写道:

> 我就在这人民本位的标准下边,从事研究,也从事创作。但在事实上有好些研究是作为创作的准备而出发的。我是很喜欢把历史人物作为题材而从事创作的,或者写成剧本,或者写成小说。在几篇短篇小说中,我处理过孔丘、孟轲、老聃、庄周、秦始皇、楚霸王、贾谊、司马迁。在几部历史剧中,我处理过聂政与聂嫈、屈原、信陵君与如姬、高渐离等等。但有的创作流产了,而只剩下了些研究文字。在本书里面所收集的,如像《万宝常》《甲申三百年祭》都是。我还有一篇《钓鱼城访古》,也是想把钓鱼城的故事写成史剧的调查工作。史剧没有写成,那篇调查记,论性质尽可以收在这儿,但已经被收进《今昔蒲剑》里面去了。

文中还具体谈到想要"把王安石、司马光、苏轼三个人拿来写成一部《三人行》",以及将《甲申三百年祭》写成剧本的打算。

---

① 郭沫若:《我的历史研究——序〈历史人物〉》,北平《骆驼文丛》月刊1947年8月第1卷第1期。

把那些"创作流产了","只剩下了些研究文字"的著作辑录在一起。这应该就是郭沫若编辑《历史人物》的初衷。大概也是郭沫若自己迟迟没有考虑《甲申三百年祭》出版问题的部分原因。他"想把李岩和红娘子的故事写成剧本的,酝酿了已经两年",还是"未着笔",① 那就只好以这样的方式出版《甲申三百年祭》了。

《历史人物》集子中的文章尽管在后来有所变更,但在编定《沫若文集》时仍然保留了这个集子(《沫若文集》也是按作品著作集辑录文章著述),九篇文章中将《王阳明》《夏完淳》(有对应的历史剧作品《南冠草》)换作《屈原研究》《关于李岩》(从附录补为正文)。郭沫若是不是还曾心存念想,将留下的这些"研究文字"创作为文学作品,当然已经无从得知了,但《历史人物》集子的特别之处,倒是可以给我们一些研究郭沫若的提示。

首先,是关于郭沫若跨文学与史学的写作活动。

"喜欢把历史人物作为题材而从事创作","好些研究是作为创作的准备而出发的",郭沫若很清晰地表达了他将这两种写作活动联结起来的主观意愿。过去虽然讲文史不分家,但那是就古代的文体形式、文化语境而言,现代的文学写作,特别是戏剧、小说,与历史写作的区别是不言而喻的。而将文学写作与史学研究有意识地联系在一起,已经成为郭沫若创作活动的一个突出特点。他的历史小说、历史剧创作都与有关的历史研究密切关联。

历史小说是郭沫若小说创作的一部分,与那些"身边小说"大不相同,题材自不用说了,创作的"目的注重在史料的解释和对于现世的讽谕","是利用我的一点科学智识对于历史的故事作了新的解释或翻案"。② 郭沫若把这些历史小说称作"速写"。

在对于郭沫若的历史剧研究中,《屈原》是人们已经在与《屈原研究》的学术关联中去思考问题的一部剧作,譬如,从《屈原研究》阐释的观点,去解读分析历史剧《屈原》的主题。不过这似乎是一个个案,对于其他的历史剧作品,很少有这样的考察和思考,或者就没有这样角度的一个审视。当然,更没有从郭沫若历史剧创作活动的整体来展开的考察和

---

① 郭沫若:《关于李岩》,《历史人物》,上海海燕书店,1947年。
② 郭沫若:《从典型说起——〈豕蹄〉的序文》,《郭沫若全集·文学编》第16卷,人民文学出版社,1989,第195、196页。

思考。

如果能够把郭沫若文学写作和历史学研究的两个空间打通,再去看他的历史题材文学创作,势必能拓宽研究的视野,会有更深入的开掘。

反之,在郭沫若史学研究方面,也可以看到文学因素的影响。譬如以选题而言,选择一个历史人物作为学术研究的对象,研究的着眼点大概是在历史中存在的这个人,而如果从文学创作的角度选择同一个对象,其表达的应该是这个人在历史中的存在。把后者融入前者的思考中去,会打开不同的视界,《隋代大音乐家万宝常》的研究即是如此。

郭沫若并不研究隋唐史,更不研究古代音乐史,却选择了万宝常作为一个历史人物研究的对象,何以如此?

"近来因为对于隋唐时代的音乐稍稍有所涉猎,知道了隋代有一位不幸的大音乐家万宝常。他是一位卓越的演奏家而兼乐理家,但不幸不仅他的物质的生涯数奇到了万分,一生陷于奴隶的境遇不能解脱而终至于饿死。""我对于万宝常的物质生活之数奇怀着无上的同情,对于他的精神生产之湮灭尤其感着无上的义愤。我感受着了一种迫切的冲动,觉得非把这位不幸的古人介绍出来不可。"① 郭沫若提到的这种情感冲动,明显地可以感觉到他在学术思考中伴随着文学冲动,或者应该说先有了一种内在的文学冲动,他才在一个完全陌生的学术研究领域选择了这一个具体的历史人物作为研究对象。

在郭沫若关于王阳明、曹植、王安石、夏完淳等历史人物的历史学研究思路中,我们都可以感觉到这样的"情景再现"。而有文学冲动、文学因素的介入,郭沫若的学术思考及其表达,都会呈现与一般史论不同的特点。譬如,文体形式、思维方式、叙事的语言、风格等等。郭沫若后来论到《盐铁论》的时候曾这样说:"这部《盐铁论》,在我认为是一部处理历史题材的对话体小说。"② 如果不是从郭沫若关于文学写作与历史学研究关系的语境中去体味,我们大概难以理解他表达的见解。这些都是值得去研究的。

其次,对于《甲申三百年祭》,我们可以再做一些深入的思考。

《甲申三百年祭》的结尾耐人寻味:"三百年了,种族的遗恨幸已消除

---

① 郭沫若:《隋代大音乐家万宝常》,上海《文学》月刊1935年9月第5卷第3期。
② 《盐铁论读本·序》,《郭沫若全集·历史编》第8卷,人民出版社,1985,第474页。

而三百年前当事者的功罪早是应该明白判断的时候。从种族的立场上来说，崇祯帝和牛金星所犯的过失最大，他们都可以说是两位种族的罪人。而李岩的悲剧是永远值得回味的。"① 特别是这最后一句。一篇讨论明王朝覆亡、李自成农民起义失败，洋洋洒洒一万五六千字的史论，最后竟戛然而止于"李岩的悲剧是永远值得回味的"一句话。

这个结尾，不能不让人再追问一下：郭沫若在《甲申三百年祭》中到底想写什么？又写了些什么？

一直以来我们都强调对于《甲申三百年祭》在政治层面，特别是时政层面的解读。这篇史论在政治层面有一个鲜明的主题，这是毫无疑问的。毛泽东正是敏锐地抓住了《甲申三百年祭》在政治层面表达的主题，以此告诫全党不要重犯胜利时骄傲的错误。

与此同时，《甲申三百年祭》应该还有历史层面的思考。

> 《甲申三百年祭》是曾经引起过轩然大波的一篇文章。主要的原因就是因为我同情了农民革命的领导者李自成，特别是以仕宦子弟的举人而参加并组织了革命的李岩，这明明是帝王思想与人民思想的斗争，而这斗争我们还没有十分普遍而彻底地展开。
>
> 关于李岩，我们对于他的重要性实在还叙述得不够。可惜关于他的资料是毁灭了，我们可以坚决地相信，他一定是一位怀抱着人民思想的人，须知他是主张"均田"的。唯其这样，所以他能够与李自成合伙，他的参加农民革命是有他自己的在思想上的必然性，并不是单纯的"官激民变"。②

郭沫若所说的"帝王思想与人民思想的斗争"，"我们还没有十分普遍而彻底地展开"，是指在现实中，还是在史论中呢？

我以为，郭沫若在撰写《甲申三百年祭》时，论史之外还有一个重要的写作动机是要写人，这是与祭三百年前那个甲申年（这个甲申年发生了许多事情）密切相关的一个创作冲动。郭沫若在文章中于叙述史事之外，用了很多笔墨写人：崇祯、李自成、牛金星，浓墨重彩写的是李岩。人物

---

① 郭沫若：《甲申三百年祭》，《历史人物》，上海海燕书店，1947。
② 郭沫若：《我的历史研究——序〈历史人物〉》，北平《骆驼文丛》月刊1947年8月第1卷第1期。

虽有主次，但他们不是"群演"。郭沫若写了这些人物在云谲波诡的时局中的所思所想、所作所为，写了他们的悲剧：崇祯的悲剧、李自成的悲剧、李岩的悲剧。在对这些人物身处改朝换代历史大潮中各自命运的历史叙事中，提出关于"帝王思想与人民思想的斗争"的思考。这也就是郭沫若自抗战以来一直标榜的"人民本位"思想。

在完成《甲申三百年祭》的写作后，郭沫若一直想以李岩为题材创作一个剧本，应该是想借李岩的悲剧，以文学作品的形式，继续深入《甲申三百年祭》的思考。可惜未能实现，仅留下一篇《关于李岩》的短文。那也只是对于《甲申三百年祭》史料的一点补充，以及对于与《甲申三百年祭》相关的写作冲动的一个交代。

牵强附会　鼠目寸光
——论民国时期反对者对郭沫若《甲申三百年祭》的批驳[*]

廖久明[**]

摘　要：在郭沫若《甲申三百年祭》发表后的半年时间里，国民党人主办的报刊、主编的书籍发表了14篇针对其的批驳文章。不管是国民党机关报《中央日报》发表的两篇社论，还是其他载体发表的12篇文章，都给人牵强附会、鼠目寸光的感觉。其原因为：两篇社论"以《中国之命运》为'思想的明灯'"，其他文章则以两篇社论为"思想的明灯"，如此鹦鹉学舌似的批驳，只能有这样一个结果。

关键词：郭沫若；国民党；《甲申三百年祭》；《中央日报》

在郭沫若《甲申三百年祭》连载期间及以后半年时间里，尽管共产党人主办的《新华日报》[①]《群众》[②]发表了一些声援文章，《解放日报》转载了该文[③]，并在一篇文章中介绍了该文发表后在国统区的不同反响[④]，但没

---

[*] 本文为国家社会科学基金一般项目"民国时期郭沫若研究资料收集整理与研究"（项目编号：19BZW101）阶段性成果。
[**] 廖久明，乐山师范学院四川郭沫若研究中心主任、教授。
[①] 重庆《新华日报》发表的声援文章有：1. 宗顾：《三百年前》，重庆《新华日报》1944年3月19日第4版《新华副刊》；2. 舒芜：《在情理之上——读史笔记》，重庆《新华日报》1944年3月20日第4版《新华副刊》；3.《甲申事变——明末亡国的历史》，重庆《新华日报》1944年3月20日第4版《新华副刊》。
[②] 重庆《群众》第9卷第7期（1944年4月15日）"纪念甲申三百年"专栏发表了《纪念三百年前的甲申》（柳亚子）、《〈桃花扇〉底看南朝》（商辛）、《明末的政治风气》（鲁西良）、《明末清初史学的时代意义》（寓曙）4篇声援文章。
[③] 延安《解放日报》1944年4月18日第4版转发该文时，尽管编者写作了一千余字的按语，但它并不属于一篇严格意义上的文章。
[④]《"太平"盛世》，延安《解放日报》1944年5月29日第4版。

有一篇文章是对其直接正面评价①。与之相反的是，主要由国民党人主办的报刊、主编的书籍却发表了 14 篇批驳文章。通读这些批驳文章，可以得出这样一个结论：它们都是牵强附会且鼠目寸光的批驳。现在笔者选择其中的 6 篇重要文章进行评述②，不当之处还请多多批评指正。

一 《中央日报》发表的两篇社论

国民党机关报重庆《中央日报》发表的第一篇社论题为《纠正一种思想》，该文是以这样的文字开篇的："在全中国的人民以血以泪以汗苦战七

---

① 抗战胜利后，除《郭沫若的戏》（《汉口导报》1948 年 4 月 3 日第 2 版）外，以下文章都对《甲申三百年祭》进行了高度评价，它们是：1. 奴斋：《读〈甲申三百年祭〉》，上海《民主》第 2 期（1945 年 10 月 20 日），上海《书报》第 1 辑（1945 年 11 月 20 日）转载；2. 肖人：《〈甲申三百年祭〉》，上海《人人周刊》第 8 期（1945 年 11 月 7 日）"书报介绍"栏；3. 朱家工：《读〈明末亡国史〉》，上海《新文化》第 1 卷第 4 期（1945 年 12 月 1 日）"文化走廊"栏目；4. 佐行：《〈甲申三百年祭〉》，上海《生活知识》第 4 期（1945 年 12 月 2 日）；5. 边星：《读〈甲申三百年祭〉后》，上海《综合》第 1 卷第 1 期（1945 年 12 月 8 日）；6. 施志刚：《〈甲申三百年祭〉——即〈明末亡国史实〉》，上海《世界文化》第 4 卷第 1 期（1946 年 1 月 1 日）；7. 陈鉴：《读〈甲申三百年祭〉》，上海《新文学》第 2 期（1946 年 1 月 28 日）；8. 浩中：《〈甲申三百年祭〉》，天津《火把月刊》第 2 期（1946 年 4 月 1 日）；9. 牧野：《夜读散记》，上海《文汇报》1946 年 8 月 11 日第 7 版《世纪风》；10. 胡膺东：《时代的镜子：〈明末亡国史〉读后》，上海《前线日报》1946 年 11 月 3 日第 8 版《书报评论》第 57 期，以《读郭沫若的〈甲申三百年祭〉后》为题载《东北前锋》（沈阳）1946 年 12 月 8 日第 4 版，以《时代的镜头：读〈明末亡国史〉后感》为题载迪化《新疆日报》1949 年 4 月 13 日第 3 版《学习园地》第 38 期（署名文廷）；11. 丁卯生：《介绍〈甲申三百年祭〉》，天津《益世报》1947 年 1 月 1 日第 10 版《史地周刊》第 22 期；12. 一蝶：《读〈甲申三百年祭〉》，《宁波时事公报》1948 年 3 月 30 日、4 月 8 日第 4 版《四明山》第 410、411 期；13. 霖：《崇祯与李闯王：读〈甲申三百年祭〉》，上海《透视》第 2 期（1949 年 2 月 10 日）。

② 未评述的文章有：1.《论赫尔的名言》，重庆《商务日报》1944 年 4 月 1 日第 2 版"社论"，曾作为附录收入叶青等《关于〈甲申三百年祭〉及其他》（独立出版社，1944 年 8 月）；2. 萧霄：《读〈纠正一种思想〉后》，贵阳《中央日报》1944 年 4 月 5 日第 4 版《前路》第 804 期；3. 越客：《甲申史料》，江西铅山《民族正气》第 2 卷第 4 期（1944 年 4 月 30 日）、江西泰和《尖兵》第 7 卷第 11~12 期（1944 年 6 月 25 日），以《甲申史料小辑》为题收入叶青等《关于〈甲申三百年祭〉及其他》；4. 寸金：《记取甲申破日年》，重庆《时代精神》第 10 卷第 1 期（1944 年 4 月）；5. 一士：《关于〈甲申三百年祭〉》，江西泰和《尖兵》第 7 卷第 11~12 期（1944 年 6 月 25 日）；6. 辛庐：《从樊崇张角到李自成》，江西泰和《尖兵》第 7 卷第 11~12 期（1944 年 6 月 25 日）；7.《前言》，叶青等《关于〈甲申三百年祭〉及其他》；8. 公孙佳：《甲申二贼传——李自成与张献忠》，叶青等《关于〈甲申三百年祭〉及其他》。

年，并且最后胜利业已在望的今日，却还有人出于一种反常心理，鼓吹败战主义和亡国思想。这便是最近郭沫若的《甲申三百年祭》一文中所代表的思想。"①

关于这篇社论，时任《中央日报》"总主笔"②的陶希圣有这样的回忆：

> 民国三十四年（笔者按：应为民国三十三年）是甲申年。郭沫若发表一篇文章，以《甲申三百年祭》为题，将明末亡国的历史影射当时的时局。他以"李公子"自命，说李闯王如果听从李公子的话，必能保有江山，不致败亡。
>
> 我在《中央日报》发表社论，以《斥亡国主义》为题，加以抨击。同时找出明末的史料，另作短文，证明清军入关，只打明朝的国军，不打李闯的寇军。明朝失败乃是失败于清军与流寇夹攻之下。
>
> 那篇社论的火气很大。郭沫若一度大起恐慌，以为国民政府就要惩治他。但是我们政府决不兴文字狱。我们只是唤起一般读者对政治阴谋提高警觉而已。③

从陶希圣的回忆文字可以看出，他对自己的这篇文章很满意，但笔者只能用"匪夷所思"四个字来评价陶希圣对《甲申三百年祭》主题思想的概括。不但《甲申三百年祭》并不包含这样的思想，就是从郭沫若的言行上看，他也不会有这样的思想。一、如果郭沫若要"鼓吹败战主义和亡国思想"，全面抗日战争爆发以后，他何必抛妻别雏回国参加抗战？二、郭沫若归国抗战以后，不管是文章还是演讲都反复强调坚持抗战、抗战必胜的观点，在"民国三十一年至三十二年（即一九四二——一九四三）是第二次世界大战期间，世界局势的大扭转""同盟国的胜利在望，而轴心国的失败已为必至之事"④的情况下，怎么还会来"鼓吹败战主义和亡国思想"？

---

① 《纠正一种思想》，重庆《中央日报》1944年3月24日第2版"社论"。该社论在贵阳《中央日报》1944年3月26日第2版发表时题为《纯正一种思想》；该社论还在西安《西京日报》1944年3月25日第2版"社论"、兰州《甘肃民国日报》1944年3月30日第2版"社论"栏发表，江西泰和《尖兵》第7卷第7~8期（1944年5月5日）以《纠正郭沫若的亡国思想》为题转载了该文，曾作为附录收入叶青等《关于〈甲申三百年祭〉及其他》。
② 陶希圣：《潮流与点滴》，中国大百科全书出版社，2016，第207页。
③ 陶希圣：《潮流与点滴》，第211~212页。
④ 陶希圣：《潮流与点滴》，第197、198页。

关于《甲申三百年祭》的主题思想，人们存在很大争议。笔者认可以下观点："郭文通过对明末李自成农民起义军从夺取胜利到遭受失败经过的阐述与分析，深刻揭示了一条自古以来的执政规律：民心向背，决定政权的存亡。即：得民心者得天下，失民心者失天下。夺取政权，巩固政权，都必须依靠广大民众的拥护与支持。"[①] "'胜利时骄傲'是李自成失败的直接教训，而其根本的原因，在于脱离群众，失去民心。得民心者得天下，失民心者失天下，这是一条被历史反复证明的铁律。闹革命、打江山，离不开老百姓支持；坐江山，掌政权，更需要老百姓拥护。"[②] 在笔者看来，不仅仅是明末李自成农民起义军从夺取胜利到遭受失败的经过证明了"得民心者得天下，失民心者失天下"这一条"被历史反复证明的铁律"，郭沫若通过马懋才的《备陈大饥荒》、崇祯帝的《罪己诏》、《钱士升论李琎搜括之议》、马世奇的《廷对》、李岩被逼加入起义军等说明，明朝崩溃的根本原因同样是失掉了民心。

《中央日报》发表的第二篇社论题为《论责任心》。该文中有这样一句话："由于一部分人士责任心的缺乏，于是就有一种决不至于流行而竟然流行的思想，这就是把今日革命抗战建国途中的中国，比拟于宋末或明末亡国时代的中国。"[③] 尽管人们读了《甲申三百年祭》，很容易将明朝政府与国民政府、共产党领导的八路军和新四军与李自成起义军、满清与日本联系起来，但郭沫若在文章中"没有简单地把历史与现实进行比附"[④]："在这篇论文里，郭先生根据确凿的史实，分析了明朝灭亡的社会原因，把明思宗的统治与当时农民起义的主将李自成的始末作了对照的叙述和客观的评价——还给他们一个本来面目"，"郭先生在他的文章里充满了爱国爱民族的热情，但是他究竟只是在科学地解说历史"。[⑤]

结合上引陶希圣的回忆文字，再看看他的以下回忆可以推断，《论责

---

① 马英民：《〈甲申三百年祭〉揭示的执政规律》，郭沫若纪念馆、中国郭沫若研究会、四川郭沫若研究会合编《〈甲申三百年祭〉风雨六十年》，人民出版社，2005，第347页。
② 《广州日报》编辑部：《得失成败 全都在民心》，郭沫若纪念馆、中国郭沫若研究会、四川郭沫若研究会合编《〈甲申三百年祭〉风雨六十年》，第393页。
③ 《论责任心》，重庆《中央日报》1944年4月13日第2版"社论"。
④ 王守稼、缪振鹏：《〈甲申三百年祭〉及其在现代史学史上的地位》，郭沫若纪念馆、中国郭沫若研究会、四川郭沫若研究会合编《〈甲申三百年祭〉风雨六十年》，第161页。
⑤ 《转载〈甲申三百年祭〉编者按》，延安《解放日报》1944年4月18日第4版，标题为笔者所加。

任心》这篇社论应该也是他写的：

> 由三十二年夏季到三十四年秋季，我写了多少篇文章，是记不清的了。大约两年一百一十个星期，每星期平均三篇，就有三百三十篇。署名的专论还不在此数。为什么每星期平均三篇呢？因为实际上，一个星期里，我自己执笔的社论至少两篇。有时候，我一连串地写六十多天的社论。有时候连续五天，或十天的写下去。①

该社论即使不是陶希圣执笔写的，至少也得到了他的认可，因为他时任《中央日报》的"总主笔"。

这两篇社论如此写，应该与《中国之命运》的以下文字有关：

> 满族原是少数人口的宗族，为什么能够征服中国呢？明朝的末年，政治腐败，思想分歧，党派倾轧，民心涣散，流寇横行。三百年的明室，在李闯张献忠等流寇与满族的旗兵，内外交侵之下，竟以覆灭。②

关于《中国之命运》的写作情况，陶希圣有如下回忆：

> 自三十一年十月十日起，蒋委员长即着手撰述一本书。至十一月与十二月之间，在黄山官邸，以四十多天的功夫，再三再四改稿，每一章每一节的命意与行文，经过七八次乃至十余次的修订与增删，方才定稿。十二月下旬，全书的稿子已定，交南岸海棠溪附近之南方印书馆印刷样本二百册。这二百册分送党中及政府领导及负责人士读阅，并请其签注意见。
>
> 　　三十二年一月，百余份意见书集中整理。其中意思与文字的修改建议，大抵被采纳。二月间，全稿重加通盘修订，才交正中书局印刷普及本，正式发行。③
>
> 　　委员长于十月十日为此发表告全国国民书。随即指示希圣依据文

---

① 陶希圣：《潮流与点滴》，第207页。
② 蒋中正：《中国之命运》，正中书局，1943，第13页。
③ 陶希圣：《潮流与点滴》，第200页。

告之意旨,拟订纲目,佐委员长起草书稿。最初文稿不过三万字,经历多次修改与修订,全稿至十万字以上。①

陶希圣辈在《中国之命运》中特别强调明朝末年的情况,应与当时"持续达十余年之久的'晚明热'"② 有关。明朝覆灭的情况给陶希圣辈留下了深刻印象,因而将其写进《中国之命运》中。在写作《论责任心》时,担心重蹈明朝灭亡覆辙的他们便将明末与抗战时期的中国联系起来。一般情况下,一个人越担心什么就对什么越敏感。陶希圣辈将《甲申三百年祭》的主题思想概括为"鼓吹败战主义和亡国思想",只能说明他们满脑子的"败战主义和亡国思想"。

陶希圣辈将明末与抗战时期的中国联系起来,还应该与以下文字有关:"野蛮部族的入侵,旧统治政权的崩溃,农民大众的起义,这三方面交互错杂,构成了一个极其复杂的形势,使得在三百年以后还值得我们来重加分析和认识。甲申三百周年祭的意义本不是在于抒发思古之幽情而已的啊!"③ 由于《甲申三百年祭》"没有简单地把历史与现实进行比附",《新华日报》在连载该文的第一天,便在同版发表了宗顾的《三百年前》,引导人们将它与现实联系起来。

《甲申三百年祭》发表以后,共产党人并未将自己与李自成领导的农民起义军对号入座,毛泽东更是紧紧抓住以下一段文字,反复告诫即将迎来胜利的共产党人不要骄傲④:"在过短的时期之内获得了过大的成功,这却使自成以下如牛金星、刘宗敏之流,似乎都沉沦进了过分的陶醉里去了。进了北京以后,自成便进了皇宫。丞相牛金星所忙的是筹备登极大典,招揽门生,开科选举。将军刘宗敏所忙的是拶夹降官,搜括赃款,严刑杀人。纷纷然,昏昏然,大家都像以为天下就已经太平了的一样。近在肘腋的关外大敌,他们似乎全不在意。山海关仅仅派了几千兵去镇守,而几十万的士兵却屯积在京城里面享乐。尽管平时的军令是怎样严,在大家都陶醉了的时候,竟弄得刘将军'杀人无虚日,大抵兵丁掠抢民财者也'

---

① 陶希圣:《八十自序》,《陶希圣先生八秩荣庆论文集》,食货出版社,1979,第25~26页。
② 王守稼、缪振鹏:《〈甲申三百年祭〉及其在现代史学史上的地位》,郭沫若纪念馆、中国郭沫若研究会、四川郭沫若研究会合编《〈甲申三百年祭〉风雨六十年》,第158页。
③ 宗顾:《三百年前》,重庆《新华日报》1944年3月19日第4版《新华副刊》。
④ 廖久明:《论〈甲申三百年祭〉与国共两党的关系》,《郭沫若学刊》2014年第4期。

(《甲申传信录》)了。"①两相对比,其差距可用"天壤之别"来形容:"历史是一部丰富的教科书。不同时代、不同的人会从中读出不同的感悟。毛泽东读《甲申三百年祭》,从农民战争的角度读出了李自成军由于犯胜利时骄傲的错误而导致失败的教训;国民党政府读《甲申三百年祭》,则从中读出了对自己的讥刺。"②

二 其他载体发表的 4 篇文章

其一来看看叶青的《郭沫若〈甲申三百年祭〉平议》,该文原载江西铅山《民族正气》第 2 卷第 4 期(1944 年 4 月 30 日),西安《西京日报》1944 年 5 月 16 日第 3 版、17 日第 4 版,重庆《时代青年》第 5~6 期(1944 年 5 月 31 日)进行了转载,作为首篇收入了叶青等的《关于〈甲申三百年祭〉及其他》,由此可见叶青本人和他人对该文的重视。

在这篇文章中,作者同样认为《甲申三百年祭》反映了郭沫若的"失败主义"思想:"这样,郭沫若底意思就是失败主义了,他希望抗战失败。《中央日报》在他底《甲申三百年祭》刊出后予以批评,是很有道理的。"作者甚至认为:"其实,失败主义也不是郭沫若一群人底思想,而是共产党底思想。因为郭沫若文章及随之而有的文章,皆刊于《新华日报》。这个报是共产党底机关报,其刊出那许多文章,绝非偶然,它来于共产党的宣传政策。"这真是信口雌黄:作者如果说共产党消极抗日当时也许会有人相信,但说共产党"希望抗战失败"则不可能有人相信。

在这篇文章中,作者还喋喋不休地强调"今年虽是甲申,却与三百年前的甲申大大不同":"很显然的,其间有了三百年底距离。由于这个距离,两个甲申便完全不一样了。昔之甲申,是明朝衰微达于极点之年,在其统治下的中国亦呈衰老状态,以故无力荡平内乱,抵御外侮,而造成国家灭亡之痛。今之甲申,是国民政府自北伐胜利统治全国经过许多艰苦奋斗而到再接再厉之年,在其统治下的中国为辛亥革命后屡胜反动势力的新

---

① 郭沫若:《历史人物·甲申三百年祭》,《郭沫若全集·历史编》第 4 卷,人民出版社,1982,第 195 页。
② 毛佩琦:《〈甲申〉与晚明政治的启示》,郭沫若纪念馆、中国郭沫若研究会、四川郭沫若研究会合编《〈甲申三百年祭〉风雨六十年》,第 366 页。

兴的民主共和国,它有力而且已经打倒反动势力,消灭地方割据,并发动全面抗战和长期抗战,且造成胜利在望的前途。简单地说,昔之甲申,是历史运行到下降的时代,今之甲申,是历史运行到上升的时代,绝对没有相似的地方。"同样将明末与抗战时期的中国相提并论,"将《甲申》的政治隐喻转化为明喻":"尽管《甲申》从未出现针对国民政府或将其比作明朝政府的文字,但叶青已不自觉地将国民政府和中国共产党,分别代入明朝政府和李自成领导的农民起义军的比附之中。"①

其二来看黄义本的《败战主义与"思古幽情"》,该文原载桂林《扫荡报》1944年5月4、5、6日第3版,以《评郭沫若底李自成主义》载江西泰和《尖兵》第7卷第11~12期(1944年6月25日)②,江西铅山《民族正气》第2卷第4期(1944年4月30日)③转载了该文,曾收入叶青等《关于〈甲申三百年祭〉及其他》。

该文第三部分"幽情的分析"认为郭沫若不是失败主义者:"我不是说郭沫若是失败主义者,他也在积极地打倒日本。可是他不希望国民党抗战胜利,而希望李自成成功。"第四部分"病源与方案"却说郭沫若是失败主义者:"浪漫主义是热情的,所以抗战之初,郭沫若抛妻弃雏,大有当年拜伦到希腊去从军的器械,而一般青年,大都是很兴奋的。可是浪漫主义含有唯我主义,高傲自大,自视都是伟大时代中的伟大人物,他只能发令指挥而不能耐苦工作。等到他发现自己还不曾被人看成伟大人物时,他的热情兴奋就退到了零度,而浪漫主义中的感伤主义就同时升到了沸点,于是就成为愤世嫉俗的失败主义者。"不但前后自相矛盾,认为郭沫若"不希望国民党抗战胜利"也与事实不符:《甲申三百年祭》不但写了明朝的灭亡,也写了大顺军的失败,如果因为写了明朝的灭亡便认为郭沫若"不希望国民党抗战胜利",那么写了大顺军的失败,难道就意味着希望共产党失败吗?在该文中,作者认为《甲申三百年祭》只是"在暗中指古骂今":"郭沫若怀着的幽情也有所虑忌的而说不响嘴,只能在暗中指古骂今。"遗憾的是,作者却将"郭沫若怀着的幽情"明白地写了出来:在

---

① 龚燕杰:《抗战后期以晚明历史为载体的国共论争——以〈中国之命运〉与〈甲申三百年祭〉为考察对象》,重庆中国三峡博物馆编著《长江文明》2023年第2辑,四川美术出版社,2023。
② 在该文发表时,署名黄本义,有误。
③ 该时间来自版权页,实际出版时间当在1944年5月6日以后。

"幽情的分析"一节中从三个方面强调当时的国民政府与明末完全不同。

其三来看看荒民的《国将兴听于人——关于甲申的神话鬼话》，该文收录于叶青等《关于〈甲申三百年祭〉及其他》。在这篇文章中，作者同样认为《甲申三百年祭》表达了一种"亡国思想和失败情绪"："有些人爱拿明末历史来给现在抗战建国的中国下注脚，这实在是一种极危险的亡国思想——他们把已成历史陈迹的三百年前的甲申，从故纸堆里抽取出来，用舶来的铁笔改写成'称旨'的时髦文章，企图以传奇、神话和迷信的手法各个击破人们天性中存在着的怀古与好神奇的弱点，以达到破坏现实的最大目的。思想本是应该自由的，他有这种亡国的思想，我们以为自由不得。因为亡国思想自由之日，也就是明白宣布我们国家民族以至国体国人失去一切自由之时！所以诸如此类的亡国思想和失败情绪，绝对不能任其自由散布，有之必须加以扑灭。"在该文中，作者不但列举了抗战时期的中国与明末的三点不同，还列举了"明末绝对想象不到的四大力量"，同样犯了简单比附的毛病："《甲申》巧妙而又隐晦借古喻今，以人民立场出发，否定《命运》中的晚明历史论调，也为学界建构起晚明历史的新叙事。而国民党随后组织陶希圣、叶青等对《甲申》进行反击，论调或与《中国之命运》一致，强调国民党的'正统'地位，诋毁中国共产党为'流寇'；或对郭沫若进行攻击，称其以'李岩自居'，散播'战败主义和亡国思想'。但是，国民党自始至终都无法跳出《甲申》建构的比附隐喻，显得逻辑上自相矛盾。"[1]

其四来看看张铁侠的《甲申三百年祓》，该文原载重庆《时代精神》第10卷第6期（1944年10月1日）。该文从五个方面"祓除"了"此等人以及若干相同于三百年前的社会现象"："首先该祓除的，是不要有明末党派在外患紧急中反激烈倾轧的妖象发生"；"其次该祓除的，是明末党人，因党争而妨害军事的凶象"；"再次该祓除的，是明末政治受党争的影响，弄到法纪荡然、奢淫成风、思想纷歧、行动乖张的怪现象"；"又一该祓除的是明末因党争剧烈，是非颠倒、言论纷乱的危象"；"最后该大大祓除的，是因党派之争，造成了流寇亡国的大变局"。作者不但在每部分后面都将明末的情况与抗战时期中国的情况进行对比，并且还在开篇部分写

---

[1] 龚燕杰：《抗战后期以晚明历史为载体的国共论争——以〈中国之命运〉与〈甲申三百年祭〉为考察对象》，重庆中国三峡博物馆编著《长江文明》2023年第2辑。

道:"就现在社会情形看,虽然有若干地方同于明末,可是绝不相同之处极多,尤其政府的巩固、领袖的英毅,与国际环境的优良,断非明末可比,本来用不着我们来袚,但是竟有人一退就是三百年,一心想扩大三百年前不祥的历史,就不由我不给他袚除一番了。"就史料而言,该文是所有批驳文章中最为丰富的一篇。看了该文,给人的感觉却有如作者本人所写的那样:"社会黑暗,朝廷糊涂,两臻其极,明代那得不亡。"既然如此,作者将明末与抗战时期中国的情况进行对比,作为批驳文章,实属不智。

关于《甲申三百年祭》的反驳文章,有学者认为:"姑且撇开谩骂之词不论,仅以上述的种种所谓'反驳'的内容看,都是以《中国之命运》为'思想的明灯',继续秉承着书中关于'三百年的明室,在李闯张献忠等流寇与满族的旗兵,内外交侵之下,竟以覆灭'的观点,大做文章。"[①]根据笔者的评述可以知道,《中央日报》上的两篇社论"是以《中国之命运》为'思想的明灯'",其他文章则是以两篇社论为"思想的明灯"。这种只以领袖著作为"思想的明灯"而写作的文章,怎可能跳出领袖著作的范围?那些只以发挥领袖著作而写作的文章为"思想的明灯"的人,当然只能落得个牵强附会、鼠目寸光的结局。根据陶希圣的回忆可以知道,《中国之命运》是他"依据文告之意旨,拟订纲目,佐委员长起草"的书稿,他的见识决定了《中国之命运》的见识,这一见识又以领袖的见识被国民党人奉为"圣旨",这样的"圣旨"自然影响到不敢越"圣旨"一步的人,一级一级传导下去,自然是一级不如一级,必然落得个牵强附会的结局。

实际上,《甲申三百年祭》对郭沫若最不利的文字为:"大凡一位开国的雄略之主,在统治一固定之后,便要屠戮功臣,这差不多是自汉以来每次改朝换代的公例。自成的大顺朝即使成功了(假使没有外患,他必然是成功了的),他的代表农民利益的运动早迟也会变质,而他必然也会做到汉高祖、明太祖的藏弓烹狗的'德政',可以说是断无例外。"[②] 对于这段文字,时任军事医学科学院学术委员会主任委员的秦伯益院士有这样的评价:"郭文提出这一问题,想必作者心中对现实是有所顾虑的,但未必就完全是在影射国民党。他是在普遍意义上提出的,是作为一种历史现象

---

① 谢保成:《还其本来面目》,郭沫若纪念馆、中国郭沫若研究会、四川郭沫若研究会合编《〈甲申三百年祭〉风雨六十年》,第184页。
② 郭沫若:《历史人物·甲申三百年祭》,《郭沫若全集·历史编》第4卷,第203~204页。

来提的。因此，文中用了'大凡''公例''断无例外'等词。"① 时任中国郭沫若研究会秘书长的李斌研究员结合李岩之死和郭沫若的经历得出了这样的结论："抗战即将胜利结束，延安的左派政权是否会重演 10 多年前的历史，跟极右的重庆国民党政权妥协？作为有坚定信仰和立场的知识分子，是否会成为双方妥协的牺牲品？这也许正是郭沫若通过李岩之死表达的深层隐忧。"②

---

① 秦伯益：《〈甲申三百年祭〉的一点警示》，郭沫若纪念馆、中国郭沫若研究会、四川郭沫若研究会合编《甲申三百年祭风雨六十年》，第 383 页。
② 李斌：《〈甲申三百年祭〉与郭沫若的隐微心曲》，《首都师范大学学报》（社会科学版）2016 年第 1 期。

郭沫若《甲申三百年祭》引用史料考

张舰戈[*]

摘　要：郭沫若创作的《甲申三百年祭》是一篇讨论明末农民起义的名作，历史学家郭沫若综合研究《明季北略》《明史》《剿闯小史》等众多史料，精辟分析了李自成领导农民起义成功与迅速失败的原因以及明朝灭亡的根源。郭老在文章中，以历史人物李岩为主题作了大量的论述。然而，1978年后出现了李岩是否子虚乌有的争论，对《甲申三百年祭》这篇史学论著造成了一定的负面影响。2004年河南博爱县唐村发现了康熙年间的《李氏家谱》，修正了原有史料的错误记载，进一步证实明末农民起义军将领李岩存在的真实性。在研究中国历史上的农民起义时，仅依靠正史很难得出正确结论。《甲申三百年祭》就是一篇运用各种史料，对李自成领导农民起义失败作出准确评价的史学论著典范。

关键词：郭沫若；《甲申三百年祭》；李岩；史料

2024年3月是郭沫若发表史学名作《甲申三百年祭》80周年，也是明朝灭亡380年之际。在明朝后期的社会发展进程中，崇祯甲申年是极为动荡的一年。明朝的覆灭、李自成领导农民起义的成功与迅速失败、清军入关等重大历史事件，都发生在这一年，对后世产生了巨大影响。马克思主义史家郭沫若在崇祯甲申年后的第五个甲申年（1944年）发表了讨论李自成农民起义和明朝灭亡的史学大作《甲申三百年祭》，该文正文16000余字，主要引用《明季北略》《明史》《剿闯小史》《甲申传信录》《明亡述略》《烈皇小识》等六种史籍。从这些纷繁复杂的历史记录中，郭沫若细心研究考证，精辟分析论述了李自成领导农民起义的成功与迅速失败的原因以及明朝灭亡的根源，其历史教训深刻、意义重大。

---

[*] 张舰戈，中国社会科学院历史理论研究所助理研究员。

《甲申三百年祭》是一篇运用唯物史观，分析古代农民起义的史学论著。文章自发表以来多次出版，产生了巨大的社会影响，曾多次受到党和国家领导人的高度评价和赞誉。1944年4月，毛泽东在《学习和时局》中指出："全党同志对于这几次骄傲、几次错误，都要引为鉴戒。近日我们印了郭沫若论李自成的文章，也是叫同志们引为鉴戒，不要重犯胜利时骄傲的错误。"① 面对新时代中国共产党领导中国人民取得社会主义建设的巨大成就，我们仍然要保持戒骄戒躁、居安思危、清正廉洁的优良传统作风。

　　本文拟对郭沫若撰写《甲申三百年祭》引用的史料进行梳理和探究。有人认为《甲申三百年祭》引用的史料，有很大一部分不属于所谓的"正史"，把《明史》以外的《明季北略》《剿闯小史》《甲申传信录》等五种史料视为野史、稗史之流，用这些所谓的"野史"材料，分析李自成领导的农民起义问题是不正确和不全面的认识，特别是否定李岩在历史上的存在。这些错误的观点和认识，对《甲申三百年祭》产生了一些的负面影响。直到2004年发现了李岩存在的真实史料，佐证了郭沫若利用各种史料研究农民起义问题的正确性。

一　《甲申三百年祭》的时代背景

　　为纪念李自成领导的农民起义取得胜利，推翻明王朝三百周年，郭沫若于1944年3月撰写了史学名作《甲申三百年祭》，发表在1944年3月19日至22日的重庆《新华日报》上，连载四期。文章首先大量引用《明史》《明季北略》等史料，较为详细地分析了李自成领导农民起义成功与失败的原因：明朝灭亡前官场腐败、灾荒连年、盗寇四起、民不聊生等社会现状，这些问题的积累，为李自成领导农民起义成功创造了客观条件；李自成用人得当，生活简朴，军队纪律严明，成功推翻了大明王朝，建立了大顺政权。其次，在文章的后半部分主要引用《剿闯小史》《甲申传信录》等史料，概述李自成进京后，绝大部分起义军将领、士兵被胜利冲昏头脑，肆意挥霍，恣意妄为，但有一位高级将领李岩是清醒的，可惜兵败后被李自成听信谗言所杀。李自成领导的农民起义军在京城度过了奢靡的

---

① 《毛泽东选集》（第三卷），人民出版社，1991，第948页。

40多天，后被吴三桂及清军追杀，迅速失败，李自成命殒九宫山。李自成领导的农民起义"无论怎么说都是一场大悲剧。李自成自然是一位悲剧的主人，而从李岩方面来看，悲剧的意义尤其深刻"①。

重庆《新华日报》是抗日战争和解放战争初期中国共产党在国民党统治区创办发行的宣传报刊。《甲申三百年祭》发表后，在社会上引起了强烈反响。国民党政府及有关人员对郭沫若进行了批判攻击，郭沫若称，"二十四日国民党《中央日报》专门写一社论，对我抨击。国民党反动派的尴尬相是很可悯笑的"②。《甲申三百年祭》传到革命圣地延安后，受到党中央及毛泽东等领导人的高度重视。同年4月18~19日的延安《解放日报》全文连载《甲申三百年祭》；6月延安党中央宣传部、军委政治部联合单册印刷发行，并把它作为整风学习的重要文件，号召全体解放区的党员干部人民群众，认真学习，清醒认识，不要被胜利冲昏头脑；11月毛泽东给郭沫若复信说："你的《甲申三百年祭》，我们把它当作整风文件看待。小胜即骄傲，大胜更骄傲，一次又一次吃亏，如何避免此种毛病，实在值得注意。"③

二 《甲申三百年祭》参考史料梳理

郭沫若撰写的《甲申三百年祭》主要参考引用了《明季北略》《明史》《剿闯小史》《甲申传信录》《明亡述略》《烈皇小识》等六种史料，在这些史料中，只有《明史》是正史，其他都是一些稗史、野史、笔记小说等。而《明史》中只有《流贼传》记录明末农民起义较为详细，如果仅依靠《明史》的记载来研究李自成领导农民起义的问题，难以全面反映其全貌。加之官方主持修纂前朝正史，统治阶级对农民起义的记载和评论更缺乏实事求是的记录和客观公正的评价。《甲申三百年祭》则依靠各类史料，全面分析，对李自成领导农民起义的胜利及失败做出了客观正确的评价。

《明季北略》是郭沫若撰写《甲申三百年祭》参考引用最多的史籍之一，主要引用有关农民起义的内容有《李自成伪檄》《马懋才

---

① 郭沫若：《甲申三百年祭》，人民出版社，2004，第30页。
② 郭沫若：《甲申三百年祭》，第32页。
③ 龚济民、方仁念：《郭沫若年谱》上卷，天津人民出版社，1982，第469页。

〈备陈大饥疏〉》《钱士升论李琎搜括之议》《十六癸酉载金入秦》《马世奇入封》《牛宋降自成》《李岩作劝赈歌》《李自成败而复振》《李岩归自成》《李岩说自成假行仁义》《李自成起》《李自成入北京内城》《四月三十日自成西奔》《李岩谏自成四事》《宋献策等归自成》《李自成死罗公山》等。引用原文24次，达3700余字，占《甲申三百年祭》全文的20%，《明季北略》是郭沫若研究李自成农民起义的重要史料。

《明史》中涉及明末农民起义较多的是《流贼传》，传中将李自成和张献忠归入"流贼"中，对其负面的记载较多。郭沫若对《明史》中关于农民起义问题的记载做了深入细致的研究，特别是在《甲申三百年祭》中，参考引用《明史·流贼传》的内容达13次，700余字。多次引用《明史》对李自成个人形象的描述，如"不好酒色，脱粟粗粝，与其下共甘苦"[1] "每三日亲赴教场校射"[2] "西掠米脂，呼知县边大绶，曰：'此吾故乡也，勿虐我父老。'遗之金，令修文庙"[3] 等等，塑造了一个农民起义领袖的形象。在阐述起义军纪律方面，使用了"军令不得藏白金，过城邑不得室处，妻子外不得携他妇人。寝兴悉用单布幕……军止，即出校骑射，日站队。夜四鼓，蓐食以听令"[4] "马腾入田苗者斩之"等材料，[5] 说明起义军进入北京城以前，是一支军纪严明的优秀队伍。但这样一支纪律严明的队伍在推翻明朝统治后在胜利面前迷失了方向："在过短的时期之内获得了过大的成功，这却使自成以下如牛金星、刘宗敏之流，似乎都沉沦进了过分的陶醉里去了。进了北京以后，自成便进了皇宫。丞相牛金星所忙的是筹备登极大典，招揽门生，开科选举。将军刘宗敏所忙的是拶夹降官，搜括赃款，严刑杀人。纷纷然，昏昏然，大家都像以为天下就已经太平了的一样。近在肘腋的关外大敌，他们似乎全不在意。山海关仅仅派了几千兵去镇守，而几十万的士兵却屯积在京城里面享乐。"[6]

《明季北略》作者计六奇（1622~?），明末清初史学家，江苏无锡人，

---

[1] （清）张廷玉等：《明史》卷三百九《流贼传》，中华书局，1974，第7960页。
[2] （清）张廷玉等：《明史》卷三百九《流贼传》，第7962页。
[3] （清）张廷玉等：《明史》卷三百九《流贼传》，第7955页。
[4] （清）张廷玉等：《明史》卷三百九《流贼传》，第7959~7960页。
[5] （清）张廷玉等：《明史》卷三百九《流贼传》，第7964页。
[6] 郭沫若：《甲申三百年祭》，第21~22页。

另有《明季南略》《南京纪略》等著作。《明季北略》24卷，共31万余字，主要记载从万历二十三年（1595）女真在东北兴起，至崇祯十七年（1644）吴三桂引清军入关李自成兵败而死为止。书中按编年分卷，卷内则以纪事本末体按事件分立600余个详目，如卷一记"万历二十三年乙未至四十八年庚申止"，下立《建州之始》《清河城陷》《红丸一案》《熊廷弼经略辽阳》等篇目，对李自成进京后的记事基本按日编排，更为详细。全书通过记事阐述了明末崇祯年间的社会状况——自然灾害频繁、民不聊生，农民起义兴起、社会动荡不安，官场腐败、经济崩溃，对农民起义的起因及发展过程有比较详细的记载和论述，特别是对李自成领导的起义军的记载占全书的一半之多，为研究明末清初农民起义的成败，提供了全面详细的史料。

《剿闯小史》是郭沫若撰写《甲申三百年祭》时参考引用的第三种重要史料，引用5次、1300余字。1944年2月郭沫若开始撰写《甲申三百年祭》前，曾写信给史学家翦伯赞咨询有关史料："近于友人处得见一乾隆年间之抄本《剿闯小史》写李自成事颇详，甚引起趣味。有李信一名李岩者，乃河南举人，参加当时活动。此人尤有意思。关于此时期之史料，兄谅知之甚悉。除《明亡述略》曾略见李信外，它尚有所见否？乞示知一二，为感。"[①]《剿闯小史》又名《剿闯通俗小说》《李闯王》等，是一部明代历史演义小说，作者西吴懒道人。此小说共十回，主要讲述李自成领导农民起义的故事，其中对历史人物李岩的记载较多，他也是《甲申三百年祭》中赞美的正面核心人物之一。"在过分的胜利陶醉当中，但也有一二位清醒的人，而李岩便是这其中的一个。《剿闯小史》是比较同情李岩的，对于李岩的动静时有叙述。"[②]

《甲申传信录》是一部社会见闻叙事史籍，由明末清初钱士馨撰写，分10卷，主要描述崇祯甲申年作者在北京的见闻、传闻等，比较详细地记载了崇祯甲申事变的始末。书中记事按日编排，对李自成攻占北京前后的记载比较真实可靠，是研究明末农民起义战争的重要参考史料之一。郭沫若在撰写《甲申三百年祭》中，引用《甲申传信录》9次、260多字。其中，在描述李自成进京后的社会混乱现状时，引用《甲申传信录》的记

---

① 《郭沫若同志给翦伯赞同志的信和诗》，《北京大学学报》（哲学社会科学版）1978年第3期。
② 郭沫若：《甲申三百年祭》，第22页。

载:"杀人无虚日,大抵兵丁掠抢民财者也。"①

除以上四种史籍外,《甲申三百年祭》还参考了《明亡述略》和《烈皇小识》等史料。《明亡述略》是清代初期的一部杂史,作者不详,该书上卷主要记述崇祯朝的灭亡、李自成起义的失败,下卷记述南明政权的建立及灭亡等内容,对研究明末农民起义有补助作用,《甲申三百年祭》引用2次、130余字。《烈皇小识》是明清之际的文秉所著,是一部记事杂史,全书8卷,主要记述崇祯皇帝从即位到自缢以及李自成推翻大明到败亡的全部过程,对明末党争、甲申事变、李自成起义、清兵入关等事件都做了较为详细的记载,《甲申三百年祭》引用2次、100余字。

综上所述,郭沫若在撰写《甲申三百年祭》时,精心研读与农民起义相关的各种历史资料,运用马克思主义唯物史观,分析农民起义的性质、起因、过程、结果等,对中国农民起义的胜利与失败做出了准确的判断和评价。

三 对历史人物李岩的争论

在《甲申三百年祭》中,有一个重要历史人物——李岩。他是李自成领导农民起义的重要将领,在官职上仅次于牛金星、宋献策、刘宗敏等人,大量史书及民间传说中都涉及李岩。在《甲申三百年祭》中,郭沫若对李岩的论述有10000多字,占全文总篇幅的四分之三。可以说,李岩是《甲申三百年祭》中的灵魂人物。但这样一位重要的农民起义军将领,却因为史籍少有记载,学界对于李岩是否真实存在这一问题产生争论。如果历史上没有李岩的存在,那么《甲申三百年祭》这篇史学名著也就黯然失色了——用大量的篇幅讨论一个"子虚乌有"的人物,并以之来研究论述中国农民起义的历史,也就失去了意义。但在1944年郭沫若撰写《甲申三百年祭》时,学界并没有关于李岩是否真实存在这一问题的争论,在《甲申三百年祭》发表两年后,郭沫若还专门写了一篇小文章《关于李岩》。

关于李岩,《明史·流贼传》是这样记载的:"杞县举人李信者,

---

① (明)钱士馨等:《甲申传信录(外四种)》,文津出版社,2020,第112页。

逆案中尚书李精白子也，尝出粟赈饥民，民德之曰：'李公子活我。'会绳伎红娘子反，掳信，强委身焉。信逃归，官以为贼，囚狱中。红娘子来救，饥民应之，共出信。"① 说明李信又名李岩，河南杞县人，明尚书李精白之子。《明季北略》也记载："李岩，开封府杞县人。天启七年丁卯孝廉，有文武才。弟牟，庠士。父某，进士，故世称岩为李公子。家富而豪，好施尚义。"② 另外，众多史籍中都有关于农民起义军将领李岩的记载，不像是由某些史学家、小说家等有意杜撰的人物。

清代否认李岩存在的史料主要有以下两种记载。

一是，明末清初诸生郑廉，曾被李自成农民起义军俘虏。他在后来所著的《豫变纪略》中写道："予于诸书纪豫处，颇效忠告焉。……如杞县李岩则并无其人矣。予家距杞仅百余里，知交甚夥，岂无见闻？而不幸而陷贼者，亦未闻贼中有李将军杞县人。不知《明季遗闻》何所据而为此也？而《流寇志》诸书皆载之，不知其为乌有先生也。"③

二是，康熙三十二年（1693）的《杞县志》中有《李公子辩》一文，明确记载：杞县不存在李岩这一历史人物，明朝尚书李精白的后代中也没有李岩。

1944年郭沫若发表《甲申三百年祭》后，在古代农民起义的研究中引起了巨大反响，但对历史人物李岩是否存在这一问题，当时并没有多少争论。直到1978年前后，历史学家顾诚教授发表了《李岩质疑》一文，从而引发争论。"无庸讳言，在没有见到可靠的第一手材料以前，我是不相信在明末农民战争中曾经有过李岩这个人物的。"④ 后来他又再次发表《再谈李岩问题》一文，谈道："关于李岩的问题，我仍然希望史学界的同志们能发掘更多的材料，使这个三百多年的悬案得到解决。"⑤ 研究明清史的专家顾诚质疑历史上存在李岩，这在当时影响极大。

河南文学家栾星专门写了《李岩之谜——甲申史商》一书，其序言中

---

① （清）张廷玉等：《明史》卷三百九《流贼传》，第7956页。
② （清）计六奇：《明季北略》卷十三《李岩归自成》，中华书局，1984，第225页。
③ （明）郑廉：《豫变纪略》，浙江古籍出版社，1984，序言第1~2页。
④ 顾诚：《李岩质疑》，《历史研究》1978年第5期。
⑤ 顾诚：《再谈李岩问题》，《北京师范大学学报》（社会科学版）1979年第2期。

指出："恕我直率，有一些篇章里驳正了郭老的《甲申三百年祭》一文。《甲》文是篇影响很大的文章，自发表到现在，或用作干部读物，或列为学校教材，久行不辍。然史实失考，终不能掩。"①后来，栾星又在《李岩之谜——甲申史商》的基础上，增订出版《甲申史商》一书："综观上文所述，甲申史籍中的李岩事迹，半为南国传闻，半为小说家虚构。同时代的杞县人不承认他的乡贯，曾在义军中生活过的郑廉专门辟谣，颍州人又据李氏家谱否认他是李精白的儿子。一面知情人坚执说他是子虚乌有，一面他被甲申史籍写得热闹异常。这是李岩之谜的表征。"②栾星在这两部书中列举了大量史料，证明"李岩"并不存在，是小说家杜撰的历史人物。

总之，对于李岩的争论所依据的基本是各种史书，各家所用史籍不同，得出的结论也各不相同。直到2004年河南省博爱县史志办发现康熙五十五年（1716）的唐村《李氏家谱》后，才对历史人物李岩有了一个比较清晰的认识和准确的结论：在李自成领导的农民起义军将领中，李岩是真实存在的，绝非虚构之人。"关于李岩的籍贯，最近在河南博爱县发现《李氏家谱》记载，博爱县唐村人李春茂第四子李信字岩，生于万历三十四年（1606），科考贡生。叔父李春玉字精白，以李信为嗣。崇祯十三年（1640）李岩与堂弟李牟参加了农民军，崇祯十七年同被李自成冤杀，年三十九。由于李岩在杞县粮行经商，其父李春玉字精白，故误传为明兵部尚书李精白。"③

博爱县唐村《李氏家谱》比较清晰地记载了李氏家族的世系：李岩的祖父李政德，生一子。李岩生父李春茂，以习武传拳、教书经商为生，生四子，李伦、李仲、李俊、李信。李信，字岩，贡生，文武双全。生于万历三十四年，卒于崇祯十七年。配陈氏、孔氏，生一子（李元斌）少亡。李岩的二祖父李政善，生一子，李春玉，字精白，无子，过继李岩为嗣子。李精白随父李政善在开封府、杞县做粮油商行生意，李岩随李精白在杞县经商。李岩的三祖父李政修，进士，官至礼部郎中，生一子李春华，贡生。另外，唐村还存有李岩家族的老宅、族墓等。这些家谱及古迹证明了农民起义军将领李岩存在的真实性。论文《李岩故里、家世与身

---

① 栾星：《李岩之谜——甲申史商》，中州古籍出版社，1986，序第1页。
② 栾星：《甲申史商》（增订本），中州古籍出版社，1997，第167~168页。
③ 陈生玺：《再论李岩其人——顾诚〈李岩质疑〉辨误》，《文史哲》2020年第5期。

世考实》①《博爱唐村李岩故里调查》②《李岩籍贯与陈氏太极拳源流新说——康熙五十五年唐村〈李氏家谱〉的发现及其价值》③ 等都对李岩的身世、参加农民起义军的经过等问题，做了较为详细的探讨和研究。

通过对李岩问题的梳理可知，《明史》《明季北略》等史料记载有误。李岩不是杞县人，是博爱县唐村人。早年曾随叔父李春玉（字精白）在杞县做过粮油生意。史料中记载的明朝尚书李精白，并不是李岩的叔父李精白，两者仅同名而已。博爱县唐村的《李氏家谱》等史料，可以修正以前史料中的错误之处，也再次证明《甲申三百年祭》中的灵魂人物李岩是真实存在的。

结　语

历史学家郭沫若对《明季北略》《明史》《剿闯小史》等众多史料进行综合研究，阐述了李自成领导农民起义成功与迅速失败的原因，并对明王朝灭亡的根源做了深入的分析。通过对《甲申三百年祭》参考史料的梳理分析可知，在探讨中国历史上农民起义时，仅依靠正史很难得出对农民起义的准确评价，只有对正史、野史、家谱、小说等各种史料进行综合研究，才能得到较为准确的评价及结论。《甲申三百年祭》就是一篇运用各种社会史料，对李自成领导农民起义失败做出准确评价的史学论著典范。从1944年至今，历经80多年，《甲申三百年祭》被多次印刷出版，得到毛泽东等国家领导人的高度评价与赞赏，产生了巨大的社会影响。

我国社会主义发展也同样是一条曲折的道路。回顾中国共产党的奋斗成长史，同样是历尽艰险、排除万难。1921年中国共产党在嘉兴一条"红船"上诞生；1928年毛泽东、朱德在重峦叠嶂的井冈山上初露锋芒；1934年至1936年中国工农红军经过二万五千里长征的洗礼；1937年至1947年中国共产党在革命圣地延安挥手全国；1948年我们党从西柏坡走向中南海，中国人民从此站起来了。毛泽东曾说："治国就是治吏。礼义廉耻，

---

① 王兴亚：《李岩故里、家世与身世考实》，《焦作师范高等专科学校学报》2008年第1期。
② 程峰：《博爱唐村李岩故里调查》，《中原文物》2007年第4期。
③ 王兴亚、李立炳：《李岩籍贯与陈氏太极拳源流新说——康熙五十五年唐村〈李氏家谱〉的发现及其价值》，《中州学刊》2005年第4期。

国之四维。四维不张，国之不国。如果一个个都贪污无度，胡作非为，而国家还没有办法治理他们，那么天下一定大乱，老百姓一定要当李自成。国民党是这样，共产党也是这样……我们共产党不是明朝的崇祯，我们决不会腐败到那种程度。"[1] 中国共产党带领全国人民浴血奋战、敢于牺牲、顽强拼搏，创立了富强文明的新中国。

时代在发展，人类在前进。重温郭沫若史学论著《甲申三百年祭》意义重大，它告诫、鞭策我们要以史为鉴，戒骄戒躁，天下为公，继往开来，为实现新时代中华民族伟大复兴的中国梦而不懈奋斗。

---

[1] 本书编写组：《深入开展"三严三实"专题教育》，人民出版社，2015，第36页。

文学研究

郭沫若历史剧《屈原》戏曲改编的"全景图"

何 俊*

摘 要：郭沫若的历史剧《屈原》兼具戏曲之形和话剧之神，是一部杂糅了中国古典戏曲美学因素、融入了审美内涵的大众性与民间性的"剧诗"。自诞生以来，它先后被十多个戏曲剧种改编并搬上舞台，相关移植在20世纪50年代达到高潮。这一大规模的改编和搬演一方面跟1953年举办的纪念世界文化名人屈原的活动存在紧密关联，其间屈原作为"人民诗人"的形象在戏曲中进一步确立；另一方面也契合当时国内风行的话剧与戏曲双向学习的戏剧文化征候，可算得上是推动话剧和戏曲融合贯通、携手共进的经典案例。

关键词：郭沫若；《屈原》；戏曲改编

20世纪40年代初是郭沫若戏剧创作的爆发期，他在1941年末至1944年初创作了包括《屈原》在内的一系列优秀话剧，它们在艺术审美层面具有史剧、悲剧和诗剧合一的突出特征。[①] 除了在话剧舞台上搬演，这些剧作在1949年后更是突破文本局限，以连环画、影视、戏曲等多模态乃至跨媒介的改编形式延续了其生命力，促成了其经典化。本文旨在梳理《屈原》的戏曲改编情况，考察这个本来就强烈地渗透了戏曲因子的话剧在各个戏曲剧种中的文本改编及其舞台搬演，并探究这一过程中的政治书写和戏剧文化征候。

一 话剧《屈原》与中国戏曲美学传统

无论改编成哪一剧种，改编后的戏曲《屈原》都在很大程度上袭用了

---

* 何俊，西南交通大学外国语学院副教授。
① 胡星亮：《论郭沫若话剧对戏曲艺术的借鉴》，《文艺理论与批评》2000年第3期。

历史剧《屈原》的台词（唱词）。这出戏剧之所以能较为直接地为戏曲所用，一个重要的原因在于其本身就具有浓郁的戏曲因子。早在20世纪30年代，阿英在评价郭沫若的《三个叛逆的女性》时就指出："关于沫若的戏剧可以得到一个简单的结论，就是《三个叛逆的女性》意义是伟大的，技巧也很好，只是有一些疵病，旧戏的色彩太浓重了。"① 如果换一种视角的话，阿英眼中的郭沫若历史剧创作的不足未尝不可以视为一种亮点。事实上，针对阿英所谓郭沫若话剧中戏曲色彩浓郁的"疵病"，学界近年来也有不少研究成果涌现。

（一）作为"剧诗"的戏剧《屈原》

我国现代著名戏剧理论家张庚率先提出了"剧诗"这一概念，认为"戏曲是诗"②。苏国荣认为"我国的剧诗是有声之诗。它由'歌诗''舞诗''弦诗'等数种'声诗'融合而成，是诗与歌、舞、乐的结合"③。与"诗剧"相比，"剧诗"这一概念恰好突出的是中国传统戏曲的"曲性"与诗性，而非"剧性"。④ 中国戏曲的一大特色在于深得传统水墨画的神韵，能营造一种写意空间，抒发一种"形简而意丰"的写意精神。⑤ 郭沫若的多部话剧"如盐融水不着痕迹"般地融合了戏曲的元素，这一点在《屈原》上面表现得尤为明显。从这个意义上说，郭沫若创作的《屈原》等历史剧首先是诗，其次才是戏剧，称得上名副其实的"剧诗"。话剧《屈原》其实也是一个"诗、乐、舞"三位一体的艺术典型，多个场景都融入了歌舞成分，而载歌载舞此后也成为郭沫若话剧创作的重要组成部分。《屈原》中的"九歌"、"礼魂"、音乐、舞蹈、歌唱，加上历史剧独特的吟哦式的大段独白共同构成剧情，同时又以一种近乎传统山水画的"晕染"笔法，渲染了舞台氛围，使其更加形象化，更富有戏曲舞台的意象和神韵。从这个角度来说，郭沫若在《屈原》等历史剧中创造性地融入大段歌词或曰唱词，可谓"别有幽怀"。这些歌词或唱词不仅起到了抒发主人公胸臆的作用，很多时候还具有叙事效果，直接推

---

① 阿英：《阿英全集》第2卷，安徽教育出版社，2003，第52页。
② 张庚：《关于剧诗》，《张庚戏剧论文集》，文化艺术出版社，1984，第164页。
③ 苏国荣：《中国剧诗美学风格》，上海文艺出版社，1986，第5~6页。
④ 沈庆利：《现代视界与传统魅惑——重读郭沫若历史剧〈屈原〉》，《中国现代文学研究丛刊》2009年第4期。
⑤ 余永春：《戏曲之形与话剧之神的纠葛——论郭沫若史剧与戏曲的关系》，《广东技术师范学院学报》2016年第9期。

动了情节进展，从而使歌词或唱词呈现另一种形式，并与剧本形成某种程度上的"互文"。① 郭沫若在剧本中融入诸多歌词或唱词，体现了对话剧剧本传统的越界，创造出一种打破话剧（新剧）与歌词或唱词（旧剧、戏曲）两种文体边界的"复调"景象。② 另外，这些歌词或唱词经过了精心锤炼，具有抑扬顿挫的节奏和朗朗上口的韵律，别有一番诗词趣味和诗体节奏，这不仅大大增加了作品的语言美感，而且进一步提升了剧作的戏曲风韵。在此，不难窥见三大文学体裁——戏剧、叙事文学和诗歌的互相渗透。剧本不仅呈现一个文字可观的视觉世界，也呈现一个歌词可咏的声音世界，从而使文本话语充满叙事张力。③ 捧读《屈原》等郭沫若的历史剧剧本，经常会有这样一种感觉油然而生：文本如此有感染力，光是默读可能觉得还远远不够，似乎要放声吟哦或者引颈高歌才有感觉。可见，郭沫若在新编历史剧中的歌词书写并非题材选择上的偶然，而是一种艺术探索上的必然。④

有学者认为，《屈原》中充盈着作为文化深层内涵的戏曲审美心理定势，主要表现为三个维度：一是历史悲情中"忠奸对立"的古老原型和"贤臣昏君"的传统模式；二是女性视角下"奸佞（后妃）祸国"的经典叙事以及与英雄崇拜如影随形的"贞女牺牲"；三是迎合大众文化心理期待和审美意向、契合中国传统戏曲美学特征的"政治剧诗"。⑤ 这些传统戏曲文化因子和接受影响模式虽有老套之嫌，乃至很多时候流于一种刻板印象，但它也孵化或者凝练成一种程式化的"观看—反应"模式，⑥ 可以在尽可能短的时间内引发强烈的接受效果。

（二）《屈原》审美内涵的大众性与民间性

以《屈原》为代表的郭沫若话剧与传统戏曲之间存在密切的深层关

---

① 张明、赵树勤：《论郭沫若新编历史剧中的歌词书写——以〈棠棣之花〉〈虎符〉〈屈原〉为例》，《四川戏剧》2022年第3期。
② 张明、赵树勤：《论郭沫若新编历史剧中的歌词书写——以〈棠棣之花〉〈虎符〉〈屈原〉为例》，《四川戏剧》2022年第3期。
③ 张明、赵树勤：《论郭沫若新编历史剧中的歌词书写——以〈棠棣之花〉〈虎符〉〈屈原〉为例》，《四川戏剧》2022年第3期。
④ 张明、赵树勤：《论郭沫若新编历史剧中的歌词书写——以〈棠棣之花〉〈虎符〉〈屈原〉为例》，《四川戏剧》2022年第3期。
⑤ 沈庆利：《现代视界与传统魅惑——重读郭沫若历史剧〈屈原〉》，《中国现代文学研究丛刊》2009年第4期。
⑥ 刘奎：《情感教育剧：〈屈原〉的形式与政治》，《文学评论》2017年第2期。

联，这也决定了其审美内涵和接受美学上的大众性与民间性。郭沫若在《屈原》中将新剧和旧戏"熔一炉而炼之"，也绝非突发奇想，而是与当时的时代、社会和文化征候存在紧密联系的。1940年，郭沫若参与了当时轰轰烈烈的有关民族形式的大讨论，并在《"民族形式"商兑》一文中不具名地引用了毛泽东《论中国共产党在民族战争中的地位》对"中国气派""中国作风"的相关论述。[1] 郭沫若试图在士大夫传统、民间形式与外来形式等维度之间寻找某种平衡，进而创造一种他理解的较为合适的"民族形式"，而"中国气派""中国作风"无疑是这一"民族形式"的重要组成部分。在郭沫若看来，中国新文艺是综合中国民间文艺、士大夫文艺和外来文艺的新创造，即"从民间形式取其通俗性，从士大夫形式取其艺术性，而益之以外来的因素"[2]。除了这个形而上的层面，郭沫若也有形而下的、实际操作层面的考量：要想让《屈原》尽可能地引发井喷效应，尽可能多地吸引观众，进而团结和动员他们掀起反蒋抗日高潮，就要"考虑战时民众教育与社会动员的实际需求，这既包括重庆这个内地城市文化新旧杂糅的特征，也包括动员对象文化程度的差异"[3]。

一个尽人皆知的事实是，自古以来传统戏曲部分扮演了家庭和学校教育的功能，承担了伦理教化的社会化功能，可以帮人辨别真善美和假恶丑，甚至树立正确的社会观、人生观和价值观，积累了一套较为有效的启蒙和教育程式。正因如此，一方面，五四以来的新式文人不遗余力地大声疾呼改良戏剧，另一方面又尽可能利用传统戏曲的坚实群众基础和广泛而深入的教化功能。尤其是就《屈原》而论，郭沫若不仅敏锐地把握住了时代的脉搏，借着古人之口喊出了时代的强音，而且巧妙地将"爱国""革命""抗日"等最具"现代性"的宏大历史叙事与深藏在民间的古老文化传统，特别是传统戏曲的审美心理定势融为一体。[4]

---

[1] 刘奎：《情感教育剧：〈屈原〉的形式与政治》，《文学评论》2017年第2期。
[2] 郭沫若：《"民族形式"商兑》，《郭沫若全集·文学编》第19卷，人民文学出版社，1992，第34页。
[3] 刘奎：《情感教育剧：〈屈原〉的形式与政治》，《文学评论》2017年第2期。
[4] 沈庆利：《现代视界与传统魅惑——重读郭沫若历史剧〈屈原〉》，《中国现代文学研究丛刊》2009年第4期。

二 《屈原》在各种戏曲里的改编

郭沫若的《屈原》自创作完成以后的第二年就有戏曲改编本出现，但20世纪40年代的改编情况仍在少数；相关改编到50年代方才出现高潮迭起的状况，成为一种政治文化征候，而这跟1953年在中南海怀仁堂举行的、作为新中国重要的政治文化仪式的世界文化名人屈原（与波兰天文学家哥白尼、法国作家与人道主义者拉伯雷、古巴作家及民族斗争英雄何塞·马蒂并列）纪念活动有着紧密关联。

（一）1953年以前的《屈原》戏曲改编

郭沫若的《屈原》在1942年元月完成后，次年在延安解放区就出现了首个京剧改编本。它由中央党校六部俱乐部主任何效宁改编，1944年夏由中央党校六部主演，齐燕铭导演，党校学员方线饰演屈原、吴瑜饰南后、教员李复饰婵娟、学员郑军饰靳尚、王昭饰张仪，延安平剧研究院简朴饰宋玉。[1] 1952年7月，张韵笙根据郭沫若剧本改编了另一个《屈原》京剧版，经劳动人民京剧团改编小组集体修改上演，乃云南省1955年第一届戏曲观摩演出大会演出剧目。[2]

影响较大的关中"八一剧团"团长袁光1946年改编的秦腔《屈原》，首演于陕甘宁边区。袁光饰屈原，张长宝、张志光饰婵娟，王小民饰宋玉，张托饰子兰公子，张安邦饰楚怀王，屈映民饰张仪，马平治饰南后，王群定饰靳尚。[3] 全剧共分十场，基本遵照郭沫若的原剧本。该剧也同话剧本一样，有着较强烈的现实意义，抒发了当时革命形势风起云涌背景下人民群众的忧国反蒋之情。

与张爱玲齐名的民国才女苏青（原名冯允庄）1953年创作六幕十一场越剧《屈原》，这恐怕是郭沫若《屈原》戏曲改编版中最负盛名、最有影响力的一个。但这并非《屈原》的首个越剧改编本。事实上，1952年就曾有一个越剧改编本《楚宫怨》上演，这里就要提到越剧名家丁赛君（原名丁水芬）及其领衔的天鹅越艺社。丁赛君1946年参加袁雪芬

---

[1] 任葆琦主编《戏剧改革发展史》（上册），中央文献出版社，2016，第224~225页。
[2] 《中国剧目辞典》扩编委员会扩编《王森然遗稿》，河北教育出版社，1997，第418页。
[3] 雒社扬、甄亮编著《延安戏剧家（三）》，陈彦、甄亮主编《延安文艺档案·延安戏剧》第3册，太白文艺出版社，2015，第1254页。

领衔的雪声剧团，此后又成为范瑞娟、傅全香领导的东山越艺社的一员，1951年加盟天鹅越艺社。该剧社因为常聚在上海天鹅阁咖啡馆商谈，加上原定首演剧目是改编柴可夫斯基的《天鹅湖》，故而得名。[①] 1952年2月23日（正月初一），经上海市文化局批准，该剧社正式挂牌首演于九星大戏院，首演剧目因故改为根据郭沫若话剧本《屈原》改编的《楚宫怨》。[②] 据丁赛君自陈，《孔雀东南飞》《钗头凤》《楚宫怨》等是她最喜欢演也最满意的几个戏曲剧目，可见《楚宫怨》也称得上是其代表作。《楚宫怨》编导为章策，五幕八场。跟后面要提到的曲剧《屈原》一样，《楚宫怨》里的婵娟也没有牺牲，而是在屈原投水自尽后高喊"我要报仇"。

（二）1953年后的《屈原》京剧和越剧改编

《屈原》在各个剧种中的戏曲改编大多发生在20世纪50年代中后期，这跟1953年举行的世界文化名人屈原逝世2230年纪念活动不无关系，这一年的端午节在全国范围内都被定名为"诗人节"[③]。从这个意义上说，该年度出现了对屈原的"双重纪念"，而中央人民广播电台播送的赵丹朗诵话剧《屈原》中的《雷电颂》片段也成为纪念活动的组成部分。纪念屈原一方面向世界展示了新中国珍视传统文化，而且要将这一传统文化纳入世界文学之林，亦即"发明社会主义世界文学传统"的态度；另一方面表现出屹立于世界民族之林的新中国保卫世界和平的责任担当。[④] 在这一盛大活动的背景下，中国青年艺术剧院首先演出了由郭沫若编剧，陈鲤庭导演，赵丹、白杨主演的话剧《屈原》。随后，刚刚自组了"啸声京剧团"的"四大须生"之一奚啸伯响应北京文艺界传统戏、新编历史戏与现代戏"三并举"的文艺创作方针，排演了京剧《屈原》。该剧由赵循伯改编，全剧共十三场，分别为"画策""夺稿""进谗""拒谏""毒计""怨秦""败绩""劓鼻""贿赂""陷害""招魂""斥奸""出亡"。[⑤] 十三场的内容铺陈开阔，是笔者所见《屈原》剧本中场次第二多的，也是出场人物最多的，但真正围绕屈原来写的内容并不

---

① 卢时俊、高义龙主编《上海越剧志》，中国戏剧出版社，1997，第83页。
② 卢时俊、高义龙主编《上海越剧志》，第83~84页。
③ 俞樟华等：《史记人物故事嬗变研究》，吉林人民出版社，2008，第219页。
④ 钦佩：《政治仪式、文化遗产与国族认同——1952—1963年间新中国文艺界"世界文化名人纪念"考察》，《文艺理论与批评》2022年第4期。
⑤ 赵循伯改编《屈原》，上海文化出版社，1957。

多，导致主题人物及其情节发展不够集中。比如第一场"画策"将原剧中作为幕后交代的秦国派张仪前来楚国游说的背景写实；又如原剧中南后对魏美人的陷害只是借靳尚和南后的对话旁述，而改编后的京剧加入了魏美人这个人物，还不惜插入"毒计""劓鼻"两场专门演绎南后为了争宠施展毒计陷害魏美人的故事，这也是《屈原》的改编戏曲中绝无仅有的。虽然这些旁枝末节的穿插使得南后的形象更加丰满立体，对屈原的陷害也更有说服力，但总体上削弱了对中心人物屈原的塑造。① 就人物安排而言，这出戏的另外一个特点在于完全舍弃了子兰这个人物，这在《屈原》的戏曲改编中也是独一无二的。尽管有这样或那样的缺憾，这出戏还是得到了郭沫若的首肯和支持，他还建议转请当时刚在《人民文学》上发表了《屈原九歌今绎》，随后推出其单行本的楚辞专家文怀沙指导编排。② 原剧中南后在宫中安排的"九歌神舞"在京剧中得到保留和重现，文怀沙邀请中央歌舞团的导演帮助设计了众鬼神祭祀舞蹈的动作，加强了舞台上的艺术观赏性。③ 这出戏的搬演也可圈可点：屈原由奚啸伯扮演，奚啸伯之子、同为京剧演员的奚延宏扮演靳尚，于鸣奎、魏连芳、张玉英和朱少云分别扮演楚王、南后、婵娟和宋玉；1953年首演于上海，后又在北京演出。④ 京剧《屈原》成为奚啸伯的代表作品之一，业内人士称他"扮演屈原是很适合的，他那富有书卷气的气质，清瘦儒雅的外貌，苍劲幽咽的嗓音，深刻感人的演技，干净利落的身段，扮演这位伟大的诗人是非常对工，非常理想的"⑤。

京剧《屈原》的另一个剧本也在1953年改编，出自陈西汀之手。剧本为十二场，尽管场次也不少，但相较奚啸伯的改编版显得更为集中。就出场人物来说，其不同于话剧之处在于：一是将婵娟这个人物的角色身份定位为屈原的亲妹妹，而非侍女和学生；二是加入了南后的儿子楚襄王及其妃子秦妃这两个角色；三是没有像话剧中那样将宋玉塑造成一个没有骨气的软弱无耻文人形象，而是一个后来还多方掩护和催促屈原妹妹逃走的正面形象。这个京剧改编本在情节进展上也有很多地方不同于话剧《屈

---

① 王慧：《苏青越剧〈屈原〉简论》，《洛阳师范学院学报》2012年第12期。
② 马健鹰、王律：《啸声雅韵聚知音》，河北教育出版社，2006，第43页。
③ 马健鹰、王律：《啸声雅韵聚知音》，第44页。
④ 奚延宏：《回忆父亲奚啸伯》，中国人民政治协商会议河北省委员会文史资料研究委员会编《河北文史资料》第34期，河北人民出版社，1990，第17页。
⑤ 刘心化：《戏迷陶醉录》，同心出版社，2006，第47页。

原》，京剧中最后写到秦兵攻入，屈妹为了带上屈原的所有诗稿而延误了逃亡时机，最后不得不壮烈地投井而死，而屈原的结局也是投水而死，宋玉以及一众黎民百姓前来汨罗江追怀哀悼。在改编这部京剧《屈原》时，为了寻找这位伟大的爱国主义者孤独、愤懑、郁闷的心境，编剧陈西汀一连数月匿居远郊。周信芳听说了这个剧本有意搬演，但陈西汀矢口否认写过，直到1954年春才拿出，并不断完善修改，1955年《剧本》月刊第二辑发表全文。①

苏青改编的《屈原》之所以享有盛名，跟屈原扮演者、素有"越剧皇帝"之称的越剧尹派大师"太先生"尹桂芳及其领导的芳华越剧团的杰出表演成就不无关系。为了演好屈原，尹桂芳除了不断阅读各种相关书籍和揣摩屈原的心态，风流俊逸的女小生甚至戴上了胡须。1953年，尹桂芳得知中国青年艺术剧院演出了陈鲤庭导演，赵丹、白杨主演的话剧《屈原》后，果断地说："越剧可不能老演才子佳人，要有新的突破，应当上演思想性强，教育意义深的好戏。"②这出戏获得巨大成功，也离不开跟越剧结下不解之缘、后来拍摄了电影《舞台姐妹》的导演谢晋的大力支持：他建议尹桂芳带队去北京观摩话剧《屈原》，向赵丹、白杨请教学习。该剧由芳华越剧团1954年5月22日首演，司徒阳导演，尹桂芳饰屈原、徐天红饰张仪、许金彩饰南后、戴忠桂饰婵娟、尹瑞芳饰宋玉。同年该剧参加华东戏曲会演，婵娟改由戚雅仙扮演。剧中"诬陷"和"天问"两折已为越剧经典名段。会演结束，《屈原》取得了大丰收，荣获"优秀演出奖"和"音乐演出奖"两项大奖，唯有编剧没有获奖，此中原因众说纷纭。③越剧《屈原》获得了文艺界的一致好评，赵丹、周信芳、俞振飞、田汉等都对此剧大加赞赏，俞振飞甚至因此打了退堂鼓，决定不演昆剧《屈原》。④

苏青当时本来就是芳华越剧团的编剧人员，对她的任用在于团长尹桂芳的"疑人不用，用人不疑"。其实苏青一开始是打算另起炉灶地编写自己的《屈原》，但最后仍然以郭沫若的话剧《屈原》为蓝本改编。对此赵景深写道："越剧编者在编剧时，曾参阅了清张坚《玉燕堂

---

① 田永昌：《名人进行曲》，黄河文艺出版社，1987，第177~179页。
② 鲍世远：《艺坛漫笔》，文汇出版社，2021，第58页。
③ 王慧：《苏青越剧〈屈原〉简论》，《洛阳师范学院学报》2012年第12期。
④ 王慧：《苏青越剧〈屈原〉简论》，《洛阳师范学院学报》2012年第12期。

四种曲》里的《怀沙记》传奇、清尤侗的杂剧《读离骚》、清末胡子寿的《汨罗沙》传奇等，贯串了屈原的一生，写成10场，但感觉到不能深刻地、崇高地表现屈原所具有的人民性，还是把郭沫若的话剧《屈原》韵文化要来得好些，就毅然决然地舍弃了原来的稿本，重新写过。"① 苏青改编的《屈原》也历经多个版本的改编，参加会演的版本为六幕十一场：第一幕"橘颂"，第二幕第一场"计陷"、第二场"疏原"，第三幕第一场"逃荒"、第二场"著骚"，第四幕第一场"囚仪"、第二场"诬陷"，第五幕第一场"遇钓"、第二场"鸣冤"，第六幕第一场"救婵"、第二场"天问"。

越剧《屈原》的第三个版本为幸辛执笔改编，共十四场，这也是《屈原》戏曲版中场次最多的一个版本。剧本全文 1954 年由上海天下画报社出版，为"越剧丛书"之一。就情节进展而言，此剧不同于原剧的地方有三：其一是插入了第九场屈原亲自奔赴齐国面见齐王，劝其与楚国重修旧好、联合抗秦的场景；其二是屈原最后自沉于汨罗江，这一点在多个《屈原》戏曲版中都有呈现；其三是婵娟香消玉殒的方式与多个版本有所不同，虽然她最后也壮烈牺牲，其方式却是拔出宫廷侍卫的刀剑自刎。此剧数个地方都出现了屈原的大段唱词，文辞考究，朗朗上口，而屈原投水前的一段独白也颇类郭沫若原剧中的《雷电颂》。不过，有关这出戏的编剧个人信息和演出情况寻而不得，有待相关材料浮出水面后再详加考证。

（三）1953 年后的其他剧种改编

就上文提到的秦腔《屈原》而论，袁光和新加入的另一位编剧姜炳泰在 1954 年对秦腔《屈原》进行了修改，其参考依据是郭沫若对原剧的修改以及中国青年艺术剧院的演出。陕西省戏曲剧院一团复排演出时，阎更平饰屈原，段林菊饰婵娟。② 此外，薛寿山还在 1953 年新编了另一出秦腔《汨罗江》（又名《屈子遗恨》），甘肃省秦剧团和兰州市秦剧团同时排演，分别由沈和中、张方平饰演屈原，甘肃省秦剧团的刘清乐和西北师范学院秦剧团的张振华后来也曾饰演屈原。③ 该剧受到戏曲界专家同行

---

① 赵景深：《观剧札记》，学林出版社，1989，第 45 页。
② 甄亮、戴静编《延安戏剧作品·戏曲（三）》，陈彦、甄亮主编《延安文艺档案·延安戏剧》第 10 册，第 1086 页。
③ 俞樟华等：《史记人物故事嬗变研究》，第 219~220 页。

和广大戏曲爱好者的一致好评，除了甘肃之外，该剧还流行于宁夏、青海等地。①

同在1953年，洛阳市艺术研究室李振山创作曲剧《屈原》，于1954年端午节前后在洛阳唱响。该剧共有"殿议""进谗""橘颂""诬害""出走""揭穿""逼婚""会见""忠谏""失约""哀郢""投江"十二场，剧中插入了楚怀王亲临武关受地结果被关押，而秦兵攻占郢都、屈原投江而死的场景。② 这个剧本跟前述越剧《楚宫怨》一样，其中的婵娟并未香消玉殒，而是活了下来，在屈原投水之前接受其背诵《橘颂》的训教。③ 这样的结局也在一定程度上削弱了戏剧效果。④

1955年，西南川剧院研究室创编川剧《屈原》，吴伯祺执笔。改编后的川剧为高腔形式，一共九场⑤，全剧结尾的"天问"一场尤为感人。成都地区高腔加男女伴唱，系由此剧开始。⑥ 郭沫若写于1960年的《重庆行十六首·题赠重庆市川剧院》深情吟咏"蜀讴渝舞古来好，川剧高腔今出奇"，称1959年"川剧团出访捷克、波兰、民主德国和保加利亚，高腔亦受欢迎"⑦。在此，川人郭沫若创作的《屈原》可谓在自己家乡的地方剧种里找到了知音，而奇特的高腔形式令川剧《屈原》更加出彩。

《屈原》的汉剧改编版也较为知名。1954年，汉剧名家刘继鸣前往南昌观摩"江西省戏曲汇演"后，把《屈原》移植成七幕九场汉剧，九场分别为"橘颂""疏原""战乱""著骚""诬陷""遇钓""挡道""救婵""天问"。剧本来自根据郭沫若《屈原》改编的越剧剧本。⑧ 全剧借鉴话剧导演手法，较之汉剧传统有很大变革：唱腔在汉剧基础上进行改造，集中

---

① 俞樟华等：《史记人物故事嬗变研究》，第220页。
② 《河南省首届戏曲观摩会剧本选（第六辑）·屈原、陈三两爬堂、杀齐王》，河南人民出版社，1957，第1~46页。
③ 《河南省首届戏曲观摩会剧本选（第六辑）·屈原、陈三两爬堂、杀齐王》，第44页。
④ 王慧：《苏青越剧〈屈原〉简论》，《洛阳师范学院学报》2012年第12期。
⑤ 四川省川剧艺术研究院、四川省川剧学校、四川省川剧院合编《川剧剧目辞典》，四川辞书出版社，1999，第653页。
⑥ 四川省艺术集成·志办公室、中国戏曲志·四川卷编辑部主编《川剧剧目选考》，四川民族出版社，1989，第153页。
⑦ 郭沫若：《蜀道奇》，四川人民出版社，1978，第56页。
⑧ 《中国戏曲志》编辑委员会编《中国戏曲志·湖北卷》，中国ISBN中心，2000，第159页。

字句，缩短过门；部分唱段吸收融合了淮剧唱腔、湖南湘剧高腔、楚剧悲迓腔，还运用了帮腔及朗诵等形式；舞台设置、服饰、化妆突破戏曲传统式样，接近历史真实。① 1955 年 3 月 1 日，刘继鸣饰屈原、王燕燕饰婵娟、七岁红饰宋玉的汉剧《屈原》在"共和大舞台"（今"湖北地方剧场"）首次公演。此剧于 1955 年参加武汉市第三届戏曲会演，又于 1956 年参加湖北省第一届戏曲观摩会演，获得不少奖项。中南军政委员会副主席张难先观剧后举办鸡尾酒会宴请《屈原》剧组人员，并亲书《梅花》中堂和"发扬楚宝，光大汉声"的楹联。② 著名戏曲史论家、文学史家王季思观看后对该剧的传统变革给予了高度评价，但又认为它没有将汉剧自身的特色发扬光大，同时存在对话太多而唱腔设计不足的缺憾。③ 此剧共演出六百多场，除了在湖北上演，还曾在湖南、广东等地演出，并为福建前线解放军指战员、华侨学生演出专场，在百场演出纪念会上收到郭沫若的亲笔贺信。④

另外《屈原》还曾被改编成其他剧种，比如晋剧、粤剧、湘剧、蒲剧、评剧等。1956 年晋剧名家丁果仙受到毛主席的接见，并给毛主席清唱了晋剧移植剧目《屈原》里"橘颂"的一段。⑤ 1950 年，黄慧修改编湘剧《屈原》，导演陈楚儒，音乐设计陈家文、刘伯桃，主要演员有孙艳瑞、姚佩琼、郭玉红、陈楚儒等。⑥ 1958 年，粤剧名家马师曾和红线女首演《屈原》，对 1954 年广东粤剧团改编的《屈原》演出本进行了修改，杨子静、莫汝城担任编剧，"天问"一段也成为名家名段。⑦ 20 世纪 50 年代还出现了蒲剧版《屈原》，婵娟扮演者王秀兰曾录制有黑胶唱片《太庙》选唱，"思想起屈先生泪湿衣裳"一段也成为经典唱段。《屈原》的评剧版由王明楼改编，编剧鸣岐，首演单位武汉市评剧团，首演地点沈阳北市剧场，屈原和婵娟分别由阎仲伯和赵凤霞饰演。⑧ 20 世纪 50 年代哈尔滨市评剧团也

---

① 《中国戏曲志》编辑委员会编《中国戏曲志·湖北卷》，第 160 页。
② 余文祥辑著《武汉戏曲楹联》，中国档案出版社，2003，第 144~145 页。
③ 王季思：《王季思全集》第三卷，河北教育出版社，2005，第 24~25 页。
④ 《中国戏曲志》编辑委员会编《中国戏曲志·湖北卷》，第 160 页。
⑤ 全国政协文史资料委员会《新中国地方戏剧改革纪实》（上），中国文史出版社，2000，第 137 页。
⑥ 魏俭编《湘剧志》，湖南师范大学出版社，2015，第 150 页。
⑦ 仲立斌：《红线女唱腔艺术研究》，暨南大学出版社，2011，第 37 页。
⑧ 王士笑、印淑英编著《中国评剧剧目集成》，沈阳出版社，1993，第 183~184 页。

曾演出评剧《屈原》，其演出剧本由剧作家赵篱东在苏青越剧剧本的基础上加以整理。

结　语

搜索中国知网论文数据可知，有关《屈原》的研究论文数量长期以来在郭沫若戏剧的研究中位列榜首。自问世以来，这出本来就杂糅了中国古典戏曲美学因素、融入了审美内涵的大众性与民间性的"剧诗"陆续被各大剧种改编并搬上戏曲舞台，促进了其经典化历程。相关移植在 20 世纪 50 年代达到高潮，不仅涉及京剧、越剧、秦腔、晋剧、评剧等大型剧种，在粤剧、川剧、汉剧、曲剧和湘剧等地方戏中也可以找到身影。这一大规模的改编和搬演一方面跟 1953 年举办的世界文化名人屈原纪念活动存在紧密关联，其间屈原作为"人民诗人"的形象在戏曲中被进一步放大和凸显；另一方面也契合当时国内风行的话剧与戏曲双向学习的戏剧文化征候，可算得上是为推动"戏曲现代化"与"话剧民族化"而孜孜以求的经典案例。

冤案模式与政治伦理悲剧

——对郭沫若历史剧《屈原》的再考察

宋 宁

摘 要：郭沫若历史剧《屈原》是20世纪40年代话剧的重要收获，它的演出也是抗战时期国统区的文化政治事件。郭沫若从疯癫入手建构屈原形象，并以传统戏曲中常见的冤案模式为基础设置戏剧冲突，在复杂多维的矛盾中灌注现代政治伦理，塑造出具有双重身份且品行高洁的现代屈原，打动并征服了观众。郭沫若对历史文化人物悲剧性的建构，亦是对历史剧创作"古为今用"的开拓。

关键词：《屈原》；郭沫若；冤案模式；政治伦理；悲剧

郭沫若历史剧《屈原》，因其演出的成功被认为是"在连续不断的反共高潮中，我们钻了国民党反动派一个空子，在戏剧舞台上打开了一个缺口"[1]，由此开启对《屈原》与政治意识形态关系的解读，成为历史剧创作中处理"古"与"今"、"事"与"似"关系问题的发端。历史、现实与政治的关系恰恰成为理解郭沫若历史剧绕不开的问题，历史真实与艺术虚构带来的争论围绕"肯定者肯定为'成功的创造'或'独特的贡献'，否定者否定为'创造历史'和'反历史主义'"[2]，很难达成共识。之所以陷入这样的研究窠臼，"与郭沫若在剧中对'史'的处理方式密切相关"[3]，实际上

---

* 本文系山东省社会科学规划研究项目"郭沫若历史剧与民族戏曲研究"（23CZWJ10）成果。

** 宋宁，山东师范大学文学院副教授。

[1] 夏衍：《知公此去无遗恨——痛悼郭沫若同志》，《新华月报》1978年第7期。

[2] 魏建：《得失之间的"戏"：郭沫若历史剧戏剧本体的再探讨》，《山东师大学报》（社会科学版）1993年第6期。

[3] 魏建：《得失之间的"戏"：郭沫若历史剧戏剧本体的再探讨》，《山东师大学报》（社会科学版）1993年第6期。

这指明了历史剧最核心的一个问题——如何把"历史"戏剧化。

近年来有研究者深入探究史学与史剧关系，提出"郭沫若在他的史学研究与史剧创作之间建立起一种协调的动力结构"[①]。即是认为郭沫若分别用史学与史剧的形式表现同一种意识形态，而两者面向的是不同的对象。史学从理论层面获得对真实性的确认，史剧是以艺术普及得到大众的认可。不仅如此，还有学者引入"有机知识分子"这一概念，认为郭沫若一方面将屈原塑造为民族精神的典型代言者，另一方面"屈原的诗人与官吏的双重身份，还寄托着郭沫若的现代'有机知识分子'的意识形态身份认同的希望"[②]。但这样的观察视角极易带来史学与史剧简单等同的问题，如有研究者认为，"在抗战时期的历史剧创作中，郭沫若自觉地融入了唯物史观的一些基本内容"，[③] 从而遮蔽了"剧"的形式意义，或者是说割裂了探讨《屈原》获得观众接纳与认可的艺术可能性。

屈原作为中国历史上的著名人物，他的诗歌创作、人生经历一直是文学与历史研究的关注点。郭沫若从历史到文学对屈原研究形成了自己的观点与认识。因此从"剧"的角度不仅可以考察郭沫若在两者之间的转化，而且可以窥见郭沫若如何建构这样一个带有悲剧性的历史人物，打通古今政治伦理，连接舞台与社会，获得观众的共鸣。

一 疯癫与屈原的身份建构

剧作中屈原以疯癫形象示人，源于郭沫若对"屈原放逐、自尽"这一战国史实而展开的虚构想象。屈原"疯"的原因在郭沫若看来，是政见不被接纳，并被人为地造成含屈带冤的局面所导致。实际上这是郭沫若一直关注历史人物屈原的一个原点，郭沫若从这一原点出发以戏剧这种文体完成对历史人物的再创造。早在20世纪20年代郭沫若创作《湘累》的时候就明确说该剧是"对于屈原的一种精神病理学的观察"[④]。到了40年代再

---

① 周宁：《从历史构筑意识形态：中国现代史学与史剧的意义》，《人文杂志》2003年第2期。
② 周宁：《从历史构筑意识形态：中国现代史学与史剧的意义》，《人文杂志》2003年第2期。
③ 张克非：《唯物史观走向民众的重要途径——论民国时期郭沫若历史剧的贡献及其启示》，《湖北社会科学》2017年第11期。
④ 郭沫若：《郭沫若先生来函》，《学艺》1921年第2卷第10号。

次创作时，他还曾想兼容之前的思路，"我在写第一幕的时候，除造出了一个婵娟之外，本来是想把女须拖上场的"，事实上并没有实现，"但到快要写完一幕时，我率性把她抛弃了"。① 究其原因在于郭沫若对屈原疯癫的认识有质的改变，并由此重新设计了戏剧的发展。

首先，从两部作品相较中可知，郭沫若对疯癫形象的理解与设计主要围绕屈原的两个身份展开，一是作为楚臣，一是作为诗人。郭沫若在创作中对双重身份的侧重不同，试图合理设计出屈原走向疯癫的内在逻辑。从《湘累》到《屈原》，作者对人物"疯"这一行为的不同展示，应该说经历了从简单控诉社会暗黑，到展现个体人格特征与君臣秩序矛盾冲突的复杂变化。这一变化说明郭沫若始终认为屈原的诗人品格是其在遭受冤屈之后选择放逐人生的关键因素。在《湘累》中，屈原的疯癫直指其作为忠臣蒙受冤屈后出现的言语行为狂放：

姐姐，你却怪不得我，你只怪我们所处的这个混浊的世界！我并不曾疯，他们偏要说我是疯子。他们见了凤凰要说是鸡，见了麒麟要说是驴马，我也把他们莫可奈何。……这漫漫的长昼，从早起来，便把这混浊的世界开示给我，他们随处都叫我是疯子，疯子。

他们为什么又把我放逐了呢？他们说我害了楚国，害了他的父亲；皇天在上，后土在下，这样的冤狱，要你们才知道呀！②

而郭沫若却用诗人身份拯救发狂的屈原，诗人的品格成为屈原自救的途径并且是安身立命的根本所在：

我知道你要叫我把这莲佩扯坏，你要叫我把这荷冠折毁，这我可能忍耐吗？……我这么正直通灵的人，我能忍耐得去学娼家惯技？我的诗，我的诗便是我的生命！③

这可谓郭沫若初次对屈原的艺术创作与想象，由此可以看出郭沫若认为对屈原而言，诗以及高洁的品质才是最重要的，诗人品质完成了对人臣

---

① 郭沫若：《写完〈屈原〉之后》，《中央日报》1942年2月8日。
② 郭沫若：《女神》（初版本），人民文学出版社，2020，第16、19页。
③ 郭沫若：《女神》（初版本），人民文学出版社，2020，第20页。

境遇的救赎。而到了20世纪40年代,《屈原》则是以"橘颂"直指屈原诗人的高洁品性开篇,并设置宋玉与屈原相对,继而展现诗人在君臣社会秩序之下遭陷害、身陷囹圄的过程,并以"雷电颂"引发出全剧的高潮:

啊,这宇宙中的伟大的诗!你们风,你们雷,你们电,你们在这黑暗中咆哮着的,闪耀着的一切的一切,你们都是诗,都是音乐,都是跳舞。你们宇宙中伟大的艺人们呀!尽量发挥你们的力量吧。发泄出无边无际的怒火。把这黑暗的宇宙,阴惨的宇宙,爆炸了吧!爆炸了吧![1]

因此郭沫若是以屈原的诗人品质为出发点建构整个戏剧的发展,完成其双重身份下的矛盾冲突并成功展示了蒙冤后屈原的癫狂状态。

其次,郭沫若在对《屈原》剧作的修改中,坚持沿用这一思路,一方面不断完善诗人的人格品质,另一方面对宋玉、南后、楚王、靳尚等形象继续丑化,并以此形成鲜明的对立,进而凸显屈原的意义。在1949年上海群益出版社出版的《屈原》(简称"群益版")校后记和1957年人民文学出版社《沫若文集》中收入的新版(简称"文集版")后记中,郭沫若都对此做出交代。1948年3月郭沫若在香港对《屈原》的修改,"第四幕的末尾整个改了","第五幕也添改了几句重要的话,便是'要人'的那几句。这样在思想上可以使屈原更完整一点"[2]。这处修改发生在"雷电颂"之后屈原与詹尹的对话中,屈原向詹尹吐露自己的心声:

屈原:不过我的心境也很复杂,我虽然不高兴他们的愚蠢,但我又爱他们的愚蠢,又如南后的聪明我虽然能够佩服,但也感觉着不喜欢。我想这矛盾是可以调和的啦。我想要的是又聪明又愚蠢,又素朴又绚烂,亦圣亦狂,即狂即圣,你看我这个见解可以成立的吗?

詹尹:这是所谓"大智若愚,大巧若拙"的话啦。

屈原:哎,可是我办不到!我的性情太强烈了,我自己也觉得有点偏,要想矫正却不能够,你看我怎样的好呢?[3]

---

[1] 郭沫若:《屈原》,文林出版社,1942,第129页。
[2] 郭沫若:《屈原》校后记,上海群益出版社,1949,第150页。
[3] 郭沫若:《屈原》,文林出版社,1942,第134~135页。

1949年群益版改为：

> 屈原：不过我的心境也很复杂，我虽然不高兴他们的愚蠢，但我又爱他们的愚蠢。又如南后的聪明吧，我虽然能够佩服她，但也不喜欢她。这矛盾是不可以调和的吧？我想要的是又聪明又愚蠢，又素朴又绚烂，亦圣亦狂，即狂即圣，个个老百姓都成为大圣大贤，你看我这个见解是不是可以成立的呢？
>
> 詹尹：这是所谓"大智若愚，大巧若拙"的话啦。
>
> 屈原：不，不是那样。我不是要人装傻，而是要人一片天真。人人都有好脾胃，人人都有好性情，人人都有好本领。可是我自己就办不到！我的性情太激烈了，我自己也觉得有点偏，要想矫正却不能够，你看我怎样的好呢？①

这处修改使得屈原并不局限于对自我的认识，而且包容进更多的人，提升了思想境界，可以说"更完整"了。而在1953年，郭沫若又对此处做了修改，"在第五幕第二场中加入了靳尚入场一节。这样使观众早知道郑詹尹先给屈原的是毒酒，而增加心理上的紧张，同时也更形象地显示出靳尚的性格"②。郭沫若丑化靳尚的同时，也完成对"詹尹"形象的调整。在之前的版本中，身为郑袖父亲的詹尹哄骗屈原饮酒，"后来她进了宫廷，我更和她断绝了父女的关系。她近来简直是愈闹愈不成体统，她把你这样忠心耿耿的人都陷害成这个样子了"③。这显然不合情理，郭沫若一并进行了修改，更鲜明地展现"忠"与"奸"的对立。

此外，在1953年修改时郭沫若还做出不小的调整，继续强化屈原高洁形象的有"在第二幕中把屈原受到楚怀王怒骂时，请求赐死以表明清白的对话改了。不是那样消极地表示屈原的愚忠，而是积极地提出屈原的正面主张来，表明他的耿直"④，具体如下。

1949年群益版：

---

① 郭沫若：《屈原》，上海群益出版社，1949，第111页。
② 郭沫若：《新版后记》，《沫若文集》第三卷，人民文学出版社，1958，第327页。
③ 郭沫若：《屈原》，上海群益出版社，1949，第110页。
④ 郭沫若：《新版后记》，《沫若文集》第三卷，人民文学出版社，1958，第327页。

屈原：（毅然）大王，这是诬陷！

楚王：（愈怒）诬陷？我诬陷你？南后她诬陷你？我还能够相信得过我自己的眼睛啦。假使方才不是我自己亲眼看见，我也不敢相信。哼，你简直是疯子，简直是疯子！我从前误听了你许多话，幸好算把你发觉得早。你以后永远不准到我宫廷里来，永远不准和我见面！

屈原：大王，那请你赐我死，我要以死来表示我的清白！

楚王：赐死你？哼，你有面目值得去死！（回顾令尹子椒及靳尚）你们两人把他监督着下去，不然他在宫廷里面不知道还要闹出什么乱子。他的确是发了疯，南后说的话一点也不错。我不想过分苛责他，你们也不必过分苛责他，把他的左徒官职给免掉。①

文集版改为：

屈原：（毅然）大王，这是诬陷！

楚王：（愈怒）诬陷？我诬陷你？南后她诬陷你？我还能够相信得过我自己的眼睛啦。假使方才不是我自己亲眼看见，我也不敢相信。哼，你简直是疯子，简直是疯子！我从前误听了你许多话，幸好算把你发觉得早。你以后永远不准到我宫廷里来，永远不准和我见面！

屈原：（沉着而沉痛地）大王，我可以不再到你宫廷里来，也可以不再和你见面。但你以前听信了我的话一点也没有错。你要多替楚国的老百姓设想，多替中国的老百姓设想。老百姓都想过人的生活，老百姓都希望中国结束分裂的局面，形成大一统的山河。你听信了我的话，爱护老百姓，和关东诸国和亲，你是一点也没有错。你如果照着这样继续下去，中国的大一统是会在你的手里完成的。②

至此郭沫若完成了对屈原双重身份的塑造，具有高洁品行的人臣遭受昏君与小人的诬陷，要以死证清白。显然，这样的建构带有中国

---

① 郭沫若：《屈原》，上海群益出版社，1949，第42页。
② 郭沫若：《沫若文集》第三卷，第231页。

传统戏曲中常见的"忠臣被奸人陷害"模式的影子,但这里的屈原绝不是旧戏中的历史人物,他的形象渗透着郭沫若对马克思主义史学的理解与认识。

全面抗战早期,郭沫若就在《革命诗人屈原》一文中重新厘定屈原在中国社会发展中的位置,郭沫若认为屈原归根结底还是一个诗人,很难说具有政治上的革命性。并且认为如果屈原具有政治头脑,应该"利用民间文艺的手腕"和"组织民间力量"① 来推动政治局面的变化,但屈原并没有这样做,而是选择了自杀。这在郭沫若看来是具有诗人气质的举动。有研究者对这一观点做出明确的说明:"对于将屈原当作'革命诗人'的说法,学界往往作社会革命解,实际上郭沫若是将其限定在文学革命的层面,背后也是新文化运动的历史思维。"② 郭沫若又在《屈原时代》以马克思主义视角重新认识与衡量屈原在时代中的意义与价值,得出的结论是:"国将破家将亡的境遇,玉成了他成为一个空前而且恐怕绝后的伟大诗人。"③ 郭沫若站在无产阶级的立场审视屈原,发现屈原在发动民众、领导民众方面缺乏革命性,但强调时代和环境之于屈原的重要意义,社会变动的大环境是引发屈原诗意爆发的外部直接诱因。可见,郭沫若没有刻板化地以阶级意识处理屈原,放大屈原革命的意义与价值,而是深刻剖析诗人与时代之间的互动关系。

在郭沫若看来,其一屈原并非思想家,而是艺术家;其二屈原的伦理思想深受儒家的影响,他品性高洁,注重以儒家道德修身,对君尽臣民的职责,因此他是"一位现实的人物"④;其三屈原是一位言行一致的爱国者,"屈原的自杀是殉国,并不是殉情"⑤,郭沫若是将屈原个体放在与国家命运休戚与共的位置上来认识的。不难看出,在抗战大背景下屈原被赋予了现代"爱国"的意义,和民族、国家产生了密不可分的关系,并成为民族精神与气节的代言人。

确实,抗战爆发以来,以"民族诗人"宣扬屈原精神渐成风气,并在1941年的端午节形成群体性纪念活动,人们号召将端午节确立为诗人节。

---

① 郭沫若:《革命诗人屈原》,《新华日报》1940年6月10日。
② 刘奎:《诗人革命家:抗战时期的郭沫若》,北京大学出版社,2019,第250页。
③ 郭沫若:《屈原时代》,《文学》(上海)1936年第6卷第2期。
④ 郭沫若:《屈原》,开明书店,1935,第71页。
⑤ 郭沫若:《屈原》,开明书店,1935,第Ⅱ页。

当日《新华日报》第 2 版辟以专版，"今日为旧历相传屈原忌辰，又为第一个诗人节"。① 有研究者注意到，郭沫若在第一届诗人节所写纪念文章《蒲剑·龙船·鲤帜》"在同时期的文章中显得较为特殊"，"从正邪之争的角度来看待端午节，是郭沫若此时主要的观点"。② 显然，郭沫若此时对屈原的理解在时事情势之下更偏重他被奸臣所害的遭遇，并由此宣称"拯救沉溺了的屈原"，"便是拯救被沉溺了的正义"。③ 也就是说，郭沫若对屈原形象的思索在这里发生了一个转向，他由重视屈原自杀，"最重要的，是考出屈原之自杀是殉国而非历来所传之殉情"④，转向对屈原被奸人所害的意义阐发。那么，当郭沫若在此背景下建构历史悲剧时，如何处理屈原所遭受的"冤屈"、如何处理"民族诗人"与政治的关系等问题再次浮现出来。

二 冤屈的"政治伦理"

《屈原》的发表和上演，冲破了当时国民党在重庆的政治和文化控制，也推动郭沫若本人进入新的文学创作高峰。因此，当文学研究者探讨历史剧《屈原》时，历史与现实、文学与政治的关系便成为重要的角度，认为这部剧作"以古讽今"，有着浓重的政治色彩，承担着较强的现实政治功能。然而，基于文学与政治表层关联性上的赞美或指摘，都没有揭示历史剧《屈原》的特质。历史剧《屈原》的美学世界与政治功能之间存在着一个中介，即渗透文本内外的"政治伦理"。伦理上的优越感和激情是剧作取得政治上成功的隐含因素，剧中的屈原不仅是诗人形象，更是站在道德高地上的政治主体。而他的被指为"疯"，折射出"屈原的时代"（也是"当时的时代"）所存在的"政治伦理"的方方面面。

通过"借古讽今"，历史剧《屈原》把屈原的冤屈与"皖南事变"相勾连，不仅表达了时代具体政治诉求，同时也是对政治伦理上的正义和善的宣扬。这从剧本的产生到上演，以及演出效果中可见一斑。据现有的一

---

① 《编者的话》，《新华日报》1941 年 5 月 30 日。
② 刘奎：《诗人革命家：抗战时期的郭沫若》，第 194 页。
③ 郭沫若：《蒲剑·龙船·鲤帜》，《新华日报》1941 年 5 月 30 日。
④ 钟本健：《文化界：屈原和金圣叹》，《文化建设》1935 年第 1 卷第 10 期。

些材料来看,《屈原》的演出有专门的筹划和详细的安排。"因为周恩来准备再利用《屈原》演出掀起团结抗日争取民主运动的新高潮。他责成阳翰笙:'配置强有力的阵容,保证剧本的演出效果,只准演好,不准演坏。'"① 事实也是如此,《屈原》演出阵容颇为强大,导演陈鲤庭,编剧郭沫若,金山饰屈原,孙坚白饰宋玉,张瑞芳饰婵娟,白杨饰南后,等等。当时有报纸以"白杨究竟在哪里?已离开香港到达重庆和金山合演《屈原》"为标题进行报道,并详细说明白杨自上海"八一三事变"之后,行踪成谜,此次现身重庆。② 这从一个侧面说明为保障《屈原》的演出效果,左翼阵营做出了最大的努力,并且,在报刊媒体上对《屈原》进行密集的宣传。当时的报纸上连续刊登"和诗",表达观后感触,这为《屈原》造出巨大声势。当时参与的人员事后回忆时,也都会提及这一文学事件的政治因素。阳翰笙在回忆录中也说:"郭老以他的才情学力作了贡献,恩来同志和党组织为剧本和演出付出了巨大的心血。"③ 最终,中共借助《屈原》的演出如愿获得了巨大的政治胜利,为"皖南事变"中受屈的新四军伸张正义,把国民党当局置于政治伦理下的被动局面。在这种情势之下,1942年4月下旬,"周恩来设宴祝贺《屈原》演出成功。……席间周恩来说:'在连续不断的反共高潮中,我们钻了国民党反动派一个空子,在戏剧舞台上打开了一个缺口,在这场战斗中,郭沫若同志立了大功。'"④ 这是对《屈原》所发挥出的巨大政治功能的直接肯定,而这种基本定位一直伴随着《屈原》。

之后,很长一段时间文学史对于郭沫若历史剧大多是围绕其对时代精神和时代提出的反抗国民党法西斯专政和民主要求来评价的。也就是说,肯定其历史剧的时代性和功能性。剧本的情节和内容确实表达出政治层面的意愿,这点是不能否认的。因此,进入21世纪以来,基于不同的文学史书写理念,有的文学史书写中竟然没有关于郭沫若20世纪40年代历史剧的内容。这就说明对于郭沫若40年代历史剧代表作《屈原》的认识依然停留在政治功能这一表层。除此之外,还有一个因素不能忽略。郭沫若对

---

① 杨胜宽、蔡震总主编,廖久明主编《郭沫若研究文献汇要》卷三交往卷,上海书店出版社,2012,第289页。
② 《电影新闻(上海1941)》,1942年第213卷革新第3号。
③ 杨胜宽、蔡震总主编,廖久明主编《郭沫若研究文献汇要》卷三交往卷,第289页。
④ 石曼:《重庆抗战剧坛纪事》,中国戏剧出版社,1995,第96页。

《屈原》初版本进行了大幅修改,将其编入 1957 年出版的《沫若文集》。其实在剧本上演过程中,郭沫若根据演员台上表演的感受对剧本做出几次修改,但多是修改字句,基本架构并未大动。而《沫若文集》中修改后的版本从人物的出场到情节的发展都有改动,结果是更加符合和贴近当时主流意识形态的要求。我们从《郭沫若全集》中读到的《屈原》剧本是修改后的 1957 年《沫若文集》版本,这和初版本存在不小的出入,读之很容易认同文学史所说。

而且,肯定《屈原》的文学史一般强调剧作中的"雷电颂"。在抗战环境下用战国时代的屈原说出当下的感受,这是很巧妙的表达。剧作最后屈原的"雷电颂"在当时确实广为传诵,说明它一方面是符合时代的正义的声音,另一方面也契合了观众的审美情绪。而后者往往被研究者忽视,其实"雷电颂"的爆发,正是情节铺排之下发展出一种压抑到极致的氛围中形成的戏剧高潮。而这一压抑氛围的形成是从屈原被指为"疯"开始的。细读剧本,不难发现在第二幕的时候,情节突变,即南后和屈原的关系急转直下。郭沫若利用巧妙的戏剧言语,将矛盾瞬间激化,由潜台词"你快扶我"到严厉呵责"你快放开",成功地揭开戏剧冲突。之后第三、四、五幕一直在讲述屈原受到的不公正待遇。这部分内容占去剧本三分之二的篇幅,屈原的各种遭遇以及由此产生的感受,很容易让观众联想到当时笼罩在重庆上空的低压政治氛围,因此才有后面对于屈原吟诵"雷电颂"的共鸣。

当抗战的硝烟逐渐散去,隔着七十多年的时光回看《屈原》,"雷电颂"可能很难激荡起人们心中澎湃的情感,但剧本中矛盾的展开所涉及的戏剧技巧和情节发展值得探讨。郭沫若并没有按照通常戏剧冲突展开的模式进行安排,而是将最关键的矛盾冲突前置,放在第二幕。屈原和南后的矛盾撕开,之后围绕屈原的被指为"疯"展开。郭沫若通过展示屈原的"被疯",形成有着政治伦理和个人道德激情的屈原与有着政治手腕的楚王、南后等统治者之间鲜明的碰撞,将政治伦理的崩坏和政治权力的可怕显露出来,完成对屈原受迫害的塑造。

屈原在剧中被认为发疯,始于南后。南后这一说法是掩盖其不可告人秘密的手段。南后基于自身的利益,阻止张仪带回美人,从而保住自己在怀王面前的地位,利用道德作风设计陷害屈原。从"怕是发了疯"到"不能再让他继续疯下去",南后一个小小的动作、几句简单的话语就完成了把屈原从人间推到地狱的过程。张仪推波助澜将问题加以渲染:"要请恕我的冒昧,我今天拜见了南后,我才明白——屈原为什么要发疯了。"① 这句话可谓在怀王内心的火气上浇油,更将屈原置于困境。他既恭维奉承、顺应南后,又狠狠打击了政见异己,达成自己的目的,更让怀王难以消除内心的疑虑,从而更加愿意认定屈原发疯,将屈原赶出宫廷。在这一过程中不难看到,当权者滥用权力会带来可怕的后果。

当权威宣布屈原"发疯"之后,一些人很自然地选择顺从权威,并为权威的说法添油加醋,成为政治权力的帮凶。当屈原以异常状态归来,着实吓到了周围的人。宋玉、子兰想要打听事情原委时,靳尚以一副关心的面目出现,并且多次强调自己是亲历人。靳尚不仅要让宋玉、子兰知晓,而且希望更多的人知道所谓的"真相",不要以讹传讹,实际上正是他自己在传播谣言。他描述事件时添油加醋,在屈原最初扶住南后这一点上增添了详细的动作,说屈原紧紧地抱住南后,并且要逼着和南后亲嘴。如果说南后利用这个名头陷害了屈原,那么到了靳尚这里,就是用行动坐实了屈原的污名。初次听到这个消息的大家都发出了质疑,不相信这是屈原的行为。但靳尚反复强调是亲眼所见。令尹子椒的出现,让事件的细节更加丰富。他说,不仅仅是搂抱着要亲嘴,而且南后死死地挣扎,屈原大概是看到国王,才松了手,称屈原作恶未遂,是不幸中的万幸。并且子椒解释屈原这样做是因为他是一个四十岁的鳏夫,又在春天的季节。一个完整版的事件就这样新鲜出炉,不仅前因后果清晰明了,而且细节完备详尽。顺利地把屈原从一个正常人转化成因不良行为受到打击的疯子。靳尚、子椒的做法不仅出于附和权威的需要,而且出于满足自己内心的私欲,稳固住自己在宫廷的地位。在第一幕中,靳尚对待屈原恭敬谄媚,不仅在言语上不断和屈原套近乎,以"老兄"相称,而且在行为处事上赞成屈原的主张,并且希望屈原帮助他,获得怀王的欢心:"老兄,我素来是不求人的,我今天特地来求教你。我是要请你援助我一下。"② 从靠近拉拢到落井下石,权力对人的异化力量也是显然易见的。

对政治权力和利益的渴望极易造成人的异化,让人在追逐权力的过程中丧失信仰、理想和道德。面对突如其来的变化,屈原的学生宋玉和仆人

---

① 郭沫若:《屈原》,《中央日报》1942 年 1 月 28 日。
② 郭沫若:《屈原》,《中央日报》1942 年 1 月 25 日。

选择离开屈原，投靠子兰。作为屈原的得意门生和身边人，他们选择相信别人对于屈原的指控，同时也证明了屈原的"疯"。宋玉甚至认为屈原疯了是比死还要坏的事情，疯子活着没有什么用处。完全从个人功用角度出发做实际考虑，根本不关心事情的真相，极力靠拢权力力证自己的清白，什么师生情、什么做人高尚的品德全部抛弃，只剩赤裸裸的现实逐利。和《屈原》同年上演的戏剧《野玫瑰》，一般认为是国民党用来和共产党打擂台的一出戏剧。抛开时代的因素，《野玫瑰》第二幕有大篇幅描写伪警察厅厅长王立民与女儿的谈话，王立民利用父女深情来达到套出女儿实话的目的。王立民知道女儿对自己所从事的职业不满，他内心也很清楚自己的所做所为。他甚至要安排女儿离开政治是非之地。可见，他对政治权力斗争有清醒的认识，但他依然屈从于政治权力之下。甚至为了能够保住政治地位，不惜利用父女感情。权力带给他的内心满足与对他能力的认可是他所向往的，即便这种权力是侵略者赋予的。战争之下的权力更以外在凸显的方式直接放大功效，形成对人的直观影响。

面对高压的政治权力，个体通过选择坚持自我、坚守信仰，形成与政治权力的直接对抗。作为屈原身边婢女的婵娟，无论是屈原发疯还是宋玉、子兰劝说，她都冷静地选择相信自己，不屈从权力的说辞。结果却被认定为疯子，抓起收监。最后误服毒酒，失去了生命。"这是中国精神，杀身成仁的精神，牺牲了生命换取精神独立自由的精神"①，婵娟的这种行为直接源于屈原对其潜移默化的熏陶和培养，也是她对屈原高尚纯洁品质的认可和追随。屈原在困境中发出雷电般的吼声，借助于自然界中的风、雷、电等的能量将黑暗的东西毁灭，带来光明。借助中国传统文化中对神力的崇拜，希望获得打破黑暗世界的机会，这是对抗政治权力的一种最朴素的期待；而用个体生命直接或间接、主动或被动对抗权力下的黑暗，也是一种方式。作者用婵娟的死去来控诉政治权力的卑鄙，用屈原去汉北的结局来制造人间的希望。

郭沫若对屈原被置于"疯"的境地这一设置，其实也勾连着诗人屈原面对危机的自我处置方式。屈原的言行和周围他人言行形成的矛盾冲突、隔膜障碍，其实是郭沫若对屈原认识的一个核心——诗人，所以有着政治伦理和儒家道德的纠缠、困扰与矛盾。首先是家国情怀与君臣伦理观念的

---

① 孙伏园：《读屈原剧本》，《中央日报》1942年2月7日。

碰撞。屈原是楚国有名的文章家，不仅对自己要求严格，即使在遭受南后莫名的诬陷之时，态度都恭敬有礼；而且对自己的国家有着天然的维护和本能的热爱，从要求申辩被斥责，到点明诬陷被隔离，屈原愤然之下以死表明心迹，却被指为"疯"而免去官职。屈原在力证个人清白无果的情况下，没有担心自己的命运，却发出了对楚国前景的忧心感叹。这种单纯、直接的从国家大局出发，不计个人荣辱的行为被无视和嘲笑，其实正是家国情怀和君臣伦理观念之间的错位造成的。

其次是大众蒙昧之善与民族脊梁的精神孤独。围观的群众听信靳尚、子椒的话做出的招魂行动，是出于对屈原的爱戴和尊敬，他们试图用自己熟知的方法帮助屈原解除危机。整个过程带有鲜明的楚国特色，这种仪式是用茅草人代替真人，用鲜血赋予其生命感，众人齐唱"招魂"歌来实现的。他们希望屈原哪里都不要去，回到自己的家园来。这种最朴素的善是建立在被别人愚弄基础之上的，根据相信"眼见为实"的判断做出自己的反应。同时还是一种执念的善，认为出现问题和状况，用带有巫术性质的方式就能回归正常。他们对于日常生活既信任又关心，而屈原在他们的心目中有着高尚的地位也正源于此。屈原面对群众的无所知，采用了愤然极端的方式斥责众人。而众人却更加相信这种状态下的屈原确实疯了。众人关心的是屈原自身的安危，屈原关心的是楚国的安危，两个层面的错位就造成屈原与众人的隔膜。群众的善意并没有被理解和接纳，反而促使屈原感到更加的孤独和无助。从这个意义上，《屈原》的上演是对于国统区民众的警醒。

再次，个人高尚纯洁的道德品质与利己主义的碰撞和冲突。《屈原》这部剧是以屈原诵读《橘颂》拉开大幕的。赞美橘树的大公无私、不容侵犯和独立自由的精神，借此教育自己的学生宋玉，从橘树学得做人的原则和道理。希望学生可以成为光明磊落、顶天立地、不苟且、不迁就的男子，这也是屈原认为做人的最高境界。篇首其实定下了一个基调，[①] 存在于屈原内心中这样一个高远的追求，能实现吗？会怎么样呢？宋玉并没有按照屈原的教育"成人"，在个人道德的冲突和碰撞中，屈原彰显出与众不同的特质，即坚持做有高尚追求的人。这种精神追求在特殊的环境里显

---

① 刘奎认为，第一幕是一个教育场景，教育的内容主要包括道德情操、历史与伦理等方面，见《情感教育剧：〈屈原〉的形式与政治》，《文学评论》2017年第2期。

得格格不入，但依然散发出孤独高洁的魅力。在抗战时期，具有高尚个人品质的政治主体同样稀缺，也是大众所渴望的。

三 悲剧力量与古为今用

新中国成立后，当郭沫若再看《屈原》时，发现时过境迁其悲剧性的效果会减弱，意识到以"借古讽今"的象征手法来完成历史剧"古为今用"的创作是具有时效性的。这也就意味着作为一种创作手法，借"古"来表现时代精神是有局限性的。郭沫若在新中国成立后为俄文译本《屈原》写作的序言里首先讲到当初创作此剧的情形，当时社会处于最黑暗的时候，他看见了时代悲剧，无数的爱国人士遭遇危机，"全中国进步的人们都感受着愤怒，因而我便把这时代的愤怒复活在屈原时代里去了"[①]。郭沫若直言是用屈原所处的时代来象征当时那个无比黑暗的时期，同时也说明这样的创作在当时确实激发出特有的时代激情，也取得了积极进步的效果。但"这样的剧本，在今天看起来，就仿佛是莎士比亚时代的作品了"[②]。可见郭沫若对待自己的创作是十分理智的，明确知道"古为今用"具有一定的时效性，并没有简单对待。

客观审视历史剧这一原则，研究者几乎都是围绕其与现实、时代的关联角度展开论述的，比如可把这一原则视为"历史剧的灵魂"[③]，其意思是说从古至今的历史剧都具有古为今用的意义，但"今用"的表现不同，古代历史剧是类比现实，现代历史剧则是要表现时代精神，具有现实意义。从这个角度上说，在历史剧"古为今用"的问题上，郭沫若和他的抗战历史剧创作实践可谓开拓出一条新的路径。但"表现时代精神"的创作方法为研究者所强调与推行，这种政治化的导向成为郭沫若抗战历史剧受人诟病之所在。作为剧本，《屈原》除了聚焦时代、政治意义之外，郭沫若其实还一直坚持探索现代话剧发展的大众化问题，考虑受众的审美特性，在为时代服务的同时，考量观众的审美口味。从这个意义上说，"古为今用"还包含着根据观众的不同而调整的意义。

---

① 郭沫若：《序俄文译本史剧〈屈原〉》，《奴隶制时代》，上海新文艺出版社，1952，第172页。
② 郭沫若：《序俄文译本史剧〈屈原〉》，《奴隶制时代》，第173页。
③ 张庚：《古为今用——历史剧的灵魂》，《戏剧报》1963年第11期。

冤案模式与政治伦理悲剧

首先，郭沫若在现代话剧中注入传统旧戏的因子，符合观众的民族悲剧审美心理。在20世纪30年代初期，郭沫若就注意到与大众趋向接近绘画、电影、音乐等艺术形式不同，话剧这一形式却与大众存在距离。他认为这是因为话剧"总爱采取最新式的带着些表现派的趣味的形式"①，而这种来自生活的纯对话形式对于大众来讲似乎吸引力并不大，郭沫若针对此提出的解决方式则是"戏剧方面我觉得旧戏的皮簧也很可以利用"②。郭沫若所说的"皮簧"，是地方戏曲的一种，其特点是音乐曲调丰富，节奏感强，便于表达情感；剧本结构简单，语言通俗。常选用能与现实生活发生联系的题材，因而在流传过程中具有强大生命力。从清末开始就被广泛接受，后来发展演变为京剧。由此可以看出，郭沫若强调对旧戏的利用，还是重视受众对其模式的熟稔，其有着广泛的受众基础。

郭沫若一方面在历史剧《屈原》中根据历史史实运用不同场景，设计不同关系，在戏剧里把屈原塑造为正直高洁、忠诚无私的诗人形象，把张仪、靳尚塑造为奸臣形象，把楚王塑造为昏君形象，等等，从而形成鲜明的"奸臣害忠良""奸臣谗言昏君"的"冤案"情节模式。而这正是旧戏中常用的模式，屈原、靳尚、张仪甚至可以说像旧戏里的脸谱化人物，其性格、行为方式为观众所理解与接受。郭沫若的这种做法其实正是《屈原》在当时被认可的一个重要因素，"本剧取材也正是百分之百的中国的作风，佞臣宠姬蒙蔽国主，陷害忠良，'国丈'助虐，忠臣有口难辩，弱女骂奸，侠女救忠，都是爱看旧戏的人所熟习，瞧惯了的，作者复通过人物性格的描写，这正是'深入浅出'的典型作品"③。另一方面吸取旧戏中唱的形式，把剧本中屈原的诗歌配以插曲，加入演唱的方式。《屈原》的插曲由刘雪庵创作，分为不同的形式，《橘颂》是男中音及男高音独唱，《礼魂》是女声合唱，《渔父吟》是男中音独唱，《招魂》是快板朗诵及混声合唱，《惜诵》是男中音独唱，《雷电颂》是朗诵及管弦乐伴奏。可见，《屈原》在演出时，并不是只有对话，而是配之以歌曲。这种形式对于观众来说，还是很新颖的。因为观众去剧场看戏形成的心理定势是听唱，因为就旧戏而言，观众往往很熟悉情节，去看戏不如说是去听戏的唱腔与看演员的表演。从这个意义上看，郭沫若不论从剧本建

---

① 郭沫若：《普罗文艺的大众化》，《艺术》1930年第1卷第1期。
② 郭沫若：《普罗文艺的大众化》，《艺术》1930年第1卷第1期。
③ 北厂：《诗剧〈屈原〉——话剧底民族形式的新基石》，《新民报》1942年4月18日。

构还是演出舞台都把观众纳入考虑范畴，尽可能地贴近观众，满足观众的审美需要。

其次，郭沫若塑造的具有高尚追求与精神孤独的诗人屈原形象，既契合现代观众的心理期待，又有助于观众的情感宣泄，并在一定程度上与观众形成悲剧的共情。1937年以来由于抗战热情的不断高涨，戏剧运动受到刺激而发展，作为戏剧有效组成部分的"观众问题"也得到更多戏剧工作者的关注。这个问题实际上一直伴随现代话剧的发展，也可以说中国现代话剧发展中的研究者和创作者在"为谁服务""怎么样服务"的方向上不断探索与调整转变。在很长一段时间里现代话剧基本上是面向知识分子的，"话剧在过去，似乎属于知识青年们的专利品，干的是青年，看的也是青年"①。但早在现代话剧发展初期茅盾与其弟沈泽民就意识到限制戏剧发展的这一因素，"戏剧的材料几乎没有一篇不是从民众生活里捡出来的，但是没有一篇戏剧是'为'民众而做的"②，他们介绍了穆莱和罗曼·罗兰关于"民众戏院"的观点，穆莱的观点是强调普遍性，即戏院数量越多越好，这样观众也越来越多；而罗曼·罗兰则提出民众戏院的目的在于三位一体的诉求，即知识、娱乐与能力合为一体。简单来说就是看戏不仅能给民众带来放松与休息，而且能够让他们获得知识的发展和判断能力的提升。虽然"民众"包含的对象并没具体说明，但对这些观点的介绍可以说展示了试图以"观众"为出发点把现代话剧引向更大发展空间的想象。

随着20世纪30年代职业化剧团的不断发展，"为观众"成为更深层次的问题。《戏剧时代》创刊号组织三十六人关于《一九三七年中国戏剧运动之展望》的笔谈中大家似乎都意识到观众的重要性，阳翰笙提出"要大众化"的观点，郑伯奇提出"话剧通俗化（这是根据观众的成分来讲）"的观点，章泯提出"要不断地去争取更广大的观众"，等等。③这说明"观众"已从狭小的单一知识分子圈子里跳出来，其构成走向多元化。对于怎么对待观众可以说形成了两种意见，一是张庚提出"不投降观众，不脱离观众，而是征服他们"，二是唐槐秋提出"希望新的基本内容

---

① 承达：《话剧的观众》，《剧艺》1941年第1期。
② 沈泽民：《民众剧院的意义与目的》，《戏剧》1921年第1卷第1期，此文有沈雁冰附注："戏剧出版，朋友们要我做一篇，可惜我适值有点病，而且忙中又写不出来，不过题目倒已经想好了，没奈何只得请吾弟泽民做了一篇，文章虽是他做的，可以说我对于这个题目的意见——尤其是末了对国内戏剧界情形的意见——也不外乎此。"
③ 《一九三七年中国戏剧运动之展望》，《戏剧时代》1937年第1卷第1期。

与这些主要的对象更接近"。①有研究者认为这次大规模笔谈的意义"不仅在于宣告了话剧界统一战线的基本形成,更重要的是标志着中国话剧自我意识的成熟,它所确立的职业化、市民化及现实主义路线,为话剧以后的健康发展奠定了坚实的思想基础"②。显然对观众及其身份的讨论,把话剧发展导入职业化与市民化的路径。以此来看,在中国社会结构中市民的构成又相当复杂,应该说大多数是小手工业者、职员、城市平民等,因此在如何对待这样复杂庞大的观众群时,演剧面向观众就出现了"征服与迎合两种取向的矛盾"③。

"征服"与"迎合"其实是这个问题的两个面向,与罗曼·罗兰所提出的民众戏院三位一体的观点相一致。从观众的角度看,在抗战背景下,又经历过旧戏、文明戏、爱美剧、电影等各种戏剧形式的培养与熏陶,他们的审美期待有感官享受,也希望通过看戏获得更多的共情与提升。"我们的剧作者也不能不'为营业,为观众着想',而助长了他在作品中放任那种涉笔成趣、涉笔成刺(孤岛市民同时需要着趣和刺的)的'繁华茂叶'的滋长。"④可见观众的审美期待与剧作家的创作在时代中互相试探并彼此接纳,《屈原》是在第一届重庆"雾季公演"中上演的,重庆"雾季公演"从1941年到1945年共举办四届,有中华剧艺社、中国剧团、中国万岁剧团、中央青年剧社、中国艺术剧社等剧团积极参与,这一时期可谓重庆职业剧团最活跃时期。与这一活动密切相关的背景是日军在1938年到1943年对重庆的大轰炸,尤其是1941年6月日军轰炸引发的"六五隧道大惨案",可以说在重庆当时这一时空内人们不仅要忍受生活上的困苦,还要承受巨大的精神折磨。1941年2月6日《新蜀报》第3版刊登消息,《惨哉!经济逼人 洪深全家昨服毒 幸郭沫若率医施救未死》足以见当时生活的艰难。因此《屈原》公演后,《雷电颂》被观众传唱,这不仅仅是其政治意义的体现,更是观众与诗人屈原达到的一种共情,屈原被冤的遭遇引发的共情有抚慰心理创伤,更有宣泄不满与愤怒的作用。而郭沫若以"诗人"为核心对"屈原"的塑造,既向观众介绍了屈原的诗歌,又展示屈原正直纯洁、忠贞不屈的性格以及戏剧化说明屈原被诬陷的原因,可

---

① 《一九三七年中国戏剧运动之展望》,《戏剧时代》1937年第1卷第1期。
② 马俊山:《演剧职业化运动研究》,人民文学出版社,2007,第65页。
③ 马俊山:《演剧职业化运动研究》,第65~66页。
④ 夏衍:《于伶小论》,孔海珠编《于伶研究专集》,学林出版社,1995,第184页。

以说其中既有娱乐又有知识，还提高了观众辨别是非黑白的能力，达到"征服"观众的目的，这也是郭沫若的"屈原"能够深入人心的原因所在。

由此可见，《屈原》的成功不仅仅是因为"借古讽今"引发的政治共鸣，还有契合观众民族审美心理带来的悲剧共情。中国现代话剧发展到20世纪40年代，已然培养出一批不同于"旧戏"的观众，而郭沫若在创作历史剧时，既考虑到传统旧戏在观众无意识心理积淀中的强大定势，又结合现实情势融入现代思想，最终"征服"了观众。从这一意义层面来看，历史剧的"古为今用"还包含着"为观众所用"的功能。

郭沫若1953年在莫斯科修改《屈原》，是以适应外国观众接受度和提升舞台效果为主进行调整。"我在滞留莫斯科的几天中，基本上便照着了他的意见，进行了剧本的修补。"[1] 郭沫若遵循导演的意见，把屈原诗作由文言翻译为现代白话，"这样在舞台上念出来更容易使人听懂，也使剧本更统一些"[2]。从20世纪20年代创作《湘累》到40年代的抗战史剧《屈原》，再到50年代完成《屈原赋今译》，郭沫若围绕历史人物屈原所做的研究与创作蕴含着他对中国历史文化人物悲剧性的想象与建构，虽然带有不同时期的主观色彩，却在传统特色的基础上开创了具有现代性的历史重构。

---

[1] 郭沫若：《新版后记》，《郭沫若全集·文学编》第6卷，人民文学出版社，1986，第422页。

[2] 郭沫若：《新版后记》，《郭沫若全集·文学编》第6卷，第424页。

"屈原阐释"的历史化与作为情感政治的《屈原》

汤 晶

摘 要：郭沫若创作于1942年的话剧《屈原》诞生于全国抗战最紧张的阶段，这部话剧从构思、写作到宣传演出都浸润着创作者应时代而动的强烈主观愿望和紧迫现实需求。《屈原》研究集中在对其浪漫主义特色、艺术创作手法、郭沫若史剧创作理念等方面。就郭沫若自身而言，屈原是其学术研究和文学创作长期关注的对象，就屈原形象在中国古代历史的阐释历程而言，屈原已经充分被符号化和对象化。郭沫若通过话剧《屈原》的创作，将"屈原阐释"从"怨愤""忠君""道德自持"的脉络上推进到抗战时期"民族诗人"和"人民立场"的阐释体系中。在这个过程中，《屈原》通过情感政治的生产，成为关注国家命运和激励抗日精神的感召力量，也成为现代作家想象中华民族的一种方式。

关键词："屈原阐释"；《屈原》；历史化；情感政治

郭沫若对屈原一直十分崇敬，早在1920年，他就以屈原为主角创作了诗剧《湘累》，1936年他在日本侨居时所写的专论《屈原时代》是他专门研究屈原的标志，同时他还用白话诗翻译了《离骚》等作品。1942年1月2日至11日，郭沫若用十天时间完成了五幕剧《屈原》。话剧《屈原》可视为一种战争时代的信仰构建与情感动员，它汲取了"屈原阐释"的文化遗产和历史资源，通过文学的形式建构出爱国的情感场域，担负着再造民族记忆与形塑国家认同的政治社会功能，通过培育信仰与实践上的共情，继而形塑了"历史—当下—未来""重庆—大后方—全国"的情感共同体。

---

* 本文为2025年四川省教育厅人文社会科学（郭沫若研究）项目："情感共同体建构：郭沫若新诗政治效应研究"（GY2025B11）阶段性成果。
** 汤晶，西南大学文学院博士后。

一　忠君还是爱国："屈原阐释"的历史化过程

西汉以来，屈原事件分别在文学批评、人格评价和政治化评说中被加以阐释。在文学批评领域，主要集中在以屈原为代表的楚辞之文风上，人格评价则是论说屈原作为"狂士"的形象及其情感结构，政治化评说则是以"宗经"为标准对屈原放逐、自沉等行为进行具有时代性的论断。三个方面各有交叉，有时甚至相互辩难，例如诗人屈原与政治家屈原对屈原阐释话语权的争夺。近代以来，对屈原形象的阐释更是显示出文学与政治之间的角力。但最终，屈原形象经过郭沫若话剧创作的再加工，其情感装置中被注入现代性的爱国内涵，并且链接到20世纪40年代的"人民立场"上。

"屈原阐释"自汉以来已有两千余年历史，屈原形象也随之呈现丰富的历时性变化。此阐释不仅深刻关联着中国古代士人的精神世界，更与古代专制社会在政治文化建设方面产生龃龉或合作。对屈原形象的接受、调整、阐释，大多借古喻今，表达士大夫身处社会现实困局，个人境遇难解之情感，并在此过程中寻求自我价值与身份的肯定与认同。自汉代刘安肇始，经由王逸、朱熹等人历代的努力，屈原事迹中蕴含的儒家理想及道德坚守，逐渐被整合并提升至"忠君"这一理念的框架之内。及至明清时期，"忠君"成为阐释系统中最为核心的政治情感表达，深刻影响着后世对屈原及其精神遗产的理解与继承。

"屈原阐释"发端于汉代，两汉士人从自身的现实境遇出发，历史性地选择了屈原。贾谊被贬而作《吊屈原赋》："恭承嘉惠兮，俟罪长沙。侧闻屈原兮，自沉汨罗。"[1] 这是汉代以自身经历切近屈原之情感的第一次充分表达。屈原阐释在汉代很兴盛，一个重要内容是评论屈原为人，关注屈原的志行与"狂狷"，在"忠""怨"两端阐释屈原的品格与人格，而"怨"又逐渐被"忠"压倒，"忠"占据屈原阐释的主导地位。刘安的《离骚传》、司马迁的《史记·屈原贾生列传》、王逸的《楚辞章句》，以及东方朔的《七谏》、刘向的《惜贤》、扬雄的《反离骚》等是汉人从事屈原研究的重要典籍，均表现了对屈原不幸遭遇的深切同情。

---

[1] （南朝梁）萧统编，（唐）李善注《文选》下，岳麓书社，1995，第2123页。

经汉代"儒教"化后,屈原作为"箭垛式"的人物,历代对其都有评说、论争。唐代士人曾再次掀起屈原论争的高潮。唐初,因反对六朝文风而追溯至屈原,王勃、卢照邻、陈子昂等人认为屈原、宋玉弄辞人之柔翰,礼乐之道已颠坠于斯文,对屈原持批判态度。直到中唐,一批贬谪诗人的出现,屈原与士大夫多舛人生形成呼应与共鸣,使得屈原成为现实失意的情感避难所。韩愈、柳宗元等确立了一个以屈原为话语中心的贬谪文学传统。由屈原而至于贾谊,由贾谊而至于中唐贬谪诗人,再到后代遭遇贬谪的士大夫,屈原成为中国古代文人贬谪情绪的投射与慰藉的对象。

到了两宋,时局与唐不同,中国古代君主政体呈现衰败的走势,同时宋朝内部的政治问题与外部的入侵使得宋代士人深陷自我难以实现与国族倾颓的危机中。两宋士人在君主政体中的"侍上"与屈原的处境相似。在深重的忧国之痛中,南渡士人从屈骚中读解出"爱国"的精神大义。当时,朱熹倾力著成《楚辞集注》,称屈原"忠君爱国",尽管"爱国"仍统摄于君主政体中的"忠君"范畴。此外,南宋志士还追随屈原式的自绝,江万里、贾纯孝、陆秀夫等人投水殉国。自汉代以来的屈原阐释到了宋朝,以生命实践的形式复现,屈原个人理想破灭的怀才不遇与家国覆灭的苦痛同时存在于南宋士人的生命遭际中。

明清时期,屈原阐释回到"忠君"与"宗经"这一范畴中,在儒家家国正典的思路与体系中展开。黄文焕说"千古忠臣,当推屈子为第一"[①],王夫之称屈原为"千古独绝之忠"[②],清人龚景瀚在《离骚笺》中认为屈原之忠已经达到万古人臣的极致。

近现代以来,自由主义知识分子与民族主义知识分子在政治与文学的两条道路上分别对屈原进行了不同的评价,使传统"屈原忠君"观念解构,现代意义上的"爱国"逐渐成为屈原形象的内涵。1906年,王国维开始以现代意义上的"诗人"指称替换传统的"忠臣",称"三代以下之诗人,无过于屈子、渊明、子美、子瞻者"[③],王国维的论述强调屈原的文学身份。王国维以文学的立场剥离屈原在古代历史中涂染的政治色彩。相同

[①] (明)黄文焕:《楚辞听直凡例》,《续修四库全书》第1301册,上海古籍出版社,2003,第506页。

[②] (明)王夫之:《楚辞通释》卷一《离骚经》,中华书局,1959,第2页。

[③] (清)王国维:《人间词话》,当代世界出版社,2018,第102页。

的还有梁启超，他不再指屈原为"忠臣"，而以一般意义的"文豪"称之，在评价其政治品格时也不沿袭"忠君"的说法，而使用"国家观念"的新表述。资产阶级革命党人及其刊物也将"屈原阐释"与现代民族国家的独立结合在一起，借用屈原的精神符号宣传民族国家的思想。

1916年，谢无量出版《中国六大文豪》一书，屈原被其定位为"爱国诗人"。谢无量在书中将屈原、李白等六人誉为能够代表中国文学的六大文豪，且将屈原列于首位，特别申明并非因为屈原最早或是文采出众，而是因其"爱国之精神，故录之为古今文豪之首"①。谢无量明确论述了屈原"忠君"与"爱国"的关系，将屈原的"忠君"统摄于"爱国"范畴之下。一定程度上说，屈原作为楚国的士大夫，他服膺于中国古代的政治体制，但是在屈原侍君，尤其是以自绝显示儒家道义的行为上，他的情感和行为却并不服膺于古代的情感体制，屈原的特殊性在于在儒家温柔敦厚的精神内核下，他采取了最不儒家的表达和抒情的方式。屈原尚未归顺于"有道则见，无道则隐"的儒家入世理念。可以说，屈原忠于"道"，自沉是一种道义的象征，已然超越君臣体制。因此，将其行为阐释为"爱国"大于"忠君"既是现代政治生活的需要，也是屈原身上的隐性特征。这是近代以来民族国家观念对中国古代"屈原阐释"的合理修正。在谢无量的论述中，屈原的文学成就及其政治形象达到了统一，但若与王国维的阐述相比，谢无量还是侧重屈原的道德精神的象征意义。

1922年，胡适在《读楚辞》中反思了传统阐释的主要观点，认为对"忠臣屈原"的建构只是为了古代政体的需求，自王逸直到洪兴祖"处处把美人香草都解作忠君忧国的话"，结果，屈原成为"理想的忠臣"，《楚辞》则被看作"一部忠臣教科书"。胡适进而全盘否定了西汉以来的《楚辞》注解。胡适的批判立场，其实在于要将屈原复归为一位文人，尤其是要剥离附加在《楚辞》中的政治性阐释。更进一步，胡适和廖季平从根本上否定了屈原其人的存在，以釜底抽薪的方式完全推翻所有的"屈原阐释"。胡适考证屈原是否存在，其观点态度比考证过程更为重要，其实是一种自由主义对附加阐释，尤其是政治性阐释与借用的完全拒绝。胡适的行为引来了谢无量的回应，他在《楚词新论》中反驳了廖季平对屈原其人

---

① 赵敏俐主编《中国文学研究论著汇编·古代文学卷》64，天津古籍出版社，2019，第28页。

的否定以及胡适对屈原的怀疑,坚决捍卫屈原事件的真实性。1934年,郭沫若也在专著《屈原》中更为详尽地批驳廖季平、胡适的"屈原否定论"。暂且搁置胡适历史考证的逻辑与笔法,胡适的主观意愿在于承接王国维以来对"政治性屈原"话语的疏离,其姿态的意义大于其实际考证的意义。

在文学领域,屈原与爱国这一崇高情感的联系,在近现代也存在一个被建构的历史过程。杨晦的《屈原》(1924年)、王显廷的《怀沙》(1929年)、高佩琅的《屈原》(1934年)、侯枫的《屈原》(1936年)提供了屈原形象的其他面向,他是"唯美主义诗人",也是"政治失意、爱情未圆的启蒙者",当然还是"与现实浊流斗争的梦醒者"。[①] 显然,屈原的身上融入了创作主体的真情实感,成为大变革时代知识分子确认自我身份的载体。

"屈原阐释"受到各个时代政治需求与思想主潮的影响,进而出现阐释观念上的侧重、偏移与借用。各个历史阶段社会需求的不同或变化,人们对屈原精神的着眼点也同样有所转换。在文学与政治的较量中,在"忠君"与"爱国"的分辨中,屈原始终不脱离政治情感凝聚力的需要,特别是"爱国屈原"起到凝聚政治共同体的作用,现实需要形成抵御外来侵略的政治共同体,因而屈原成为实现情感凝聚力的借用对象。

二 屈原之"怒"与"疯":情感政治在《屈原》中的铺设

1942年,郭沫若完成剧本《屈原》,其情节是传统的奸臣迫害忠良的模式。《屈原》的表层是故事性的戏剧,但其内在的情感驱动力在于借助道德、崇高、正义的情感认同,使得观众在观剧的过程中,通过道德立场的界清与选择,促成情感共同体的确立。《屈原》显示情感在调动群众投入某种革命现实时具有的强大鼓动力。

阿伦特认为,情感以各种各样的方式联系共同世界的对象、带来进入公共领域的动力、构成集体性的存在,因此变得政治上不可忽略、重要且相关,从而需要一定的公共性转化。循此,"屈原是'为确保社会结构和

[①] 郭丰涛:《被"遮蔽"的屈原:二十世纪二三十年代六部屈原题材剧作》,《南京工程学院学报》(社会科学版)2021年第4期。

意识形态的合法化与合理化权威'而创造出来的融合政治、伦理的权威话语"①。而实现这一目的的过程借助了情感的力量。《屈原》的开篇，完全是论语《侍坐》的翻版，屈原与宋玉师生之间的对话即屈原自己儒家精神的自白，"光明磊落""骨鲠之气""事在人为""虚心向学"等作为一种教育性的语言，呈现在他与宋玉的对话之中。《屈原》中反复出现的《橘颂》帛书既是"屈原自己道德情操的象征"，也"凝聚着先生对于弟子的殷切的希望"。屈原对宋玉说："雨水都还可以把石头滴穿，绳子都还可以把木头锯断呢！总要靠自己努力，靠自己不断地努力才行。"② 这其实是屈原的人生信条，是他自己的价值信念，他也是将自己的痛苦和精神牺牲给了这样的价值信念。

屈原自身遭遇了一场深重的信仰危机，屈原是儒家"美政"思想的忠实拥趸与践行者。历代对屈原的阐释、评述中也常对屈原的"死结"开药方。屈原身上具有强烈的情感冲动，即在现实与自我之间强烈的情感主体性。郭沫若视屈原为创作对象，亦视为情感共鸣的精神对象。屈原在创作主体与审美接受主体之间，不仅有着依靠精神、人格、智识而达成的价值默契，更有一种唤醒情感共鸣和情感教谕的价值意义。因此，郭沫若在对屈原进行的文学书写和宣传，乃是一种重建信仰，或者说共建信仰的尝试。

屈原之"怒"到屈原之"疯"的展演与情感牵引，使得正义感在愤怒的感染中确立。话剧通过建立崇高与邪恶的两极对立，使得观剧行为暗藏着道德立场的抉择。郭沫若认为"文学的本质是有节奏的情绪的世界"，"诗是情绪的直写，小说和戏剧是构成情绪的素材的再现"③。《屈原》的情感主要是通过屈原那冲决一切的愤感情绪表现的，而屈原的愤懑不是来自个人的怀才不遇，而是来自他所代表的楚国政治集团中进步爱国的政治力量的失败，以及由此导致的国家民族的悲剧性灾难。在《屈原》中，郭沫若有意识强化和借用了屈原之怒，以超绝的愤怒来表达屈原所遭受的不公，同时在话剧中又以他人眼中的"屈原之疯"来"激怒"观众，使得观众归顺在屈原的情感世界中。舞台上的屈原虽屡屡遭受陷害、楚国最终葬

---

① 朱华阳：《原型·典型·兴象——论屈原在中国现代文学发展中的意义》，《三峡大学学报》（人文社会科学版）2010年第5期。
② 《郭沫若选集·历史剧》第4卷，四川人民出版社，1979，第156页。
③ 郭沫若：《文学的本质》，《郭沫若全集·文学编》第15卷，人民文学出版社，1990，第352页。

送在奸计之中，但舞台外的"屈原的支持者"、情感共鸣者则接续了屈原的抗争，将愤怒和反叛的情感转换为现实的行动，在屈原式悲剧下凝聚起来的一批人，获得了情感乃至价值观念上的一致性，这也将催生他们在行动上的联合。

话剧中屈原之"怒"是层层逼入的。当屈原被解除职位时，他是"把冠带衣裳通统当众撕毁了"，屈原之怒是非常不中庸的，也是最为直接性的情感外放。屈原更是直接说出了"你们不要挨近我，我要爆炸"，"我不愿见任何人的面孔，人的面孔使我害怕"。紧接着是屈原之"疯"：南后、楚怀王不断以"疯"控告屈原，子兰甚至也说"该不是在路上遇着疯狗了吧"。在话剧中，屈原首先被诬陷，其道德作风被污名化，接着是屈原的情感被利用。屈原的冤屈，特别是愤怒的情感被利用，被污名化为"疯了""失掉了本性"。不仅是诬陷屈原的道德品行，更为重要的是，在这个过程中屈原的情感也被利用，被编造成一个"疯子"的形象，从而瓦解屈原对楚国命运的一系列考量。通过群众舆论、设计陷害以及激怒屈原，将三闾大夫变成一个毁坏礼制的"疯子""病人"，在人格上全面诬陷屈原。从一定程度上来说，屈原强烈的个人情感被利用。最后，当屈原不断申诉"我没有疯"也只能变成一种证明其疯的重复性呓语。

屈原与楚怀王之间信任的瓦解来自对屈原道德品质的污名化，南后的诬陷导致其道德立场的罪恶化，借由伦理道德之手段达到政治排斥的目的。进一步，屈原被冠以"疯子"的污名，借由精神失常剥夺他一切言语行为的正当性。屈原被诬之后的情感爆裂被认为是"疯子"的表现，屈原之疯以及屈原之疯的证伪，恰是一种对个人精神常与异常的话语争夺，是对个人情感失序的"政治化利用"，也就是说屈原本身激烈的情感在戏剧内部，被剧情内部的情节走势利用。而在戏剧之外，屈原之怒——屈原之疯的证伪，恰好是另外一种情感政治的推演，观众拥有全知全能视角，在屈原之怒到屈原之疯的催化下，反而从正义的立场上更加认同屈原，实现了情感的联合。

话剧《屈原》中的"为屈原招魂"是一场冤屈的情感政治，将个人的愤怒、冤屈扩散为一种公共的情感共情，所有的悲愤、憎恨和凄凉都移情到了观众身上。剧中屈原含怒火、佩长剑、着玄服、披发而歌，形成情感的集中爆发，唱出了一种"毁灭"的激情，情感最终转化为一种生命的力。冤情的政治化造就了对非正义的感受集群，从而创造出集体性的情感,情感的在场促成了现实的动员。于是,《屈原》成为塑造结构化、集体性情感的文学通道,用海因斯的观点来看,就是"感受的时代性结构"(epochal structure of feelings)。最终形成"艺术是意识形态冲突和意识形态压力作用下的话语创造行为,它通过话语调整或修饰这种修辞活动,去象征性地解决现实中需要解决而又难以解决的种种矛盾"[1]。屈原的冤屈被结构化为一种情感政治的历史再书写,屈原的冤屈以及情感的宣泄,其实释放了一连串无限制的政治诉求,而观看屈原冤屈的话剧的观众则无形中继承了屈原的理想,被屈原的政治抱负感化。而这一切不是以戒条的形式出现的,仅是用一场制造的冤屈,让屈原的悲剧获得了群众性的移情,屈原的政治理想和入世原则获得了群众性的认可。

郭沫若对《屈原》最初的设想是要表现屈原坎坷的一生,最后以屈原"投江"收场。[2] 但随着写作思路的不断调整,最后形成的剧本以屈原一天的活动脉络构建全剧,剧中改成让婵娟误饮毒酒,代替屈原而死。这就引来两个问题:一是"代替而死"为何,有何效果;二是屈原不死对郭沫若而言,意味着什么。

婵娟之死是一场"道德的艺术化呈现"。屈原一直的教化是"生得光明,死得磊落"。在全剧的主要人物中,只有婵娟一人与屈原的立场一致,并且始终追随屈原。屈原未能在剧中自绝献身,则必然有一个正面的人物献身于屈原之道。因此,婵娟之死是一种对牺牲的动员,"代替而死"要的是死亡的效果,而不是死亡本身。婵娟之死的冲击力是剧本《屈原》情感走向所需,情感在死亡处达到了高峰,从而借助于牺牲再次确立了正义和道德的标准。在屈原的冤屈中,必须以死亡作为对理想价值的献祭,但是这个献祭又不能让屈原完成,否则追求理想政治、爱国恤民的屈原只有一个闭合的悲剧性的完结。剧本中对屈原逃走的设定,一方面来自郭沫若对屈原之死的研究和评断(郭沫若在分析屈原《哀郢》的创作年代及背景时指出,屈原大约是被放逐后十五年才自沉的);另一方面也是留下了一个希望所在。因此,婵娟代替屈原献祭,以人物的死亡将怨愤的情感推到高潮,促成观众在观看话剧的过程中形成一个紧密的情感共同体,这个情感共同体以愤恨、不屈的情感为基础,以屈原的理想和教化为信念,达到

---

[1] 王一川:《修辞论美学》,东北师范大学出版社,1997,第137页。
[2] 郭沫若:《我怎样写五幕史剧〈屈原〉》,《郭沫若全集·文学编》第6卷,人民文学出版社,1982,第398页。

了政治立场和行动上的统一。

同时,郭沫若对屈原自沉的改写也可视作生产一个新的屈原形象的序曲。在郭沫若看来,他充分理解屈原自杀的缘由,但郭沫若又试图在后人的立场上给出屈原不自杀的解决办法:"但他既然有自杀的勇气,为什么不把当时的民众领导起来,向秦人作一殊死战呢?以楚人对于秦人的敌意,以他的得楚人的信仰,他假如是有实际家的手腕,我相信楚人一定会服从他的领导,拼死地和秦人抗争。……屈原虽然爱怜民众,但他却没有本领来领导民众。他被放逐在汉北的十四五年,详细的生活我们不知道,他似乎始终是成为了忧郁的囚人。他念念不忘的是君,是当时的执政者,是自己的怀才不遇。十几年的一肚皮牢骚终只好让一死来爆发。他只认识到在上的力量,而不认识到在下的力量。这与其说是时代限制了他,毋宁是资质限制了他。"[①] 也就是说屈原的阶级性决定了他的阶级眼光,绝望于上的屈原便无法生存下去。因此,在话剧《屈原》中,郭沫若跳脱历史的走向,屈原逃到汉北则是因为代替屈原而死的婵娟说:"我是汉北人,假使先生高兴,我要把先生引到汉北去,我们汉北人民都敬仰先生,受了先生的感召,我们知道爱真理,爱正义,抵御强暴,保卫楚国。"[②] 引到汉北,便具有了阶级立场,正是郭沫若在《屈原时代》中讨论的屈原如果活着该如何生存的解决方案。

三 情感共同体:从话剧舞台到革命现实

作为情感史研究中的重要概念,"情感动员"事实上是从"革命动员"的概念中析出的,它强调的是在革命动员中通过"动员情感力量(运用情绪上的热情或者说提高情绪)来实现革命的目标"[③]。情感史家芭芭拉·罗森宛恩更进一步将情感动员的结果归纳为"情感共同体"(emotional communities),即在这个共同体的内部,成员因为情感的一致性而共享相同的价值观。

[①] 郭沫若:《屈原时代》,《郭沫若古典文学论文集》,上海古籍出版社,1985,第191~192页。

[②] 《郭沫若选集·历史剧》第4卷,第267页。

[③] 〔美〕裴宜理著,李冠南、何翔译《重访中国革命:以情感的模式》,《中国学术》2001年第4期。

《屈原》的情感政治引出"人民"的存在,"汉北人民"成为人民的隐喻。屈原的希望与政治理想,从一个同路人——婵娟的身上,转移到"汉北人民"的身上。《屈原》创造了一个剧本中的"群"和看剧的"人民"群体,人民就这样被创造出来,同时也被划分出来,屈原成为划分人民的一个符号、象征。同时实现了郭沫若在20世纪40年代的设定,屈原走向了人民,从而实现了广泛的情感认同和联结。这就是郭沫若后来回忆20世纪40年代的创作时说的"屈原的时代就是我们的时代",屈原与人民实现了政治理想上的同构。

集体行动必须有情感的唤起,集体情感程度与触犯人们利益需要的程度,与触犯人们核心价值观的程度正相关,这正是《屈原》背后的情感政治逻辑。在《屈原》中,人物的情绪时刻处在波动之中,显现不稳定的状态。屈原被强烈的情绪把控,时而高亢、时而暴怒,反复转换。哈贝马斯认为情感在政治中具有特殊的功能,情感构成我们对道德的事物的感知基础,道德情感能够对具有重要道德意义的具体情形做出判断,在道德规范的论证中起到重要作用。① 《屈原》中的"屈原"不是忠君的,而是忠于天道、教谕的,郭沫若刻意设置了诸多不敬君主的话,让屈原反复申诉自己为中国、为百姓,这也是一种对"忠君屈原"的瓦解。郭沫若秉持"古为今用"和"失事求似"创作原则,以形象而非逻辑的手段组织历史。这是对郭沫若创作手法惯常的描述,但是在这两个词的背后,郭沫若更加享受追寻古人精神世界,特别是情感世界的创作快感,也就是创作主体的情感世界与创作对象之间的情感谋合。

《屈原》创作前后本身也受到政治化的牵引。创作期间,周恩来到郭沫若家与他探讨写作上的问题。同时,周恩来指示阳翰笙"帮助配置强有力的演出阵容,保证剧本的演出效果"②。郭沫若创作完成后,1942年3月初,中华剧艺社等团体正式开始排练《屈原》,舞台演出配有一个庞大的管弦乐队伴奏。导演和演员阵容强大。4月2日《新华日报》第1版刊登广告连用五个"空前"为《屈原》演出造势:"五幕历史剧《屈原》明日在国泰公演,中华剧艺社空前贡献,郭沫若先生空前杰作,重庆话剧界空前演

---

① 转引自〔德〕斯蒂芬·穆勒-多姆《于尔根·哈贝马斯:知识分子与公共生活》,刘风译,社会科学文献出版社,2019,第421页。
② 阳翰笙:《阳翰笙选集》第5卷《革命回忆录》,四川文艺出版社,1989,第304页。

出,全国第一的空前阵容,音乐与戏剧的空前试验。"① 4月3日,《新华日报》第2版刊登了"文学集丛"《屈原》的广告:"《屈原》是郭沫若先生继《棠棣之花》后的第一部精心创作,作者对屈原的思想、人格乃至悲剧的身世,有极深湛的研究,这本五幕史剧,正是将屈原的思想、人格,乃至悲剧的身世有极深的研究……在这里面有现实的人底声音,有崇高的人格,正气凛然的气节,使你爱憎是非之感格外分明。这是一首美的诗篇,她唱出你要唱的诗,她说出你要说的话!美与丑恶在这诗篇中的斗争,强烈的使你的灵魂作了最忠实的裁判。"② 这种"爱憎是非之感格外分明"以及"唱出你要唱的诗""说出你要说的话"明显带有文化战线斗争、团结人民群众、建立情感共同体的目标。

《屈原》自4月3日在重庆柴家巷国泰影剧院首演后,连续演出17天,引发强烈社会反响。周恩来对《屈原》的关注与评价也形塑了对《屈原》的解读。周恩来非常欣赏剧中的《雷电颂》:"屈原并没有写过这样的诗词,也不可能写得出来,这是郭老借着屈原的口说出他自己心中的怨愤,也表达了蒋管区广大人民的愤恨之情,是对国民党压迫人民的控诉,好得很!"③ 1946年前后,郭沫若在阐述对屈原的理解时,将屈原定位为"人民诗人",认为屈原的诗歌是"民间的形式"。侯外庐评价郭沫若的《屈原》"是文学和艺术战胜了史学和哲学","今天,已经抹不去中国人心目中,郭沫若所加工的屈原形象。史学和哲学严肃的面孔,显然不及艺术的魅力容易让人们接受"。④ 这也暗示我们,作为郭沫若写作对象的"屈原",乃是郭沫若借用历史的屈原进行的比赋,它指在纵向的历史中,唤起最广泛的群体性记忆,借用文学创作的方式将群体性记忆赋予现代性的情感内涵,并且期待指向具体的行动。从这一点来说,"屈原"的意义不仅仅在于道德、信念,更在于一种群体性的、集体性的情感追溯和凝聚。

《屈原》本就是"抗战救国"主题统摄下创作的一个部分,是为了

---

① 《新华日报》1942年4月2日。
② 《新华日报》1942年4月3日。
③ 中国中共党史人物研究会编《中共党史人物传:精选本·文化卷》,中共党史出版社,2010,第466页。
④ 侯外庐:《坎坷的历程》,转引自张岂之主编《侯外庐著作与思想研究》,长春出版社,2016,第106页。

写出"这样的人在这样的时代应该有怎样合理的发展"。屈原成为与抗战的时代情绪共谋的符号。就郭沫若自身而言，他飞扬凌厉，热情澎湃，《屈原》的创作既是1942年情感语境、时代情绪的产物，同时又隐藏着郭沫若自己的文学情感历程。这部话剧显示了文学形式发挥情感的作用，它进入公共领域，成为联系共同世界的桥梁，形成情感共同体的政治性动员。

郭沫若"人民本位"观流变考
——以五幕历史剧《屈原》的创作为中心

谭嫦嫦[*]

摘 要：郭沫若的"人民本位"观，是一个涉及政治、学术思想以及文艺创作多个维度的重要概念，备受学界关注。目前已有不少文章在深度和广度上挖掘出"人民本位"观的价值与意义，为我们提供了非常全面的视角和重要参考。不过，郭沫若本人对"人民本位"抱有怎样特殊的理解和期待，这一观念被确立为中国现代文学史的发展方向和治学思想的标杆之前郭沫若经历了怎样的个人心路历程等问题还有待进一步考察。事实上，"人民本位"这个概念最早出现在《我国思想史上之澎湃城》一文中，它与戏曲《湘累》中的"苦闷"情绪相互参照，揭示了浪漫文人难以克制的政治追求。换言之，郭沫若的文学创作与学术思想并非各自独立展开的两种话语实践，而是以互为动力的生产模式使其精神困境得以显化，它们共同诠释了郭沫若式的"浪漫"。有鉴于此，本文试图以历史剧《屈原》为研究对象，考察郭沫若历史虚构与历史研究之间的关联性，探析"人民本位"思想的缘起、发展，兼论其文学形态多样化问题，从而证明它是置身过渡时代的"人"正视和尝试解决个人精神困境，从而成为中国学术思想史和现代文学史上的一个特殊的存在，而不是因应现实需要而被发明出来的概念。

关键词："人民本位"；精神困境；文史互动；《屈原》

一 "人民本位"思想的提出及其"未完成"

郭沫若从不回避其"历史癖"，他对历史人物的处理贯穿了一个准则，

---

[*] 谭嫦嫦，乐山师范学院四川郭沫若研究中心讲师。

便是"人民本位"。① 实际上，郭沫若的历史兴趣早在戏曲诗歌集《女神》中就已经有所显露。在著名的长诗《凤凰涅槃》开首，郭沫若分别援引了东西方古代神话故事介绍神鸟凤凰，赋予其"导读"的功能。神话元素的加入，为诗歌平添了几分神秘色彩，使其更具有"可读性"。但更重要的是，郭沫若的历史意识除了对新诗创作和阅读模式做出开创性贡献之外，还隐含其不为人知的文化心理和个人追求。这个问题在戏曲《湘累》中表现得尤为典型。

1921年，郭沫若在戏曲《湘累》发表时公开了他与友人张资平的通信内容，以一种特别的方式介绍了作品的创作情况：

> 我做的戏曲名叫《湘累》，是在去年年末费了两天功夫做成的，是我对于屈原的一种精神病理学的观察，可终不甚如意。第一，我不曾到过洞庭，关于地理上的描写，几乎全盘是杜撰，但是我却敢公然发表的原因也有种种，因为我前面说过，我从前曾经白使了丙辰学社一大卷原稿纸，时时想做东西来报酬，其次我描写的是屈原时代底洞庭湖，我自可以借着历史底护符来任我自由想象。②

这段文字透露出两个重要信息。第一，郭沫若将地理学与精神病理学两门现代科学知识运用于文学创作，表现出浪漫文人一贯的大胆创造的精神。第二，在实际创作时，郭沫若采用历史想象取代了对洞庭湖的地理描写。这样一来，看似具有科学性质的写作动机和实际写作时对原计划的偏离，暴露了作者接受和运用现代知识的限度，使其感到"不甚如意"，但是，回归历史怀抱的郭沫若竟产生了截然不同的兴奋的感觉。在这样一种矛盾心理作用下，《湘累》被描述成为一个"怪的工作"③。

事实上，中国传统文人自有其体认空间、方位的方式，他们笔下的"地方"大多与历史人物、神话传说等紧密相关。司马迁的《史记》采用纪传体的形式记载历史人物和历史事件已是广为人知的常识，但后人对历

---

① 郭沫若：《历史人物·序》，《历史人物》，海燕书店，1947，第1页。
② 《郭沫若先生来函》，《学艺》1921年第2卷第10期。
③ 《郭沫若先生来函》，《学艺》1921年第2卷第10期。

史的解读往往超出人物和事件本身，从多个方面展开。在著名的"《史记》三家注"中，《史记索隐》和《史记正义》便参考了《汉书·地理志》《华阳国志》等古籍文献对史书中的地理、方言等进行了详细考证，这些有关"地方"的记载渗透进人们日常生活中并潜移默化地塑造了特定的社会心理和文化认同。丁文江在《历史人物与地理的关系》中就指出，中国人特别注重籍贯，因为"我们脑筋里头觉得'湖北人''广东人''江苏人''陕西人'……这种名词，是代表这几省人的特性；知道一个人的籍贯，就知道了他是我们心里头的哪一类"①。丁文江所言"哪一类"，便是按照某一特定标准叙述和评价历史人物确立起来的，它塑造了某一个地方的人的共性，带有建构民族国家的意义和功能。

从这个角度来看，郭沫若的早期历史题材创作有一个基本立场，便是在古人的骸骨中吹嘘进一些生命。在戏曲《湘累》中，这个"生命"首先呈现为一种极致孤独的"苦闷"情绪。作品中的屈原承认其虽有回归政治界的想法，但因为难以忍受奸邪小人对其诗歌的玩弄，转而在广阔天地间爆发出宇宙般的创造意志，构成了"政治"与"自由意志"的矛盾对立。而这样的"苦闷"体验，使其在娥皇女英呼唤爱人的悲切歌词中获得彻底的安慰，流出了"生命的泉水"。②值得注意的是，郭沫若的"苦闷"似乎并没有因其在文学世界的表达得到纾解，反而持续激发了他的创作欲，尝试找出造成其精神折磨的"罪人"。并且，这位"罪人"已经找到，他在另一篇关于中国传统思想发生史的考察文章——《我国思想史上之澎湃城》——中做了揭示。《湘累》发表一个月后，这篇《我国思想史上之澎湃城》以"未完成"的形式登载于《学艺》第3卷第1期。③ 在文章开头，郭沫若特别强调了思想与政治的关系：

> 政治正为人类实际生活之一种方便耳，苟政治的施设失其思想上之根据，则君主可消灭，民主可消灭，即政治自身亦可自由消灭。政治之存在，盖以为如是则人类可期幸福，人性之发展可望助长；非以

---

① 丁文江：《历史人物与地理的关系》，《丁文江文集》（第1卷），湖南教育出版社，2008，第23~24页。
② 郭沫若：《湘累》，《学艺》1921年第2卷第10期。
③ 本节引用《我国思想史上之澎湃城》，均见郭沫若《我国思想史上之澎湃城》，《学艺》1921年第3卷第1期。

为人类无政治而不能生存，不能发展其个性也。政治为人类而生，非人类为政治而生。政治一旦生而为人类生活之障碍，人性发展之障碍时，则政治即失其思想上之根据而自归于消灭。此乃自明易见之理，宜若为人所共知；而古今人对于思想与政治之主从关系却常执颠倒之见解。①

这个取代政治，理应成为人类实际生活和人性发展的思想根据，便是"以人民为本位"的传统政治思想，它存在于三代以前的中国社会：

> 我国传统的政治思想，可知素以人民为本位，而以博爱博利为标准，有不待乎唐禹之禅让，已确乎其为一种民主主义Democracy矣，至唐尧更决定传贤之制度，我国哲人政治之成立，乃永为历史上之光荣；不幸乃有野心家之夏禹出现而破坏之也！②

不幸的是，"野心家"夏禹破坏了这一历史正统，确立起"家天下"的私有制。

值得提出的是，为进一步论证"人民本位"思想传统的正义性和进步意义，郭沫若还进一步借助"家天下"与"天下为公"的对立解释其真正含义。对于"家天下"的私有制，他认为："王之私有财产不仅限于土地，所有一切金木水火之宇宙原素，貌言视听思之人体官能，一切皆是王之私有。"与之相对的，则是儒家"天下为公"的大同思想：

> 大道之行也，天下为公，选贤与能，讲信修睦；故人不独亲其亲，不独子其子，使老有所终，壮有所用，幼有所长，矜寡孤独废疾者有所养，男有分，女有归；货恶其弃于地也，不必藏于己；力恶其不出于身也，不必为己；是故谋闭而不兴，盗窃乱贼而不作，故外户而不闭，是谓大同。③

从某种意义上说，儒家关于大同世界的表述指向伦理道德的终极形态，主

---

① 郭沫若：《我国思想史上之澎湃城》，《学艺》1921年第3卷第1期。
② 郭沫若：《我国思想史上之澎湃城》，《学艺》1921年第3卷第1期。
③ 郭沫若：《我国思想史上之澎湃城》，《学艺》1921年第3卷第1期。

张天理道义、公正、诚信、和睦、推崇贤能等,类似于"人类命运共同体"。然而,郭沫若将私有制视作"罪恶"的根源,绝非主张复古,而是抛出了一个一直以来容易被忽视,却极为重要的伦理概念——"良心":

  吾人苟力屏去一切因袭之见,以我自由之精神直接与古人相印证时,犹能得其真相之一部而无疑虑。余即本此精神从事发掘,所有据论典籍,非信其为决非伪托者,决不滥等。后人笺注,非经附以批评的条件,亦决不妄事征引。在宿儒耆老视之,或不免有"自我作故"之讥;而在我个人,却是深深本诸良心之作。①

在"良心"的驱使下,郭沫若控诉:土地私有,一切对宇宙自然真相的歪曲以及人们受想行识的束缚。如果说,土地私有、战争频仍等问题一直是生活在中国封建社会的民众难以应对的隐患,那么对宇宙和自然现象的歪曲以及人体官能的蒙蔽正是20世纪初中国知识分子普遍关注的科学求真和人性解放问题,致力于"人"的发现。它们共同定义了郭沫若的"良心"。这样一来,中国古代社会与现代革命面对的不同课题被重新整合为"良心"这一新伦理,进而成为取代儒家大同思想,为全人类争取幸福的崇高道德。②

然而,在道出了恢复"人民本位"思想的正义性与必要性后,郭沫若却在主体性问题上显得游移不定,最终将笔锋落在了中国古代文人屈原的

---

① 郭沫若:《我国思想史上之澎湃城》,《学艺》1921年第3卷第1期。
② 李怡指出,"良心"一词无论是在中国传统文化,还是在西方思想文化中都被解释为人与生俱来的内在法则,它与变动不居的各种思潮相区别,表现为"道德的自我决定"。因此,"良心"这个词具备了超越中西文化的内涵,它参与20世纪文学的发展过程中,为我们理解文学提供了更宽广的视角。(李怡:《再论巴金与二十世纪中国文学的"良心"》,《南方文坛》2024年第6期)如果从这个角度来看,郭沫若式的"良心"首先表现为一种个人精神困境的解决,它贯穿郭沫若的文学创作、历史研究以及其他话语实践当中,为其个人以及人类社会开辟出一条既不是复古,也区别于西方文明的创造性发展道路。本文所讨论的"人民本位"思想,便是郭沫若在"良心"驱使下展开自由创造的结果和产物,它改写了儒家的道德伦理内涵,从而证实了中国现代革命进程中儒家文化的在场。更重要的是,由于浪漫文人关于人类理想社会的构建是在"五四"时代背景下展开的,它与中国现代文学的发展同步,为现代文学注入了活力,也难免使其个人精神在文学史的叙述中被遮蔽。本文要解决的问题,便是打通"历史题材文学创作"与"历史研究"的互动,尝试对郭沫若的个人精神进行整体性观照。唯其如此,才能在真正意义上理解"人民本位"思想的流变轨迹及其背后的演变逻辑。

文章：

> 吾人试细味屈子原文，可知其深为有扈氏鸣不平。聊借他人之酒杯，以自舒愤懑。便照原文语气解释，有扈氏确为有德之人而能臧否其父，何以反兵败身死而子孙牧竖耶？究因何罪而逢此殃？夏启击杀其先出之庶兄，究系谁人使命之者？屈子殆深为有扈氏呼冤而因以疑天地帝之存在——屈原思想可分出三个时期：《离骚》《九歌》颇带神秘的色彩，盖因袭三代之思想而未变，是为因袭时期；《天问》，及《九章》对于天问及其他因袭之观念始大起怀疑，是为怀疑时期；《远游》中借先人王子乔语以表示其对于宇宙人生之彻悟，遂由多神的、神秘的思想，一变而无神的老庄派之形而上学。①

事实上，借他人之酒杯，浇心中之块垒，不必一定是屈原的创作动机，倒更像是浪漫文人郭沫若的"夫子自道"。纵观屈原的一生，其创作大致经历了因袭—怀疑—对宇宙人生彻悟的形而上学的三个阶段，相较于文章的体裁、艺术风格等问题，其思想流变更值得关注。这为我们解读《湘累》提供了新的视角。在《湘累》中，郭沫若从《离骚》《悲回风》《远游》中摘取片段词句并分别展开表现，说明他既受到"因袭"思想的束缚，同时又因有德之人不能在其位而怀疑历史并开始尝试探索宇宙的真理，道出了屈原的"苦衷"。《远游》中"轩辕不可攀缘兮，吾将从王乔而娱戏"便是此情绪的最好说明。

在这个意义上，《我国思想史上之澎湃城》中关于"人民本位"思想论述的中断导致文章的"未完成"与《湘累》中屈原的"苦闷"构成相互诠释的关系。首先，浪漫文人对"思想"与"政治"主从关系的理解并非坚定地站在思想的立场反对甚至颠覆政治，反而是要借此关系强调其非同寻常的个人才能和政治追求。文章下篇思想部分的"未完成"状态，也可以说是受此心理影响的结果。其次，《湘累》中屈原的宇宙创造意志也并非漫无目的的恣意妄为，其奋斗目标是为了他个人和全人类争取自由和幸福。在这个意义上，《湘累》中屈原对"人"与"诗"的定义——"能

---

① 郭沫若：《我国思想史上之澎湃城》，《学艺》1921年第3卷第1期。

够流眼泪的人，总是好人。能够使人流眼泪的诗，总是好诗"① 也道出了"人"与"诗"的微妙关系。这位"好人"在巫山神女呼唤爱人的感伤歌词中获得安慰，确立起浪漫文人与远古哲人舜帝英雄惜英雄的"同情"。而"好诗"则通过一位虽不懂得其真实含义，却"不知不觉地要流下泪来"的老翁表白其对于"诗"的态度：在没有施展个人政治才能的情况下，为苦难中的人类与"黑暗罪恶"展开斗争不妨成为一条通向正义的人生道路选择。这样一种始于个人精神的"斗争"，说明其志向虽不在文学艺术，但只要是个人真情实感的吐露，便理所应当具备取代和超越政治的功能。②

从文史互释的角度可以发现，《湘累》之所以被描述为"怪的工作"，源自其在文学世界中自由驰骋，却无法作用于失序的、碎片化的民初社会时产生"言之无物"的匮乏感，③ 它折射出郭沫若对已经逝去的中国古代社会政教合一官学体系的留恋与其作为知识分子面对"五四"时代要求时徘徊、冲撞的意识冲突。而"人民本位"思想传统的提出便是其冲破语言的"无物之阵"的努力，它试图从根源上解决历史的"断代"对人的精神感觉的割裂，反映出现代知识分子在应对时代变革时的一种补偿性心理。鲁迅在《摩罗诗力说》完成之后不久，又在《破恶声论》中提出"伪士当去，迷信可存"这一被认为具有颠覆性的观点④，也可以理解为受此心理影响的结果。只不过，郭沫若的"自我补偿"表现得更加复杂，它与报

---

① 郭沫若：《湘累》，《学艺》1921年第2卷第10期。
② 20世纪20年代初，国内知识界大都在无政府主义、马克思主义和国家主义思想的影响下积极参与社会改造。比如胡适不满于当时只谈"主义"却从不过问实践的风气发明了"好政府主义"的概念，他甚至拉拢了李大钊、蔡元培、梁漱溟等人以"好人"组织政党，开展政治实践。但事实证明，处于政治真空状态的民国初期的知识分子大都带有书生意气，这些主张不仅引起各种思想派别之间的论争，甚至同一"主义"的主张者们的观点和看法都存在分歧。鲁迅曾就此发表看法："指摘一种主义的理由的缺点，或因此而生的弊病，虽是并非一主义者，原也无所不可的。有如被压榨得痛了，就要叫喊，原不必去想出更好的主义之前，就定要咬住牙关。"（鲁迅：《"好政府主义"》，《萌芽月刊》1930年第1卷第5期）同样，郭沫若早期的写作可不妨看作其在日本留学过程中产生彷徨的感觉并尝试冲破虚无的"叫喊"。
③ 在《创作十年》中，郭沫若回忆其创作《湘累》时的复杂心境："我当时实在是有些爆性狂的症候，领着官费，养着老婆儿子，实际上不外是一条寄生虫，而偏偏要自比屈原。就好像自己是遭了放流的一样，就好像天高地阔都没有自己可以容身之地。"郭沫若：《创造十年》，《郭沫若全集·文学编》（第12卷），人民文学出版社，1992，第79页。
④ 汪晖：《声之善恶：什么是启蒙？——重读鲁迅〈破恶声论〉》，《开放时代》2010年第10期。

刊编辑的邀稿、文学创作、读者阅读、学术思想论争等现实因素缠绕在一起，成为"五四"新文化运动中一个特殊的存在。

综上所述，《湘累》与《我国思想史上之澎湃城》看似具有"文学"和"历史研究"的性质区别，但本质上都是郭沫若在主动接受"五四"宣传的科学追求真理、人性解放的时代课题时，下意识地回到历史传统而产生了矛盾冲突的结果和表现。二者以相互发明、互为动力的生产模式揭示了浪漫文人参与社会改造的政治追求。这样的追求，让他顺应时代要求跻入文学艺术的世界，丰富了"浪漫"的内涵，为中国现代文学注入新鲜活力。一言以蔽之，郭沫若的文学创作与其历史意识有密切关联，它们是浪漫文人主动调试自我姿态，摸索社会改造方向的尝试，并将在风云诡谲的革命语境中演变出更加复杂多元的历史言说方式。

二　20世纪40年代"人民本位"思想的复活及其现实条件

抗战军兴，中华民族遭遇前所未有的生存危机，却激活了浪漫文人的历史想象。在郭沫若看来，"抗日战争"除军事较量外，更应该是"理性与兽性之战，是进化与退化之战，是文化与非文化之战"[①]。并且，其文化抗战的论调随战争局势的发展愈趋强烈，"不仅是为要争取我们的生存权，为要保卫我们的祖国而抗战，并且是为要保卫全世界的文化，全人类的福祉而抗战"[②]。及至20世纪40年代初，郭沫若更直接道出以中华民族文化建设世界新秩序的理想：

> 我们所理解的反侵略运动，应该是追求真正的和平，建设世界新秩序，并逐渐实现人类社会的文化经济的共同体，在整个人类的共同发展中，各个民族平等地各献其所能，各遂其独自的发展，相辅相助，而绝不是相侵相克。[③]

中华民族以开放包容的姿态浸润、感化周边各兄弟民族，致力于人类命运

---

① 郭沫若：《理性与兽性之战》，《文化战线》1937年创刊号。
② 郭沫若：《我们为什么抗战》，《抗日民众》1938年第4期。
③ 郭沫若：《世界新秩序的建设》，《扫荡》1940年第2期。

共同体的建构,是中华民族传统的题中应有之义,被赋予了至高正义性。也正是基于正义的文化立场,郭沫若质疑国民政府民众动员工作的合理性,甚至指责当权者"把民主还始终当作只可使由之,不可使知之的庶民,而自己以'知识权贵'自居"①。继而主张要人民做自己的主人,让民众享有参与政治生活的权利。并且,关注民主问题还引起了他的文艺创作观念的变化,提倡回归旧形式:"朋友们有的劝我不要做旧诗,但我总觉得做旧诗也有做旧诗的好处,问题该在所做出的诗能不能感动人而已。在我的想法,目前正宜于利用种种旧有的文学形式以推动一般的大众,我们的著述对象是不应该限于少数文学青年的。"②

随着世界战争态势的发展变化,这项正义事业被提上日程。1941年6月爆发的苏德战争及1941年12月7日爆发的太平洋战争将世界战争局势带入更加复杂的境地,以德、意、日为首的法西斯国家组成的轴心国集团暴露其侵略扩张的野心,加速了反法西斯统一战线建立的进程。从国内情况来看,国际战争形势的"突变"更进一步激发了民主人士的爱国情绪,尤其是12月25日的香港沦陷在他们当中引起了民族存亡的危机感。同年12月30日,大后方民主人士召集文化人士举行"陪都文化界座谈会",探讨民族解放的问题。③ 从内容来看,此次会议可用"战争""动员民众""政治"几个关键词来概括。黄炎培以"如何唤起国民?在行动上如何推动?如何首先从本位做起?"几个问题要求文化人士保持沉着作风,建议将此作风由自身推及民间。董必武分别从国际战争和国内政治两个方面谈论战争。在国际方面,董必武坚持认为战争中心应在德国,而不是太平洋,以此强调壮大民主国家势力的必要。从国内情况来看,董必武在肯定动员民众工作必要性的同时,还指出了大后方存在的"掣肘"问题,"在事实上,有许多人没有岗位,而有岗位的人又无法动员起来。中国有两个字'掣肘',这形容得最好,都感到掣肘,现在许多实际问题。然则,掣肘的症结在哪里呢?那就是机关太多,叠床架屋,使许多事办起来,都感觉得牵制太利害。因此,我们应该想法顺利地推进动员问题,使人力物力财力都得为国家所利用"。邓初民认同董必武的观点,

---

① 杜衎(郭沫若):《抗敌与民主的不可分性》,《人间十日》1937年第14期。
② 郭沫若:《由"有感"说到气节》,《郭沫若全集·文学编》第18卷,第156~157页。
③ 本段引用"陪都文化界座谈会"内容,均为《太平洋战争爆发后国人应有的努力——记陪都文化界座谈会》,《新华日报》1941年12月30日第1版及1941年12月31日第2版。

并将解决政治问题的根本确定在发展民主政治，"有人以谈政治谈民主即是分散政府力量，这种观念，不见得与事实相符合的。相反的，施行民主，更能增加政府的力量和政府的威信，因为今天的政府在利害上是与人民一致的，不是与人民对立的"。外政是内政的外延，而内政也应当根据外部局势变化而有所调整，发展民主政治不仅是要重新调动起原先从"总体战"的政治框架中游离、脱嵌出来的力量，更是探寻中华民族复兴和建设现代民主国家的根本。

值得注意的是，民主势力的抬头在国统区这一特定的政治文化空间释放出积极信号，备受中国共产党的重视。早在"七七事变"爆发之前，毛泽东就针对抗战问题提出"为民主即是为抗战"的观点，致力于抗日民族统一战线的建立，这也是为中国共产党争取合法地位。[1] 而在太平洋战争爆发不到一周后，也就是1941年12月12日，毛泽东便写信给周恩来分析了国内外战争形势，表示其对抗日战争胜利及发展民主政治抱有信心：

> 太平洋战争对中苏两国其利有六：第一，华北、华中的敌军势将逐渐减弱，即是说无大举增兵之可能了；第二，国民党进攻边区的可能性会减少；第三，给亲日亲德两派一个致命打击，我们使国民党既不能投降又不能"剿共"的可能性更大了；第四，中国民主政治的前途也更大了；第五，苏联可从东方抽调一部兵力向西；第六，欧洲有迅速造成第二条战线之可能。[2]

接收到这一重要信息的周恩来随即在大后方积极报道战争情况，推动大后方民主政治运动。是年12月26日，《新华日报》的社论文章深刻辨析了"民力"与"民主"的关系：

> 民力的发展，必倚靠民主之实施，没有民主，绝不会有民力的发展。现在的问题，就是把抗战建国纲领上（己）项民主运动所包括的

---

[1] 毛泽东：《为争取千百万群众进入抗战民族统一战线而斗争》，《毛泽东选集》第1卷，人民出版社，1991，第274页。

[2] 毛泽东：《对国际战争形势的估计》，《毛泽东军事文集》第2卷，军事科学出版社、中央文献出版社，1993，第672~673页。

第25、26、27、28各条，不让他依旧是白纸黑字，而使它真正实行起来！把此次参政会所通过的实施民治案所包括的四点，不让它仅在会场上举手拍掌通过，而使它真正实行起来！①

从某种程度上说，以毛泽东、周恩来为代表的中国共产党人坚定地站在抗战立场为民主运动提供大力支持，从侧面反映出抗日民族统一战线的动摇以及国共两党的紧张关系。上述《新华日报》为陪都文化界座谈会开设专栏并展开宣传报道，便是有意识地将发展民主运动的关键引向政治问题的解决。

在这个意义上，大后方民主运动成为文化界和政治界共同关注的焦点，它为浪漫文人的历史想象提供了现实条件。1941年12月31日，也就是陪都文化界座谈会结束的第二天，郭沫若收到胡危舟从桂林寄来的《诗创作》第6期杂志。这一期刊物设置了"祝福郭沫若诗人"专栏，登载有：《与沫若在诗歌上的关系》《奔放的感情，缜密的头脑》《在风暴中微笑吧》《五十之颂》《一个世纪的二分之一》《金刚坡下（诗剧）》六篇文章，分别侧重郭沫若作为诗人、革命战士、历史学家、剧作家等身份，隐含有社会各界对其作为新文化运动主将的鼓励和期待。借此机会，郭沫若在当天夜里写下了《由诗剧谈到奴隶制度》，他一方面坚持认为中国古代社会的确存在奴隶制度，另一方面又以绘画艺术为例指出诗剧创作是"写实"之外别有图案画般的存在，明确提出了以历史"启示"现实的创作方法。② 郭沫若所谓"别有图案画"，是古人常用的治史方法，即讲究"左图右史"，它来自"五四"时期的历史书写经验，为历史剧写作提供了新的思路。同时，他关于民主的历史想象为中共中央南方局在国统区争取政党政治文化宣传空间提供了历史契机。二者相碰撞，催生了五幕历史剧《屈原》。

三 "人"的显现及其内部矛盾性

《屈原》剧本是郭沫若在"spontaneous"的状态下写出的，它保留了早期历史题材作品诗、剧、曲杂糅的特征，也难掩对话冗长，主题游移，

---

① 《加强全国总动员的关键》，《新华日报》1941年12月26日，第1版。
② 郭沫若：《由诗剧谈到奴隶制度》，《诗创作》1942年第8期。

情节重复、断裂、逻辑前后矛盾、错位等"缺陷"。严格说来,《屈原》并不合乎现代戏剧艺术规范,但它恰恰呈现作者摇摆于个人话语与时代话语、历史想象与现实要求之间真实而复杂的心路历程。

目前学界对历史剧《屈原》的讨论,比较集中于《雷电颂》的文学性和演出性成就。① 但实际上,《雷电颂》的问世有一个情绪酝酿和铺垫的过程,它是由《橘颂》发展而来的。剧本第一幕,屈原与宋玉围绕《橘颂》这首诗展开对话。以橘喻人,屈原道出其理想人格。首先,要志趣坚定,"抱着一个光明磊落、大公无私的心怀"②。唯其如此,才能成为顶天立地的人,才能成为屈原的忘年朋友以及一般人的师长。其次,在大节临头时不苟且、不迁就,要像古代的伯夷那样宁愿饿死在首阳山也不能失掉做人的"气节"。然而,宋玉似乎对伯夷不感兴趣,仅将其志向确定在学习屈原的"学问文章"和"为人处世",就此引出了屈原独特的精神品格——"奋斗"。在屈原看来,纵观古今,每一生命个体须凭借"奋斗的精神"实现自我蜕变,"人"的模范大舜皇帝便是其努力追赶甚至超越的目标。在奋斗的方式上,屈原根据人的本性中"争强斗狠"和"贪懒好闲"两种相反相成的特质,认为一个"人"的"努力"应当始于拔除自身的"罪恶",其次还应当善于向自身之外的一切学习。

顺着这个"奋斗"精神的定义,屈原以其诗歌创作为例,演绎了他的努力发奋。随着年纪衰老和诗兴减退,屈原决定向青年和百姓学习,以保持其诗歌的"新鲜"、"纯粹"和"素朴"。然而,屈原追求的诗歌境界却因不符合高雅人士欣赏的"雅颂"之音被诟病为"俗"和"放肆"。对于外界的抨击,屈原不以为然,甚至批判"雅颂"的古板:"那种'雅颂'之音,古古板板的,让老百姓和小孩子们听来,就好像在听

---

① 参见刘奎《情感教育剧:〈屈原〉的形式与政治》,《文学评论》2017年第2期。另外,唐文娟对《屈原》演出展开微观考察,分析这部"情感教育剧"是如何被搬上舞台并实现其"教育"功能的,参见唐文娟《〈屈原〉演出的舞台美学与文化政治》,载赵笑洁、蔡震主编《郭沫若研究》2019年第1辑(总第15辑),社会科学文献出版社,2020。
② 本节引用《屈原》的相关内容,均见郭沫若《屈原》,《中央日报》1942年1月24、25、26、27、28、29、30日,1942年2月4、5、6、7日,均为第4版。需要说明的是,《屈原》最初连载于《中央日报》,之后收录于《郭沫若全集》《郭沫若剧作全集》等。前后版本内容存在删改的现象,这与舞台演出、戏剧评论以及郭沫若之后的文学立场和思想变化等因素有关系。考虑到本文主要考察的是作者最原初的、最质朴的个人精神表白,因此选择以《中央日报》版本为主,另外参考了《郭沫若剧作全集》,中国戏剧出版社,1982;《郭沫若全集·文学编》。

天书。那不是把人性都失掉干净了吗?"可以看到,屈原的诗歌绝非打破"雅"与"俗"的对立那么简单,而是以"人性"作为根本追求。也正是基于"人性"的立场,屈原坦承其内在精神中被刻下的"奴隶烙印":"我的年青时代是受过'典谟训诰''雅颂'之音的熏陶,因此我的文章一时也不容易摆脱那种格调。"也就是说,屈原打破旧格调的行为并不彻底,尤其是他关于"典谟训诰"的隐晦表达,说明其诗歌创作行为别有他意。因此,屈原承认其诗歌艺术价值并不理想,嘱咐宋玉"存心学习古人好了"①。

值得注意的是,作品中宋玉理解的"古人"不是屈原一心努力追赶的舜帝,而是伯夷。伯夷这个人物,在郭沫若的作品中最早出现于《孤竹君之二子》,他向往"没有物我的区分,没有国族的界别,没有奴役因袭的束累"的唐虞时代,反对家天下的私有制及所谓的礼教和文明,宁愿牺牲个人生命也要维护"造化的精神"②。而在《屈原》中,郭沫若再次启用伯夷并称赞其饿死在首阳山的行为,就此托出了"人"的尊贵地位:

> 在大波大澜的时代,要做成一个"人"实在不是容易的事。重要的原因也就是每一个人都是贪生怕死。在应该生的时候,只是糊里糊涂地生。到了应该死的时候,又不能慷慷慨慨地死,一个"人"就这样糟蹋了。(稍停)我们目前所处的时代也正是大波大澜的时代,所以我特别把伯夷提了出来,希望你,也希望我自己,拿来做榜样。我们生要生得光明,死要死得磊落。你懂得我的话么?③

屈原以伯夷作为宋玉以及他自己的榜样,说明其虽然清醒地意识到时代的召唤并且有意向时代要求靠拢,却难以克服"贪生怕死"的缺陷,因而也就与理想中的"人"存在距离。

从某种意义上说,屈原承认其诗歌中难以摆脱的"旧格调"以及"做人"的不容易,延续了郭沫若在《湘累》中关于"诗"与"人"的看法,但也呈现新变化。在诗歌方面,屈原以"人性"作为其根本追求,就此作为其努力接近远古哲人舜帝的明证。而在做人方面,屈原以伯夷为榜样,

---

① 郭沫若:《屈原》,《中央日报》1942年1月24日,第4版。
② 郭沫若:《孤竹君之二子》,《创造季刊》1923年第1卷第4期。
③ 郭沫若:《屈原》,《中央日报》1942年1月24日,第4版。

强调"气节"的时代性和正义性，隐含着他对所谓高官厚禄的留恋。对于郭沫若个人而言，他对"努力"与"气节"两种品质的论述反映了社会各界的期待及其自我姿态的调整。按郭沫若的介绍，"全剧虽然是自发地写出的东西，但下笔时，——尤其在写完一幕以后，我的意识或下意识，即灌注在这最末一景（笔者注：《雷电颂》）。《屈原》是抒情的，然而是壮美而非优美，但并不是怎么哲学的"①。在《摩罗诗力说》中，鲁迅曾提出其对"诗"的见解："诗有主分，曰观念之诚。其诚奈何？则曰为诗人之思想感情与人类普遍观念之意志。得诚奈何？则曰在据极溥博之经验。故所据之人群经验愈溥博，则诗之溥博视之。所谓道德，不外人类普遍观念所形成。故诗与道德相关，缘盖出于造化。诗与道德合，即为观念之诚，生命在是，不朽在是。"② 而郭沫若借屈原之口承认其难以摆脱的"奴隶烙印"并以伯夷作为榜样，目的不必一定在反思其与百姓、青年的不够亲近而导致的人群经验不够"溥博"，也未必是要完成一个"人"的"气节"，而是要真实而诚恳地坦白其矛盾心境，它支配着作者的笔墨，推动着剧情的发展。

在剧本第二幕，郭沫若特别设置了屈原与南后郑袖的一场对话，二人针对屈原的《九歌》发表各自看法，揭示了二人暧昧不清的关系。郑袖赞美《九歌》：调子"活泼""轻松""愉快""委婉"，词句"芬芳""甜蜜""优美""动人"。屈原却极力强调《九歌》是其对郑袖的钦慕"感觉化"了的结果。也正是这一极具魅惑性的、说不清道不明的"感觉"不仅使其写出充满浪漫气息的人神恋歌，也为其招来了"祸患"。面对诬陷，屈原并不忙于为其道德辩解，他最关切的是楚王是否听取其关于"大一统"的意见：

楚王：（愈怒）诬陷？我诬陷你？南后她诬陷你？我还能够相信得过我自己的眼睛啦。假使方才不是我自己亲眼看见，我也不敢相信。哼，你简直是疯子，简直是疯子！我从前误听了你许多话，幸好算把你发觉得早。你以后永远不准到我宫廷里来，永远不准和我见面！

---

① 郭沫若：《屈原与厘雅王》，《新华日报》1942年4月3日，第4版。
② 令飞（鲁迅）：《摩罗诗力说》，《河南》1908年第2期。

> 屈原：（沉着而沉痛地）大王，我可以不再到你宫廷里来，也可以不再和你见面。但你以前听信了我的话一点也没有错。你要多替楚国的老百姓设想，多替中国的老百姓设想。老百姓都想过人的生活，老百姓都希望中国结束分裂的局面，形成大一统的山河。你听信了我的话，爱护老百姓，和关东诸侯和亲，你是一点也没有错。如果照着这样继续下去，中国的大一统是会在你的手里完成的。①

然而，楚王执拗于所谓的"道德"斥骂其为"疯子"并将其意见当作"疯话"，也就让屈原亢声斥责郑袖的罪恶："我是问心无愧，我是视死如归，曲直忠邪，自有千秋的判断。你陷害了的不是我，是你自己，是我们的国王，是我们的楚国，是我们整个儿的赤县神州呀！"② 一个忠诚于国家和君主，同时怀抱民生思想的屈原形象跃然纸上。

写至此，郭沫若自认为剧本已到达高潮，甚至产生无以为继的感觉，于是调整思路，打算将剧本结构确定为四幕。③ 剧本第三幕，群众听信上官大夫靳尚的谗言误以为屈原失掉了"本性"，尤其是令尹子椒鼓动群众为其招魂加深了屈原的愤怒，他责骂群众的"没灵魂"：

> 老者：（趋下亭，向屈原行拱手礼）三闾大夫，我们在替你招魂呢。
>
> 屈原：谁要你们替我招魂？你们这些没灵魂的。你们要听那妖精的话，说凤凰是鸡，说麒麟是羊子，说龙说蚯蚓，说灵龟是甲鱼。谁要你们替我招魂！你们要听那妖精的话，说芝兰是臭草，说菊花是毒草，说玉石是瓦块，说西施是嫫母。④

屈原借助一系列对比性词语试图唤醒群众的"灵魂"，意在说明其精神燃烧状态的正义性和崇高性。然而，群众或同情或怀疑的表现更进一步加深了统治者的罪恶——推行愚民政策，歪曲事实，蒙蔽人性。

---

① 郭沫若：《屈原》，《中央日报》1942年1月28日，第4版。
② 郭沫若：《屈原》，《中央日报》1942年1月28日，第4版。
③ 郭沫若：《写完〈屈原〉之后》，《中央日报》1942年2月8日，第4版。
④ 郭沫若：《屈原》，《中央日报》1942年1月31日，第4版。值得注意的是，《屈原》最初连载于1942年1月24日至1942年2月7日的《中央日报》，但在之后的版本中，屈原斥骂群众"没灵魂"的部分被删除。

顺着这个思路来看，楚王对屈原的疏远以及群众无价值的同情共同诠释了郑袖的罪恶：对贤德之士采取政治迫害和推行愚民政策。其罪恶的确立，与前面屈原与郑袖关于诗歌的谈话相对照，就此托出了屈原诗歌背后"善"的具体含义。在这个意义上，《雷电颂》的情感逻辑既包含了屈原对民本思想的坚持，也有打破愚民政策、唤醒民众的冲动，它从根本上指向了浪漫文人纠结于"史"与"诗"之间的"苦闷"心境。

四　历史想象与文学的"裂变"：集体创作背景下的《屈原》

问题在于，作品中的"人"是郭沫若充分调动时代正义性得以显现的，它被赋予了凌驾于国君之上的尊贵价值，因而也就备受中共中央南方局的重视，导致《屈原》的创作受到了外部因素的干预，最终成为"集体创作"的产物。

就在《屈原》被拟定为四幕剧的第二天，阳翰笙的造访打破了郭沫若的构想。1942年1月9日，阳翰笙在日记中写下了短短几句话：

> 到郭家。郭正在写作《屈原》，他读了两幕给我听，觉得写得很好。我只在技术上提供了点小小的意见给他。
>
> 郭的创作力之健旺，真令我很惊佩。[1]

结合郭沫若的创作日记来看，1月9日这天正好是其写完前两幕，着手准备进入第三幕写作的阶段。但在阳翰笙给出意见之后，郭沫若决定将剧本结构扩充为五幕或者六幕，却遇到困难：

> 《屈原》须扩展为五幕或六幕，第四幕写屈原游与南后相遇，更展开南后与婵娟的斗争，但生了滞碍。创作以来，第一次遇着难关，因情调难为继。[2]

---

[1] 阳翰笙：《阳翰笙日记选》，四川文艺出版社，1985，第7页。
[2] 郭沫若：《写完〈屈原〉之后》，《中央日报》1942年2月8日，第4版。

可见，阳翰笙所谓"小小的意见"并不像他说的那样微不足道，它对浪漫文人的"情调"造成了"滞碍"。为解决难题，郭沫若致信王冶秋提到其创作中遇到的困惑，有次日（1月10日）进城找阳翰笙讨论剧本的打算，"翰笙尚居乡，闻明日当进城，俟进城时以剧本事询之"。尽管阳翰笙在其1月10日的日记中没有提到与郭沫若讨论剧本一事，也无从知道两人讨论的具体细节，但从郭沫若的写作日记来看，困难得到解决，"竟将第四幕写成矣"。一个"竟"字，足以说明郭沫若的写作困扰，但他甘愿放弃原先的计划，决定迎难而上的态度在某种程度上反映出阳氏意见的"诱惑力"。

循着这个思路来看，作品第四幕呈现两个斗争场面，它是由钓者这个人物引起的。首先，钓者与渔父强调屈原诗歌中"哀民生之多艰"的思想，他是歌舞表演中河伯的扮演者，最能同情屈原的冤屈。其次，钓者更以政治眼光向屈原揭示出这场诬陷背后的隐情：张仪与屈原关于"亲秦—抗秦"的政治分歧。显然，钓者强化了屈原诗歌中的民生思想及其"抗秦"立场。随着真相大白，屈原从"苦闷"的精神状态中解脱出来，他将矛头直指张仪并斥骂其为"偷国贼"：

张仪：（故作镇定）你发泄够了吧！我是在国王和南后面前，不愿和你这病人多作纠缠，你是愈说愈不成话了！

屈原：不成话？你简直不是人！你戴着一个人的假面具，到处替秦国破坏中原的联合，你怕我没有看透你？你想谋害我们楚国，你离间我们齐、楚两国的国交，好让秦国来坐收渔人之利。我相信我们的国王绝对不会被你愚弄的。[①]

屈原的斥骂包含其对于"人"的坚守以及齐楚邦交的政治主张，意在反对秦国完成"大一统"。而作为屈原政敌的张仪向楚王建议禁止"文章家"干预政事，揭示了屈原文章的重大政治意义。

可以说，钓者的加入是将屈原的"民本思想"确定在诗的范围，而他关于"大一统"的政治主张则被植入"文章"当中去，就此调整了屈原关于"作诗"与"做人"的观点与立场。当屈原遭到缧绁，婵娟直面罪恶并控诉郑袖的"没良心"：

[①] 郭沫若：《屈原》，《中央日报》1942年2月5日，第4版。

> 婵娟：你老是爱说，这个是疯子，那个也是疯子，你所做的事，你怕没有人知道吗？你是不是多少还有点良心呵？你假如还有点良心，你要知道你所犯的罪是多么的深重呀？①

婵娟的控诉改写了"罪恶"的内涵，也重新定义了屈原的生命形态：

> 婵娟：（激昂地）哼，你把人当成玩具，你把一切的人都当成玩具，但你要知道，你所犯的罪是多么深重呀！你害死了我们先生，你可知道这对于我们楚国是多么大的一个损失，对于我们人是多么大的一个损失呀！天上就只有一个太阳，你把这个太阳射落了，你把她吃了，永远地吃了。你这比天狗还要无情的人呀，你总有一天要在黑暗里痛哭吧！永远痛哭的吧！②

作为楚国的柱石和"人"的榜样，屈原的遭遇指向了以郑袖为代表的统治阶级的黑暗专制，标志着浪漫文人"人民本位"思想的复活。

由此可见，阳翰笙的写作建议是站在现实的立场希望借助郭沫若作为新文化运动主将的身份继续推动民主政治建设，为大后方的文艺活动争取自由发展的空间。然而，郭沫若接受阳翰笙的建议，却不像文本表面上显示的那样心甘情愿地顺应外部的期待走向历史想象的道路，而是与其独特的历史意识有关。在《屈原研究》中，屈原的民本思想与他的忠君爱国思想不仅不矛盾，而且是相互依存的："他之所以要念念不忘君国，就是想使得民生怎样可以减少艰苦，怎样可以免掉离散。"③ 倒过来看，屈原越是执着于他的民本思想，便越是其忠诚于国家和君主的明证！并且，在这样的历史意识的驱使下，作者更主动调整了剧本的情节。按郭沫若介绍，他原本打算安插进《战国策》中的一段史实：

> 有一位楚小臣，和靳尚有仇，他对魏国的张旄献计，要他派人在路上暗杀靳尚，以离间秦楚。张旄照办了，靳尚便在路上遭了刺杀。于是楚王大怒，秦、楚构兵而争事魏。这个故事在初本也想写在剧本

---

① 郭沫若：《屈原》，《中央日报》1942年2月5日，第4版。
② 郭沫若：《屈原》，《中央日报》1942年2月5日，第4版。
③ 郭沫若：《屈原研究》，新文艺出版社，1953，第90页。

里面的，但结果是割爱了。假使还要发展的话，那位钓者，倒也可以作为楚小臣的。①

刺杀了靳尚，既达到了离间秦楚的目的，还同时解决了屈原在楚国内部的政敌，钓者的功能除了维护作者关于"大一统"的历史想象之外，还隐含其凭借诗歌中的"民本思想"回归政治中心的愿望。但从结果来看，这段剧情最终是"割爱"了。取而代之的是，钓者苦口婆心地劝诫统治者停止"残害忠良"，他与婵娟控诉郑袖"没良心"共同诠释了屈原思想的全貌：忠君爱国思想与民本思想的共生。

作品完成后，阳翰笙为避免使接受者产生"女人误国"的误解，希望能减轻郑袖的责任。按照情节来看，郑袖罪恶的减轻，将使矛盾冲突转移到张仪与屈原关于"大一统"的政治斗争，意在强调屈原文章（而不是诗歌）的政治意义。然而，浪漫文人打破了剧情，听凭其自由意志进行修改，两度借屈原之口对其个人出路发起疑问。第一次，是屈原向郑詹尹坦白其复杂心境：

> 屈原：不过我的心境也很复杂，我虽然不高兴他们的厚道，但我又爱他们的厚道。又如南后的聪明吧，我虽然能够佩服，但我却不喜欢。这矛盾怕是不可调和的吧？我想要的是又聪明又厚道，又朴素又绚烂，亦圣亦狂，即狂即圣，个个老百姓都成为绝顶聪明，你看我这个见解是不是可以成立的呢？②

老百姓与郑袖这一对不可调和的矛盾体说明屈原依旧感念国君的重用，想要凭借诗歌重返政界。当这个愿望得到表达，屈原的心境发生了"不可思议的变换"，进而在"人"的问题上呈现曲折、反复和犹豫不定：他既担心婵娟的安危，又叹息宋玉的阴柔，同时还想要报答钓者的为正义而受难。最终，他选择让婵娟以英勇赴死的浪漫方式换取屈原的"新生"。在此意义上，作品中的恶人被确定在了权威者郑袖、上官大夫靳尚以及占筮卜卦的郑詹尹，他们坑害忠良、歪曲事实，颠倒黑白、蒙蔽人心等一切不

---

① 郭沫若：《写完〈屈原〉之后》，《中央日报》1942年2月8日，第4版。
② 郭沫若：《屈原》，《中央日报》1942年2月7日，第4版。

公正、不合理的黑暗现实,赋予"狂人"至高的正义性和道德性。[①] 可见,"狂人"屈原与《湘累》中的"好人"有共通性,它发展和扩充了"五四"时期"人民本位"思想的内涵,壮大和丰富了浪漫文人的生命体格,正如作品中的仆夫所言,屈原的生命不仅对楚国乃至全中国有着重要意义,同时还是"真理"与"正义"的象征。

《屈原》完成后,郭沫若提出"把人当成人""该做就快做"的战国时代口号,并创作出另外两部以战国时代为背景的抗战历史剧《虎符》和《高渐离》,一方面是考虑到现实斗争需要以历史想象构建人类理想社会,而在另一方面,"人民本位"思想的复活和发展也在同等程度上加深了郭沫若内在精神中的忠君爱国思想。在完成了四部战国悲剧之后,之所以会有《孔雀胆》《南冠草》的问世,便得益于郭沫若笔下"人"这个概念的内在矛盾特征。

结　语

中国现代文学是伴随中国现代革命进程逐步发展成熟的,尤其是在中国社会如何走向现代的历史叙述中,文学往往容易被理解为以"现代"为目标与传统告别的精神文明进步的见证。但实际上,这样的历史认知遮蔽了现代文学发生的语境以及置身历史情境中"人"的立体性,也让郭沫若式的特殊的自我表达被长期遮蔽在文学史的叙述中难以真面目示人。通过对郭沫若"人民本位"思想缘起、发展及其与不同时期历史题材作品内在关联的考察,可以发现一个事实:郭沫若的"人民本位"思想是在"五四"新文化运动的历史背景下问世的,其功能和意义不在于回到远古历史的怀抱,也不是某一种"主义"的思想实验,它揭示了浪漫文人基于自我表达需要构建的"诗""史"共生关系。换言之,郭沫若早期话语实践是以历史与文学互为动力的生产模式展开的,它是置身历史过渡期的"人"解决自我精神困境的特殊方式。而这样的方式,在五幕历史剧《屈原》的创作过程中被激发出新的创造活力。更重要的是,外部现实的介入,不仅

[①]《屈原》问世后,徐迟曾站在读者的角度提出其困惑,他认为作者不应该给郑詹尹的嘴"撒一片假仁义的话",他给人温暖的感觉,但这感觉因婵娟的牺牲而被破坏,随后又在卫士那里重拾,容易使人"misleading"。徐迟:《徐迟先生的来信》,《新华日报》1942年4月3日,第4版。

没有压抑郭沫若的创造冲动，反而令其在"诗"与"史"之显隐关系中不断调适自我姿态，并在诗歌、小说、历史剧以及历史研究等不同话语实践中留下了痕迹。

关注郭沫若"人民本位"思想的缘起和发展过程，可以窥见这一概念在被明确赋予政治意义并成为中国现代文学以及学术思想标杆之前，经历了怎样的发展与变形。其变形，主要表现为时代这只强有力的"手"对郭沫若生存体验、生命形态的介入和调整，它见证了浪漫文人强大的生命力和创造意志，也从更深层次揭示了中国传统文化在现代民族国家建构过程中的"在场"。

史学研究

中国近现代普遍历史的观念兴起与叙事建构
——从晚清经学到郭沫若的史学革命

刘禹彤[*]

摘　要：普遍历史作为西方兴起的历史哲学，深刻影响了近现代中国革命。18世纪后西方流行的一种普遍历史模型是进步史观，晚清公羊学以三世说接榫进步史观，实现了今文经学的短暂复兴。然而，康有为等晚清经学家对儒学普遍主义的探索，走上了名为接续经学革命传统，实则接引西方现代化的革命征途，不仅以进步史观击溃了中国古典传统的循环史观，也最终湮没了儒学，为普遍历史的兴起铺平了道路。近现代中国普遍历史的观念兴起，始终伴随着本土传统和理论缺席的焦虑。直到以郭沫若为代表的中国马克思主义史学崛起，以社会性质五阶段学说重新对中国历史进行分期，完成了将传统和现代中国共同纳入普遍历史的叙事建构。

关键词：普遍历史；康有为；梁启超；郭沫若；五种社会形态

20世纪二三十年代，郭沫若等学者受社会性质五阶段学说启发，重新梳理和划分中国历史的发展阶段，奠定了中国马克思主义史学的基础。中国历史的分期，不仅直接关涉中国现代革命的根本性质，也是将中国纳入普遍历史的努力。社会性质五阶段学说的思想背景是近代西方启蒙运动后的普遍历史思潮，然而，这一思潮并非直接影响了中国马克思主义史学的叙事建构，而是首先经过晚清经史学者的借鉴和试错。晚清学者汲取传统经史之学的养分，以冀应对千年文明变局，然而未能突破传统与现代之间的隔膜，反而促成了经学的瓦解。[①] 传统经史之学瓦解后

---

[*] 刘禹彤，中国社会科学院古代史研究所助理研究员。
[①] 参见陈壁生《经学的瓦解》，华东师范大学出版社，2014，第108页。

的学术真空，急需新的指导思想进行弥纶。梳理从近代西方普遍历史观念的兴起，到晚清今文经学的普遍历史关怀，再到中国马克思主义史学的叙事建构，有助于理解当郭沫若等学者以社会性质五阶段学说取代中国历史王朝周期律之际，缘何思想转变如此之剧烈，社会接受却相对之顺利。

一　近代西方普遍历史观的形成

普遍历史（universal history）和世界历史（global history）的叙事，都要求不局限于一国，而是尽可能覆盖更多共同体，然而，普遍历史不等于世界历史。普遍历史是将普遍的人类社会纳入同一条意义脉络与共同法则的历史叙事，天然带有将历史普遍化的愿望。席勒（Friedrich Schiller）于1789年担任耶拿大学哲学教授时，作了一场题为"何为普遍历史？为何学习普遍历史？"的就职演讲。其中，席勒指出普遍历史不是所有事件的聚合，而是"哲学伸出援手，用人造的搭扣将这些碎片串联起来，将聚合体擢升为体系、合乎理性且前后关联的整体"[1]。可见，普遍历史既是一种历史叙事，也是一种以哲学建构为基础的历史哲学。席勒强调普遍历史具备哲学性和体系性，而非强调普遍历史的宗教普世性，表明席勒讨论的普遍历史主要指向启蒙后的新历史观。

普遍历史根植于西方历史的土壤，经由很多历史时刻铺垫而来。比如亚历山大东征第一次使希腊式松散的城邦真正面临"大一统"帝国的挑战与诱惑。[2] 亚历山大帝国旋踵覆灭，但帝国想象与普世观念的联盟从此逐渐发芽，建立帝国的野心伴随着对历史进行普遍化的追求。再如公元4世纪前后，罗马立基督教为国教，所有信徒作为上帝的子民编为一体。基督教在人类原罪的基础上建立普世性，历史的使命就是期待弥赛亚的救赎时刻。人类被救赎的历史，就是神圣史覆帱下的世俗史，人的受难是为了实现神的正义。神义作为历史的意义和普世的信仰，无序的历史自此有了一

---

[1] 〔德〕席勒：《何为普遍历史？为何学习普遍历史？》，刘小枫编《从普遍历史到历史主义》，谭立铸等译，华夏出版社，2017，第174页。
[2] 雅典、斯巴达和忒拜曾先后在泛希腊世界取得政治优势，但没有最终实现大一统，参见刘小枫《亚历山大与西方古代的"大一统"》，〔德〕约翰·居斯塔夫·德罗伊森《希腊化史：亚历山大大帝》中译本前言，华东师范大学出版社，2017，第1页。

条有序的主线，神圣史与世俗史的双重叙事预演了普遍历史的雏形。最后，启蒙思潮主导的法国大革命之后，以人民而非天神或君王为主体的文明观念形成，新的普世观念和普遍历史随之形成。历史以启蒙为界限，划分成了古今两个对立阵营。当现代理性人洗去救赎历史中的宗教色彩，代之以平等、自由等概念，历史的意义不再是追求神的正义，而是追求人的价值。

因此，普遍历史可分为神义派和非神义派，实即启蒙前与启蒙后的两种思路。前者如波舒哀《论普遍历史》，以神的意志为历史的动力，虽曰普遍历史，但仅限于欧洲纪事；后者如伏尔泰《论普遍历史和诸国族的道德及精神》，已经涉及中国和印度等国家，并且力图重新建立一种看待历史的新标准，即历史进步论，并一举取代了波舒哀等前人宗教式的普遍历史。在启蒙思想家笔下，神圣史和世俗史的对立不复存在，取而代之的是进步与落后的二元对立。历史成为一个不断超克的过程，以今人超克古人，以进步超克落后。进步的核心标准则在于理性和科技的进步，希望人类历史像自然科学一样具有规划性和持续的进步性。启蒙普遍历史将纷杂的人类历史提炼为一个体系，使历史呈现骨骼分明的轮廓，尤其以历史分期为典型形式，即梳理历史发展的线索和节点，将过去作为未来的初期或准备阶段。

普遍历史描绘了人类历史的大势，大势所趋的宿命感带领不同文明走上同一条道路，并向往同一个终点。例如，以民族国家超克封建帝国，成为近现代普遍历史的一个大势。在现代民族国家的形成过程中，历史学占据了比之古典时代更加重要的地位，这离不开现代民族国家建国理念的形成。如杜赞奇所言，历史是将非民族国家转变为民族国家的主要形式，历史是民族的生存形式。[①] 因此，以建立民族国家为目的的近代西方普遍历史观，天然是一种目的论的历史哲学，要求以一种明确的政制观念，将古今之变中的文明重组为一个有着共同信仰与目标的政治单位。近现代民族国家以主权在民的观念凝聚国民的同时，还需要在神职缺席之后，找到一个代表最高价值的精神符号。因此，近现代国家的建国理论往往要么依靠特殊的民族，要么信仰普遍的历史，要么二者兼而有之，即认为特殊的民

---

① 〔美〕杜赞奇：《从民族国家拯救历史：民族主义话语与中国现代史研究》，王宪明译，江苏人民出版社，2020，第27页。

族也身处普遍历史的进程中。

启蒙理性讴歌了人类和社会的可完善性，乃至兰克（Leopold von Ranke）指出史学是一门重构和重述的艺术。① 进化论以种族进化的历史实在性，破除了历史的虚无感，从而获得了激动人心的动员能量。因此，这一思潮影响下的普遍历史，或多或少预设了某种完美的终点。此一终点如果被设置在当下的现实世界，则易导向历史终结论，比如黑格尔将人类历史划分为四个阶段，相继为东方世界、希腊世界、罗马世界、德国世界，德国世界是人类发展最成熟的阶段；再如福山认为资本主义世界已经是人类社会的终极形态。此外，若将普遍历史的终点设置为未来世界，则容易导向种种乌托邦思想，而乌托邦的终点往往是平等、自由等普世观念的实现。普世观念和普遍历史的天然融合，使得理性的赞歌成为一场场激情的行动。

中西古典时代都有深厚的历史研究传统，然而，都没有发展出以上普遍历史的观念。从西方古典传统来看，历史编纂本就在纪事之外，追求对历史的探究，比如希罗多德《原史》通过希波战争，探究民主政治和专制政治的优劣。这一最佳政制的讨论基于对过去的总结，而非对未来或人类历史整体规律的展望，因此不构成普遍历史的叙事。再如在亚里士多德等古典哲人眼中，历史记载的是偶然事件，而哲学探讨的是普遍真理，因此，历史哲学或普遍历史本就是一个悖论。② 古希腊青睐循环时间观，基督教则是与之相对立的线性时间观。西方在接受了基督教之后，普遍接受了以弥赛亚为终点的线性史观。基督教的救赎历史将历史视为神对人的救赎，然而，当宗教启示让位于启蒙理性，只能依靠理性人的自我革命寻求救赎。诚如洛维特（Karl Löwith）所言，启蒙之后，基督教救赎历史中的上帝被抽离，但依然变相保留了一种没有救世主的弥赛亚时刻，在世俗版终末论的框架内，历史具有了普遍性。③ 救赎历史的世俗化，成为近代西方普遍历史诞生的基本背景，已然标志了西方的古今之变。

---

① 〔德〕兰克：《论普遍历史》，刘小枫编《从普遍历史到历史主义》，谭立铸等译，第179页。
② 参〔德〕洛维特《世界历史与救赎历史》，李秋零、田薇译，商务印书馆，2016，第8页。
③ 〔德〕洛维特：《世界历史与救赎历史》，李秋零、田薇译，第25~26页。

从中国来看，三代承载了政治社会的最佳想象，不断复归三代，构成了儒家的历史循环论。其中具有代表性的是在汉代发展成熟的五德终始和三统论。① 然而，儒家循环论不是西方古典时代西西弗斯推石上山式的悲剧循环，而是认为山顶矗立着最佳的三代，每一朝代推石上山（可能达到山顶，也可能达不到山顶），最后又跌落的过程，成为一朝一代政治生命的周期。在三代理想之外，中国古代还有关于太平和大同的理想，似乎暗含了对历史渐臻完美的向往。张灏认为，在晚清近现代转型时期，中国知识分子对乌托邦思想感到亲近，因为儒家已经提供了中国传统与乌托邦思想结合的基点。② 比如近代康有为等学者，就将大同构筑为乌托邦理想。然而，中国古代的乌托邦思想以桃花源为典型，更强调超凡绝俗和自然无为，虽与现实世界构成对比，但不构成对现实世界的对抗。西方近代以来的乌托邦思想，倾向于通过理性谋划历史的进程，从而实现理想社会，本质是普遍历史的变体。近代西方的乌托邦思想与中国古代的大同、太平或三代理想或许有一定的相似度，但绝非天然的同道。

在古代中国和西方启蒙之前，都没有以哲学的整全重构历史的普遍，更没有试图将之付诸实践。近代乌托邦思想和进步史观的形成，都离不开背后激荡的启蒙普遍历史浪潮。普遍历史代表了一种将历史普遍化的哲学冲动，因此需要具体的理论模型，进步史观恰如其分地充当了普遍历史的主要模型。进步史观与其说是一种历史哲学，不如说是一种未来哲学，希望通过历史的层层蜕变，从落后的过去走向进步的未来。如果没有普遍历史观念的奠基，我们难以回答，凭什么纷杂的历史现象背后可以抽出一条哲学性的发展或进步线索。中国本土天下观的普遍属性在世界文明的变局中解体，普遍历史观念在晚清的引入与兴起，切合了中国学人的全新需求，即重新理解中国与天下的关系，以及重建天下的普遍性，并进而影响了晚清今文经学至近现代的马克思主义史学革命。

---

① 五德终始最初是阴阳家邹衍学派的学说，然而在秦汉历史中，五德终始不断被儒家学者吸收和发展，尤其是刘歆将五德终始作为上古帝系的循环理论，使得五德终始具备了儒家经学的色彩。参见《汉书》，中华书局，1962，第1011~1014页。

② 比如张灏认为，儒家有实现至善的信念，恶的根除就能得到善的朗现；儒家相信天道内化于现实世界，人可以通过努力彰显天道。此外，乌托邦思想不仅内在于儒家思想之中，中国的道家和佛教思想也都有乌托邦的影子。参见〔美〕张灏《转型时代与幽暗意识》，上海人民出版社，2018，第236~240页。

二　晚清今文经学的经史革命

普遍历史被启蒙哲学的浪潮席卷而起，中国近现代革命又被普遍历史的浪潮裹挟向前。在古今之变后，中国文明的重新起航不得不选择一条融入普遍历史的路径。晚清今文经学兴起，康有为等人在孔子的万世法和西方的普遍历史之间找到了接榫点。在中国语境中，普遍历史的反义词可谓"断烂朝报"，在宋代，《春秋》就有断烂朝报之讥。然而，康有为所发掘的并非作为断烂朝报的《春秋》，而是孔子为万世立法的《春秋》。孔子通过作《春秋》对历史进行立法，在康有为看来不仅是为中国立法，而且是对世界历史的立法。普遍历史的现代性，在西方体现为用历史规律的预言取代神的预言；如果在中国，则应体现在用历史规律的预言取代圣人的预言。然而，康有为的孔教理想不允许他背弃儒家的圣人理想。直到郭沫若等学者为代表的中国马克思主义史学确立后，历史的预言才真正突破圣人的预言，可资社会发展借鉴。

近代西方的思想革命，通过暴力革命的方式向全世界扩散。文明变局中的中国知识分子，往往还来不及思考传统的"天下中国"是否理当转化为普遍历史中的"世界中国"，在反思历史究竟是否理应具有普遍性之前，就已经不自觉陷入了西方异质的普遍历史弥赛亚主义的焦虑。张灏指出，在民族主义和世界主义两极之间，转型时期的知识分子如康有为、谭嗣同、章太炎、刘师培，虽然有今古文经学等学问上的分歧，但都不约而同地被世界主义吸引。[①] 现代的世界主义形似中国传统的天下观，可以寄托儒家对经常之道的追求，然而，形似而实异的概念混用，足以引发儒学的古今之变。如列文森（Joseph R. Levenson）所言，今文经学在西方入侵之前和之后，已经分裂为两种不同的学术观念。[②] 汪晖等学者指出，晚清今文经学的意义需要纳入重构儒学普遍主义的语境中才能获得真正的理解。[③]

[①] 〔美〕张灏：《危机中的中国知识分子：寻求秩序与意义，1890—1911》，高力克、王跃译，中央编译出版社，2016，第3页。
[②] 〔美〕列文森：《儒教中国及其现代命运（三部曲）》，季剑青译，中华书局，2024，第92页。
[③] 汪晖：《现代中国思想的兴起》上卷第二部，生活·读书·新知三联书店，2015，第744页。另参见干春松《康有为与儒学的"新世"：从儒学分期看儒学的未来发展路径》，华东师范大学出版社，2015，第155~161页。

康有为将晚清今文经学的普遍主义追求推向极致，这一经学普遍主义最终体现于三世说的建构，实际上构成了一种不自觉的普遍历史叙事的尝试。

三世说源于春秋公羊学，本是根据《春秋》一经内部的不同书法，将鲁国十二公划分为所传闻世、所闻世和所见世三个阶段。随后，又在东汉末年何休等学者的发挥中，三世异辞成为治法不同的三世渐变：据乱世、升平世、太平世。太平世寄托了《春秋》文致太平的书法，以及在《春秋》新王治下扶正衰世的愿望。传统公羊学本就认为《春秋》虽然只记载242年的鲁国历史，但实际上包含了孔子的万世之法。康有为格外重视这一万世法的维度，认为《春秋》可视为历史发展从过去到未来的全程寓言，从而意外地接榫了普遍历史的观念。康有为以三世作为人类进化法则的普遍公理，不仅将三世运用于中国历史的解释，也运用于安排世界历史的进程。

一旦认为历史可以线性前行，古典传统中神圣的历史起点，就会被扭转成人类发展中的低幼阶段。比如康有为《孔子改制考》第一篇为《上古茫昧无稽考》，在开头指出人类文明都发端于洪水。[①] 宫志翀指出，康有为在万木草堂时期就已反复提到"洪水"这一中国与全球史同步的重要标志。[②] 大禹治水的圣王传说，被康有为不动声色地嫁接进西方创世神话中，实即将中国纳入普遍历史的叙事。然而，传统中国从未产生此理解。在古代中国人眼中，尧舜时代是圣王时代，并且因圣王在位而塑造了最佳政治，而非人类的幼年时代。在康有为这一思路影响下，近现代中国上古史研究出现两种思路，一则把上古当神话传说，一则把上古当作部落时代。康有为只是启其开端，直到郭沫若等学者采用马克思主义史学的思路，才进一步将该部落时代定性为原始社会或奴隶社会。

康有为的进化论不无粗率，比如认为三世进化的终点是太平世，而太平世的重要特点则是天下大同，不仅无法契合传统的理解，还瓦解了经典的结构。在经典中，《礼记·礼运》对大同的首要描述是："大道之行也，

[①] 康有为：《孔子改制考》，中华书局，2012，第1页。
[②] 宫志翀：《重建儒学普遍主义的基础——康有为"孔子改制"说新探》，《哲学动态》2022年第4期。康有为《万木草堂口说》言："以历国史记之，人皆生于洪水之后"；"各国皆言洪水，洪水后方有今日世界"。康有为：《长兴学记·桂学答问·万木草堂口说》，中华书局，1988，第65、93页。

天下为公，选贤与能，讲信修睦。"[1] 何休《公羊解诂》对太平的首要描述是："至所见之世，著治大平，夷狄进至于爵，天下远近小大若一。"[2]《礼运》之言"大同"与何休所言"太平"本不相似，然而，康有为将太平与大同进行了通约。在郑玄以降的解释中，"天下为公"指向禅让制，核心是"禅位授圣"，[3] 接受禅让的圣人成为天子之后，再进行"选贤与能"的官职分配。因此，"天下为公"和"选贤与能"分属两个层次。然而，康有为用"选贤与能"反过来理解"天下为公"，[4]《礼运》的性质就此发生了变化，"天下为公"不再是经学中的禅让制，而是转为现代基于权利与平等的选举制。

康有为通过托古改制的方法，将作为上古的尧舜时代转移到作为未来理想的尧舜时代，从上古到未来之间的历史进程，则由融合进化史观之后的三世说进行说明。我们很难认定这是对传统经学旧义的回归，而是对经学脱胎换骨的改造。传统公羊学三世说并不是一条从据乱世到升平世，最后到达太平世的线性进化，无论董仲舒还是何休的三世说，都是在陈述一个王朝内的三世，而一个王朝是有生有灭的王朝。因此，三世说成立的前提是三统论。三统论作为一种朝代的循环理论，不担保历史在未来实现太平，以尧舜为理想，不等于以尧舜为未来。康有为的大同说将尧舜置于人类的未来，并辅以进化史观，构成了典型的近现代普遍历史叙事。

如果世界历史真有大势所趋，那么向西方学习意味着中国自愿加入普遍历史的进程。康有为试图直接以传统经学融合西式的普遍历史，以西方世俗化的救赎历史作为中国王朝政教的救赎方案。然而，康有为的大破大立恢复不了时人对六经的信仰，反而催生了近现代新思想对六经的怀疑，比如古史辨派在晚清今文经学的基础上兴起。[5] 康有为从春秋公羊学中发展出的三世说和大同说，旋即在古史辨派的视角转换中，丧失了全部的崇高意义。晚清经学为救世而发出的洪钟巨响，最终敲响的却是经学的丧

---

[1] （汉）郑玄注，（唐）孔颖达疏《礼记正义》，上海古籍出版社，2011，第874~875页。
[2] （汉）何休注，（唐）徐彦疏《春秋公羊传注疏》，上海古籍出版社，2013，第38页。
[3] （汉）郑玄注，（唐）孔颖达疏《礼记正义》，第875页。
[4] 康有为：《礼运注》，《孟子微·礼运注·中庸注》，中华书局，1987，第239页。
[5] 王汎森：《古史辨运动的兴起：一个思想史的分析》（修订版），上海人民出版社，2024，第92、186页。

钟。这从侧面证明了近代中国的革命，无法单纯从传统儒家和六经思想中考定源头。① 康有为在对国家的救亡图存之外，根植于儒家传统中的天下观和三世说，提出了对普天之下的重构。然而，这一遥远的理想在文明大变局的战场中，不得不让位于重建国体的蹙迫要求。

康有为三世说的实质结果是以公羊学接引西方的进步史观，而进步史观的实质是一种普遍历史观。晚清今文经学往往与政治革命紧密相关，从而部分丧失了晚清政局之外的学术意义。康有为虽然按照三世说将历史分为三期或更复杂的三重三世，但过度使用寓意解经法，导致理论与实践的难以为继。辛亥国体变迁之后，康有为以春秋学三世说为基础描绘中国式普遍历史的努力旋即失败。不过，康有为的贡献在于突破了前人的"中体西用"说，转而认为中国和西方走在平行的历史轴线上，由此东西方文明可进行通约。东西方文明平行发展的观念，其背景是将人类历史普遍化的观念，认为无论中西的历史都有相似的轨道，这一轨道就是普遍历史的进程。只有在普遍历史成为共识的前提下，中西历史才能视为平行发展并可互为借鉴的历史。

康有为等晚清经学家既想保守传统文明和儒家文化，又想重构普遍主义的努力，最终遭逢失败。儒学的旧瓶难以迅速盛装现代化的新酒，也就难以成为对接普遍历史的学理根据。此后，反对以儒家为代表的古代中国传统，成为五四和新文化的一面旗帜。在科学与民主的镜鉴下，儒家一度迅速坍缩为皇权与专制的注脚。康有为的儒学普遍主义设想，在融入普遍历史的过程中，消解了儒学，最终为后人留下了尚未成型，并有待继续探索的普遍历史建构。

三 郭沫若对晚清经学革命的再革命

普遍历史作为对历史的立法，同时提供了参与历史和创造历史的动力。因此，西方启蒙运动以来的普遍历史思潮是一种革命史学，古今之间不再以自然的年代为分界，而是以人的思想革命为节点。晚清以降的思想

---

① 另参刘小枫《儒家革命精神源流考》，《儒教与民族国家》，华夏出版社，2007，第115页。刘氏认为中国的马克思主义不直接从儒家革命思想中生发出来，而是儒家知识人在接受西方社会主义思想后发展出来的。儒家革命思想与马克思主义的革命思想有亲和性，但不具有同一性。

革命并非一蹴而就，而是经历了几代人的艰难探索。郭沫若等马克思主义史学家的开创性过于耀眼，几乎成为中国近现代学术史上的一大裂变。此前晚清和民国走过的种种弯路已告终结或失败，此后的新中国现代学术才真正走上康庄大道。然而，在晚清今文经学接引的所有西方近现代观念中，普遍历史这一维度往往被忽视。中国的马克思主义史学在对接普遍历史时，之所以没有出现接受障碍，其间不无晚清今文经学以来的思想铺垫，即依托三世说接引普遍历史观念的影响。

郭沫若与晚清今文经学家也曾有师承渊源。廖平是晚清今文经学的另一重要代表，郭沫若的老师黄经华和帅平均，皆廖平弟子。黄经华和帅平均向郭沫若传授的廖平今文经学思想是否对郭沫若的学术兴趣和研究方向产生了影响，至今依然为学者所乐道。[1] 但从根本而言，如果说郭沫若早年学习今文经学的经验对此后的学问有所影响，那么四川籍的郭沫若并没有继承身处四川的廖平的学术传统，反而是接续了广东两位今文经学家的思路，首先是康有为三世说和大同说所表现出的新经学，即认为历史的理想可以在理想的历史中分阶段实现；其次是康有为弟子梁启超的新史学，即以进化和进步的思路理解历史的规律。

然而，从晚清今文经学的经史观，到郭沫若等学者的马克思主义史学，并非一脉相承，而是观念的迭代。康有为更关注儒学的普遍，而非历史的普遍，因此，康有为对儒学普遍主义的重构伴随着对秦汉以降历史的否认，因为康氏认为六经之义在秦汉以降的历史中不断遭到扭曲，希望首先剥离六经所附着的历史，再行重建六经的普遍性。梁启超相对其师而言，更关注历史的普遍，但梁氏对新史学的呼唤，伴随着对二十四史皆非真正的历史，而只是二十四家谱的批判。并且根据西方普遍历史的上中下三段论，梁启超将秦汉至晚清视为中国的中世纪。然而，郭沫若等学者的马克思主义史学建构，伴随着对秦汉以降历史的重新承认，即通过社会性质五阶段学说，将之界定为封建社会时代，同时实现了将中国历史纳入普遍历史的建构。自此，秦汉以降的历史并非毫无意义，而是人类普遍历史的必经阶段。

马克思主义的普遍历史体现在以阶级超越阶级，因此历史的每一阶

---

[1] 参冯庆《郭沫若、廖平与古今诗学问题——从神游经验到文明立法》，《中国现代文学研究丛刊》2022年第11期。

段都有存在的意义。阶级和民族原本是两种身份认同、两种历史主体，以及两种建国思路。阶级更普遍，民族更特殊。然而，20世纪初期的共产主义者已经把二者结合起来，共同作为构建新中国的理论设想。古代中国的不同民族被整合为同一个中华民族，中华民族再作为同一个领导中国革命的阶级。[①] 晚清康有为和章太炎等学者以传统经史之学作为重建国体的思想资源，然而，今古文经学的立国设想都以失败散场。郭沫若等学者的中国马克思主义史学叙事建构，构成了对晚清经学的再革命，奠定了新中国的史学理论。五种社会形态理论是一种普遍历史的叙事，并且这一叙事和阶级观念相结合，历史在阶级对立的革命中走向下一社会形态，最终在无产阶级的带领下超越阶级，实现历史的终极意义。

虽然梁启超后期背离师说，但其新史学所强调的进化思想与康有为三世进化学说不无思想渊源。关于梁启超新史学与郭沫若史学的关联，也受到学者的广泛关注，[②] 尤其是梁启超于1901年倡导的新史学，力主从循环史观转向进步史观，成为普遍历史叙事建构的重要推手。然而在1920年前后，梁启超开始怀疑进化式的普遍史观，转向探索历史的文化个性。[③] 梁启超一生的核心思想历经三变，[④] 但最终落后于时代的巨变。梁启超发表于1920年的《欧游心影录》直言"社会主义自然是现代最有价值的学说"[⑤]，但梁启超认为社会主义于中国并不适用，根本原因在于中国无资产阶级，没有受到工业组织的压迫，自然不需要社会主义来纠偏。梁启超卒于1929年，而正是在1928年前后，郭沫若以马克思主义为指导，率先重

---

① 〔美〕杜赞奇：《从民族国家拯救历史：民族主义话语与中国现代史研究》，王宪明译，第10页。
② 关于郭沫若与梁启超之间的学术关联，还可参何刚《相通与承继：郭沫若与梁启超"新史学"述论》，载赵笑洁、蔡震主编《郭沫若研究》总第18辑，社会科学文献出版社，2023，第87~99页。
③ 参梁启超《研究文化史的几个重要问题》，《梁启超论中国文化史》，商务印书馆，2012，第13~16页。
④ 列文森将梁启超思想分为三期，并认为"在他思想变化的第三阶段，梁启超激烈争辩说：西方与中国理想是相对的；西方重物质，东方重精神。此前，像任何一个十九世纪实利主义的欧洲乐观者一样，梁启超相信进步的必然性，并因西方的进步成就而崇拜它。现在他则认为，进步的欧洲人已使自己陷入困境，科学的发展、物质资料的获得已成为欧洲仅有的进步，而科学留给他们的是精神崩溃"。〔美〕列文森：《梁启超与近代中国思想》，盛韵译，香港中文大学出版社，2023，第3页。
⑤ 梁启超：《欧游心影录》，《梁启超游记》，东方出版社，2012，第41页。

新接续了纳中国于普遍历史的未竟之业。

20世纪初期的中国，非马克思主义学者也纷纷思考普遍历史的分期问题，比如傅斯年、雷海宗等学者。普遍历史作为一门历史哲学，需要对历史变迁的前因后果作出说明，并且，在因果关系的转化中，历史被截断为不同时代。西方历史已经在普遍历史的叙事中划分出不同阶段，中国历史也必然面临古史分期问题。因此，中国马克思主义史学从建立之始就不仅是对中国历史的叙述，同时也是对世界历史的观照。共和国史学的"五朵金花"中，古史分期问题居首位，并与另两朵金花（中国封建土地所有制形式问题、中国资本主义萌芽问题）密切关联。历史分期的聚讼集中于上古与现代之间时段的性质与边界，对中国史而言这一时段则是封建时代。

郭沫若《中国古代社会研究》的一项重要学术贡献，即初步划分了中国封建时代的起始时段，并提出了中国存在奴隶制时代。《中国古代社会研究》多数篇目创作于20世纪20年代，最终集结出版于1930年，成为马克思主义史学的重要开山之作。[①] 中国马克思主义史学以马克思主义哲学为指导，以哲学的整全性塑造了历史的普遍性，也就是将历史作为一个类似于人体的有机整体。郭沫若1929年写就的《中国古代社会研究·自序》开头便说道：

> 只要是一个人体，他的发展，无论是红黄黑白，大抵相同。由人所组织成的社会也正是一样。中国人有一句口头禅，说是"我们的国情不同"。这种民族的偏见差不多各个民族都有。然而中国人不是神，也不是猴子，中国人所组成的社会不应该有甚么不同。[②]

个人固然是一个个体，但郭沫若强调的集体何尝不是一个个体。人体有自然的成长，集体也有自然的发展。视个人为个体，以及视集体为个体，都是启蒙时代的理性突破。18世纪前后的启蒙运动将个体理性的观念传播四散，个体的独特性在于个体拥有理性。19世纪前后，理性精神指导的科学研究发现了进化论，认为整个人类在同频共振地进化，在人作为个

---

① 参谢保成《郭沫若学术思想评传》，北京图书馆出版社，1999，第122页。
② 郭沫若：《中国古代社会研究》，《郭沫若全集·历史编》第1卷，人民出版社，1982，第6页。

体之人的独特性之外，人作为集体之人的独特性也被发掘。在此基础上，历史不再是古典哲人眼中偶然的碎片，历史是会成长变化的历史，由此与人一样获得了生长的肌理。这一观念在中国的早期传播和兴起，得益于晚清学人的推进，比如康有为将上古比喻为人六七岁之前的阶段。[①] 近现代的史学革命将古史的早期视为人类的幼年，越往后期的人类社会越成熟，由此构成一种进步史观，进步史观成为晚清以降中国学者共同接受的普遍历史观念。20 世纪 20 年代前后的中国学者开始以马克思主义为指导研究历史，但当郭沫若提出历史是一个有机整体时，这样的观念在 20 世纪初期已经率先成为共识。晚清经学接引的普遍历史思潮，为中国接受马克思主义进行了预热。

康有为的进步史观以经学中的三世说为理论依托，郭沫若的进步史观以社会性质五阶段学说为理论依托。二者同为进步史观，然而根本差异在于，三世进化寄希望于传统政教中的圣人立法，最终聚焦于圣人何为，以及孔教何为的讨论。即便以大同世为理想，也会因圣人的缺席和历史的遗憾而无限延宕，这构成了晚清今文经学纳中国于普遍历史的致命缺陷。然而，郭沫若等中国马克思主义学者认为，五种社会性质的转化不依靠圣人，而是依靠生产力的发展和生产关系的调整，最终寄希望于传统经学所谓圣人之下的每一个普通人。因此，郭沫若等中国马克思主义史学的叙事建构，虽然与晚清今文经学共享了进步史观这一普遍历史观念，但郭沫若反复强调的"中国人"，以及中国人这一历史主体的确立，使得历史拥有了双重动力，即人民本位和客观规律。

郭沫若发现了这一可以超克传统和近现代中国历史观的武器，但遗憾和希望都在于"世界文化史的关于中国方面的纪载，正还是一片白纸"[②]。事实上，恩格斯《家庭、私有制和国家的起源》一书完全没有涉及中国社会的演化。因此，郭沫若自谓《中国古代社会研究》的写作意图就是创作《家庭、私有制和国家的起源》的中国篇。郭沫若《中国古代社会研究》导论作于 1928 年，此时恩格斯《家庭、私有制和国家的起源》还没有完整的中译

---

① 比如康有为《孔子改制考》第一篇《上古茫昧无稽考》开头第一句话即言"人生六七龄以前，事迹茫昧，不可得记"，将历史视为一个像人体生长一样的有机整体。参见康有为《孔子改制考》，第 1 页。
② 郭沫若：《中国古代社会研究》，《郭沫若全集·历史编》第 1 卷，第 9 页。

本出版，①郭沫若《中国古代社会研究》是第一次将恩格斯该书的理论应用于中国历史研究的著作，也成为晚清纳中国于普遍历史的努力遭遇种种挫折之后，第一次充满希望的尝试。

经过郭沫若等马克思主义史学家对晚清以降普遍历史观念的再革命，历史规律的预言功能，最终取代了传统儒家经学中圣人的预言功能。正如郭沫若所谓："一切的社会现象决没有一成不变的东西，瞻往可以察来，这是一切科学的豫言的根本。社会科学也必然地能够豫言着社会将来的进行。"②郭沫若所谓的预言，指向对无产阶级超克资产阶级，同时超克阶级本身的期待。梁启超等晚清民国学者尚认为社会主义虽好，但不具备在历史中实现的必然性。然而，郭沫若吸收社会性质五阶段学说，论证了中国历史与之若合符节，向现代中国证明了社会主义理想的可能性与必然性。郭沫若坚信"中国历代的生产方式，经过了原始公社制、奴隶制、封建制等，一直发展到现阶段"③，古代中国历史的发展已经吻合马克思和恩格斯所谓普遍人类社会的发展进程，那么中国的未来也将顺应这一历史发展的大势。

晚清经史之学看似继承与发扬传统学问，以儒学旧瓶容纳普遍历史的新酒，结果成为儒学的唱衰。儒学的旧瓶虽然已经破碎，但普遍历史的新酒流淌进了一个时代的毛细血管之中。直到郭沫若等近现代学者，以马克思主义的新瓶容纳普遍历史的新酒，才实现了理论和实践的真正适配。中国马克思主义史学作为普遍历史大潮中的一股潮流，最终冲破了中国古今之变的瓶颈，带领中国历史走上新的征途。

结　语

人类历史有发展规律可循的观念，并非自古以来的共识，而是近代西方启蒙之后普遍历史观念发展的产物。古代中国的历史观和古希腊的历史

---

① 郭沫若在《中国古代社会研究》导论提到恩格斯《家庭、私有制和国家的起源》时强调，将来一定会介绍到中国，表明郭沫若写作时尚未有完整中译本出版（参见郭沫若《郭沫若全集·历史编》第1卷，第14页）。1928年李膺扬（即杨贤江）首次将《家庭、私有制和国家的起源》全书译为中文，1929年6月由新生命书局出版发行。
② 郭沫若：《中国古代社会研究》，《郭沫若全集·历史编》第1卷，第17页。
③ 郭沫若：《奴隶制时代》，《郭沫若全集·历史编》第3卷，人民出版社，1984，第14页。

观都呈现某种循环样态。循环可以概括王朝或政体的演变，但无法作为一种囊括人类历史的整体规律或体系，因此中西古典时代都没有出现近现代启蒙意义上的普遍历史观念。基督教的救赎历史带来了西方的线性史观，启蒙运动之后的线性史观则将基督的救赎从彼岸拉到此岸，并且在对人类理性的高度信任中，近现代西方的线性史观呈现为进步史观。进步意味着历史有步骤可循，因此，对历史进行分期，成为构建普遍历史的一项必要工作。

康有为等晚清今文经学家以春秋公羊学的三世说作为接引普遍历史的理论根据，据乱世、升平世和太平世的历史分期与三世渐进，构成了一种儒家乌托邦理想。然而，这一儒家乌托邦的脆弱性主要体现在对儒家圣人传统的固执，因此无法实现古代中国的现代转化。晚清以儒家为依托构建普遍历史的探索以失败告终，但失势的是儒家，得势的是普遍历史。普遍历史的叙事建构，成为晚清以降中国革命的新传统与新追求。郭沫若等现代学者在吸收马克思主义学说的基础上，重新理解古代中国社会，最终论证了古代中国进行现代转化的哲学与历史的双重根据，完成了纳中国于普遍历史的史学革命。

郭沫若对古代社会形态演变"推移期"的评判

——以其诸子研究为观察视角

杨胜宽[*]

摘　要：郭沫若从20世纪20年代至50年代的数十年中，对于中国历史的分期经历三次变化，都关系到奴隶制与封建制分界点的认定。在长久的研究中，他经过对春秋、战国阶段社会及意识形态的不断深入探讨，逐渐认识到这是一个既非奴隶制又非封建制的特殊过渡期，他因此提出了社会形态演变"推移期"的历史分期新概念，最终坚定了其将两种社会形态的界线划在春秋与战国之交的看法，此后不再变化。30年代中期至40年代中期十余年的诸子系统研究，既取得了诸子百家学术思想"批判"的重要成果，又成为其判断社会发展形态的最佳观察方位。

关键词：郭沫若；古代社会形态；"推移期"；生产方式；诸子学术思想

郭沫若一生治学，立足于服务现实社会需要，满足于实用性客观要求，这是其有目共睹的一个显著特征。而在历史研究领域，他的两个重要时期的研究成果，却因受到某些外部因素的"刺激"而得以完成，颇为耐人寻味。其20世纪20年代旅居日本期间完成的《中国古代社会研究》，是因为不满意胡适的《中国哲学史大纲》没有摸着一点中国古代"社会的来源"及"思想的发生"之边际，[①] 故而学习恩格斯所著《家庭、私有制和国家的起源》，运用唯物辩证法来分析中国古代社会形态构成与发展变化，成为中国现代史学研究领域第一本运用马克思主义唯物史观研究中国

---

[*] 杨胜宽，乐山师范学院文学与新闻学院教授。

① 郭沫若：《中国古代社会研究·自序》，《郭沫若全集·历史编》第1卷，人民出版社，1982，第7页。

古代社会发展状况的专门著作。抗战时期是郭沫若史学研究的另一个重要时期，他自己收集编辑而成的《青铜时代》《十批判书》是两部很具分量的历史研究专著，也是因为不满意于"新史学派""鸿篇巨制"的见解与结论，他"受了刺激"而专注于对周秦诸子的系统研究，希望在《中国古代社会研究》已重点对古代社会经济基础"面貌"进行全面考察分析的基础上，再对其意识形态表现情态作全面"清算"，后来他公开承认："假使没有这样的刺激或鼓励，（这些著作）恐怕也是写不出来的。"[①] 因此，按照郭沫若自己的说法，"对于未来社会的待望逼迫着我们不能不生出清算过往社会的要求""认清楚过往的来程也正好决定我们未来的去向"[②] 是其史学研究的现实目的，而一些特别的"刺激"因素，却成为他去实现这一研究志愿的重要触媒。

然而，无论是中国古代历史的悠久、复杂，还是当时旅居海外研究条件的制约，都给郭沫若在20世纪20年代后期全面梳理古代社会发展演变的内在逻辑与客观规律造成了诸多困难，而他在使用辩证唯物史观研究方法的"草创期"，思想的成熟度与结论的准确性方面也可能容易出现某些问题。故其《中国古代社会研究》面世以后，在引起学界同行强烈兴趣的同时，又招来对其研究结论的各种质疑甚至反驳的声音。事实上，《中国古代社会研究》并不具备对数千年古代社会发展演变的"通论"性质，而是把研究的着重点放在了对西周奴隶制社会相关问题的深入考察与详细论证上。至于此前的原始社会、此后的封建社会都被作为论证中国古代的社会形态演变与马克思、恩格斯所描述的人类社会发展形态学说相符合之"引子"与"概观"而存在。这一遗憾，不仅从郭沫若后来强烈希望早日编成一部真正意义上的《中国通史》的表达中可以清楚看出，也可以从其十年诸子研究时期试图弄清中国封建制社会的基本结构（"机构"）及其在意识形态上面的"反映"得到明显印证。

郭沫若把《中国古代社会研究》称为《家庭、私有制和国家的起源》的"续篇"，就其接续恩格斯的著作主要针对人类文明形态之一的氏族制社会的形成与瓦解过程而对中国古代奴隶制社会的形态与特征进行的翔实研究而言，是名副其实的。在当时的认识上，郭沫若主张西周是奴隶制社

---

① 郭沫若：《十批判书·后记——我怎样写〈青铜时代〉和〈十批判书〉》，《郭沫若全集·历史编》第2卷，人民出版社，1982，第465~466页。
② 郭沫若：《中国古代社会研究·自序》，《郭沫若全集·历史编》第1卷，第6页。

会，以周平王东迁（公元前770）为时间标志，春秋以后就进入真正的封建制社会时代。但在随后引起的古代历史分期的争论中（20世纪30年代前期），他改变了此前的观点，把奴隶社会与封建社会的分界点定在了秦、汉之交（公元前206）。两个时间点相差竟达560多年历史。而这个历史时段，恰好与我们熟知的春秋、战国时代基本重合。在经过20世纪30年代中期至40年代中期十余年对诸子时代的深入研究之后，郭沫若又把春秋战国时期作为两个社会形态的"推移期"，强调其"过渡"的特殊性。直至新中国成立以后的50年代初，才把奴隶制与封建制的分界点确定在春秋与战国之交（公元前475）。以上便是人们熟知的郭沫若对于古史分期的两次观点改变。对于后一次改变，郭沫若极为自信，至死都没有再变。他的这种历史分期观点也得到了多数同行的认可，至今仍被采用。我们从郭沫若关于历史分期的观点改变过程可以看到，诸子研究十年，对于其形成正确的中国古代历史分期认识起了重要推动作用。那么，他如何通过对诸子活跃的春秋、战国时代的研究和思考，从而形成其颇为自信和具有较强说服力的历史分期结论，就是一个十分值得重视并予以深入探讨的问题。

一 关于古代社会形态演变的"推移期"及其判断标准

在《中国古代社会研究》的"导论"中，郭沫若把中国历史从远古至近代划分为四种社会形态。（一）西周以前：原始公社制；（二）西周时代：奴隶制；（三）春秋以后：封建制；（四）最近百年：资本制。实现不同社会形态转变的，是与之对应的三次社会革命。第一次，奴隶制的革命：殷、周之际；第二次，封建制的革命：周、秦之际；第三次，资本制的革命：清代末年。[1] 由此看，当时的郭沫若认为，推动历史发展的根本动力是平民暴动式的"革命"，比如促使周平王东迁、历史进入东周开启封建制时代的推动力，是周厉王十二年（公元前866）在首都发生的"平民暴动"，郭沫若把它与法兰西的巴黎暴动、俄国的十月革命相提并论。与此同时，他又认定"革命"前后，在两种社会形态上发生的改变并不明

---

[1] 郭沫若：《中国古代社会研究·导论》，《郭沫若全集·历史编》第1卷，第30~31页。

显:"封建制社会和奴隶制社会并没有多么大的悬殊。"就直接生产者而言,在奴隶制下可以公开大量屠杀,而在封建制下的屠杀起初不公开,后来是在法律上加以禁止。另外,两种社会形态之间存在后者对前者的"延续"关系,"奴隶制社会是氏族社会的延续,多量地含有血族成分,而封建制则是多量地含有地域成分的奴隶制"。① 乍看起来两种说法似乎显得有些矛盾,即认为革命力量改变了一种社会制度,同时又说,即使发生了这种革命,其前后的变化也并不明显。在这里,郭沫若注意区分了"形式"上的革命暴动效应与"实质"上的社会变化在客观上存在着明显差别,即使西周的奴隶制在周厉王时的革命暴动中"形式上被推翻",但奴隶制社会发展的惯性依然发挥着作用,改变只是在某些局部上表现出来,就像对于"直接生产者"的屠杀方式发生了变化一样。这种局部的量变,要经过相当漫长的阶段,才能逐步扩大,最终由量变发展成质变,新的社会形态才能确立。郭沫若谈到平王东迁以后的社会发展状况时指出:"从那时候起中国的历史上便起了一个很长久的变乱,社会的阶层、民族的分配、政治的组织、意识的反映,都起了一个天翻地覆的变更。……那实质上是表明着当时的经济基础的变革,社会关系的动摇,革命思想的勃发。"② 经济基础的变革,自然会引起社会关系的动摇,意识形态上革命思想的勃发,这完全符合马克思主义经济基础决定上层建筑的基本原理。只是他对于这一过程的描述,用了"很长久"这样一个极为模糊的时间概念,以及"变乱"这样一种不显臧否立场的表达用语。

郭沫若用辩证唯物史观解剖中国古代历史发展进程中的形态变化,能够获得这样一个基本认识,表明他从恩格斯《家庭、私有制和国家的起源》中获得了正确的关于社会发展的科学研究方法,因为恩格斯说过:"私有制和交换、财产差别、使用他人劳动力的可能性,从而阶级对立的基础等等新的社会成分,也日益发展起来;这些新的社会成分在几世代中竭力使旧的社会制度适应新的条件,直到两者的不相容性最后导致一个彻底的变革为止。"③ 在恩格斯看来,新的社会成分变化首先从经济基础方面表现并日益发展起来,而要使属于上层建筑范畴的旧的社会制度具备与之

---

① 郭沫若:《中国古代社会研究·导论》,《郭沫若全集·历史编》第 1 卷,第 17 页。
② 郭沫若:《中国古代社会研究·导论》,《郭沫若全集·历史编》第 1 卷,第 27 页。
③ 〔德〕恩格斯:《家庭、私有制和国家的起源·第一版序言》,《马克思恩格斯选集》第 4 卷,人民出版社,1972,第 2 页。

相适应的条件，需要经过"几世代"的时间，直至两种制度的不相容性导致最终的彻底变革，新的社会形态才能取代旧的而正式得以确立。恩格斯的"几世代"和郭沫若的"很长久"，都是一种难以确定的模糊时间表述，证明无论是由无阶级向阶级社会的发展，还是奴隶制向封建制的演变，其发生变化的规律是相同的，而发展演变的进程既复杂又漫长，很难用一个确定的时间概念来进行表述。这一事实说明，不管是世界历史，还是中国历史，其发展演变的情况都极为复杂，受到各种条件的影响与制约。在涉及社会发展形态的认识与判断上，尤其如此。这既是为什么关于中国古代历史的社会发展形态演变、古史分期等史学问题迄今在学界仍然争论不止、共识难成的根本原因，也是为什么郭沫若一生中对于中国古史分期屡变其说，以及反复感叹凭借一己之力吃透几千年中国历史演变内在逻辑之难的主客观真实原因。

郭沫若在《中国古代社会研究》一书中，曾基于上述认识和判断，对古代奴隶制社会向封建制社会的发展变化状况，先后有过这样一些描述：

> 事实上周室东迁以后，中国的社会才由奴隶制逐渐转入了真正的封建制。从那以后在农业方面中国才有地主和农夫的对立产生，工商业方面也才有师傅和徒弟的对立出现，春秋的五霸，战国的七雄，要那些才是真正的封建诸侯。[1]

其中具体举到春秋五霸、战国七雄是真正的封建诸侯，似乎想表明春秋、战国时代就是真正的封建制社会，但所说的"逐渐转入"经历时间多长、具体过程怎样，是没有呈现出来的。而对于由原始公社到奴隶制，又由奴隶制向封建制的社会形态演变，郭沫若在章目中都用了"推移"这样的概念。他在结论中提出：

> 总之周室东迁的前后，我们中国的社会是由奴隶制变为真正的封建制的时期。
>
> 秦以后的制度，我们现在仍称它为封建制，这是从东周的五霸开

---

[1] 郭沫若：《中国古代社会研究·导论》，《郭沫若全集·历史编》第1卷，第28页。

始，一直到最近的一二百年来才渐就崩溃的。①

同样,"周室东迁的前后"的时间怎么界定,才实现了"由奴隶制变为真正的封建制",依然没有加以明确。

以上现象只能说明,郭沫若虽然学会了用辩证历史观来观察分析中国古代社会的发展演变,但具体到奴隶制社会形态转变到封建制社会形态的判断与论证上,由于对两种社会形态尤其是封建制社会的内涵、特征及其发展演变的复杂状况并未完全研究得十分清楚,所以尽管屡次用到"真正的封建制"提法,并且在该书第二篇第二章中从"宗教思想的动摇""社会关系的动摇""产业的发展""农业的发达"四大方面分节进行了论述,对两种社会形态转变的迹象作出了概括,但显然他还不能确定这些变化发生与发展的真正动因和清晰进程。比如其阐述"农业的发达",首先归功于周宣王时期的"四面征伐",认为如此"开疆辟土",便"推广了自己的农业",所列举的证据,只是《诗经·大雅》中的《崧高》《烝民》《韩奕》《江汉》《常武》等关于征战描写的诗句。② 其实,无论按照恩格斯《家庭、私有制和国家的起源》的观点,还是郭沫若后来自己认识的改变,都足以证明,造成奴隶制崩溃、封建制逐渐成型的最重要因素,是土地的私有和财富的占据。随着土地私有化程度不断提高,拥有土地的地主阶级靠兼并、垄断、剥削、征税等手段,越来越多地占有社会财富,以巩固和提高其经济与政治地位,当这种情形由量变发展到质变阶段时,奴隶制的崩坏、封建制的建立,就是不可避免的历史发展演变结果了。而郭沫若通过对《诗经·大雅》诸战争诗的分析后却得出了如下结论:"我们看到被侵略者战败了之后的民族,他的经营的力量是怎么样呢?种树、建筑、牧畜、耕作,井井有条,立地便恢复了起来。农业的生产力的发展程度,可以想见了。"③ 把战败者恢复农业的结果描述成导致社会发展和历史进步的主要动因,这种观点是没有说服力的。他在1953年所写的《奴隶制时

---

① 郭沫若:《中国古代社会研究》第二篇第二章,《郭沫若全集·历史编》第1卷,第155页。

② 郭沫若:《中国古代社会研究》第二篇第二章,《郭沫若全集·历史编》第1卷,第180页。

③ 郭沫若:《中国古代社会研究》第二篇第二章,《郭沫若全集·历史编》第1卷,第185页。

代·改版后记》说："土地为地主所占有，这就是封建土地所有制的形态。假使一个社会的土地还不是封建所有制，也就是说，还没有真正的地主阶级存在，那么这个社会就不能认为是封建社会。"① 拿这一观点与前面的说法相对照，就可以看出其当时认识的明显偏差。

正因如此，郭沫若在《中国古代社会研究》出版十七年以后的 1947 年撰写再版《后记》时，才不止一处对作者自己当时的研究状况和认识水平进行自我"检讨"，一则说："这本书只是我研究过程中的初期阶段，在我自己看来，是应该从新写过的。我也起过这样的雄心，想写一部完整的《中国古代史》，把社会分析、思想批判等，通统包括在里面。"② 设想中的这部历史著作，应当具备贯通古代社会发展历史、内容涵盖齐全完备的主要特征。但郭沫若说他一直没有着手这项工作，并且断言"永远也不会着手"。其中的原因，除了可以想到的客观因素之外，在主观方面，要将这样的"雄心"付诸实施，凭个人之力是难以胜任的。看看后来郭沫若主编《中国通史》的情况，就不难明白了。二则明确承认："（书中）没有把时代性划分清楚，因而便夹杂了许多错误而且混沌。隔了十几年，我自己的研究更深入了一些，见解也更纯熟了一些，好些错误已由我自己纠正。"并且点明纠正错误观点的著作，包括《青铜时代》《十批判书》两部。③ 所谓"混沌"，应该包括对于从奴隶制向封建制转变的不清晰认识与表述等。

这篇《后记》里有这样一段特别值得注意的表述：

> 本来，社会的发展阶段并不是斩钉截铁地可以划分的，各个阶段之间有相当长期间的游移，依资料的多寡可以上属或下属。例如殷代则原始社会的孑遗比较多，春秋、战国时代则奴隶制已在崩溃，两者要认为前后两阶段的推移期似乎都是可以的。④

---

① 郭沫若：《奴隶制时代·改版后记》，《郭沫若全集·历史编》第 3 卷，人民出版社，1984，第 247 页。
② 郭沫若：《中国古代社会研究·（再版）后记》，《郭沫若全集·历史编》第 1 卷，第 311~312 页。
③ 郭沫若：《中国古代社会研究·（再版）后记》，《郭沫若全集·历史编》第 1 卷，第 311 页。
④ 郭沫若：《中国古代社会研究·（再版）后记》，《郭沫若全集·历史编》第 1 卷，第 311 页。

郭沫若对古代社会形态演变"推移期"的评判

这段话的重要性不仅在于提出了殷代、春秋和战国属于哪种社会形态的学术判断问题，更在于指出划分社会形态的真正难点，是对历史发展演变渐进性与复杂性的科学认识。他明确指出，春秋、战国处于奴隶制崩溃、封建制逐渐建立的"推移期"，虽然相较于《中国古代社会研究》只在"推移"后面增加了一个"期"字，但这个观念所表达的含义与前者是有着很大不同的。二者最显著的区别在于，"推移"所传达的只是一种变化动态，而"推移期"则对这种变化进行了明确的时间界定。确认了这一点，才能把春秋、战国这段历史的社会形态表述清楚，它并不是已经完全定型的"真正的封建制"，而是一种介于两种社会形态之间的过渡期，其形态特征就是既有奴隶制社会的"延续"，又有封建制社会的"变更"，唯其如此，其发展的复杂性与特殊性与任何一种完全定型的社会形态都有所不同。对此的明确判断，不仅是把马克思主义唯物史观与中国古代历史发展实际相结合的重要认识成果，同时也为郭沫若后来将古代奴隶制社会与封建制社会两种形态的分界点确认在春秋、战国之交埋下了伏笔。新中国成立后的1951年，郭沫若在《关于奴隶与农奴的纠葛》一文中，重申了两种社会形态存在一个特殊阶段的观点，只是在提法上表述为"过渡期"。他指出：

> 社会历史由前一阶段进展到后一阶段，绝不是刀切斧断的，特别在过渡时期，它总不免有一些矛盾的错综。要紧的是要掌握着那确切的生产主流的方式。不能看见一只燕子飞来了，便以为天下都是春天，或偶尔有一只燕子被人关在笼子里过冬，便以为秋天始终没有到来。①

这在上述关于社会形态发展"推移期"的认识上，郭沫若更加明确地提出了判断一个历史时期是否属于介于两种社会形态之间的特殊形态的主要理论依据或者科学标准，即生产方式。马克思主义认为，生产方式是人类社会发展的决定性因素，它不仅是人类社会赖以存在和发展的基础，而且直接决定着社会制度的性质与更替，制约着整个社会生活、政治生活与

---

① 郭沫若：《奴隶制时代·关于奴隶与农奴的纠葛》，《郭沫若全集·历史编》第3卷，第124页。

精神生活的过程，故学界通常把生产方式作为划分社会类型的基本标志。所以，郭沫若提出以社会生产方式来判断历史发展不同阶段的社会形态，是其对马克思主义基本原理正确把握和熟练运用的表现。但他的这种观念认识并不是始于此时。如果我们在时间上由此往前回溯，可以清楚看到，早在郭沫若对诸子百家业已开展了长期系列研究的1942年，他实际上已经具备了这种基本认识。在谈到春秋战国时代何以成为中国学术思想的黄金时代时，郭沫若强调指出，要了解这个黄金时代为什么在春秋战国时期出现，就必须了解那时的社会变化状况。他论述道：

> 中国古代的生产制度，在殷朝以农业牧畜为主，周朝继殷统制中国，生产方式没有改变，农业渐渐扩大。扩大的证据很多，春秋鲁宣公时代的"初税亩"，就是说鲁宣公时代才开始抽土地税。从前奴隶生产没有收税的制度，因为奴隶就是工具，生产出来的东西，全是主人的。主人养奴隶，犹如养牛养马。后来上层的奴隶，自行生殖了私产，而且私产比公产大了起来，所以才有税制出现，奴隶也就解放了。……春秋时代，政治上就有这些大的改革，社会上当然起了很大的转变。这个转变，有其必然的背景。[①]

郭沫若判断中国古代学术思想发展的前提，是从观察那个社会阶段的生产方式是否发生改变着手的。由生产方式的要素之一生产者身份的变化，看出私有财产的形成与扩大，为适应这种形势发展的需要，国家的税收制度便应运而生。国家按照土地占有数量及实际产出征税，是公开承认私有财产合法性的重要经济政策措施，这标志着占有土地越来越多的地主阶级出现并在农业生产及产品分配上扮演日益重要的角色。而地主阶级一旦主导古代农业发展及社会财富的分配，必然引起社会生活、政治生活、精神生活等随之发生巨大变化，封建制便在这个渐进过程中一步步瓦解了奴隶制的社会基础，新的社会形态也就由此逐步成型了。

二 两种社会形态"推移期"的主要标志性特征

考察郭沫若对于奴隶制社会向封建制社会演变过程中的"推移期"判

---

① 郭沫若：《史学论集·论古代社会》，《郭沫若全集·历史编》第3卷，第414~415页。

定，不能不联系其在《中国古代社会研究》中关于一种社会形态朝着另一种社会形态怎样发生"推移"的研究论述，这里涉及发生在原始公社末期向奴隶制社会的推移和奴隶制社会末期向封建制社会的推移两段历史进程，我们不妨从郭沫若考察前一个推移过程所采用的研究方法入手，进而比较其对后一个推移过程的论述是否有所不同。

他在考察奴隶制社会如何向封建制社会发生推移的历史演变时，除了面临对于历史文献资料的搜集与选择的难题外，首先需要解决的是采用什么样的研究社会发展的方法问题。他谈到自己面对究竟是什么决定性因素制约着历史演变的进程这一重大问题时说："有的人会说因为思想动摇了，所以社会起了变乱；有的或者又会说因为社会起了变乱，所以思想也就发生了动摇。前者是旧式的观念论者的主张，后者是近世所谓科学派的见解。其实把这两派的见解合拢来才刚好说着思想和社会间的相互关系。"[①]认为两种观点可以调和互补。但是他接着明确指出："社会的生产力发展到了更高的一个阶段，社会上的阶级关系和思想的表现都会发生出重大的变革。"[②]照此说来，在社会发展进程中起决定性作用的，是社会生产力，这是马克思主义的经典理论。他在前面所叙述的近世科学派的见解，应该主要就是指马克思主义的基本观点。因为推动社会发生变乱（化）的，必然是生产力的发展，这是最重要的经济基础；至于思想观念，属于社会的上层建筑，它要被经济基础所决定，然后再作用于经济基础。显然，郭沫若认为合拢两种观点才可以成为解释社会发展原因的最好答案，表现出某种弄巧成拙的折中主义倾向。事实上，我们从郭沫若分析两种社会形态推移进程的论述中，也可以看出这种倾向。

在对奴隶制社会向封建制社会推移的论述内容里，郭沫若着重分析了三大方面的社会变化，一是"宗教思想的动摇"，二是"社会关系的动摇"，三是"产业的发展"。在顺序安排上，他把"宗教思想的动摇"放在该章的第一节，而将"社会关系的动摇""产业的发展"分别放在第二、第三节。这样的论述顺序，自然会让人形成先有宗教思想（上层建筑）动摇发生，然后有社会关系（经济基础）动摇出现的印象。具体到分析阐述

---

① 郭沫若：《中国古代社会研究》第二篇第二章，《郭沫若全集·历史编》第1卷，第170页。

② 郭沫若：《中国古代社会研究》第二篇第二章，《郭沫若全集·历史编》第1卷，第170页。

部分，关于宗教思想的动摇，书中从"对于天的怨望""对于天的责骂""彻底的怀疑""愤懑的厌世""厌世的享乐""祖宗崇拜的怀疑"六个侧面进行剖析，来证明"在奴隶制的西周时代，那样就像脊椎动物的一条脊柱一样的唯一神的宗教思想，在西周末年的时候便渐渐地动摇起来了"的观点。① 不仅于此，在其书该章第二节一开始，就有这样的概括性表述："在思想的反映上我们已经看出了在东、西周交替的时候有一个很大的社会动摇"②，所表达的也是从思想的动摇才看出了东西周交替时的社会动摇之意。但在后文中，郭沫若接着又说："社会的整个的建筑是砌成在经济基础上的。生产的方式生了变更，经济的基础也就发展到了更新的阶段，经济的基础发展到了更新的一个阶段，整个的社会也就必然地形成一个更新的关系，更新的组织。"③ 所表达的意思则是社会的上层建筑砌成在经济基础之上，故阐明生产方式的变更，必然引起社会关系、社会组织的更新之理。这种观点自相矛盾的现象，似乎反映了郭沫若在具体运用马克思主义历史观分析中国古代社会发展的过程中，存在理论水平受限、方法不够纯熟等问题。在关于"社会关系的动摇"一节，郭沫若分别提到了"阶级意识的觉醒""旧家贵族的破产""新有产者的勃兴"等方面的变化。到了第三节，郭沫若自言才将思想动摇、社会关系动摇的"原因"——"产业的发展"揭示出来，而其列出的四方面内容分别为："刑罚的买卖""爵禄的买卖""工商业的发达""农业的发达"。笔者颇为费解的是，分析奴隶制社会末期的产业发展，何以把刑罚、爵禄的买卖分别放在第一、第二的位置来论述，当读到"刑罚爵禄都可以买卖，当时的商业一定已经相当发达"的文字时，方才明白作者的用意在于突出当时工商业的发达程度。但是，郭沫若把买卖刑罚与爵禄作为当时工商业发达的重要内容之一是否妥当，并且这是否足以成为促进思想和社会关系动摇的直接原因，仍然值得商榷。就连郭沫若自己也不得不承认："商业的发达当然要手工业和农业的发达为前提。"④ 就以农

---

① 郭沫若：《中国古代社会研究》第二篇第二章第一节，《郭沫若全集·历史编》第1卷，第143页。
② 郭沫若：《中国古代社会研究》第二篇第二章第二节，《郭沫若全集·历史编》第1卷，第153页。
③ 郭沫若：《中国古代社会研究》第二篇第二章第二节，《郭沫若全集·历史编》第1卷，第153页。
④ 郭沫若：《中国古代社会研究》第二篇第二章第三节，《郭沫若全集·历史编》第1卷，第174页。

业为国本的殷代社会而言，恐怕确实只有农业的发展和产出的增加，才是对当时社会发展的重要领域产生重大作用的根本因素。但是，当其论述农业发展的问题时，却把着眼的重点放在了战争如何有利于产业发展上，甚至明确说："从前的学者多以为战争是破坏产业的，其实这只是一面的见解；在支配者方面战争反是发展产业的工具，而且是产业发达的必然的结果。自己的国内产业发展到了相当的程度，便不能不向外发展，去寻找殖民地或者亚殖民地，于是便发生出战争。"① 姑且不论这是否有为侵略行为张目的嫌疑，即使拿来解释推动农业产业发展的原因，也显得很牵强。

当其1944年写《古代研究的自我批判》时，对于奴隶制社会向封建制社会形态推移的分析论证，理论认识和考察论证的内容与重点明显发生了一些值得注意的变化。他在文章的开篇处说："关于秦以前的古代社会的研究，我前后费了将近十五年的工夫，现在是达到了能够作自我批判的时候。"② 这意在表明，在《中国古代社会研究》完成并出版之后，他又对秦以前的古代社会花了十五年的工夫，深入进行研究，使其对中国古代历史的发展及其内在逻辑与规律的认识，达到了新的高度，足以对之前自己的一些错误观点开展自我批判了。文章在对研究采用的资料进行必要的说明以后，自我批判的第一个问题，便是关于何为"封建制"含义的界定。他对此论述道：

> 现代的封建社会是由奴隶社会蜕化出来的阶段。生产者已经不再是奴隶，而是被解放了的农工。重要生产工具，以农业而言，便是土地已正式分割，归为私有，而有剥削者的地主阶层出现；在工商方面则是脱离了官家的豢养，而成立了行帮企业。建立在这阶层上面的国家是靠着地主和工商业者所贡献的税收所维持着的。这是我们现在所说的封建社会。③

在这个定义中，郭沫若从生产者、生产工具、生产产品、土地税收等主要方面入手进行考察分析，并且把土地、农业、土地占有者与使用者关

---

① 郭沫若：《中国古代社会研究》第二篇第二章第三节，《郭沫若全集·历史编》第1卷，第179页。
② 郭沫若：《十批判书·古代研究的自我批判》，《郭沫若全集·历史编》第2卷，第3页。
③ 郭沫若：《十批判书·古代研究的自我批判》，《郭沫若全集·历史编》第2卷，第16页。

系，社会财富分配中存在明显的剥削制度作为判断社会发展状况和社会发展形态的主要因素，认为封建社会的最重要标志是大量占有土地的地主阶层的出现，他们通过缴纳土地税来支持维持其利益与地位的国家机器正常运转。这些见解与论述，无论是理论水平还是分析方法，明显都比《中国古代社会研究》有了很大的进步。在接下来的分部分论述中，郭沫若紧紧抓住殷、周的土地制度——"井田制"的有无、实施情况、土地生产者身份变化、土地私有化日益严重导致井田制破坏，以及因此产生的新社会阶层与新士民阶层出现等彼此关联的重大问题，一步步展开深入剖析，由此形成对其关于封建社会界定的逻辑严密的印证关系。

关于历史上是否存在过孟子所描述的井田制，郭沫若由之前的否认态度，转变为现在不仅承认有此重要的土地制度广泛施行，而且通过考察齐国官书《考工记》的相关记载，出土的《召卣》《段簋》等铭文，补充并纠正了《孟子》对"井田"的带有某些理想化色彩的描述，认为虽然实际情况与之略有不同，但这项土地制度，在殷、周是实行过很长时期的。值得重视的是郭沫若对于古代何以推行井田制的根本目的的分析，他指出："这显然是由两层用意所设计出来的：一是作为榨取奴隶劳力的工作单位，另一是作为赏赐奴隶管理者的报酬单位。"① 在对于奴隶主推行井田制的实质有了这样的认识以后，郭沫若由此逐步深入，去发掘在该土地制度实行过程中派生出来的可能是设计者始料未及的必然结果，那就是生产奴隶与管理生产的奴隶（管家娃子）先后出现之后，公田之外有了私田，私田的产出除交公部分之外可以私有；管理生产者不直接从事劳作却可以通过获得的奖赏酬劳而兼并土地，再用这些土地买卖的掠夺或者租借行为的剥削积累大量财富，到后来发展到"私肥于公"② 的社会局面。郭沫若说：

> 井田制的破坏是由于私田的产生，而私田的产生则是由于奴隶的剩余劳动之尽量榨取。这项劳动便是在井田制的母胎中破坏了井田制的原动力！这层我们是要特别强调的。③

---

① 郭沫若：《十批判书·古代研究的自我批判》，《郭沫若全集·历史编》第 2 卷，第 34 页。
② 郭沫若：《十批判书·前期法家的批判》，《郭沫若全集·历史编》第 2 卷，第 325 页。
③ 郭沫若：《十批判书·古代研究的自我批判》，《郭沫若全集·历史编》第 2 卷，第 46 页。

郭沫若之所以对此特别强调，是因为井田制的破坏不只是一项长期实行的土地制度被瓦解并最终退出了历史舞台，它所造成的冲击与影响更加巨大、广泛和深远，比如工商业的形成、生产者身份的改变、新兴社会阶层——"士"的出现、地主阶级社会地位的跃升并成为社会发展的主导力量等一系列连锁反应，最终导致两种社会形态推移的完成。在分析社会阶层的分化带来的社会影响时，郭沫若说：

> 人民分化成为四民，所谓士农工商，而士居在首位。这是后来的封建社会的官僚机构的基层。我们如果把这层忽略了，不仅周、秦的社会变革我们得不到正确的了解，那种变革之在周、秦诸子的意识形态上的反映，不用说更是得不到正确的了解的。①

可见其重要性不止于经济基础层面，还对社会的上层建筑产生了关键性影响。大量出现的士人，不仅是封建制社会官僚体系不可缺少的人才支撑，而且成为春秋末年至战国时期诸子百家思想迸发、学术争鸣催生出文化繁荣局面的骨干力量。与此同时，诸子各家思想的争鸣互鉴，为封建社会的政治、军事、文化、学术等营造了有利的舆论氛围，为封建统治秩序的合理性和必然性提供了坚强的理论支持。他指出：

> 自春秋末年以来中国的思想得到一个极大的开放，呈现出一个百家争鸣的局面。这是因为奴隶制度解组了，知识下移，民权上涨，大家正想求得一条新的韧带，以作为新社会的纲领。儒、墨先起，黄老继之，更进而有名、法、纵横、阴阳、兵、农，各执一端，各持一术，欲竟售于世，因而互相斗争，入主出奴，是丹非素。②

其论"名家""法家"兴起的社会背景也说："一切都须得调整，因而在意识形态上的初步反映便必然有'正名'的要求。故在战国时期有所谓'名家'的产生，这件事本身也就足以证明在周秦之交，中国的社会史

---

① 郭沫若：《十批判书·古代研究的自我批判》，《郭沫若全集·历史编》第2卷，第65页。
② 郭沫若：《十批判书·吕不韦与秦王政的批判》，《郭沫若全集·历史编》第2卷，第402页。

上有过一个划时代的变革。"① "春秋中叶以还，财产的私有逐渐发展，私有权的侵犯也逐渐发展。为了保障私有权的神圣，便不得不有适合于新时代的法令之产生。"② 时代学术思潮兴旺发达、学术派别的形成与传承，如影随形地伴随经济基础的变化而焕发出新的生机与活力，它对于新型封建制社会形态的确立与稳固，犹如土壤与营养，发挥着不可或缺的培育与催化的作用，由此可见一斑。

郭沫若在完成对诸子时代的社会与意识形态全面"清算"后于1945年写总结性的研究《后记》，谈到这一时期的主要学术收获与成果，列举了四大方面的新发现，排在首位的一点，便是"把井田制肯定了，由井田制如何转化为庄园制，我也得到了较合理的阐明"。可见在郭沫若心目中，井田制这项引发两种社会形态推移的土地制度是一个极为重要的切入点和参照标志，抓住这一主要矛盾，其他的相关问题才能得到合理定位，得出接近事实的研究结论。如其所列举的工商业的发达、士民阶层的分化等等。③ 1953年所作《奴隶制时代·改版书后》对此论述得更清楚："我国自来是以农业生产为主的国家，故奴隶社会与封建社会的划分，除依据奴隶的定性研究之外，土地所有制的形态应该是一个值得依据的很好的标准。……土地为地主所占有，这就是封建土地所有制的形态。"④

三 诸子研究视野下的社会形态"推移期"观照

考察郭沫若研究中国古代历史的经历，我们不难发现，他在接受马克思主义理论之前，就是以关注古代思想史发展为起点的，比如20世纪20年代初写作的未完稿《中国思想史上之澎湃城》，以及稍后的《中国文化之传统精神》。即使后来接受了马克思主义唯物史观，仿效《家庭、私有制和国家的起源》而撰写的《中国古代社会研究》，似乎最令他满意或者感到相当自信的，依然在于意识形态的研究方面。这种苗头，读者从其为

---

① 郭沫若：《十批判书·名辩思潮的批判》，《郭沫若全集·历史编》第2卷，第253页。
② 郭沫若：《十批判书·前期法家的批判》，《郭沫若全集·历史编》第2卷，第312页。
③ 郭沫若：《十批判书·后记——我怎样写〈青铜时代〉和〈十批判书〉》，《郭沫若全集·历史编》第2卷，第477页。
④ 郭沫若：《奴隶制时代·改版书后》，《郭沫若全集·历史编》第3卷，第245~246页。

该书所作的序言中也可以窥见一斑,他在批评了胡适"整理国故"的方法对于中国未来社会的发展没有用处之后,接着说道:"我们把中国实际的社会清算出来,把中国的文化、中国的思想,加以严密的批判,让你们看看中国的国情,中国的传统,究竟是否两样!"① 即便是在时隔多年以后才开始着手对诸子百家思想及其时代文化思潮进行"批判",在 20 年代后半期,他就已经把清算古代社会的思想列为重点,认为这样做,是有利于看清中国的国情与传统。而其在《中国古代社会研究》初版十七年之后为该书再版写《后记》,依然对该书在这方面的收获加以高度肯定,并且认为即使此时,他自己再也拿不出那样的见解了:"本书在思想分析的部分似有它的独到处,在十七年后的我自己也写不出来了。现在读起来,有些地方都还感觉着相当犀利。"② 之所以郭沫若对此这样看重,是因为他深刻认识到,引发两周由奴隶制向封建制推移的重要推动力,乃是那个时代发生的思想革命,故其在该书《导论》里概括自周代以来历史上爆发的三次"革命",第二次便是周、秦之际儒、道、墨诸家的学术思想引发了"封建制的革命"。③ 虽然这一观点在其后面的正文各篇章里没有得到很好的照应性阐发,但至少说明,在那个时候,郭沫若就有将春秋战国时代的社会转型变化与诸子百家学术思想繁荣相联系的敏锐直觉。其中的深刻道理,随着其后来研究的深入与系统化,才越来越明白。

再看其自 1934 年至 1945 年的十余年间完成的《青铜时代》和《十批判书》之间的内容关联性。他在《青铜时代·序》里说:"我把十年来关于秦以前社会和学术思想的研究文字收集成为两个集子:一个是这儿呈献出的《青铜时代》,另一个是她的姊妹篇《十批判书》。本来是想分成内篇外篇集为一部的,为出版的关系,把它们分开了。"又说:"《十批判书》的内容,如名所示,偏于批评。本集则偏于考证。两者相辅相成的地方很多。"④ 两个集子除了在内容方面既彼此关联又各有侧重之外,从写作的时间看,《青铜时代》各篇的写作时间跨度长达十年,时断时续,故他承认有前后见解不尽一致的情况;而《十批判书》对于

---

① 郭沫若:《中国古代社会研究·自序》,《郭沫若全集·历史编》第 1 卷,第 9~10 页。
② 郭沫若:《中国古代社会研究·(再版)后记》,《郭沫若全集·历史编》第 1 卷,第 312 页。
③ 郭沫若:《中国古代社会研究·导论》,《郭沫若全集·历史编》第 1 卷,第 31 页。
④ 郭沫若:《青铜时代·序》,《郭沫若全集·历史编》第 1 卷,第 315 页。

诸子学术思想的批判，则集中写于1943年下半年至1945年初的不到两年时间里。由于诸子学术思想及学派间存在交互重叠等现象，故研究的先后次第并无预设，往往是由研究的关联性需要或兴趣来决定下一个关注对象。这些特点表明，郭沫若对于诸子学术思想的研究更具有系统性和整体性，而对于先秦社会的研究则在这些方面明显不足。这一现象的背后，实际上反映的仍然是郭沫若一向热心于关注古代思想史的发展，而对于不同社会形态的整体把握能力与研究投入相对薄弱。虽然他反复申明："社会机构得到明确的清算，从这里建立起来的意识形态然后才能清算得更明确。"① 谈到他对墨子的评价与研究界同仁大相径庭的原因时，郭沫若认为是研究方法不同的必然结果："我的方法是把古代社会的发展清算了，探得了各家学术的立场和根源，以及各家之间的相互关系，然后再定他们的评价。我并没有把他们孤立起来，用主观的见解去任意加以解释。"② 既注重诸子各家自身的学术思想，又关注各学派之间的相互联系影响，还必须以当时的社会发展背景为前提和基础，这自然是更加科学和客观的研究态度。他对历来的诸子研究者以及新史学家不注重社会分析的研究方法都表示不满，在谈到对于名辩思潮的考察与评判时，郭沫若再次强调："游离了社会背景而专谈逻辑也是以前治周、秦诸子的常态。就是新史学家也未能免此。我是不满意这种方法的。无论是怎样的诡辩，必然有它的社会属性，一定要把他向社会还原，寻求得造此诡辞者的基本立场或用意，然后这一学说或诡辞的价值才能判断。"③ 这些一再重申的学术观点与研究方法，无疑是正确的，也是郭沫若努力实践的，但要真正完全做好，则绝非易事，其对春秋、战国时代的社会发展形态研究，尽管下了很多功夫，也未能臻于尽善之境。

由于诸子学派的产生是自春秋中期以后的社会变革转型而在上层建筑意识形态上的一种反映，老子、孔子、墨子，甚至杨朱、列子可能都活动于春秋末期，所以要溯源诸子百家各学派的开派人物，必然关注到春秋中叶以来的社会经济基础与学术思潮的发展状况，而在儒、墨、道几家之

---

① 郭沫若：《十批判书·后记——我怎样写〈青铜时代〉和〈十批判书〉》，《郭沫若全集·历史编》第2卷，第478页。
② 郭沫若：《十批判书·后记——我怎样写〈青铜时代〉和〈十批判书〉》，《郭沫若全集·历史编》第2卷，第470页。
③ 郭沫若：《十批判书·后记——我怎样写〈青铜时代〉和〈十批判书〉》，《郭沫若全集·历史编》第2卷，第484页。

后，其他各学派均是战国初期以还陆续演变滋生出来的，故要观照诸子百家勃兴的学术现象，必然会把春秋、战国作为一个历史发展的特殊时期来整体看待。所以，郭沫若经过1930年以后十多年围绕诸子学术及各家学派形成传承情况的系统研究，日益坚信这个时期是中国古代历史上一个较为特殊的社会形态演变"推移期"，并且对这个阶段的政治、军事、产业发展、学术文化等影响历史进程的主要方面进行了全面深入研究，在收获一批丰硕研究成果的同时，形成了他关于中国古代历史研究的社会形态分析的新观察与新认识。

写于1942年的《论古代社会》一文里，郭沫若在重点对古代奴隶制的形成与发展演变情况进行了分析阐述之后，文章的结尾部分，谈到奴隶制发展到春秋中期及此后发生的社会新变化时说：

> 我们从这个根据，才能知道中国古代学术思想的发展。春秋战国时代，是中国学术思想的黄金时代，真是蓬蓬勃勃的。一直到现在，还有光辉。要了解这个时期学术思想蓬勃发展的原因，就必须要了解过去的社会状况。……探得春秋战国以前的社会制度，就知道春秋战国学术思想的发展，不是偶然的。那就是由于奴隶解放，人民思想得到第一次解放。①

把奴隶的解放、人的思想解放视为冲决旧的社会体制的新觉醒与新启蒙，具有一种划时代的意义。在与胡适争论儒家产生的时代与背景时，郭沫若认为："由奴隶制转变为封建制，无疑在春秋战国时代。当时各行各业工商界都有结成帮口的事实，儒者也是帮口之一。所以'儒'并不是原来就有了，因孔子而复兴，而是春秋的末叶，社会大转变产生出来的历史成果，孔子为其代表。……这是中国文化史上一个很大的变革，也是孔子的一个很大的功绩。"②

然而，诸子学术最为繁荣，且真正形成百家争鸣鼎盛景象的，还是在战国时代，尤其是战国中后期，标志性的历史文化事件自然要数齐国稷下学宫前后持续近百年，延揽各家学者在此进行广泛讲学和学术交流活动的

---

① 郭沫若：《史学论集·论古代社会》，《郭沫若全集·历史编》第3卷，第414~415页。
② 郭沫若：《史学论集·论儒家的发生》，《郭沫若全集·历史编》第3卷，第397页。

学术盛事。郭沫若对此予以了重点关注，认为战国群雄争霸，客观上不仅造成诸侯各国对人才的强烈需求，而且需要新的思想理论来为封建社会秩序保驾护航。法家的兴起，就是适应这种时代需求的表征之一。早期法家重要人物慎到曾论及当时"国无常道，官无常法"①的制度困窘局面，郭沫若认为"这正是战国年间社会大变革时青黄不接的过渡情形：旧的礼法崩溃了，新的还未曾树立起来"②。齐国出台高级的文化优惠政策，便是以此为社会背景："齐国在威（王）、宣（王）两代，还承继着春秋末年养士的风习，曾成为一时的学者荟萃的中心，周、秦诸子的盛况是在这儿形成了一个高峰的。"③ 在援引了《史记·田敬仲完世家》关于宣王"喜文学游说之士，自如邹衍……之徒七十六人，皆赐列第，为上大夫，不治而议论，是以齐稷下学士复盛，且数百千人"④ 的记载后，郭沫若评价其文化政策说："这些学子们得到了这样温暖的保护，所以也真好像在春雨中的蘑菇一样，尽量地簇生了起来。"⑤ 可见齐国优待士人、扶持学术的政策效果很明显，其影响不仅超越了当时的国界，对那个时代的学术及学派的发展起到了重要的推动作用，甚至对秦汉以后的政治与意识形态都产生了深远影响。郭沫若评价稷下学派的影响言："（道家三派）这一学派的兴盛对于当时的学术界影响非常宏大。在稷下之外，由正面响应的有庄周和惠施，季真和魏牟，更发展而为桓团、公孙龙的名家，韩非等后期法家，因而使儒家墨家都起了质变。……而尤其重大的是影响到秦汉以后的政治。"⑥ 其在中国文化史上的作用与意义由此可见一斑。

故郭沫若对于战国约二百六十年间出现的文化与学术繁荣昌盛，给予了很高评价，其在多处赞美的中国古代文化发展史上的"黄金时代"，主要指的就是这个历史阶段：

---

① （战国）慎到：《慎子·威德》，国学整理所纂辑《诸子集成》第5册，引自乐山师范学院图书馆读秀数字资源库。
② 郭沫若：《十批判书·稷下黄老学派的批判》，《郭沫若全集·历史编》第2卷，第171页。
③ 郭沫若：《十批判书·稷下黄老学派的批判》，《郭沫若全集·历史编》第2卷，第156页。
④ （汉）司马迁：《史记》卷四十六，中华书局，1982，第1895页。
⑤ 郭沫若：《十批判书·稷下黄老学派的批判》，《郭沫若全集·历史编》第2卷，第162页。
⑥ 郭沫若：《十批判书·稷下黄老学派的批判》，《郭沫若全集·历史编》第2卷，第187页。

知道西周乃至春秋时代是奴隶制，对于自春秋末年以来至嬴秦混一天下（公元前二二一）为止的三百年间，中国文化的那个黄金时代，在社会史上的意义便可以迎刃而解。那个黄金时代的意义不外是奴隶制向封建制的转移之在意识形态上的反映。①

郭沫若于1942年完成的《屈原研究》长篇论文，通过对南北文化发展演变、奴隶制向封建制转型、以及各国政治、军事、外交等方面的深入研究，认为在战国后期能够产生屈原这样的诗人及其所创作的《离骚》等楚辞作品，与他所处的文化高度发达和兴旺的气候和土壤分不开："他是生存于战国时代（前四六三—前二二一年）的后半期，是中国的统一快要完成的时代，也是中国的文化最为灿烂的时代。他的同时代的学者，比他稍早的有商鞅、申不害、环渊、接舆、尸佼、宋钘、孟轲、惠施、庄周、田骈、慎到、陈良、许行，比他稍后的有邹衍、公孙龙、荀况、韩非，整整同时的政治家和他并且有特殊关系的有苏秦和张仪。他的时代的确是群星丽天的时代。"②没有战国时代学术文化的高度兴旺发展，就不可能产兼具思想家、政治家、外交家、文学家的多方面才能于一身的杰出代表人物屈原。

郭沫若最终把奴隶制的下限确定在春秋与战国之交，是1952年写成的《奴隶制时代》一文，这一看法后来再未改变。这篇文章的第四部分以"奴隶制下限在春秋与战国之交"为题，意在突出其历史分期的新见解。在对此前所主张的西东周之交、周秦之交的分期理由进行说明以后，便郑重提出："我现在经过了慎重的考虑，把它（分界点）划在春秋与战国之际，依据《史记》，把绝对年代定在周元王元年，即公元前四七五年。在这之前的春秋作为奴隶制社会的末期，在这之后的战国作为封建制的初期。"③并分三个方面对其观点进行了论证。在分析"一般的生产情况"部分，明确提出"东周列国的社会制度的变革是到春秋末年以后才达到了质变的阶段的"，并把田氏代齐、三家分晋作为这种质变的重要表征，他说："从齐、晋这两个大国的情形看来，春秋末期的公室和私家的斗争，主要的中心关键是在争取人民，人民参加了斗争，实际是斗争的主力，自然也

---

① 郭沫若：《历史人物·屈原研究》，《郭沫若全集·历史编》第4卷，人民出版社，1982，第68页。
② 郭沫若：《历史人物·屈原研究》，《郭沫若全集·历史编》第4卷，第18页。
③ 郭沫若：《奴隶制时代》，《郭沫若全集·历史编》第3卷，第38页。

就得到解放的机会……这一变革,我们应该认为是革命的变革,它的实质并不是改姓换代的单纯的政治革命,而是使社会起了质变的社会革命。"①在分析"工商业的发展"部分,除对产业、货币、城市等方面的发展情况加以考察外,他特别谈到战国时期人才受到重视与重用的全新景象:"战国时代和春秋时代有一个显著的区别,……春秋时代各国的执政者大都是公族或世卿,即使偶尔有外来的人,也大都是别国的公族或世卿,氏族社会以来的血族关系基本上还是维持着的。战国时代便不同了。各国的首要执政者多出身微贱,而且多是外来的人。……这一现实,不能不认为是时代性的一个显著的特征。"②

值得注意的是,与以上两方面重点论述春秋与战国之不同相比,在分析"意识形态的反映"时,郭沫若从"对于天的思想的改变""对于人的思想的改变""私有财产权的重视""名物的变革""文体的变革"五个方面阐述了"新旧时代的鲜明的区别",但对于"新旧"概念的时间观察,依然以诸子百家的兴起与发展为立足点,他似乎有意模糊了春秋与战国之交的历史分界线,采用一种比较灵活的表述方式:"自从春秋末年以后,诸子百家突然兴起,在中国文化史上形成了一个百花齐放的壮观。无论在思想上、信仰上、政治观点上、文化表现上,都呈现出了一个极大的变革。"③此前郭沫若一直认为,诸子百家的兴起源于春秋中期以后的社会转型"推移",故生活于春秋末年的老子、孔子、墨子创立了道家、儒家、墨家学派,到战国时期,更多的学术主张和学派产生出来,便形成了百家争鸣的学术繁荣局面。显然,诸子学术与学派的形成与发展,是不能用刀切斧断方式,以公元前475年为界将这段历史分成两截的,所以他不得已便只能采取相对模糊的灵活表述方式。

可以说,在诸子研究视野下,大大有助于郭沫若对于春秋战国在社会形态分期上所起重要作用的认识,故他把这一历史时期作为奴隶制向封建制转换的特殊阶段看待,提出了社会形态演变"推移期"的历史分期新概念。而当其在1952年及此后主张把奴隶制和封建制两种社会形态的历史分界点确定在春秋与战国之交,即公元前475年的时候,诸子学术与学派形成发展、滋生传承的客观事实,又成为难于用一个点或一条线将这段特殊历史判然分割的"无形羁绊"。

---

① 郭沫若:《奴隶制时代》,《郭沫若全集·历史编》第3卷,第42页。
② 郭沫若:《奴隶制时代》,《郭沫若全集·历史编》第3卷,第53页。
③ 郭沫若:《奴隶制时代》,《郭沫若全集·历史编》第3卷,第54页。

《中国古代社会研究》与马克思主义史学的开创[*]

董家宁[**]

摘　要：《中国古代社会研究》是郭沫若创作于20世纪20年代末的一部重要著作，书中运用马克思主义的观点和方法，综合使用历史文献与出土材料，系统揭示了中国古代社会的性质和发展规律，证明了马克思主义对中国历史的适用性，开创了以马克思主义唯物史观为指导的新史学研究范式，具有重要的学术价值和现实意义。郭沫若不仅对"整理国故"有所反思，还继承并超越了罗振玉、王国维等人，在古文字领域作出重要贡献。书中各篇的写作过程，可以郭沫若学习、研究古文字为界限分为两个阶段。在充分吸纳甲骨文、金文材料后，郭沫若更加坚定了他对中国历史的基本认识和判断。这部书的出版和后续引发的讨论，对马克思主义的中国化和历史研究的科学化有着积极的推进作用。

关键词：郭沫若；《中国古代社会研究》；马克思主义史学；古文字

郭沫若是中国马克思主义史学的开拓者，也是著名的"马克思主义史学五老"之一。《中国古代社会研究》是郭沫若在20世纪20年代末完成的一部重要学术著作，该书首次运用唯物史观对中国古代社会作了系统研究，被视作"中国史学史上第一部试图以马克思主义解释中国历史发展全过程的著作"[①]，"标志着中国马克思主义新史学的诞生"[②]，书中的观点与方法在当时的学界引发了诸多回响。在书中，郭沫若将马克思主义基本原

---

[*] 本文是国家社科基金青年项目"近代马克思主义中国通史编纂理论和方法研究"（24CZS112）阶段性成果。

[**] 董家宁，中国社会科学院历史理论研究所助理研究员。

[①] 白寿彝主编《史学概论》，宁夏人民出版社，1983，第334页。

[②] 尹达主编《中国史学发展史》，中州古籍出版社，1985，第522页。

理与中国历史实际结合起来,实证了马克思主义在中国历史和中国革命中的适用性和解释力,作出理论创新的表率。

学界相关研究注重在20世纪20年代的大背景下考察《中国古代社会研究》的思想文化价值,① 着眼于此书问世前后的学术史,② 阐释书中体现的史学研究方法,③ 梳理此书的版本,④ 分析它"经典化"的过程,⑤ 探讨书中的社会性质研究及其在"社会史论战"中的作用,⑥ 或以此书入手探究郭沫若的思想观念与学术交游等,⑦ 已有相当的基础,但仍存在一些薄弱之处,如对其学术旨趣、成书过程、书中各篇章的内在理路等方面研究不足。本文即针对这些方面加强阐发,并以此评估《中国古代社会研究》作为马克思主义史学开山之作的重要价值。

一 《中国古代社会研究》的缘起与创作背景

《中国古代社会研究》所收各篇的实际写作时间集中于1928年7月至1929年11月这一年多的时间里,是郭沫若在这一时期对中国古代社会集中思考、研究的产物。20世纪上半期的中国,社会与政治环境风云变幻,思想文化领域也经历着深刻的变革,关于中国社会史的论战十分激烈,各种思潮涌动、交锋。论战的焦点之一即是中国究竟有没有奴隶制社会,这

---

① 谢保成:《重评〈中国古代社会研究〉——立足于本世纪20年代思想文化的考察》,《中国社会科学院研究生院学报》1992年第6期。
② 周书灿:《社会史论战背景下学术界对〈中国古代社会研究〉的辩难》,《河南社会科学》2014年第2期;张越:《〈中国古代社会研究〉问世前后的学术史考察》,《天津社会科学》2022年第5期。
③ 张越:《"例示研究古史的一条大道"——再论郭沫若〈中国古代社会研究〉》,《中共党史研究》2017年第5期。
④ 蔡震:《〈中国古代社会研究〉及版本的几个问题》,《郭沫若学刊》2010年第2期。
⑤ 何刚:《他者叙述与自我"作为"——郭沫若〈中国古代社会研究〉"经典之路"再析》,《郭沫若学刊》2011年第3期。
⑥ [美]阿里夫·德里克:《革命与历史——中国马克思主义历史学的起源,1919—1937》,翁贺凯译,江苏人民出版社,2018。
⑦ 贾振勇:《意识形态想象与郭沫若史学研究——以〈中国古代社会研究〉等为例》,《郭沫若学刊》2004年第2期;王舒琳:《郭沫若与日本汉学界之学术关联考述——以〈中国古代社会研究〉为中心》,《中南大学学报》(社会科学版)2018年第5期;熊权:《革命的思想逻辑——郭沫若〈中国古代社会研究〉再解读》,载李怡、毛迅主编《现代中国文化与文学》第31辑,巴蜀书社,2020;谢想云:《郭沫若国民生存论史学思想初探——以〈中国古代社会研究〉为中心》,《史学月刊》2023年第10期。

实际上是在探讨马克思主义关于人类社会五种形态的发展学说是否具有科学性，是否适用于中国国情。可以说，这场论战不只是一场学术讨论，同时具备鲜明的政治色彩。1927年大革命失败后，中国向何处去的问题成为知识界普遍关注的焦点。也正是在这时，郭沫若流亡日本，对中国历史与文化进行了全面而深入的反思和总结，书中诸篇的写作都是在此时完成的。

郭沫若深感有必要通过学术研究来探讨中国社会的历史发展进程，揭示中国社会发展的规律，为现实社会的变革提供历史借鉴。"对于未来社会的待望逼迫着我们不能不生出清算过往社会的要求"①，为了寻找到中国未来社会的出路，则必须对中国古代社会作出一番解释。

郭沫若对马克思主义的了解始于20世纪20年代初。他在1921年前后接触到马克思主义，并在随后的几年中不断学习。1924年，郭沫若翻译了河上肇的《社会组织与社会革命》，这对他的思想产生了重要影响。在给成仿吾的信中，郭沫若写道："我现在成了个彻底的马克思主义的信徒了。马克思主义在我们所处的这个时代是唯一的宝筏。"② 早期，郭沫若关注的主要是马克思的政治和革命理论。其后，他逐渐认识到马克思主义唯物史观对于科学解释中国历史的重要价值。作为中国传播马克思主义的先驱者之一，翻译马克思主义经典著作一度是郭沫若的重要工作内容。然而，流亡日本时期，郭沫若开始反对将马克思主义唯物史观"只是作为纯粹的方法来介绍"，他认识到翻译马克思主义经典著作的局限性，认为"生硬地玩弄着一些不容易消化的译名和语法，反而会在这个方法的接受和运用上增加阻碍"，而"要使这种新思想真正地得到广泛的接受，必须熟练地善于使用这种方法，而使它中国化"。要想使民众更好地接纳这一外来思想理论，最好的方法就是使他们感受到这种理论与中华传统文化的相适性，认识到"在中国的传统思想中已经有着它的根蒂，中国历史的发展也正是循着那样的规律而来"。因此，郭沫若计划运用马克思主义唯物史观"来研究中国思想的发展，中国社会的发展，自然也就是中国历史的发展"，以考验其与中国传统思想、社会和历史的适应度。③ 在《中国古代社会研

---

① 郭沫若：《中国古代社会研究·自序》，《郭沫若全集·历史编》第1卷，人民出版社，1982，第6页。
② 郭沫若：《孤鸿》，《创造月刊》1924年第1卷第2期。
③ 郭沫若：《海涛集·跨着东海》，《郭沫若全集·文学编》第13卷，人民文学出版社，1992，第330~331页。

究》一书开篇的《自序》中，他特别强调，"中国人所组成的社会不应该有甚么不同"，驳斥那些高喊"我们的国情不同"，以中国国情特殊为理由，认为马克思主义不适用于中国，进而抵制马克思主义、反对革命的人。[1]

《中国古代社会研究》的出版在当时引发了广泛关注和讨论，成为社会史论战的焦点之一，因此，这部书曾长期被误视为回应社会史论战之作。[2] 值得注意的是，在此书《自序》中，郭沫若充分自陈撰述动机，不但一字未提及论战，反而多次与"整理国故"运动及其发起者胡适对话。郭沫若对"整理国故"运动持贬抑态度，前人论及此书时，对这一问题鲜少具体分析，[3] 但其对于理解郭沫若这一时期的学术旨趣十分重要，应加以讨论。

二 对"整理国故"的反思与回应

郭沫若写作《中国古代社会研究》中诸篇章时，"整理国故"运动的发起已去有年，甚至隐有衰歇之势。郭沫若在《自序》中数次"隔空喊话"，所针对的主要是以"整理国故"为代表的一种对待中国古代历史材料的态度与方式，所体现的是以一种全新的范式去替代旧范式的野心，所希冀的是引领一场新的运动和风潮，以一个新的答案回应时代之问。

"整理国故"运动主张以科学方法对古代文献进行系统整理和研究，并以此"再造文明"，其中，历史被视作既成且不变的过去；而郭沫若注重历史研究的现实意义和未来导向，希望通过历史研究来确证理想的未来正在来临，为现实革命提供愿景和依据，他"清算过往社会的要求"产生于"对将来社会的待望"，他是为着"将来"而研究"过往"的。"整理

---

[1] 郭沫若：《中国古代社会研究·自序》，《郭沫若全集·历史编》第1卷，第6页。
[2] 学者业已指出，郭沫若没有直接参与社会史论战，但《中国古代社会研究》成为社会史论战的一个焦点，广受争议。关于郭沫若与社会史论战之关系，可参看何刚《郭沫若与中国社会史论战——侧重于学术史视野下的叙述》，《江淮论坛》2009年第1期；张越《中国马克思主义史学的形成与社会史论战》，《近代史研究》2021年第5期。
[3] 学界部分成果关注郭沫若、胡适思想异同，涉及史学思想方面的相关研究可举杜蒸民《扬弃旧史学 创建新史学——郭沫若对胡适、古史辨史学的扬弃》，《郭沫若学刊》1990年第2期；张越《从对整理国故和"古史辨派"的评价看郭沫若的史学思想》，《郭沫若学刊》2003年第1期。

国故"运动主张以"评判的态度"对待传统文化,即理性地重新评估制度风俗、圣贤遗训和社会普遍行为与信仰,旨在分清传统文化中的精粹与糟粕;而郭沫若认为,"整理国故"运动虽然有助于重新审视传统文化,但那只是一种对旧价值的重新评估,而非对新价值的创造,认为"整理国故"运动虽然在一定程度上推动了学术研究的深入,但过度沉溺于考据和文献整理,忽视了对现实和未来的观照,他强调学术研究应服务于现实社会进步和未来文化发展,而非仅仅沉溺于过去的历史文献中。此外,在推动历史研究的社会科学化方面,郭沫若也有大大的进步之处。

这并不代表郭沫若对历史文献不屑一顾,相反地,他十分重视历史文献的使用,并开创性地将出土文献、古文字资料和考古材料应用到历史学研究之中,形成了一套新的史学研究方法。这与"整理国故"的发起者胡适后期所提倡的新范式不谋而合。胡适于1928年发表《治学的方法与材料》,号召研究者应从实物材料下手,劝导跟着他们"向故纸堆乱转"的少年人及早回头,强调包括考古资料和出土文献等在内的新材料的使用。"纸上的学问也不是单靠纸上的材料去研究的","材料可以限死方法,材料也可以帮助方法","向来学者所认定纸上的学问,如今都要跳在故纸堆外去研究了",他感叹"河南发现了一地的龟甲兽骨,便可以把古代殷商民族的历史建立在实物的基础之上"。[1] 郭沫若开始写作《中国古代社会研究》中诸篇章时,与胡适此文的发表几乎同时,他当时是否读到了胡适此文,今已无从考证,当时郭沫若远在日本,缺乏足够的研究资料和学术支持,对于国内的学界动态应无法及时掌握,但二人同时意识到"整理国故"的局限性和新材料对历史研究的重要性,可谓一种面对新的现实局面时,学术观念的"所见略同"。前人论及郭沫若对"整理国故"的批驳时,常常将胡适同时囊括进去,如评价郭沫若"划出了与胡适为代表的'整理国故'一派的界限"[2],实际上是不完全准确的,应认识到同时期胡适的思想转向和二人学术思想理路的殊途同归。

三 对"罗王之学"的继承和超越

在《自序》中,与郭沫若对待"整理国故"的态度存在明显对比的

---

[1] 胡适:《治学的方法与材料》,《新月》第1卷第9号,1928年11月。
[2] 谢保成:《郭沫若学术思想评传》,北京图书馆出版社,1999,第105页。

是，郭沫若对罗振玉和王国维甲骨学贡献的肯定。他认为，罗振玉的贡献在于其搜集、保存、传播、考释之功，而王国维的贡献在于其研究之功，其"研究学问的方法是近代式的"。经过王国维的研究，卜辞的时代性、殷代的史实性得以确定。因此，"大抵在目前欲论中国的古学，欲清算中国的古代社会，我们是不能不以罗、王二家之业绩为其出发点了"。① 郭沫若尤其高度评价王国维的贡献："他首先由卜辞中把殷代的先公先王剔发了出来，使《史记·殷本纪》和《帝王世纪》等书所传的殷代王统得到了物证，并且改正了它们的讹传。……我们要说殷墟的发现是新史学的开端，王国维的业绩是新史学的开山，那样评价是不算过分的。"② 王国维提出了著名的"二重证据法"，即综合运用考古材料与文献史料以考证古史的真相。郭沫若继承了这一研究方法，并奠定了它在马克思主义史学中的地位。

在殷墟甲骨发现以前，商代历史的研究由于可信史料的缺乏，始终难以辨明，而古文字学者对于这批珍贵材料"不能有系统的科学的把握"。作为一名古文字学者，郭沫若的甲骨文和金文研究丰富而扎实，有别于其他古文字学者的是，郭沫若的研究不止着眼于古文字本身，更是希望通过对古文字的考释，获得对于当时社会的科学认识。在《甲骨文字研究》重印弁言中，郭沫若对这一意图作了说明："这些考释，在写作当时，是想通过一些已识未识的甲骨文字的阐述，来了解殷代的生产方式、生产关系和意识形态。"③《甲骨文字研究》写作于1928年底至1929年的夏天，④ 而《中国古代社会研究》中《卜辞中的古代社会》一篇的最终完成时间是1929年9月，两篇文章可以说是同时完成的，亦存在互相配合的关系，二者之间"辅车唇齿"⑤。在《中国古代社会研究》"解题"中，郭沫若也表

---

① 郭沫若：《中国古代社会研究·自序》，《郭沫若全集·历史编》第1卷，第8页。
② 郭沫若：《十批判书·古代研究的自我批判》，《郭沫若全集·历史编》第2卷，人民出版社，1982，第6页。
③ 郭沫若：《甲骨文字研究·重印弁言》，《郭沫若全集·考古编》第1卷，科学出版社，1982，第7页。
④ 在《海涛集》中，郭沫若说此书"我从1928年的年底开始写作，费了将近一年工夫"，在《甲骨文字研究》的"重印弁言"中说"这本书是1929年的夏天，在日本写作的"，可相参校。参看郭沫若《海涛集·我是中国人》，《郭沫若全集·文学编》第13卷，第369页；郭沫若《甲骨文字研究·重印弁言》，《郭沫若全集·考古编》第1卷，第7页。
⑤ 郭沫若：《中国古代社会研究·卜辞中的古代社会》，《郭沫若全集·历史编》第1卷，第248页。

示，"第三篇《卜辞中的古代社会》亦非一时之作，其中所引用文字有前人著书未经解释者，率见拙作《甲骨文字研究》一书。"① 可见，郭沫若对甲骨文字的考释是与他对中国古代社会的探索同步进行的，两方面的研究相辅相成，互为表里。作为甲骨学家、古文字学家和历史学家，郭沫若的贡献不仅在于其对于甲骨文字的考释，更在于他以甲骨卜辞为历史资料，充分发掘其中的历史信息，对古代历史作重新审视，这可以说是对王国维研究范式的继承和发展。他认为，甲骨作为直接的史料载体，其价值在于可以实证文献中的历史记载，并破除后人的"阶级粉饰"：

> 我们现在也一样地来研究甲骨，一样地来研究卜辞，但我们的目标却稍稍有点区别。我们是要从古物中去观察古代的真实的情形，以破除后人的虚伪的粉饰——阶级的粉饰。……得见甲骨文字以后，古代社会之真情实况灿然如在目前。得见甲骨文字以后，《诗》《书》《易》中的各种社会机构和意识才得到了它们的泉源，其为后人所粉饰或伪托者，都如拨云雾而见青天。我认定古物学的研究在我们也是必要的一种课程，所以我现在即就诸家所已拓印之卜辞，以新兴科学的观点来研究中国的古代。②

对王国维"二重证据法"有所超越的是，郭沫若在结合历史文献和出土资料的基础上，还注重以马克思主义理论分析中国古代的经济活动，推断社会结构和意识形态的变化，并由此厘清了中国古代社会发展的线索，证明了中国社会的发展是遵循马克思主义的社会发展规律而进行的。这使郭沫若的研究具有更加宏大的气象，他的研究较王国维的研究更为系统，得到了对中国历史更为全面的认识。例如甲骨卜辞地理研究方面，在王国维考释出的散见地名的基础之上，郭沫若更进一步推断出地名间的相对位置关系，大大推进了关于商代地理和国家结构的认识。此外，郭沫若通过卜辞材料，对商代的社会结构、政治制度和宗教信仰等方面的情况加以阐明，还通过卜辞中大量关于底层民众从事农业生产的内容，展现了他们在生产、生活中的作用和地位，证实了底层民众在古代社会的经济生产中扮

---

① 郭沫若：《中国古代社会研究·解题》，《郭沫若全集·历史编》第1卷，第11页。
② 郭沫若：《中国古代社会研究·卜辞中的古代社会》，《郭沫若全集·历史编》第1卷，第195~196页。

演着的重要角色。

作为同样由文入史、留学日本并曾长期在日本治学的学者，郭沫若与王国维的学术旨趣却不尽相同，这是由于二人对未来社会怀抱着不同的冀望。王国维虽然早年追求新学，在学术上善于学习西方思想，并取得了不朽的成就，但他的身份认同是"逊清遗老"，始终未曾剪掉那条辫子，因此学术理路也仍是旧式的。而郭沫若怀抱着找寻一条新路的希望，积极学习和接受新的"主义"，并在"主义"的指引下，开创了新式的学术研究。

在日期间，郭沫若注意到有大量甲骨流散日本，他决心"征集诸家所藏以为一书"，积极广泛搜求，所见流散甲骨约三千片，可惜多数并无拓片，因此遴选各家著录甲骨和未公布的私藏拓本中的精品，并将相关成果分类汇集成《卜辞通纂》一书。他对书中选录的每一片甲骨都作了精当的考释，其中的一些观点至今仍不过时。此举可以视作他对罗振玉搜集、传播、考释甲骨之功的仿效，对甲骨学的发展具有极大的推动作用。类似的情况同样见于《两周金文辞大系》，书中选录诸著录中重要的两周有铭青铜器，郭沫若不仅逐件考释、研究，还作了系统分期和分类，推动青铜器研究进入新阶段。此类著作是郭沫若的基础研究力作，对历史材料的广泛搜集和把握，使郭沫若的历史研究能够建立在牢靠的基础之上，而非将马克思主义理论和中国历史进行泛而不切的捏合。

四 《中国古代社会研究》诸篇章的内在理路

对于《中国古代社会研究》中诸篇章的内在理路，学界少有措意，但这对于考察郭沫若的学术思想脉络具有重要价值，应予以特别分析，不应因几篇文章被收入同一部书中，就将之作为一个不可拆分的整体；更不应因几篇文章集中写作于一年多的时间里，就对郭沫若在这段时间内的学术旨趣不作阶段性的划分。

考察《中国古代社会研究》中除"追论与补遗"之外几篇的写作时间[1]可以发现，使用历史文献材料研究的三篇，集中完成于 1928 年的 8 月

---

[1] 《〈周易〉时代的社会生活》完成于 1928 年 8 月，《〈诗〉〈书〉时代的社会变革与其思想上之反映》初稿于 1928 年 8 月、改定于 1928 年 10 月，《中国社会之历史的发展阶段》完成于 1928 年 10 月，《卜辞中的古代社会》完成于 1929 年 9 月，《周代彝铭中的社会史观》完成于 1929 年 11 月。

和10月，此时，郭沫若尚未接触到古文字资料。在"解题"中，郭沫若也说明，"以上三篇大率均是我在未十分研究甲骨文字及金文以前的作品，在发表当时很有一些分析错误或论证不充分的地方"①，所指的，是单纯使用历史文献的《中国社会之历史的发展阶段》《〈周易〉时代的社会生活》②《〈诗〉〈书〉时代的社会变革与其思想上之反映》三篇。

而使用甲骨文、金文研究的两篇，则完成于1929年的9月和11月。这中间的一年时间，就是郭沫若集中攻克古文字难题，并将之应用于历史学研究的一年。郭沫若曾提及这次学术转变："读过我的《中国古代社会研究》的人，请把关于诗书研究的那一篇的末尾翻出来看看吧。那儿是这样写着的：'一九二八年八月二十五日初稿，十月二十五日改作'"，"这表示着在我的研究程序上，起了一个大转变"，"我对于我所研究的资料开始怀疑起来了"。③ 此一转变就集中在1928年8月底至10月的一两个月之间："我跑东洋文库，顶勤快的就只有开始的一两个月。就在这一两个月之内，我读完了库中所藏的一切甲骨文字和金文的著作。"④ 在这一两个月之内，他集中学习甲骨文金文，也基本完成了使用甲骨卜辞研究古代社会的最初尝试之作，即《卜辞中的古代社会》一篇，⑤ 其速度令人惊叹。其时，郭沫若流亡日本，经济来源有限，生活相对困难，且时刻受到监视，就是在这种恶劣的客观条件下，他凭着智慧和毅力迅速攻克了古文字学的

---

① 郭沫若：《中国古代社会研究·解题》，《郭沫若全集·历史编》第1卷，第11页。
② 《〈周易〉时代的社会生活》一篇的完成时间有争议，书中此篇落款处作"一九二七年八月七日"，其下有注释："本文最初发表在一九二八年十一月十日、二十五日《东方杂志》第二十五卷第二十一号、二十二号上，写作时间标明为'一九二八年八月一日脱稿'。按，作者《海涛集·跨着东海》自述：'费了六天工夫，我便写成了那篇《〈周易〉的时代背景与精神生产》。后来是作《中国古代社会》的一篇，被收入了的。是文章写好后的第二天，我清清楚楚地记得是八月一号。'"（郭沫若：《中国古代社会研究·〈周易〉时代的社会生活》，《郭沫若全集·历史编》第1卷，第89页）在《海涛集·跨着东海》中，郭沫若记述了在日本东京旧书店买到《易经》的过程和买到书后六天时间写作此文的往事，而郭沫若到达日本的时间是1928年2月底，此文写作不可能早于这一时间。综合考虑下，此书完成时间应定为1928年8月，书中落款处"一九二七年八月七日"应是误记。参看郭沫若《海涛集·跨着东海》，《郭沫若全集·文学编》第13卷，第315～316、331～332页。
③ 郭沫若：《海涛集·我是中国人》，《郭沫若全集·文学编》第13卷，第356页。
④ 郭沫若：《海涛集·我是中国人》，《郭沫若全集·文学编》第13卷，第365页。
⑤ 郭沫若曾说明，《卜辞中的古代社会》一篇，"文章的末尾虽然写着'一九二九年九月二十日脱稿'，但大体上在一九二八年的十月，已经基本完成"。郭沫若：《海涛集·我是中国人》，《郭沫若全集·文学编》第13卷，第366页。

难题,"昼夜兼勤",在高烧之下仍坚持研究与写作,"文字愈写愈大,结果终竟不能支持,睡倒下去了",最终写成了《甲骨文字研究》一书。① 也正是在这样的辛勤努力下,他完成了《中国古代社会研究》中的各篇文章。

认识到使用马克思主义解释中国历史的重要性后,郭沫若首先入手的经典文献是《周易》,这一方面是由于他对这一经典文献颇为熟悉,"小时候背得烂熟",也正是由于这种程度的熟悉,他才能在六天时间里完成那篇《〈周易〉的时代背景与精神生产》(收入书中时,题目改作《〈周易〉时代的社会生活》);另一方面,也是由于他认为《周易》之中"包含的宇宙观是符合于辩证式的与唯物论的"。② 《〈周易〉的时代背景与精神生产》分作两部分,第一部分讨论《周易》时代的社会生活,第二部分则聚焦于《易传》中的辩证观念。郭沫若认为,《周易》不仅是一部哲学著作,更是一部体现古代社会历史状况的珍贵文献,记载了商周时期包括"生活的基础"、"社会的结构"和"精神的生产"等方面的内容,反映了当时包括阶级结构、行政组织、生产关系及生产力状况等的社会面貌。其卦爻辞不仅具有卜筮的功能,也不仅是对自然和社会现象的简单记录,更蕴含了深刻的哲学思想。郭沫若重视对生产力的分析,他对卜辞所反映的商代渔猎、畜牧、耕种、工艺、商贸等问题作了深入讨论,进而探讨这一时期的生产关系和社会结构问题,体现了唯物史观的基本精神。随后,他又用半个月时间对《诗经》《尚书》作了研究,并写成了《〈诗〉〈书〉时代的社会变革与其思想上之反映》一文的初稿。在两篇文章中,郭沫若着重探讨了殷、周之际原始公社制逐渐瓦解并向奴隶制过渡的过程,以及东周时期奴隶制向封建制转变的趋势,这正是此书研究的重心所在,即中国历史上最初的两次重大社会变革,因此他使用的材料,也是当时据信属于这段历史时期的经典作品。在两篇文章的基础上,郭沫若写成《中国社会之历史的发展阶段》一文,对中国历史的分期作了总结概说,并把对于中国早期历史的解释经验延伸至周以后直至近代,认为蒸汽机的输入成为中国第三次社会变革的动力。

三篇文章完成后,他即刻意识到所用材料的问题:"《易经》果真是

---

① 郭沫若:《海涛集·我是中国人》,《郭沫若全集·文学编》第 13 卷,第 352 页。
② 郭沫若:《海涛集·跨着东海》,《郭沫若全集·文学编》第 13 卷,第 331 页。

殷、周之际的产物吗？在那样的时代，何以便能有辩证式的形而上学的宇宙观，而且和《诗》《书》中所表现的主要是人格神的支配观念，竟那样不同？"我们纵使可以相信《易》《书》《诗》是先秦典籍，但它们已经失真，那是可以断言的。"他生出了"材料不真，时代不明"的担忧，认为"因此要论中国的古代，单根据它们来作为研究资料，那在出发点上便已经有了问题"。① 1935年，郭沫若更是单篇撰文《〈周易〉之制作时代》，提出《易经》作于战国初年，而《易传》作于有秦以后。对材料的时代性判断不准确，是郭沫若在20世纪50年代进行自我批判时的一个重要方面。他提出，"材料不够固然大成问题，而材料的真伪或时代性如未规定清楚，那比缺乏材料还要更加危险"。②

对文献资料的怀疑促使郭沫若去寻找新的可信资料，他的兴趣追求"首先转移到了资料选择上来"，想要寻找到一手材料，"例如考古发掘所得的，没有经过后世的影响，而确确实实足以代表古代的那种东西"。然而"这样的东西，在科学进步的国家是很容易得到的，但在我们中国，却真是凤毛麟角了"。这时，他充分发挥了自己身处日本的优势，回忆1916年前后在冈山第六高等学校的图书馆目录里面曾经看见罗振玉的《殷虚书契》，"我虽然不曾取来看过，但我猜想它会是关于古代的东西"③，进而凭借着这样的印象，前去上野图书馆、文求堂、东洋文库等处遍寻甲骨著作，并迅速入门，"一找到门径，差不多只有一两天工夫，便完全解除了它的秘密"④，其后迅速展开了他将古文字学与历史学相结合的研究工作。

在《卜辞中的古代社会》中，郭沫若凭借对甲骨卜辞细致入微的剖析，深刻揭示了殷代社会的多维面貌。他观察到，殷代的农业生产、畜牧业及手工业等经济活动已达到相当的发展水平，呈现高度的复杂性与多样性。通过细致梳理卜辞中祭祀用牲的种类、数量以及祭祀的具体方法，郭沫若深入地探讨了这些祭祀活动背后所隐含的社会组织结构、经济运作模式以及宗教信仰体系的独特特征。在阶级结构与社会制度方面，他通过对"臣""宰""众"等甲骨文字的释读，结合考古资料中商王墓大规模人殉的现象，论证了殷代社会中奴隶制的存在及其残酷性，这一发现不仅为理

---

① 郭沫若：《海涛集·我是中国人》，《郭沫若全集·文学编》第13卷，第357页。
② 郭沫若：《十批判书·古代研究的自我批判》，《郭沫若全集·历史编》第2卷，第3页。
③ 郭沫若：《海涛集·我是中国人》，《郭沫若全集·文学编》第13卷，第358页。
④ 郭沫若：《海涛集·我是中国人》，《郭沫若全集·文学编》第13卷，第363页。

解早期历史阶段的社会关系提供了宝贵的线索，也深化了对奴隶制社会本质的认识。此外，郭沫若还深入解读了卜辞中关于祭祀、战争及婚姻等方面的内容，从而揭示了殷代社会的宗教信仰体系、军事制度及社会习俗的独特面貌。通过对祭祀活动的分析，他探讨了当时人们对自然神灵的敬畏与崇拜；通过对战争记录的解读，他揭示了殷代社会的军事动员能力及战争对社会结构的影响；而对婚姻内容的考察，则可以帮助理解殷代家庭结构与社会关系。郭沫若基于对卜辞中涉及政治管理、法律执行及权力分配等方面内容的综合分析，认为殷代已经具备了较为完备的国家机构和政治制度。

其后，他又通过对青铜器铭文的解读，完成了《周金中的社会史观》（后改题为《周代彝铭中的社会史观》）一文，对西周社会的阶级关系、劳动形式、土地占有情况以及政治体制等方面作了全面且系统的考察，揭示了西周社会的奴隶制特征，从而进一步丰富和完善了对中国古代社会历史阶段的划分和认识。

在这两篇文章中，郭沫若开创性地运用了甲骨卜辞与商周金文材料，结合考古实物资料，使用其中涉及社会经济、社会组织等方面的内容，用以深入探究中国古代社会的面貌，为历史文献中所呈现的社会组织结构和思想观念找到了历史根源与依据："得见甲骨文字以后，《诗》《书》《易》中的各种社会机构和意识才得到了它们的泉源，其为后人所粉饰或伪托者，都如拨云雾而见青天。"[1] 此外，他还通过这些材料阐发了商周时代的宗教思想、政治思想和道德思想等，通过从生产力到意识形态的广泛探索，完整地构建了商周社会的基本面貌。

值得注意的是，作为《中国古代社会研究》导论的《中国社会之历史的发展阶段》一篇，与郭沫若基于历史文献所写的两篇文章创作于同一时间，且在其后并无修订记录，仅在1947年补充简短的"后案"。写成此文时，郭沫若尚未将出土材料引入研究中。这或许可以说明，虽然甲骨文、金文等出土材料为郭沫若提供了充分的可靠资料和补充、修正前期观点的可能性，但其实并未动摇郭沫若基于历史文献所形成的对中国历史的基本认识和判断。

---

[1] 郭沫若：《中国古代社会研究·卜辞中的古代社会》，《郭沫若全集·历史编》第1卷，第156页。

五 《中国古代社会研究》的出版与影响

1930年,《中国古代社会研究》由上海联合书店出版。上海联合书店是出版家张静庐为呼应当时社会对社会科学知识的广泛需求,于1929年在上海成立的"纯粹社会科学书店",此书的出版得益于李一氓的联络和促成。在郭沫若流亡日本的艰难岁月里,李一氓作为他的入党介绍人,与郭沫若保持着单线联系,并积极帮助郭沫若搜集和寄送研究所需资料,帮助其文章和书籍在国内发表、出版和销售,使郭沫若的经济困境得以缓解。当时,张静庐托李一氓致信郭沫若寻求可供出版的译稿,却意外收获了《中国古代社会研究》书稿,在当时"社会科学稿在国内有没有书店敢接受来出版,还是很成问题"的情况下,上海联合书店的成立为《中国古代社会研究》提供了难得的出版保障,而这部书的出版计划,也促使作为专门社会科学书店的上海联合书店"竖起了招牌",并在推动社会科学书籍的出版和马克思主义理论的传播等方面发挥了重要作用。①

《中国古代社会研究》出版后,在学界和社会上影响很大,并迅速多次再版。无论是学生还是学者,都深受此书影响。这部书使青年学生"从迷雾中看到了一丝光明"②,使侯外庐这样的学者"在论战高潮中,由于受到郭沫若的影响而开始转向史学研究道路"③。也正因其影响之大,在"社会史论战"中,这部书也曾遭到大量的攻评。由于"社会史论战"表现出"明显的非学术色彩、普遍生硬的史论结合特征、烦琐的哲学论辩、颇显勉强的跨学科操作、只论他人之非而不顾他人之是的非理性论战氛围"④,很难说论战中对这部书的批评产生了"真理越辩越明"的效果。但必须承认的是,这部书实际存在着的一些问题,如理论与方法的使用、材料的辨析和运用及一些重要论断方面的偏颇等,在论战中被充分指出,促使郭沫若作出反思和修正。在《中国古代社会研究》1954年新版中,郭沫若曾在这些方面作出深刻反思,并修正了前期观点。因此可以认为,"社会史论

---

① 张静庐:《在出版界二十年》,江苏教育出版社,2005,第93~94页。
② 尹达:《郭老与中国古代社会研究——纪念郭沫若同志逝世一周年》,《中国史研究》1979年第2期。
③ 侯外庐:《韧的追求》,人民出版社,2015,第208页。
④ 张越:《〈中国古代社会研究〉问世前后的学术史考察》,《天津社会科学》2022年第5期。

战"中针对此书的部分批评，在客观上促进了马克思主义唯物史观指导下的中国古代社会研究走向科学和深入，也促进了中国社会科学的发展。

在论战之外，这部书获得了公允的评价。当时已经成名的一些学者对此书有着肯定性的意见，如嵇文甫认为此书有"为新史学开其先路的功绩"①，张荫麟认为此书"例示研究古史的一条大道"，"值得后来史家遵循"，并将此书与《古史辨》第二册并列为 1930 年史学界最重要的两种出版物。② 可以说，《中国古代社会研究》是 20 世纪 30 年代中国社会科学事业中的一部重要的里程碑式的著作，书籍的出版和后续引发的讨论，促进了马克思主义的中国化，推动了历史研究的科学化，对中国社会科学的发展和进步产生了深远影响。

结　语

《中国古代社会研究》的学术贡献不仅在于其对中国古代社会的研究和揭示，更在于其对中国马克思主义史学的开创。书中处处体现着郭沫若对马克思主义唯物史观的坚定信仰和灵活运用，他通过具体的历史研究实践，实现了将马克思主义唯物史观与中国古代社会历史发展进程研究的结合，证明了马克思主义理论对于解释中国历史的适用性，这种思想探索和实践经验对于推动马克思主义在中国的传播和发展具有重要意义。

郭沫若研究中国古代社会的直接理论资源是摩尔根的《古代社会》和恩格斯的《家庭、私有制和国家的起源》，他将《中国古代社会研究》视作恩格斯著作的"续篇"，旨在填补恩格斯未涉及的中国部分。郭沫若认为，尽管恩格斯的著作中没有直接提及中国，但其理论对于理解中国社会的历史发展同样适用。马克思主义理论的提出是基于西方历史和西方革命的，郭沫若通过《中国古代社会研究》为其补上了中国这块重要拼图。他力图证明中国社会的发展遵循了与世界其他地区相似的历史发展规律，即从原始社会到奴隶制再到封建制的演进，因此中国革命也理应受到马克思主义的指导。这不仅为马克思主义史学提供了理论基础，也为理解中国在

---

① 文甫：《评郭沫若〈中国古代社会研究〉》，《大公报·文学副刊》（天津）1931 年 10 月 12 日，第 10 版。
② 素痴：《评郭沫若中国古代社会研究》，《大公报·文学副刊》（天津）1932 年 1 月 4 日，第 8 版。

世界历史发展中的位置提供了重要视角,为中国革命提供了有力的理论武器。

该书突破了以历史文献为"国故"的局限,将研究拓展到地下出土实物,"把《诗》《书》《易》里面的纸上材料,把甲骨卜辞、周金文里面的地下材料,熔冶于一炉,制造出来一个唯物史观的中国古代文化体系"①,揭示了中国古代社会的性质和发展规律,打破了传统史学的局限,为中国古代历史的研究提供了新的方法和思路,推动了中国古代史研究的科学化,开创了以马克思主义唯物史观为指导的新史学研究范式,为中国史学发展作出了划时代的贡献。

这部著作充分展现了历史研究的现实意义和未来导向。郭沫若认为,历史研究不仅要追求知识的积累和传承,更应关注其对当下的指导价值和对未来发展的预见性。这一研究旨趣不仅在当时具有重要的指导意义,对于今日的历史研究同样具有重要的启示作用,为当代历史学者提供了宝贵的思考和行动指南。

---

① 董作宾:《中国古代文化的认识》,《中国现代学术经典·董作宾卷》,河北教育出版社,1996,第614页。

郭沫若社会史易学研究评述

朱彦民[*]

摘　要：作为20世纪二三十年代中国古代社会史分期论争中的重要史学家，郭沫若参与论争的入手处是整理研究中国古典时代的经典文本和新发现的出土文物和古文字。他对于传统的易学研究的视角是不同凡响的，利用唯物论和辩证法等马克思主义史学观念和方法，使得他的易学研究颇能落到实处，并独具特色。他从易经和易传的文本中，发现了能够反映当时社会面貌的一些重要史料，并进行了必要的解读。其易学研究至今仍有其社会史学价值。

关键词：郭沫若；易学研究；社会史

唯物史观派是"五四"新文化运动以后产生的一种新学派，在中国社会史论战中发挥了巨大的作用。"五四"以后以科学方法研《易》成为学界主流，其中最具代表性的就是用唯物史观和辩证法研究易学。相较于"古史辨派"侧重将《易经》还原为古史资料，史料中所反映的当时社会的政治经济结构以及史料本身所包含着的哲学思想，则是唯物史观派的主要研究内容。郭沫若的易学研究之所以在学术界颇具影响，与其首创以马克思主义理论研究《周易》密不可分。其后，苏渊雷《周易会通》（1934）、金景芳《易通》（1941）受郭沫若影响，亦相继以唯物史观、辩证法分析《周易》哲学思想。可以说，唯物史观派的易学研究，使传统的易学研究一变而为文化的和哲学的研究。郭沫若的易学研究无疑是这一方面最有影响的代表。

郭沫若易学研究成果，主要集中体现于《〈周易〉时代的社会生活》与《〈周易〉之制作时代》两篇文章。[①] 此二文是郭沫若建立在大量甲骨

---

[*] 朱彦民，南开大学历史学院教授。
[①] 郭沫若：《〈周易〉时代的社会生活》《〈周易〉之制作时代》，《郭沫若全集·历史编》第1卷，人民出版社，1982，第32~89、377~404页。

卜辞及金文的基础上进行易学研究的代表作。不仅充分运用了辩证法和历史唯物主义理论，同时在研究中对经传分治的方法加以贯彻，用科学的方法对易学进行鞭辟入里的分析，使易学研究更加科学清楚。

《〈周易〉时代的社会生活》一文，企图打开《周易》这座神秘的殿堂，看见那"泰古时代的木乃伊的尸骸"。该文分上下两篇，上篇讨论"《周易》时代的社会生活"，他利用卦爻辞中的材料分析了《周易》时代的"生活的基础""社会的结构""精神的生产"；下篇讨论"《易传》中辩证的观念之展开"，作者结合《周易》经传，论述了《周易》以前的学者所不曾涉及的"辩证观""折衷（中）主义"等问题。郭沫若的工作可谓具有开拓性的，所以影响很大，引起了众多学者对这些问题的探讨。

而集中反映郭沫若《周易》研究创新学术观点的，主要集中在《〈周易〉之制作时代》中。该文凡十二部分，论题依次是："序说"、"八卦是既成文字的诱导物"、"《周易》非文王所作"、"孔子与《易》并无关系"、"《易》之构成时代"、"《易》之作者当是馯臂子弓"、"《易传》之构成时代"、"《彖传》与荀子之比较"、"《系辞传》的思想系统"、"《文言传》与《彖传》之一致"、"《易传》多出自荀门"和"余论"。

郭沫若的易学研究，使用马克思主义辩证法和历史唯物主义等理论，以《周易》为基础，是对中国古代社会历史进行重新审视的重要结晶，可谓其中国古代社会研究的重要组成部分。

一 《周易》是中国古代社会大变革的产物

郭沫若认为，《周易》之所以能够反映中国古代社会历史，首先因为它是中国古代社会大变革的产物之一。郭氏在《中国古代社会研究》一书出版前，于1928年就提出自己的看法，说："《易经》是由原始公社制变为奴隶制的产物。第一个变革在彼殷周之际，达到完成，第二个变革的完成，是在东周以后。"[①] 这一看法后来有了变化，郭沫若对《易经》和《易传》的作者分别加以探究，作出具体分析。将《易经》的作者认定为是楚人馯臂子弓，而《易传》的作者无法确定，但其写作时间在《易经》之后，因此二者情况并不相同。

---

① 郭沫若：《郭沫若全集·历史编》第1卷，第90页。

1944年，他回顾自己的研究，还是肯定了自己过去的见解。1954年他在为《中国古代社会研究》新版写的补注中再次申述自己的看法。① 1966年，郭沫若在给李镜池的信中说：

> 看来《易》之制作是由长期积累所成，其中有西周时期的原始资料，但也有春秋时代的资料。原始资料积累得多一些，故显得很古。孔子读《易》的传说是没有问题的。《周易》完成应当在春秋末或战国初年。②

这是郭沫若晚年的看法，与先前的观点相比有所变化，概括起来就是《周易》并非一时之作，而是经历了一个相当长的历史时期后形成的。正如他在检点《周易》研究时说的那句话："在思想分析上无甚错误，只是时代的看法须改正。"③

郭沫若最初认为《周易》中存在古代社会的两个变革时期，后来则是把《周易》视为一部具有时代特征的作品来研究，将《周易》的产生与历史背景联系在一起，同时对春秋战国时期背景下《周易》的问题加以讨论。

因此，《易经》《易传》的思想反映了这个时代的特征是可以理解的。郭沫若说："从《易》的纯粹思想上来说，它之强调着变化而透辟地采取着辩证的思维方式，在中国思想史上的确是一大进步。"④ 而《系辞》把神、天、道当成一体，体现战国时期变动中儒、道、墨派鼎立又互相渗透的特点。⑤

二 《周易》反映了古代社会生活

郭氏《〈周易〉时代的社会生活》全面阐述了《易经》时代的社会生

---

① 吴怀祺：《近代易学的发展和郭沫若〈周易〉研究》，郭沫若故居、中国郭沫若研究会编《郭沫若百年诞辰纪念文集》，社会科学文献出版社，1994，第256~268页。
② 黄寿祺、张善文编《周易研究论文集》（第一辑），北京师范大学出版社，1987，第410页。
③ 郭沫若：《〈周易〉时代的社会生活》，《郭沫若全集·历史编》第1卷，第45页下补注。
④ 郭沫若：《〈周易〉之制作时代》，《郭沫若全集·历史编》第1卷，第393页。
⑤ 吴怀祺：《近代易学的发展和郭沫若〈周易〉研究》，郭沫若故居、中国郭沫若研究会编《郭沫若百年诞辰纪念文集》，第256~268页。

活。郭沫若凭借其独特的历史眼光，以《周易》中的文辞为依据，进行鞭辟入里的分析与解剖，反映了中国古代社会生活的各个层面，为人们了解中国古代社会生活提供了可信的参考。

郭沫若以新的理论方法，从社会史的角度入手，通过对古代文献、典籍的阐释，对《周易》价值进行重新估定，《周易》作为古代社会的文化成果，全面反映了那个时代的社会历史面貌，中国古代社会生活的各个方面都可以在其中找到线索。他是把《周易》作为古代中国社会的全面反映，从经济生产到社会结构，再到精神生产，也就是从经济基础、上层建筑与意识形态三个方面，而不只是一些古史材料、古史影子来看待，进而透视中国上古历史的进程与特点。

郭沫若由《序卦传》一段文字，总结出《序卦传》作者的进化观念，认为人类社会的进化就是由相反组成的两极对立物产生的，在遥远的母系社会，只有夫妇、父子关系，而没有君臣关系。到后来才有了国家，才有了礼仪。

《周易》中有大量词语对古代社会生活加以描述。如屯卦的六三爻辞"即鹿无虞，惟入于林中"等内容，可以看出古代渔猎生活的状况。他对爻辞中"黄金"一词作出解说，认为这是处在铜器时代的反映。无妄卦的六三爻辞"无妄之灾。或系之牛，行人之得，邑人之灾"等，反映出古代社会牧畜的状况。旅卦六二爻辞"旅即次，怀其资，得童仆"，震卦六二爻辞"亿丧贝"等内容，标志着古代社会商旅的起源、原始货贝的情形，又从一些爻辞中分析当时交通工具的情形。

其他对古代社会生活各个层面的研究，都有这样的特点。比如在"渔猎"部分，引述噬嗑卦九四爻辞"噬干肺，得金矢"，六五爻辞"噬干肉，得黄金"等辞例。郭沫若根据这些辞例判断："肉中得矢当然是从畋猎得来，黄金当即金矢，此处所谓金即是铜。铁的发现一般在铜后，全经中并无铁字。"[①] 而后又引剥卦六五爻辞、大畜卦九三爻辞等，指出："像这样可以列于渔猎一项的文句最多，然猎者每言王公出马，而猎具又用着良马之类，所猎多系禽鱼狐鹿，绝少猛兽，可知渔猎已成游乐化，而牧畜已久经发明。惟此有可注意之事项：猎具系弓矢，矢是黄色的金属，当时还是铜器时代。无网罟之类的文字，这与后列耕植一项相印证，疑是桑麻之业

---

① 郭沫若：《〈周易〉时代的社会生活》，《郭沫若全集·历史编》第1卷，第38页。

尚未发达的原故。""大壮卦九三'小人用壮,君子用罔'的'罔'字可训作'网',此条存疑。"① 由一些字眼和词语之有无来判断当时所处的时代与环境等,有分析,有断制,真可谓目光如炬,独得确释,这些史学识见是前人读《易》鲜能道其内涵者。

再比如在"商旅"(交通)部分,引述了旅卦六二、九三爻辞及震卦六二爻辞"亿丧贝"后,指出:"亿同《论语》'亿则屡中'。这些当然是商贾的起源,从这些文句中可以得到几个注意:(一)当时的商贾还多是行商;(二)童仆是商品之一种,当然是人身买卖;(三)资贝是当时的货币,资字亦从贝,金属的货币还未产生。"② 又云:"商贾既是行商,那交通是很重要的,交通的工具是用马牛车舆。例如'乘马班如'(《屯》),'大车以载有攸往'(《大有》九二),'见舆曳,其牛掣'(《睽》六三)之类,但奇异的是没有舟楫的文字。经文中'涉大川'字样或利或不利凡十二见,这可见涉的重要,但涉的工具没有一处说及,而从反面来说:'包荒,用冯河。'(《泰》九二)'过涉,灭顶,凶。'(《大过》上六)'曳其轮,濡其尾。'(《既济》初九)'濡其首,厉。'(《既济》上六)这是证明涉不用舟楫,好像是全凭游泳,或用葫芦(包荒)或用牛车。由此我们可以揣想到舟楫在当时尚未发明——至少是尚未发达——所以涉川的事才看得那么重要。"③ 同样也是这样的路数和眼光。虽然由字词语句判断当时的社会状况和时代背景有些危险——说有易,说无难,但这种读《易》的独特角度和犀利眼光,是一般读《易》人所不具有的,因此也是颇具开创意义的。

当然,郭沫若在分析古代社会的结构时,一个重要的方面,不是简单地从一些爻辞中作出说明。他还进一步分析出"先史民族进化阶段"有原始、蒙昧两个大阶段,每一个阶段又有上段、中段与下段。另一个方面是他更进而透视古代社会的家族关系、政治组织。在论述行政事项时,实际上涉及的是中国古代国家起源、早期国家职能的问题。对《周易》的有关条文进行归纳,论说了古代阶级的结构,认定当时的结构的四种形式:所谓大人君子是支配阶级,小人刑人是被支配阶级。

比如在"工艺"(器用)部分,印证辞例分别说明了宫室、服饰和器

---

① 郭沫若:《〈周易〉时代的社会生活》,《郭沫若全集·历史编》第1卷,第39页。
② 郭沫若:《〈周易〉时代的社会生活》,《郭沫若全集·历史编》第1卷,第41页。
③ 郭沫若:《〈周易〉时代的社会生活》,《郭沫若全集·历史编》第1卷,第41页。

用情况后，由物而论及社会结构状况："像以上所述关于宫室、衣履、器用有不少的名物，然而在全部的经文中找不出一处关于工艺的字样来。我们在这儿所得出的推论是：1. 人类还在自给时代，工艺是人人所必为，还未成为独立的生活手段。2. 这些工艺是让奴隶童仆专攻，不为君子（当时的贵族）所挂齿。我看这两个推论是并行不悖的。"①

再如，在"政治组织"一节中，郭氏引证大量辞例，分别说明了天子、王公—大君—国君、侯、武人—师、臣官、史巫等项之后，指出："以上是当时的政治上的位阶，国家的雏形是约略具备了，但是我们要知道那仅是雏形，那和氏族社会相隔并不甚远。所谓'王假有家'，'王假有庙'（《萃》彖辞），这是表明王的职掌是管家政和祭祀的。所谓'利建侯行师'，'康侯用锡马蕃庶'，这是表明侯的职掌是管军政和战争的。所谓：'不事王侯，高尚其志'，王侯的连文正表明王与侯的对立。侯而且是临时设置，因为在经文五处侯字之中三处都称建侯。这样的关系正刚刚表明王是酋长而侯是军长。我们中国古时候的所谓国，其实仅仅是一个大宗或小宗，所以动辄便称万国万邦。《易经》中的所谓国，当然也不外是这样了。所谓王所谓侯不外是些大宗或小宗的酋长、军长，所谓天子所谓帝当然也不外是一个大族的最高头目。"② 以小见大，见微知著，这是一个学者应有的学术品质。郭先生于此有之矣。

通过《周易》的内容，郭沫若吸收时人研究的成果，对古代风习作出了论述。顾颉刚先生在《周易卦爻辞中的故事》一文中把甲骨和《周易》互证，又结合《诗经·大明》篇，考定"帝乙归妹"这件事即《诗经》的"文王迎亲"③，郭沫若进而透视出在《易经》中没有群婚的遗习，但对偶婚的痕迹则俨然存在。残存母系制度外，当时家族制度确是存在的。④

另外，通过《周易》研究，郭沫若凭借文学家的敏锐思维，看得更深、更仔细，分析出生活风俗和道德习尚的状况。如中孚卦九二爻辞"鸣鹤在阴，其子和之。我有好爵，吾与尔靡之"被他看作"一首有趣的恋歌"。而归妹卦上六爻辞"女承筐，无实，士刲羊，无血"，在他眼中则是

---

① 郭沫若：《〈周易〉时代的社会生活》，《郭沫若全集·历史编》第 1 卷，第 44 页。
② 郭沫若：《〈周易〉时代的社会生活》，《郭沫若全集·历史编》第 1 卷，第 49 页。
③ 顾颉刚编著《古史辨》第三册，上海古籍出版社，1982，第 13 页。
④ 郭沫若：《〈周易〉时代的社会生活》，《郭沫若全集·历史编》第 1 卷，第 43~44 页。

"一幅优美的图画","我觉得这是牧场上一对年青的牧羊人夫妇在剪羊毛的情形,刲字怕是剪剔之类的意思,所以才会无血。(古人训作刺字,实在讲不通。)剪下的羊毛,女人用竹筐来承受着,是虚松的,所以才说无实。我想我这种解释是合乎正轨的。那末我们看,这是多么一幅优美的图画呢!假使你画出一片碧绿的草原,草原上你画出一群雪白的羊,在那前景的一端你画出一对原始人的年青夫妇,很和睦地一位剪着羊毛,一位承着篮子。这怕会比米勒的'牧羊少女'还要有风致罢?这首诗虽然很简单,但就是这样一个白描的世界。"①

相较于"古史辨派",郭沫若对于易学之研究显然更胜一筹。不仅对《易经》有着更加深刻的认识,还清楚地意识到史料中体现出的中国古代社会的经济基础、政治制度和社会思想,对于"考古证史"领域无疑是起了巨大的促进作用。郭沫若从卦爻辞出发,从生活基础(渔猎、牧畜、商旅、耕种、工艺等五方面)、社会的结构(家族关系、政治组织、行政事项、阶级等四方面)、精神的生产(宗教、艺术、思想等三方面)等中国古代社会的各个层面入手,抽丝剥茧,对《周易》所处时代的古代社会生活加以阐述。为人们认识古代中国提供了新的门径,突破了以往研究易学时囿于象数、义理的窠臼。相较于仅做文字上的解释或以传解经的做法,郭沫若对易学的研究深入古代社会思想文化的层面,使传统的经学研究一变而为社会的、文化的、思想的研究,使后人的易学研究有了更为广阔的视野。

郭沫若对于《周易》的研究,并没有停留在肤浅的文字表面,也不仅是从《周易》内容说明古代社会的生活现象,而是更深层次地从社会形态,从基础到上层建筑、意识形态思考《周易》时代的古代社会生活。郭沫若以全新的观点解《易》,不仅为易学研究开辟了新的思路,对中国古代社会生活研究也作出了突出的贡献。毋庸置疑,郭沫若的易学研究,为他的古史探索开辟出一条途径。

---

① 郭沫若:《〈周易〉时代的社会生活》,《郭沫若全集·历史编》第1卷,第62~63页。

出土文献视域下的郭沫若《周易》研究

王志平

摘　要：郭沫若在易学方面的研究贡献卓著，主要体现在两篇著作中，分别是《〈周易〉时代的社会生活》和《〈周易〉之制作时代》，前者运用辩证唯物主义和历史唯物主义的观点、方法探讨了《周易》时代的社会生活，后者是对前文进行的自我批判。本文考察了郭沫若易学论著的文本变迁、写作缘起以及有关的学术争鸣，重点从出土文献资料出发，主要探讨了郭沫若的《周易》文献学研究，指出其某些论断与出土文献资料的不合之处，认为与其说是个人的疏失，不如说是时代的局限。在"走出疑古时代"的今天，我们更应该抱着同情的心理来看待学术史上的郭沫若《周易》研究。

关键词：郭沫若；《周易》研究；出土文献

一　郭沫若易学论著的文本变迁

郭沫若在易学方面的研究贡献卓著，蔡尚思先生主编《十家论易》[1]的第一家即是著名学者郭沫若。胡道静先生评述认为"他是近现代用马克思主义的立场、观点、方法对《易经》进行系统研究的第一人"。"郭氏试图用辩证唯物主义与历史唯物主义的方法，打开《易经》这座神秘的殿堂，从而揭示《易经》本来面貌。……这是《易经》研究领域一次破天荒的大突破。"[2]

---

* 本文获中国社会科学院学科建设"登峰战略"资助计划"历史语言学"优势学科资助，项目编号DF2023YS09。
** 王志平，中国社会科学院语言研究所研究员。
[1] 蔡尚思主编《十家论易》，岳麓书社，1992；上海人民出版社，2006。
[2] 蔡尚思主编《十家论易》前言，第1~2页。

郭沫若的《周易》研究主要体现在两篇宏文的贡献上，即分别发表于1928年的《〈周易〉时代的社会生活》和1940年的《〈周易〉之制作时代》。这两篇文章的发表相隔多年，代表了作者自己学术的发展和认识的进步。

第一篇文章原名《周易的时代背景与精神生产》，共分两部分刊登在《东方杂志》1928年第25卷第21号、第22号上，作者署名杜衎。文章自述：

> 本文的结构分为上下两篇：上篇论《易经》，下篇论《易传》。大体的节目是：
>
> 上篇　《周易》时代的社会生活
>
> 第一章　生活的基础
>
> （1）渔猎（2）牧畜（3）商旅（交通）（4）耕植（5）工艺（器用）
>
> 第二章　社会的结构
>
> （1）家庭（2）政治（法律）（3）阶级
>
> 第三章　精神的生产
>
> （1）宗教（2）艺术（3）思想（辩证的观念）
>
> 下篇　《易传》中辩证的观念之展开
>
> A　辩证的宇宙观
>
> B　辩证观的转化
>
> C　折衷主义的伦理
>
> D　《大学》《中庸》与《易传》的参证[①]

该文运用辩证唯物主义与历史唯物主义的观点、方法探讨《周易》时代的社会生活，包括生产基础、社会结构、精神生活等，并对《易传》中辩证观念进行了讨论（原文辨、辩混用无别）。

本文后来收入《中国古代社会研究》[②] 初版时仍题为《周易的时代背

[①] 杜衎（郭沫若）：《周易的时代背景与精神生产》，《东方杂志》1928年第25卷第21号，第73~74页。

[②] 《中国古代社会研究》版本颇多。初版，联合书店，1930；修订重印，上海群益出版社，1947；改排出版，人民出版社，1954。

景与精神生产》，但是在 1954 年人民出版社新版中改名为《〈周易〉时代的社会生活》，后收入《沫若文集》第 14 卷，① 《郭沫若全集·历史编》第 1 卷。②

第二篇原名《〈周易〉的构成时代》，为"孔德研究所丛刊"之二，由商务印书馆于 1940 年出版。共有目次 2 页，正文 133 页。共分为 12 个专题以及一个附录，目录如下：

目次

1. 序说
2. 八卦是既成文字的诱导物
3. 周易非文王所作
4. 孔子与易并无关系
5. 易之构成时代
6. 易之作者当是馯臂子弓
7. 易传之构成时代
8. 象传与荀子之比较
9. 系辞传的思想系统
10. 文言传与象传之一致
11. 易传多出自荀门
12. 余论

附录 陈梦家：郭沫若《〈周易〉的构成时代》书后

该文对于前述论文有所反思，对于对《易经》和《易传》的成书时代及其作者作了新的系统论证，不啻是对《周易》研究的一种自我批判。

此文收入《先秦学说述林》③ 时改题为《〈周易〉之制作时代》，又收入《青铜时代》④，后收入《沫若文集》第 16 卷、⑤ 《郭沫若全集·历史

---

① 郭沫若：《沫若文集》第 14 卷，人民文学出版社，1962。
② 郭沫若：《郭沫若全集·历史编》第 1 卷，人民出版社，1982，第 32~89 页。
③ 郭沫若：《先秦学说述林》，东南出版社，1945，第 2~27 页。
④ 《青铜时代》版本颇多。初版，文治出版社，1945；改排出版，人民出版社，1954；又科学出版社，1957。参见郭沫若《青铜时代》，人民出版社，1954，第 66~94 页。
⑤ 郭沫若：《沫若文集》第 16 卷，人民文学出版社，1962。

编》第1卷①。本文的有关讨论均以收入郭沫若《郭沫若全集·历史编》第一卷的版本文字为准。

二 郭沫若易学论著的写作缘起及其学术争鸣

郭沫若研究《周易》不是心血来潮，而是想从《周易》开始，用辩证唯物论和历史唯物论研究中国古代社会。1930年结集的《中国古代社会研究》第一篇即为《〈周易〉时代的社会生活》。郭沫若认为，"辩证唯物论是人类的思维对于自然观察上所得的最高的成就，那毫无疑问的"。"因而我的主要工作便是主要的倾向到历史唯物论这一部门来了，我主要是想运用辩证唯物论研究中国思想的发展、中国社会的发展，自然也就是中国历史的发展。反过来说，我也正是想就中国的思想、中国的社会、中国的历史，来考察辩证唯物论的适应度。"②

郭沫若的《周易》研究，首先从"生活的基础""社会的结构""精神的生产"三个层面，把《周易》与中国古代社会联系起来，用辩证唯物论和历史唯物论打开了这座"一直到二十世纪的现代都还发着神秘的幽光"的殿堂。郭沫若指出，《周易》的卦辞、爻辞"大抵是一些现实社会的生活。这些生活在当时一定是现存着的。所以如果把这些表示现实生活的文句分门别类地划分出它们的主从出来，我们可以得到当时一个社会生活的状况和一切精神生产的模型。让《易经》自己来讲《易经》，揭去后人所加的一切神秘的衣裳，我们可以看出那是怎样的一个原始人在作裸体跳舞"。③继而敏锐地揭示了《易经》和《易传》的文字记载中两个截然不同的历史变革模型："在《易经》和《易传》的研究中我们发现出中国古代社会的两个变革的时期：便是《易经》是由原始公社制变为奴隶制时的产物，《易传》是由奴隶制变为封建制时的产物。第一个变革是在殷、周之际达到完成，第二个变革的完成，是在东周以后。"④

---

① 郭沫若：《郭沫若全集·历史编》第1卷，第377~404页。
② 郭沫若：《我是中国人》，《郭沫若全集·文学编》第13卷，人民文学出版社，1992，第330~331页。
③ 郭沫若：《郭沫若全集·历史编》第1卷，第38页。
④ 郭沫若：《郭沫若全集·历史编》第1卷，第90页。

出土文献视域下的郭沫若《周易》研究

　　郭沫若《〈周易〉时代的社会生活》视《周易》为中国古代社会现实生活的反映，从辩证唯物论和历史唯物论的角度对《周易》进行了全面探讨。文章振聋发聩，摆脱了易学史上烦琐主义的象数义理之争，揭开了笼罩在《周易》研究上的神秘主义面纱，是郭沫若中国古代社会研究的莺声初啼，被学者称为"中国古代社会研究之发轫"①。

　　该文刊出后，随即引起了一场学术争鸣，王伯平所撰《〈易经〉时代中国社会的结构》，曾被其自命为"郭沫若《〈周易〉的时代背景与精神生产》批判"。王伯平认为中国不存在奴隶社会，"郭先生以为《易经》的时代是中国历史上的一个过渡时代，以《易经》时代社会结构的特点说，确是一个过渡时代，但不是由原始共产社会向奴隶社会推移的一个过渡时代，而是由氏族社会向封建社会推移的一个过渡时代"②。他批判郭沫若生搬硬套马克思主义，"郭沫若君的书是穿着马克思主义衣服出现的，对于读者是极有害的"。王伯平认为，"奴隶在社会上成为一个严重现象乃是封建社会中才有可能。奴隶制度不能列作一个社会进化的独立阶段，可是郭沫若就犯了这个错误"③。

　　李星可也撰写了长篇文章予以全面商榷。④ 文章除了针对郭沫若观点详加讨论之外，顺带还阐述了作者自己的易学见解。全文第一部分为"《易经》中的古代社会"，分为"《易经》的著作时代""《易经》时代的中国社会"上、下两节，上节从史实、文辞、内容上考察了《易经》的著作时代；下节从经济结构、政治制度、社会生活、精神生产等方面分析《易经》时代的社会现状。第二部分为"《易传》中的思想问题"，分为"《易传》的著作时代""《易传》中的思想"上、下两节，上节从"孔子与《易经》""孔子与《易传》""《易传》的时代"考察了《易传》的著作时代，下节从"所谓辩证的宇宙观""《易传》中的儒家思想""《易传》中的道家思想""《易传》中的阴阳之说""《易传》中的五行八卦"等角度分析了《易传》的思想。文章颇多苛论，如认为"郭先生这篇研究《周易》的论文，上篇的缺点

---

① 王伯平：《中国古代社会研究之发轫》，《读书杂志》1932年第2卷第7、8期。
② 王伯平：《〈易经〉时代中国社会的结构》，《读书杂志》1933年第3卷第3、4期。
③ 王伯平：《中国古代社会研究之发轫》，《读书杂志》1932年第2卷第7、8期。
④ 李星可：《〈周易〉的时代背景与精神生产——评郭沫若所论并抒己见》，《中法大学月刊》1935年第6卷第4期；李星可：《〈周易〉的时代背景与精神生产——评郭沫若所论并抒己见（续）》，《中法大学月刊》1935年第7卷第2期。

165

是在他的方法不精密与幼稚，然而多少还有点可取；下篇却简直不像话了，其荒谬可说是无以复加。他的主要病源是在他对于《易传》的时代性观察的错误"①。

诚如诸人的批评，郭沫若起初对于《周易》的时代性质以及史料真伪等问题并未特别留意。作者夫子自道式的自我批判说：

> 首先我对于我所研究的资料开始怀疑起来了。《易经》果真是殷、周之际的产物吗？在那样的时代，何以便能有辩证式的形而上学的宇宙观，而且和《诗》《书》中所表现的主要是人格神的支配观念竟那样不同？……毫厘之差可以致千里之谬，我们纵使可以相信《易》《书》《诗》是先秦典籍，但它们已经失真，那是可以断言的。因此要论中国的古代，单根据它们来作为研究资料，那在出发点上便已经有了问题。材料不真，时代不明，笼统地研究下去，所得的结果，难道还能够正确吗？
>
> 再次，我的初期的研究方法，毫无讳言，是犯了公式主义的毛病的。我是差不多死死地把唯物史观的公式，往古代的资料上套。而我所根据的资料，又是那么有问题的东西。我这样所得出的结论，不仅不能够赢得自信，而且资料的不正确，还可以影响到方法上的正确。②

因此，郭沫若七年之后（1935年）又撰写了《〈周易〉之制作时代》，补充论述了作者有关《周易》经传的作者及其时代等问题，"算给予了一个通盘的检定"。郭沫若认为，《周易》之作绝不能产生于春秋中叶以前，其与伏羲、神农、文王、周公绝没有什么关系，孔子和《易》也并无关系，在孔子当时，《周易》经部还没有构成。他考定《易经》是孔子之后战国初年的作品，其作者当为孔子的再传弟子馯臂子弓。而《易传》大部分为秦时代的荀子门徒楚国人所著，"我相信《说卦传》以下三篇应该是秦以前的作品。但是《彖》《象》《系辞》《文言》，却不能出于秦前。大抵《彖》《系辞》《文言》三种是荀子的门徒在秦的统治期间所写出来的

---

① 李星可：《〈周易〉的时代背景与精神生产——评郭沫若所论并抒己见（续）》，《中法大学月刊》1935年第7卷第2期。
② 郭沫若：《我是中国人》，《郭沫若全集·文学编》第13卷，第356~357页。

东西，《象》是在《彖》之后，由别一派的人所写出来的"。①

郭沫若的《周易》新作刊出后，一如既往地引起了学术界的百家争鸣。针对郭沫若的易学新解，陈梦家当即表示反对。② 李镜池专门撰文予以商榷答疑。③ 张岱年则批评郭沫若等人"疑古过勇"。④ 黄寿祺也说，"对《易传》和孔子的关系，我同意范文澜同志《中国通史简编》和郭沫若同志1927年所写的《〈周易〉时代的社会生活》的看法（郭老1935年所写《〈周易〉之制作时代》的说法，我所不取）"。⑤ 甚至有学者苛评："从易学研究的立场说，郭氏的这两篇论文，除第一篇还有一些'范式'的意义外，第二篇基本上就没有多少可取之处。"⑥

当然，也有学者支持郭沫若的新说。日本学者本田成之也认为"以《易》为楚人之编纂物，颇有理由"，"或是子弘（即馯臂子弓）所作"。⑦ 李平心同样认为"郭沫若先生认为《周易》作于战国时代的推断是很难动摇的"。⑧ 甚至直到20世纪90年代，还有学者肯定了郭沫若关于《周易》著作年代的一些看法。⑨

三 出土文献视域下的郭沫若易学研究

尽管郭沫若的易学研究争议不断，但长期以来，无论支持还是反对，大家都是在传世文献中打转，在没有旁证的情况下，很难争出个是非对错。所幸地不爱宝，出土文献新材料为《周易》研究打开了一个新的观察

---

① 郭沫若：《〈周易〉之制作时代》，郭沫若：《郭沫若全集·历史编》第1卷，第396页。
② 陈梦家：《郭沫若〈《周易》的构成时代〉书后》，郭沫若：《〈周易〉的构成时代》附录，商务印书馆，1940。
③ 李镜池：《论〈周易〉的著作年代——答郭沫若同志》，《华南师院学报》（社会科学版）1982年第4期。
④ 张岱年：《论〈易大传〉的著作年代与哲学思想》，《中国哲学》第一辑，生活·读书·新知三联书店，1979。
⑤ 黄寿祺：《从〈易传〉看孔子的教育思想（节选）》，《齐鲁学刊》1984年第6期。
⑥ 杨庆中：《二十世纪中国易学史》，人民出版社，2000，第120页。
⑦ 〔日〕本田成之：《作〈易〉年代考》，载江侠庵编译《先秦经籍考》，商务印书馆，1931；又见黄寿祺、张善文编《周易研究论文集》（第一辑），北京师范大学出版社，1987。
⑧ 平心（李平心）：《关于〈周易〉的性质、历史内容和制作时代》，《学术月刊》1963年第7期。
⑨ 王宁：《申论〈周易〉之制作时代》，《郭沫若学刊》1996年第2期。

窗口。我们可以从出土新发现角度重新考察以往易学史研究的某些是非得失，尤其是在文献学方面，"二重证据法"得以在易学研究中广泛应用，历史上的各种学术争鸣都需要在新材料下重新检验，一些不实之说因此难以透过出土的滤镜。

出土文献视域下的易学研究，发端于20世纪70年代以来的考古大发现，1973年出土的马王堆帛书《周易》经传，为20世纪易学研究打开了一个崭新局面。2003年上博简《周易》材料的公布，更是为21世纪的《周易》研究添柴助燃，加速易学研究的兴旺发达。随着出土文献材料日益增多，运用"二重证据法"有助于解决某些长期悬而未决的议题——无论时代还是真伪，甚至可以一锤定音。李学勤曾经举例概述出土文献对于《周易》经传研究的重要价值：

> 《易传》的年代，可以说是《周易》研究中一个关键性的问题，学者间意见纷纭，争论已久。这样的疑难，如仅凭传世文献，或许永无解决之日。幸而在近年考古工作中，陆续发现了不少有关《周易》的材料。1973年底湖南长沙马王堆3号汉墓出土帛书，其间有《周易》经传，更为研究《周易》开辟一新境界。[①]

事实上，对于郭沫若易学研究的是非正误，我们同样也可以用出土新材料加以重新检验。但这仅局限于考古学、文献学等方面的判定，出土新材料对于分析中国古代社会的性质并无实质性突破，无法从材料自身明确地证实或者证伪有关古史论述。因此出土文献材料主要适用于考察郭沫若的《周易》文献学研究，而不适用于验证郭沫若的《周易》古史学研究。下面我们就分几个方面从出土文献角度平议郭沫若的《周易》文献学研究。

（一）《易经》方面

郭沫若否认《周易》与文王、孔子的关系，认为《易经》是孔子以后战国初年的作品，推断其作者为孔子的再传弟子馯臂子弓。[②] 直到1966年，郭沫若仍然坚持"《周易》的完成应在春秋末年或战国初年"的看法，

[①] 李学勤：《周易经传溯源》第二章"《易传》的年代问题"，长春出版社，1992。
[②] 按：馯臂子弓，楚人，姓馯，名臂，字子宏，又作子弓，衍作子弘，故"子弓""子弘"多有混用。

不过他也承认:"看来《易》之制作是由长期积累所成,其中有西周时代的原始资料,但也有春秋时代的资料。原始资料积累得多些,故显得很古。孔子读《易》的传说是有问题的。""在原始筮书中,可能只有卦象而无卦名,八卦和六十四卦的卦名是后来附益上去的。六十四卦的卦名就有一套哲理在内,并不简单。这样看,在思想发展史上才可以得到顺畅的说明。"①

1. 文王与《周易》

首先,关于文王演易,现有的考古发现还难以证实。安阳小屯南地出土卜甲中的五组数字学者或认为是"易卦",曹定云据此指出,从"卜甲"的整治方法与制作形制、钻凿形态、字体风格上看,"该'易卦'卜甲乃周人之物";从占卦方法、卦爻数字、"九"和"六"等标志上看,它们"肯定是《周易》",而且"很可能是周文王被囚于羑里时的遗留之物",这证明"'文王演周易'之说应是确有其事"②。其说仍属臆测之词,即使该"易卦"卜甲为周人之物,也不能证明其与文王有关,更不能证明这就是"文王演周易"。

关于"文王演周易",还有一些蛛丝马迹见于马王堆帛书《衷》篇③:"子曰:《易》之用也,段〈殷〉之无道,周之盛德也。恐以守位,敬以拯(承)事,知(智)以辟(避)患,【□□□□□】□□□文王之危,知史说之数书,孰能辩焉?"以及帛书《要》篇:"……文王仁,不得亓(其)志,以成亓(其)虑。纣乃无道,文王作,讳而辟(避)咎,然后《易》始兴也。予乐亓(其)知(智)之自【□】,□之自□也。予何安乎事纣乎?"李学勤据此认为:"这里引的各段,和《系辞》一样,都

---

① 郭沫若:《有关〈周易〉的信》,《中国史研究》1979 年第 1 期。此为 1966 年郭沫若与李镜池的通信。
② 曹定云:《论安阳殷墟发现的"易卦"卜甲》,《殷都学刊》1993 年第 4 期。
③ 此篇定名颇有不同。张立文《周易〈系辞〉浅说》(汤一介主编《中国文化与中国哲学 1988》,三联书店,1999)、廖名春《帛书〈易之义〉、简说》(陈鼓应主编《道家文化与研究》第 3 辑,上海古籍出版社,1993)、陈松长和廖名春《帛书〈二三子问〉、〈易之义〉、〈要〉篇释文》(陈鼓应主编《道家文化与研究》第 3 辑,上海古籍出版社,1993)称之为《易之义》;陈松长《马王堆文物概述》(傅举有、陈松长主编《马王堆汉墓文物》,湖南出版社,1992)称之为《子曰》;邢文《帛书周易研究》(人民出版社,1997)第 45 页称之为《易赞》;廖名春《试论帛书〈衷〉的篇名和字数》(《周易研究》2002 年第 5 期)称之为《衷》。应以称《衷》篇为是。参见《长沙马王堆汉墓简帛集成》之《衷》篇《说明》,《长沙马王堆汉墓简帛集成(三)》,中华书局,2014,第 87 页。

被认为是孔子的言论。因此，文王作《易》之说有着相当古的起源。《周易》经文的最后形成虽迟于文王，但仍可能在周初，自顾颉刚先生作《〈周易〉卦爻辞中的故事》以来，已大体论定。其后尽管有不同见解，未能改变这一观点。古书总有其较长而曲折的演变过程，才能定型，看来《周易》经文与文王有关系确实是可能的。"①

2. 孔子与《周易》

虽然文王是否演易还有待继续探讨，但在出土文献新发现当中，孔子与《周易》的密切关系已经是完全无法回避的重大问题了。

自宋代欧阳修的《易童子问》直至20世纪的古史辨派，从怀疑《系辞》等非孔子所作，到怀疑"十翼"皆非孔子所作，甚至怀疑关于孔子读《易》、序《易》等的传世文献，疑古派的怀疑变本加厉，有增无减。例如，顾颉刚即明确指出："孔子决不是《易传》的作者，《易传》的作者也决不止一个人。"顾颉刚研究了《易传》的成书时代，钩沉出一条"自战国末期至西汉末年的跨度"，《易传》中带有较强的道家自然主义的倾向，"是发生于战国而极盛于汉初的"。②

李镜池也认为《易传》的思想与孔子不合，孔子没有作过《易传》，孔子也没有读过《易经》。③ 李镜池后来虽对旧说略有修订，但基本观点并未改变。④ 冯友兰认为在《论语》中孔子所说的天是一个有意志的主宰之天，而在《易传》的《彖》《象》中，天则是一种宇宙力量，至多也不过是一个义理之天。"一个人的思想本来可以变动，但一个人决不能同时对于宇宙及人生真持两种极端相反的意见"，因此孔子没有作《易传》。⑤ 钱穆力证《十翼》非孔子所作，"孔子对于《易经》也并未有'韦编三绝'的精深研究"。⑥ 郭沫若则认为《周易》的作者是馯臂子弘（弓），"孔子和《易》并没有关系，在孔子当时《易》的经部还没有构成"。将《易》的传

---

① 李学勤：《帛书〈易传〉与〈易经〉的作者》，朱伯崑主编《国际易学研究》第1辑，华夏出版社，1995，第65~66页。
② 顾颉刚：《论〈易·系辞传〉中观象制器的故事》，《燕大月刊》1930年第6卷第3期；又《古史辨》第三册，朴社，1931，第45~69页。
③ 李镜池：《〈易传〉探源》，燕京大学《史学年报》1930年第1卷第2期；又《古史辨》第三册，第95~132页；后收入李镜池《周易探源》，中华书局，1978。
④ 李镜池：《〈易传〉思想的历史发展》，《周易探源》。
⑤ 冯友兰：《孔子在中国历史中之地位》，《燕京学报》1927年第2期。
⑥ 钱穆：《论〈十翼〉非孔子所作》，《国立中山大学语言历史学研究所周刊》1928年第7集第83、84期；又《古史辨》第三册，第89~94页。

统由馯臂子弓上溯到商瞿和孔子，"那一定是他的后学们所闹出来的玩意"。①

随着20世纪末21世纪初马王堆帛书及郭店简等地下材料的出土，学者们开始用出土新材料重新审视孔子与《周易》的关系问题。对于孔子与《周易》的关系这一传统问题，李学勤专门撰文加以讨论。他指出马王堆帛书《易传》中的《要》篇云"夫子老而好《易》，居则在席，行则在囊"，正可证实《论语》"五十以学《易》"、《史记》"孔子晚而喜《易》"的记载。《要》篇又记孔子自述："后世之士疑丘者，或以《易》乎？"而《孟子》载孔子作《春秋》，自言："知我者，其惟《春秋》乎？罪我者，其惟《春秋》乎？"二者口吻相似。孔子之于《周易》不仅是读者，而且是某种意义上的作者。孔子所撰作的，就是《易传》。《要》篇中还有一些孔子的话与《系辞》等密切相关，足为旁证。② 因此，孔子读《易》自然可成定谳。

至于孔子序《易》问题，也即孔子与"十翼"的关系问题，我们将在《易传》部分再加以详细讨论。这里就暂且从略了。

3.《周易》的成书

郭沫若认为卦爻辞中有五条涉及"中行"二字，就是涉及春秋时期晋国的荀林父的故事。"中行"二字除讲为人名之外，不能有第二种解释。因此，《周易》之作绝不能在春秋中叶以前，与伏羲、神农、文王、周公绝无瓜葛。孔子与《易》也并无关系，在孔子当时《周易》经部还没有构成。《易经》是孔子以后，即战国初年的作品，作者就是孔子的再传弟子馯臂子弓。③

事实上，《易经》爻辞里的"中行"一词，众说纷纭。李镜池认为"应解途中"④；高亨认为"似即微子之弟仲衍"⑤；徐志锐认为"就是行道中"⑥；南怀瑾释为"有孚于中以行"⑦；宋祚胤则释为"中道"，"也指厉王"⑧；

---

① 郭沫若：《〈周易〉之制作时代》，《郭沫若全集·历史编》第1卷，第387、393页。
② 李学勤：《孔子与〈周易〉》，《缀古集》，上海古籍出版社，1998，第13~18页。
③ 郭沫若：《〈周易〉之制作时代》，《郭沫若全集·历史编》第1卷。
④ 李镜池：《论〈周易〉的著作年代——答郭沫若同志》，《华南师院学报》（社会科学版）1982年第4期。
⑤ 高亨：《周易大传今注》，齐鲁书社，1979，第364页。
⑥ 徐志锐：《周易大传新注》，齐鲁书社，1986，第272页。
⑦ 南怀瑾、徐芹庭注译《周易今注今译》，天津古籍出版社，1987，第258页。
⑧ 宋祚胤：《论〈周易〉的成书时代、思想内容和研究方法》，《湖南师大社会科学学报》1994年第2期。

徐世大则又提出，《易经》里的"中行"就是《左传》中的"中行明"，由于"中行"首见于《左传·鲁僖公二十八年》，因此，《易经》的成书绝不会早于这一年，而且，中行明在此后不久便奉命前往狄地，不料被狄人俘获，被俘的地点就是"易"，在这里，中行明写成了《易经》，一则向晋报告敌情，二则求援助。①

而李学勤指出：

关于《周易》中的"中行"一词，近有学者指出殷墟甲骨文已有军行，且有中行，见王贵民《商周制度考信》，第219—221页，台湾明文书局，1989年。②

所以，《周易》卦爻辞中的"中行"一词，并非《周易》不能作于春秋中叶以前的铁证。郭沫若把《周易》的成书置于战国时期，未免失之过晚。2005年，董珊在杭州昼锦堂新见一件数字卦铭文铜戈，其制作年代在两周之际。铭文共22字："一六一一一六，曰：贞（鼎）止（趾）真（颠）。贞（鼎）黄耳。奠止（趾）。五六一一五八，咎。"其中"贞（鼎）止（趾）真（颠）""贞（鼎）黄耳""奠止（趾）"很可能是卦爻辞，可与今本《周易·鼎》初六"鼎颠趾"、六五"鼎黄耳金铉"对应。这说明戈上的六位卦很可能属于《周易》系统。③ 一六一一一六、五六一一五八转化为阴阳爻，均为巽下离上的《鼎》卦，恰与《周易·鼎》卦的卦爻辞相合。

上博简《周易》是迄今为止所发现的最早一部《周易》，虽然有所残损，但仍余58简，具有卦象、卦名、卦爻辞，涉及25个卦画，5个卦名，34卦的爻题和卦爻辞。由残存之卦推测其原本可能亦分上、下二篇。整理者濮茅左先生根据楚简《周易》中六种不同形式的符号与各卦的分配对应情况，构拟出一种既不同于今本亦不同于马王堆帛书的全新的卦序。④ 同样通过对楚简中的特殊符号进行分类与分析，李尚信却认为"楚竹书的卦

---

① 徐世大：《周易阐微》第三章、第四章、第五章，开明书店，1947。
② 李学勤：《周易经传溯源》，长春出版社，1992，第14页注①。
③ 董珊：《论新见鼎卦戈》，复旦大学出土文献与古文字研究中心编《出土文献与古文字研究》第4辑，上海古籍出版社，2011。
④ 濮茅左：《〈周易〉附录二：关于符号的说明》，马承源主编《上海博物馆藏战国楚竹书》（三），上海古籍出版社，2003，第251页。

序无疑是一个与今本卦序有关的卦序,而且极可能就是今本卦序"。① 孙沛阳通过考古复原的方法,构拟出楚简《周易》埋葬时成卷的形态,分析残存简与佚失简的位置分布,断定"楚竹书《周易》的卦序,和现今本《周易》的卦序一致。至少在编联的时候,六十四卦的安排与今本卦序一致"。②

上博简《周易》卦画、卦爻辞,与今通行本基本相同,根据上海简的抄写时代推定,年代不晚于战国中期。一般成书时间又早于抄写时间,因此虽然还没有战国早期的《周易》文本出土,但从马王堆帛书《易传》以及郭店简有关的记载来看,郭沫若的《周易》战国成书说恐怕难以成立。廖名春指出,传统文献和以马王堆帛书《要》为代表的出土文献关于孔子与《周易》关系的记载是不能推翻的;至少战国中晚期,先秦儒家就已经把《周易》与《诗》《书》《礼》《乐》《春秋》并列入群经中,并对其义理做过深入探讨;孔子弟子商瞿、子夏、子张等都曾从孔子治《易》,儒家易学孔子晚年兴于鲁,孔子死后还流行于楚地。我们不能把儒家易学推到秦焚书以后。③ 廖名春从方法论上一针见血地指出,"我们不能奢望古书的记载能全部被出土文献证实,但从已经被证实的部分里,研究者应该从方法论上反省自己致误的原因。如果基本不相信文献的记载,只是一味地画地为牢,出土了汉代的帛书本,就说《周易》成书于战国末期;出土了战国中期本,就说《周易》成书于战国初年,……这种所谓的严谨,总是会受到出土文献的嘲弄的。"④

《周易》何时成为经典?这也是有关《周易》成书一个老而弥新的问题。日本学者浅野裕一根据郭店简《六德》"观诸诗书则亦在矣,观诸礼乐则亦在矣,观诸易春秋则亦在矣",《语丛一》"易所以会天道人道也""诗所以会古今之志也者""春秋所以会古今之事也"等语,认为战国前期儒者已将《易》视为经典。而上博简《周易》同出文献内容与通行本基本一致,都属思想方面,并无日书等占卜书,可见此时《易》被视为与儒家

---

① 李尚信:《楚竹书〈周易〉中的特殊符号与卦序问题》,《周易研究》2004年第3期。
② 孙沛阳:《上海博物馆藏战国楚竹书的复原与卦序研究》,北京大学中国考古学研究中心、北京大学震旦古代文明研究中心编《古代文明》第9卷,文物出版社,2013,第132~147页。
③ 廖名春:《〈周易〉经传与易学史新论》第十二章"从郭店楚简论先秦儒家与《周易》的关系",齐鲁书社,2001。
④ 廖名春:《上海博物馆藏楚简〈周易〉管窥》,《周易研究》2000年第3期。

有关之文献而非占卜书。以往多认为《易》在战国至汉初才成为儒家经典，随着战国楚简的发现，实可把时代再前推约两百年，亦即《易》作为儒家经典，孔子晚年好《易》、自撰《易传》等说法，最迟在战国前期，甚至可能从春秋末期便已开始。①

其实，从历史上的考古发现也可见端倪。《晋书·束晳传》载汲冢所出竹书有："《卦下易经》一篇，似《说卦》而异。"李学勤认为，《卦下易经》这个题目应当分成两截读：

卦下　易经

古书有近似的例子。《逸周书·王会》附有《伊尹朝献》，其标题作：

伊尹朝献　商书

朱右曾说："此篇目也。伊尹制诸侯朝献之赞。本在《商书》中，录于此，以明自古之制也。古者篇题皆大题退在小题下。"

这里《易经》是大题，《卦下》是小题。依今人标点习惯，当改读为《易经·卦下》。以此推论，汲冢竹书已称《易》为"经"。②

但是，真正可以确定《周易》称经的是海昏汉简《周易》，其明确写明该卦属于《上经》还是《下经》，上下经卦序和今本《周易》上下经完全相同。如建（乾）是"上经一"，巛（坤）是"上经二"，咸是"下经一"，恒是"下经二"。这完全是汉代《周易》经典化之后定型的产物，编纂时代已经偏晚了。

至于郭沫若推断的《周易》之作者为馯臂子弓，也即《荀子》中的"子弓"一说，也被近来的出土新发现所证伪。《荀子》中的"子弓"，历来有两种说法，一种说法认为他是仲弓，另一种说法认为他是馯臂子弓。仲弓和馯臂子弓虽均为孔门弟子，但辈分不同。仲弓为孔门"四科十哲"之一，以德行著称。馯臂子弓，孔门再传弟子或三传弟子，以传《易》著名。郭沫若赞成《荀子》中的"子弓"为"馯臂子弓"而非"仲弓"，继而讨论《易》的内容与荀子思想的联系。但在上博简《仲

---

① 〔日〕浅野裕一：《儒家对〈易〉的经典化》，《周易研究》2009年第2期。
② 李学勤：《周易经传溯源》，第184~185页。

弓》发表后，学者研究认为《荀子》中的"子弓"实际就是上博简《仲弓》的"仲弓"，而与"馯臂子弓"无关。① "馯臂子弓"仍然只是传《易》而非作《易》。

（二）《易传》方面

郭沫若指出，由《汉书·艺文志》、《论衡》、《隋书·经籍志》及孔颖达《周易正义》等材料看，《易传》亦即"十翼"诸篇有多家分法，现存本的"十翼"只是郑玄一派的分法，其他还有"多家"的分法，可惜已不可考。他认为，《易传》中有大部分是秦时代荀子的楚地门徒所著的，"我相信《说卦传》以下三篇应该是秦以前的作品。但是《彖》《象》《系辞》《文言》，却不能出于秦前。大抵《彖》《系辞》《文言》三种是荀子的门徒在秦的统治期间所写出来的东西，《象》是在《彖》之后，由别一派的人所写出来的"②。

随着马王堆帛书、郭店简、上博简等地下材料出土，学者们开始重新考察《易传》的作者与成书时代问题。我们也分几个方面对于郭沫若的有关易学论述加以考核。

1. 《系辞传》中的"子曰"

郭沫若认为孔子跟《易》很少关系，《系辞传》的"子曰"不限于孔子，即使真是孔子，也是后来人假托的。对此，李学勤指出：

> 他（朱熹）说："欧阳公（修）所以疑十翼非孔子所作者，他《童子问》中说道：'仰以观于天文，俯以察于地理'，又说'河出图，洛出书，圣人则之'，只是说作《易》一事，如何有许多般样？又疑后面有许多'子曰'，既言'子曰'，则非圣人自作。这个自是它晓那前面道理不得了，却只去这上面疑。他所谓'子曰'者，往往是弟子后来旋添入，亦不可知，近来胡五峰（名宏）将周子《通书》尽除去了篇名，却去上面各添一个'周子曰'，此亦可见其比。"
>
> 帛书《系辞》和今传本有许多差异，可是同样有"子曰"，而且"子曰"的位置基本一致。这表明楚地的传本也早有这些"子曰"，和田何一系所传并无二致。这说明，如果朱子所说"子曰"系后人添入

---

① 陈颖飞：《从生平与刑政思想论〈荀子〉中"子弓"是仲弓》，《江淮论坛》2023年第4期。

② 郭沫若：《〈周易〉之制作时代》，《郭沫若全集·历史编》第1卷，第396页。

是对的，那么添入的时间一定很早。

关于这个问题，近代作《汉书艺文志讲疏》的顾实先生另有一种见解。他说："孔子作十翼称'子曰'者，犹司马迁作《史记》亦自称'太史公曰'也。（此是古人著书通例，有因此而疑十翼非孔子作者，不思之过也。）"① 这个意思也是很值得我们推敲的。

现在帛书《系辞》出现，仔细考察，还可以发现篇中有"子曰"的一个重要原因。……在弟子代代传承，尤其是口传的时候，加上"子曰"之类字样，是十分自然的。这里可以举出和孔子的年代比较接近的《墨子》为证。《墨子》一书，各篇年代有先后之别，其间一般认为墨子自著者，首先是《尚贤》《尚同》《兼爱》《非攻》《节用》《节葬》《天志》《明鬼》《非乐》《非命》等篇，各有上中下，系三墨分别所传。这些篇开首都作"子墨子言曰"，篇内也常有"是故子墨子言曰"一类语句，这些地方都是传承墨学者的口吻。十翼的"子曰"，情形也类似于此。

…………

实际上，"子曰"也不一定是后世传流中才添入的。以《孟子》一书为证，《史记·孟荀列传》已说孟子之道与时不合，不得已"退而与万章之徒序《诗》《书》，述仲尼之意，作《孟子》七篇"。赵岐《孟子题辞》也说孟子"退而论集所与高第弟子公孙丑、万章之徒难疑答问，又自撰其法度之言，著书七篇，二百六十一章，三万四千六百八十五字"。书中始终均称"孟子"，用弟子的口吻。孔子作十翼，也有可能这样。②

2.《说卦传》以下三篇

郭沫若提出，据《隋书》及《论衡》的记载，可以推定现存"十翼"中，《说卦传》以下的三篇出现于西汉中叶，是汉初时所未有的，但这不必如近人所怀疑的那样，是汉人所伪托说它是作于汉代。据《晋书·束皙传》，汲冢的出土品中已有"似《说卦》而异"的《卦下易经》一篇，那么在战国初年，"馯臂子弘把《易》作成而加以传授的时候，一定是有过

---

① 原注：顾实：《汉书艺文志讲疏》二《六艺略》，上海古籍出版社，1987。
② 李学勤：《帛书〈易传〉及〈系辞〉的年代》，《中国哲学》编委会主编《中国哲学》第十六辑，岳麓书社，1993。

一些说明自己的假定与理念的一种《传》样的东西。《卦下易经》怕也就是他著的。那么《说卦传》以下的三篇（笔者按：即《说卦》《序卦》《杂卦》）或者就是《卦下易经》的别一种的纪录"。因此，"《说卦传》以下三篇应该是秦以前的作品"。①

对此，李学勤曾就河内女子得《说卦》一说分析指出：

> 河内女子得逸书一事，与几种经籍的流传大有关系，是学术史上的重要问题。下面试从《易》《书》《礼》一方面，分别加以讨论。
>
> 河内女子所得的《易》是《说卦》，见于《隋书·经籍志》："秦焚书，《周易》独以卜筮得存，唯失《说卦》二篇，后河内女子得之。"按《史记·秦始皇本纪》，始皇三十四年（公元前213年）李斯提出的焚书令说："臣请史官非秦记皆烧之。非博士官所职，天下敢有藏《诗》、《书》、百家语者，悉诣守、尉杂烧之。有敢偶语《诗》《书》者弃市，以古非今者族。吏见知不举者与同罪。令下三十日不烧，黥为城旦。所不去者医药、卜筮、种树之书。"《汉书·艺文志》："及秦燔书，而《易》为筮卜之事，传者不绝。"《隋志》说《易》以卜筮存，即本于此。
>
> 我曾根据马王堆帛书《易传》中《系辞》散乱脱失的情形，指出"《周易》经文是卜筮之书，而《易传》'十翼'则是儒学著作，自应属于禁绝的范围"②。"十翼"经过秦火，在一些学者那里有所缺失，是合乎情理的。但《淮南子》一书多引《易传》，其《缪称》且引有《序卦》，朱彝尊《经义考》已经说明这出于淮南王刘安所聘善为《易》者九人，即所谓淮南九师之学。九师撰有《易》注，名为《淮南九师道训》，共十二篇，与《汉志》《易》为十二篇相应。《易》十二篇包括经上下篇和"十翼"，所以《淮南九师道训》也有"十翼"，证明他们的《易传》是完全的，并不缺少《说卦》以下三篇。③
>
> 淮南王刘安之立，在文帝前元十六年（公元前164年）。至武帝建元二年（公元前139年），入朝，献《淮南子》书的内篇，其书的

---

① 郭沫若：《〈周易〉之制作时代》，《郭沫若全集·历史编》第1卷，第395~396页。
② 原注：李学勤：《帛书〈周易〉的几点研究》，《文物》1994年第1期。
③ 原注：李学勤：《周易经传溯源》，长春出版社，1992，第118~123页。

著成当在文帝后期至景帝时。与此大略同时的学者韩婴，其解《易》著作《汉志》称《韩氏》，后世称《子夏易传》，也是十二篇，包含有"十翼"的注释。①淮南九师在南方，韩婴燕人，在北方，他们都有完全的"十翼"，可见文景时期《说卦》《序卦》《杂卦》业已普遍流传，而且没有把这三篇合做一篇的情事。

《史记·孔子世家》："孔子晚而喜《易》，序《彖》《系》《象》《说卦》《文言》。"这一段人所共知的话，很难标点。司马迁在修辞上用了巧妙的手法，可以像上面这样，只以"序"字为动词，也可把"序""系""说""文"四字都读为动词。实际上，他是将"十翼"之名，除《杂卦》外都在句中使用了。从此我们知道，司马迁心目中的十翼也是《说卦》《序卦》等分开的。②

以上证据表明，《隋书·经籍志》所云宣帝时河内女子才得到《说卦》，不符合于史实。说《说卦》原为一篇，后分为《说卦》《序卦》《杂卦》，尤其没有依据。③

虽然出土文献对于《周易》经传的文献学研究大有裨益，尤其新的资料对于郭沫若《周易》经传的制作年代之说可谓沉重一击。但是考古资料对于判定《周易》经传所反映的社会性质，却显得无能为力，出土新发现并不足以肯定或者否定郭沫若的有关论述，对于中国古代社会史研究而言，需要的是新的理论突破而非新的资料发现。

四　郭沫若易学研究的历史评价

郭沫若的易学研究开创了一个社会史研究学派，影响了许多著名学者。闻一多就是其中的佼佼者。曾有学者比较了郭沫若与闻一多的易学观：

古代易学中即有"史事派"，而在现代易学研究中，首先以唯物史观从社会史角度研究《周易》的是郭沫若，从传统史事派到现代郭

---

① 原注：李学勤：《周易经传溯源》，长春出版社，1992，第116~117页。
② 原注：参看吕绍纲主编《周易辞典》，吉林大学出版社，1992，第6页。
③ 李学勤：《西汉河内女子得逸书考》，葛兆光主编《清华汉学研究》第二辑，清华大学出版社，1997。

沫若的易学研究取向共同影响了闻一多,特别是郭沫若以《周易》为证而探索中国古代社会的学术范式,更对闻一多的易学研究产生了根本性的影响,事实上,闻一多在《周易》研究过程中已经十分了解郭沫若的研究成果,而且将郭沫若的研究论著列为自己的主要参考书。①因此,闻一多的《周易》史学研究已经不属于传统史事派,而更接近郭沫若的研究路径。②

郭沫若易学研究贡献最大的也是他早期的社会史分析,他后期自我批判的文献学研究反而问题较多,难以经受历史的考验。不过,从前文论述已经不难看出,在疑古学派影响之下,对于《周易》文献学研究的时代风气往往过犹不及。郭沫若的某些不足与其说是他个人的认识失误,不如说是一个时代的历史局限。在"走出疑古时代"的今天,我们更应该抱着同情的心理来看待学术史上的郭沫若《周易》研究。诚如魏晓丽所说:

> 郭沫若的《周易》研究以"新兴科学的观点"来审视《周易》,在古史辨派的基础上,深入到了古代的思想及制度,使传统的经学研究一变而为社会的、文化的和哲学的研究,他不仅开辟了《周易》研究的新领域,而且也成为用《周易》打开认识"古代真实"大门的第一人。
> ....
> 从总体上来看,郭沫若的《周易》研究的成就是巨大的……我们后来的研究都是沿着他开拓的道路前进的,这是我们总结20世纪的易学史时所必须承认的。③

---

① 原注:闻一多《周易新论》中开列的参考书目中包括郭沫若的《〈周易〉的构成时代》,这是郭沫若作于1935年的《〈周易〉的制作时代》中的一节,后来收入1945年出版的《青铜时代》一书。虽然闻一多只列出《〈周易〉的构成时代》这一部分,但由此他对郭沫若全部的《周易》研究论著,包括《中国古代社会研究》中的《〈周易〉时代的社会生活》应该是寓目并接受了郭沫若研究思想影响的。
② 刘殿祥:《论闻一多和郭沫若〈周易〉研究的联系——从郭沫若的"易学"史学观到闻一多的"易学"观》,郭沫若纪念馆、中国郭沫若研究会、四川郭沫若研究中心编《中国社会科学论坛文集——郭沫若与文化中国》,中国社会科学出版社,2013,第367页。
③ 魏晓丽:《成就与不足——浅议郭沫若的〈周易〉研究》,《周易研究》2002年第4期。

生平
思想

武汉第三厅美术抗战的广泛影响与现代中国绘画实践的拓展[*]

赵欣悦[**]

摘 要：抗战时期，中国美术界在国家存亡的关键时期，逐渐将抗战变成其首要甚至唯一的任务，中国绘画的改革在这一时期找到了方向，这就是走向街头、面向大众、关注社会。在周恩来、郭沫若领导下的第三厅第六处第三科的美术家们积极响应社会号召，以美术为武器参加抗战，唤起更多群众参与到保家卫国、反抗侵略的斗争中。中国美术在大时代的洪流中，开始转型蜕变，中国画家以自己的画笔开拓了中国绘画的现代体系，探索出了新时期的新风尚，奠定了后来新中国文艺组织的基本格局，也为其后新中国绘画走向大众和弘扬革命精神奠定了基础。

关键词：第三厅；抗战；美术；大众

20世纪30年代以后，鉴于国家形势的急剧变化，中国美术的中西之争从学理上的探求，而逐渐面向现实。画家们面对民族危难，走向社会，把理论上的思考结合挽救民族危亡的现实需求，以自己的画笔开拓了中国画的现代体系，这也为其后新中国绘画走向大众和弘扬革命精神奠定了基础。此时中国美术处在历史的转型期，中国绘画也处在确定民族情调和社会责任，走向多元化探索的时代。

广义的美术与群众革命热情融合，深刻且迅速地进入社会各个方面。除了造型美术，商业美术也突飞猛进。随着印刷技术的进步和战时宣传的需要，现代造型的汉字美术字以一种图画的形式得到了更广泛应用。本来这个时期中国绘画已经进入商业化的节点，而日本的入侵打乱了中国美术

---

[*] 本文为四川省教育厅人文社会科学（郭沫若研究）项目"郭沫若《塔》《落叶》《橄榄》汇校"（GY2023B08）成果。

[**] 赵欣悦，中国社会科学院郭沫若纪念馆研究馆员。

发展的自我轨迹。面对民族危亡，中国美术人不得不拿起画笔投入激情涌动的事业，参与战斗，保家卫国。

政治部第三厅第六处第三科（一般泛称"美术科"）以左翼的思想组织年轻美术工作者创作了大量尺幅巨大的壁画，绘制印刷了大量漫画美术宣传品，组织抗战美术展来反抗侵略，鼓舞民族士气。此时的绘画形式逐步丰富，题材不断拓展，美术家们充分利用各种方便的材料绘制宣传画宣传抗战，达到了最佳的宣传效果。这些美术家积极响应社会号召，创作反映时代需求的画作，探索新时期的新风格，奠定了后来新中国文艺组织的基本格局。

一 第三厅成立前美术界的抗战情况

20世纪30年代不同于20年代甚至更早的20世纪初，中国美术由对外在形式的重视开始转向对内在意识的追求，由此确立了中国现代美术借鉴西方绘画基础上的广泛社会实践。在政治部第三厅第六处第三科成立之前，全国很多美术组织已经开始参加抗战。起初这些美术组织主要针对中国美术发展、中国美术教育，以改革中国绘画为重要任务。但随着日本帝国主义侵略的加快，抗战宣传也成为全国美术界的重要任务。1937年11月12日，上海沦陷，一个多月后，南京、杭州又先后沦陷，从此大量文艺人才集聚武汉。一直到1938年10月26日，武汉沦陷，在不到一年的时间里，武汉成为全国的政治、文化动员和战时宣传的中心。

20世纪30年代，全国先后出现300多个各种类型的美术团体，这些美术团体的存在及其活动对当时中国美术的发展起到了推动的作用。面对国家民族的危亡、个人政治前途的迷茫与失意，书画家们比任何时候都更渴求政治和艺术上志同道合的知音，更渴望在自己的组织内探讨艺术和获得生活资本，书画家们结社组会的愿望也就更加强烈。民国初期中国三大绘画重地——北（京津）、上（沪杭）、广（广州、香港）——的美术团体最初的目的是振兴国画，改革中国画，团结同道相互交流。早期的美术家不大介入政治，但随着关系国计民生局势的不断恶化，中国美术的发展也随着时代的步伐不断调整。九一八事变以后，在国家存亡的关键时期，抗战逐渐变成中国美术界首要甚至唯一的任务。中国绘画的改革在这一时期反而找到了自己的方向，这就是走向街头、面向大众、关注社会。

例如，中国画会的宗旨即是：发扬我国固有之艺术；对外宣传，提高国际艺术地位；以画家之自助精神，而谋生活的安定。画会创办官方刊物《国画月刊》，月刊分为论述、短评、著作、漫谈、文苑、会员消息几个板块，不仅专业性强，而且学术水准高。中国画会在推动中国画界发展的同时，还是一个具有社会责任感的绘画社团，他们支持义勇军，救济灾民，慰劳抗战将士，用艺术拯救国家。中国画会曾多次举办慈善画展，如1933年2月12日，与救国团体联合会、上海市东北抗日义勇军后援会联合举办全国美术家捐助东北抗日义勇军作品展览会。再如1937年10月22日，与中国女子书画会联合举办慰劳前线将士书画展览会等。这些中国画社团延续雅集和赈灾的古老传统，并且随着社会变化将活动范围扩大到慰劳将士、宣传爱国、鼓励抗敌等方面，并在中西文化融合中，对中国传统绘画做出了大胆的尝试。

"抗战以前美术人才多会萃于沿海都市，当时美术学校与研究美术之团体，风起云涌，极一时之盛。学校方面如上海美专、新华艺专、北平国立艺专、杭州国立艺专、中大艺术科、武昌艺专、广州市立美校、成都美专等。研究社团在上海一埠即有艺苑、白鹅、长风、决澜社等，都是积极培养人才，或做研究补习之处。稍后有中国美术会、中华全国美术会联络各界人士，做大规模之美术运动，举行全国性展览会，同时筹建美术馆。在这个时期，美术运动，可说虎虎有生气。所可惜的在中国美术逐渐发旺的时候，适值倭寇侵略步步加紧之期，美术界将要到来的黄金时代，受到不可避免的阻碍，但是这个伏流还是继续不断地前进，更广泛更伟大地前进。"[①]

"七七事变"以后，日本发动全面侵华战争，中国也进入全面抗战时期。日本人在占领区实施奴化教育，文化入侵是其主要方式。例如利用占领区的美术工作者，绘制美化入侵中国的亲善宣传作品，以达到他们不可告人的目的。"还有人指出在宣传画中，忽略了旧形式的利用，譬如连环画，在北方能引起一般广大民众的爱好与兴趣，现在这一类的形式，变成为敌伪进攻我们的主要的宣传品。"[②] 1933年成立的中华全国美术会在抗

---

① 汪日章：《四年来美术运动之回顾与前瞻》，《抗战四年来的文化运动》下集，中央宣传部文化运动委员会文化运动丛书，第三册，1941。作者系中华全国美术界抗敌协会主任理事。
② 林风眠：《抗战四年来之美术工作》，《抗战四年来的文化运动》下集，中央宣传部文化运动委员会文化运动丛书，第三册，1941。

日战争期间因会员分散无法开展活动。由此1938年，聚集在武汉的美术界人士重新组织中华全国美术界抗敌协会。武汉失陷后，转移重庆的美术界人士多是这两个组织的会员。

抗战全面爆发，时局紧迫，中国人民必须团结在一起，以集体的力量参加抗日。不论什么身份、什么职业，都应投身其中。画家亦是如此，和平时期的艺术需要个性，但国难当头，画家也需要组织起来，发挥团队的力量，并以充分发挥个性的优势积极抗战，如此才能发挥艺术的最大效果。艺术家也希望找到组织，发挥其特长为抗战做贡献。尤其很多有留洋经历的青年画家，能熟练掌握西画技巧。西画（油画、水彩画、丙烯画、水粉画等）写实的绘画模式容易被广大群众接受，当时大城市和重要城镇的群众看到写实的西画（油画）都觉得很新鲜，宣传效果也很好。但在农村，广大农民甚至压根不知道什么是油画。

相对于西画，国画不易长时间保存。首先国画要画在宣纸上，宣纸很薄，且创作时需用墨，很难保存。所以为了保存和提升成画效果，必须托裱，最后还得加轴加框，这就很烦琐了。油画一般画在布上，而且普通的布不能直接画，需要刮腻子，以防止颜料过度渗透，成品油画颜料呈固态，成画后可以直接展示（当然油画也需要一段时间的固化，但比起国画还是更方便）。壁画绘制中除了用油彩，还多用油性的广告色，适合户外展示。室内宣传画也可用水粉，水粉是怕水的，所以一般只能在室内使用。总的来说，西画比国画更适合做宣传且能长时间展示而不易破损。

绘画远比文字浅显易懂。美术深入广大群众，走向农村，客观上促进了抗战美术的大众化，这也使美术走向了新的发展阶段。这些不仅仅由于画家的意愿，更由于现实客观条件的变化与画家爱国意识的提高。

二 郭沫若主持第三厅时美术科的工作

1937年12月下旬，陈诚、周恩来受命组建政治部，邀请刚回国不久的郭沫若参加政治部第三厅的组建工作。第三厅虽处在国民政府军事委员会的领导之下，但实际上第三厅的工作受到中共的领导。美术科拟定的科长徐悲鸿未能到任，后改由倪贻德任美术科负责人，虽徐悲鸿未直接参与美术科的工作，但其许多师友和学生受到了这个组织的深刻影响，例如徐悲鸿推荐其学生冯法祀加入第三厅。美术科内部的文艺组织与其外围的文艺组织相互配合，极大地团结了当时美术界的同仁，并推广了现实主义的美术创作。相比于20世纪20年代许多画家乐于创作的西方现代派画风，现实主义作品更符合当时环境形势的要求。

政治部第三厅的成立是全国艺术工作者集体的愿望，也是国共合作的成果之一，更是形势所迫。全国艺术工作者必须团结集中起来，同仇敌忾，一致抗击侵略者。阳翰笙在回忆第三厅时写道："但内移文化人，除掉一部分去了延安之外，差不多又集中到了武汉。不仅从上海来的，还有远自平津、东北和其他各地来的，结果是使武汉又成为了第二上海。"[1]"抗日的烽火和三厅的号召力使一群热血沸腾的美术家们从四面八方汇集到三厅艺术处的美术科来了。这里既有闻名全国的画家，也有艺专的教授和刚从美术专科学校毕业的学生。如：叶浅予、吴勤恒、倪贻德、力群、卢鸿基、罗工柳、王琦、周令钊、丁正献、王式廓、冯法祀、沈同衡、黄普苏、力扬等等。力扬是诗人，但那时他画漫画。后来李可染也来了，真可谓人才荟萃。"[2] 李可染自述："当时集中的文艺工作者（文学、音乐、戏剧、美术）及附属机关约有数百人，担任美术工作的我记得有倪贻德、王式廓、罗工柳、赖少其等。"[3] 何勇仁也提到第三厅成立后"作家、剧人、画师、歌者，赴武汉者纷纷，真如过江之鲫，尤以左翼作家面上有欣然之色！"郁风曾回忆道："在武昌昙花林，组成了一千多人的文艺大军。除众所周知的十个抗敌演剧队以及歌咏队、电影队之外，还组成了以叶浅予为队长的漫画宣传队。队员有特伟、张乐平、张仃、廖冰兄、陆志庠、胡考、黄茅、麦非等，后来又分为漫宣一队和二队，分赴前线和江西三战区。此外，在美术宣传科中有傅抱石、李可染、倪贻德、王式廓、丁正献、周令钊、王琦等。"[4] 王琦回忆："以田汉为处长的第六处的人员最多，六处辖三个科，戏剧科科长是洪深，电影科科长是郑用之，美术科科长原定是徐悲鸿，但是徐辞不就任，于是由倪贻德代理科长职务。此外，音乐科人手少，只有张曙与冼星海两位作曲家，不便占据一个办公室，张、冼

---

[1] 中国文联等编《阳翰笙百年纪念文集》第二卷，中国戏剧出版社、中国电影出版社，2002，第107页。
[2] 中国文联等编《阳翰笙百年纪念文集》第二卷，第158页。
[3] 李珠：《彭城李氏——父亲李可染生平概述》，河北美术出版社，2022，第35页。
[4] 郁风：《"能师大众者 敢作万夫雄"——记郭老和美术界的交往》，《美术》1978年第4期。

两人便在美术科一同办公。"①

第三厅美术科的任务就是以美术作为武器，宣传抗战，目的性很强，没有其他冗余的事情。所以美术科的建制围绕这一目的，效果是非常好的。有的学者谈到美术科领导全国美术抗战，这是不完全准确的。当然以郭沫若在文艺界的威望，第三厅可以作为当时领导全国文艺界抗战的机构。但对于全国美术界而言，美术科不论在人员规模，还是美术工作者擅长的画种，以及美术科组织形式，在当时全国美术界还不能算是全面和权威的。美术科组建的时间其实不长。第三厅的存续学界普遍认为是1938年4月到1940年秋冬（第三厅裁撤）。而美术科其实早在1938年10月就处于解散状态，人员向后方、延安等地分流。虽然第三厅有财政预算，但也是一种临时性和应急性的组织，在人事、财政、制度等方面都没有形成稳定的模式。郭沫若《洪波曲》提到，第三厅申请的经费从72万元改成27万元后，申报三个月之后才下拨4万元。客观原因是，随着抗战进程的发展，国共两党的关系变得很微妙，不论谁都没有考虑过第三厅未来的发展。

武汉第三厅美术家也只是全国美术家的少部分，且第三厅的美术家以青年画家为主，很多还是在校学生，如中央大学、西湖艺术院、武昌艺专、上海美专等校的在校学生。"我们在武昌县昙华林三厅宿舍安顿下来，在这里见到美专的同学钱远铎，他在三厅第五处（编审处）工作，还有刚从日本归来的王式廓，武昌艺专来的周令钊，倪贻德的老友上海"决澜社"的同道周多和段平右，由长沙来的翟翔和张友慈，由政训处调来的刘文杰、龚孟贤、沈同衡，由上海新华艺专来的吴恒勤，由中大艺术系来的冯法祀，由杭州艺专来的力群、卢鸿基、罗工柳、李可染、季信（诗人力扬）等人，都是艺术处美术科的工作人员。大家来自五湖四海，为了一个共同的目标，把自己的艺术贡献给民族解放事业。除了美术科集中了一批美术人才以外，还有一个漫画宣传队，队长是叶浅予，副队长是张乐平，队员有陆志庠、陶谋基、廖冰兄、宣文杰等人。"②

周恩来高瞻远瞩，希望通过第三厅建立抗日宣传统一战线。第三厅最

---

① 王琦：《抗战美术的洪流——在武汉政治部第三厅》，《王琦美术文集》第5卷，中国文联出版社，2007，第15页。
② 王琦：《抗战美术的洪流——在武汉政治部第三厅》，《王琦美术文集》第5卷，第15页。

重要的优势是有国共合作的背书,参与其中的美术家拥有官方背景,从而更容易在国统区开展工作。有的学者谈到第三厅是国家对艺术家的规模化雇用和管控,这其实是不准确的。首先当时国内分国统区、敌后根据地、敌占区,这三块的美术家由于生活环境的限制,创作理念不可能完全一样。大部分艺术家集中在国统区,个别画家因为各种原因留在了敌占区。延安以一些青年艺术家为主,他们一边学习,一边创作。敌占区的许多画家处于隐居状态,以表示与敌人的不合作。就是在国统区,第三厅也不是唯一负责文化抗战的机构。"国民党中央宣传部、行政院教育部也同样具有领导国统区抗战文化的职权,三厅只是在抗战的第一线。"[1]

郭沫若在《洪波曲》写美术科承担绘画、木刻工作。第三厅抗战宣传工作主要有以下方面:"经常绘制布画、壁画,以及连环画、标语图画、木版画、抗战地图等。主办各种绘画展览会(如抗战建国漫画展览会、露天大布画展览会、街头展览会、劳军展览会等)。经常供应国内外展览之美术作品。组织漫画宣传队,赴各地巡回工作。担任各种训练团体之美术指导。组成中华全国美术界抗敌协会。设计并布置各宣传团体训练机关之美术配备。"分析美术科工作的具体内容,绘画是主要任务,其中大量的抗日壁画创作和海报绘制是其在武汉时最重要的工作。木刻的主要任务是为出版图书创作插图,还有印刷抗日宣传画。这两项工作一个是绘制大型壁画,一个是制作印刷品,均不需要画家过多的个性展示,年轻画家都能胜任。壁画和印刷品的绘画内容都是直抒胸臆的,为了抗日宣传,要直接明了表达出绘画的意思,要易懂。写实风格是绘画的基调,有一些绘画基础的人就可以完成。徐悲鸿之类的画家,能力远超这个要求,而这些强度大、时间紧的创作任务更适合年富力强的年轻画家参与。当时的组织者把抗战宣传区分为文字宣传、口头宣讲、艺术宣传几部分,明确了"具体、通俗、生动、普遍、生动"等具体要求。提出内容上要以歌颂和暴露为主,多叙述"敌人残暴与我军作战的具体事实",语言上要采用"各阶层民众了解的文字","要多用易于使人记忆的语句",情感上"要更加普遍深刻和激越感人"。[2] 当时参与美

---

[1] 李光耀:《战时语境下的艺术现场——政治部第三厅抗战美术研究》,硕士学位论文,中国美术学院,2020。

[2] 范鑫:《国民政府军委会政治部第三厅职能地位之考察》,载张光芒主编《中国现代文学论丛》第十七辑,南京大学出版社,2022。

术科工作的青年画家王琦回忆道:"1938年4月,由郭沫若先生主持的国民政府军事委员会政治部第三厅在武汉成立,我便加入了三厅艺术美术科,和许多年轻的同志一同拿起画笔,投入抗战宣传工作。为了配合三厅举办的'七·七'抗战一周年宣传周,我们紧张地创作大幅和小幅的宣传画,王式廓画了《台儿庄大会战》,冯法祀画了《平型关大捷》,我画了《武汉'四·二九大空战'》,周令钊画了长篇连环画。以叶浅予为首的漫画宣传队有张乐平、陶谋基、廖冰兄、陆志庠等,他们都以锋利的画笔,画出了许多幅揭露日寇暴行,歌颂我军英勇抗战和后方人民踊跃支援前方的宣传画。我们把大幅布画悬挂在武汉三镇的街头建筑物上,把成百幅的小型宣传画贴在木板上,每人扛一块穿插在声势浩大的游行队伍中,和那些街头活报剧队以及街头歌咏队、讲演队一起,在武汉三镇掀起了空前热烈、壮观的宣传高潮,直到晚间,游行队伍集合在黄鹤楼遗址,在明亮的探照灯光照射下,以郭老洪亮而激昂的演讲结束了这次宣传周的活动。"①

三　第三厅美术科工作模式

有的学者认为第三厅能给予画家正式的编制是其有号召力的原因。其实,当时的编制情况与现在完全不同,只提供短期的薪水。根据第三厅关于抗战的宣传工作报告,美术科能按时拿到薪酬的人并不多,且人员流动频繁,有姓氏记载的仅有四十余人。当时美术教育体系处于初创时期,且由于处在特殊时期,由官方管理的美术事业经费非常有限。虽然如此,第三厅对艺术家的管理及其创作模式也是开创性的,这些经验为日后新中国文艺事业的建设做出了贡献。

这些美术工作者的多元探索,通过大量创作,宣传组织群众,鼓舞士气。美术科的画家以青年为主,大多数二三十岁,也有个别年龄小于二十岁,基本没有四十岁以上的。② 美术科最早拟定徐悲鸿(时年43岁)作为负责人,但因故没有实现,替代徐悲鸿的倪贻德(时年37岁)当时也是

---

① 王琦:《艰苦卓绝难忘岁月——回忆抗战时期美术活动片断》,《王琦美术文集》第4卷,第335页。
② 1938年美术科画家年龄(部分):王式廓27岁、李可染31岁、罗工柳22岁、吕霞光32岁、倪贻德37岁、赖少其23岁、力扬30岁、周多28岁、段平右32岁、周令钊19岁、叶浅予31岁、张乐平28岁、廖冰兄23岁、傅抱石34岁、王琦20岁、特伟23岁、张光宇38岁、力群30岁、冯法祀24岁、沈同衡24岁、胡考26岁、陶谋基26岁。

画坛名人，其后负责人是吕霞光（32岁）、叶浅予（31岁）。在这些画家中除了徐悲鸿，也就是倪贻德有资格负责美术科的工作。8月中旬倪贻德离开第三厅，但他在第三厅的贡献是值得肯定的。这时一批具有新的绘画意识，且能与民众的生活、思想情感联系的青年画家开始成长起来了。

美术科主要工作模式是以小组的方式相互配合完成绘画。例如李可染回忆，第三厅从1938年1月成立，到10月武汉沦陷，搞美术的分成几个组，每组五六个人。只有李可染和力扬这组是两个人，他们在美术科主要是画壁画。"这次在三厅相遇，可说形影不离，我在武汉画了很多宣传画，大约有数十张，都是力扬给我写说明，因他是学图案的。"[1] 周令钊回忆："在那里，我们完成了黄鹤楼外墙面巨幅壁画《全民抗战》，现在想来也是空前绝后，因为我当时最小，就负责画高处部分，在黄鹤楼外墙垛上，用绳子绑一个梯子吊下来，我就在悬空的梯子上摇摇晃晃地完成了自己的部分，参与这幅画的还有倪贻德、汪仲琼、韩尚义、周多、王式廓、沈同衡、李可染、卢鸿基、王琦等。"[2] 王琦回忆："我那时才从上海美专毕业，就来到武汉，我的老师倪贻德是美术科科长，我们有个美术工场，我、罗工柳和倪贻德等，常在美术工场里画抗日宣传画。"[3] "美术科附属的美术工场是大家作画的地方，一间约60平方米的大屋子，经常在这里作画的是我和王式廓、冯法祀、丁正献、翟翊等。王式廓正在画《台儿庄大会战》，冯法祀在画《平型关战役》，我在画《4.29武汉大空战》，翟翊在画《蒋委员长像》，丁正献在画小幅宣传画。吴作人也来客串画了一幅小型宣传画。我在作画时才感到在美专课堂上所学来的东西，远远不能适应抗战美术创作的要求，我在课堂上强调学的是素描基础，而缺乏构图创作的能力。在这方面，王式廓在我辈中是比较有能力的，他在大型的群体人物构图和人物造型方面，都比我们有办法。他在画《台儿庄大会战》时，对画面中央主要人物的动势，也是几经修改（其中还包括田汉的几次意见）才定稿完成的。漫画宣传队的陶谋基、陆志庠有时也到美术工场来画小幅宣传画。他们运用漫画的手法来创作宣传画，自然会得心应手，形象夸张突出，色彩鲜明强烈。倪贻德来看了之后，就要我和丁正献向漫画家学习他们的长处。

---

[1] 李珠：《彭城李氏——父亲李可染生平概述》，第35页。
[2] 秦建平、吴琼：《周令钊：从"抗敌画会"到为新中国设计》，《美术研究》2018年第6期。
[3] 王琦：《论王琦艺术》，《王琦美术文集》第6卷，第312页。

后来，我又画了……《忠烈的空军闫海文》和《南口战役》，就自觉较前有些改进。"① 这种类型的绘画目的性强，广而告之的效果好，也融合了商业美术的功能。如果从艺术创新的角度来看，这类作品的艺术感染力较弱，只能算是应时之作。

画家集体创作出来的壁画、版画、漫画，毋庸置疑是最有效的抗战宣传方式。壁画真正负责实施的人是田汉。田汉虽是戏剧家，但对美术的知识也是专家级的。基于对戏剧舞美工作的娴熟，他在武汉壁画尤其大型壁画的创作上获得了巨大成功。这些更像是戏剧舞台背景的壁画，就像是通过剧本创意的要求创作的，戏剧感强烈，很受群众的欢迎。版画和漫画无疑更适合作为宣传的绘画形式，所以最早参加抗战的美术团体有版画和漫画组织。不论是版画，还是漫画，其在绘画形式上相对明了，需要的技法简单直接，不需要工业化的支撑，仅靠人工即可完成批量制作，宣传效果很好。

这些青年画家的名字在新中国成立后都是人们耳熟能详的，但在当时他们在业界并不是权威，也没有名气，还处于艺术创作的成长阶段。不过正是由于这些经历，这些画家感受了国难当头时的民族灾难，通过不断的磨砺、多题材的创作，以集体创作的模式，使当时的中国画界具有了蓬勃朝气，他们后来也成为新中国美术界的中坚力量。从抗战时期一直到解放战争时期，动荡的社会不可能为艺术的创作提供安全专业的环境。但画家们提高了觉悟，利用一切可以利用的条件进行创作，绘画创作不仅仅是个性的释放，更伟大的是集体力量，这种集体创作的艺术模式直接影响了后来新中国美术创作体系的形成。

这些受左翼文艺思想影响的美术创作队伍大规模实操以集体方式进行绘画创作，相当于为后来新中国的群众文艺路线做了早期试验。第三厅美术科这种美术工场式的画家集体创作方式，一方面可以更快地创作更多更大的作品；另一方面，绘画与抗战的关系激发了画家创作更加贴近群众，也更能引起大众共鸣的抗战美术作品。这些作品不仅宣传有力，而且更有艺术性和想象力，是真正的大众美术。"假使要用批评的眼光来看三厅，认为它的存在在抗战期间多少有过一些贡献的话，那倒不在乎它在武汉三

---

① 王琦：《抗战美术的洪流——在武汉政治部第三厅》，《王琦美术文集》第 5 卷，第 17～18 页。

镇前后所做过的几次轰轰烈烈而却空空洞洞的扩大宣传,而实实在在是在这些文化触角所给予各战区和后方的安慰、鼓励和启迪。……尤其值得注意的,是文化人下了乡,受着了老百姓的熏陶,使先天带着舶来气质的新文化本身换上了民族气质。"[1]

四 武汉沦陷后画家们的转移分流

1938年10月25日武汉沦陷后,美术科的画家们大致分流转移向四个方向,重庆(其他国统区)、延安、上海(其他敌占区)、南洋。"由于郭老的大胆放手的领导作风,使得这个文艺队伍发挥了最大的战斗力,也是重要的因素。这支美术队伍后来有的人去了延安,有的人去重庆。"[2]

部分美术科成员从武汉到桂林,再到贵阳、到长沙,最后辗转到重庆,一路上一直都在创作抗日宣传画,继续参加抗战美术宣传创作工作。李可染自述:"三厅从1938年1月成立,后来日寇轰炸得很紧,战火日益迫近,三厅人员为了保全实力,先后分两批离开武汉,一批由共产党员杜国庠同志率领,我是第一批。我们先至衡山、衡阳,后来转至长沙。……我们徒步走到湘潭、衡山、衡阳,乘新修的火车到桂林。……在桂林住了一段时间,大约1939年春,三厅乘卡车由贵阳到重庆。"[3] 李可染从武汉沦陷后一直坚持到1942年还在继续创作抗日宣传画,他从武汉画到桂林,再到贵阳、长沙,最后到重庆。许多沿途群众跟着他,边走边看,影响非常大。途中在长沙绘制的壁画《焦头烂额的日寇》,就连国民党保守派都连呼残酷。他后来继续跟随第三厅辗转到重庆。在重庆,李可染绘制的最有影响的抗日宣传画《光天化日之下杀人》由于过于直白,受到国民党当局的掣肘,他认识到不能这样下去。画家在经历了几年的磨砺和思考后,逐步寻找到自己的发展方向,李可染转向美术教育,研究中国古典美,画风也逐渐转变和走向成熟。在辗转途中,第三厅美术科的人越来越少,到了重庆,人就更少了,工作也处处受到限制,李可染却一直坚持去到重庆,十分不容易。"31岁,到郭沫若领导的国民政府军事委员会政治部三

---

[1] 中国文联等编《阳翰笙百年纪念文集》第二卷,第109页。
[2] 郁风:《"能师大众者 敢作万夫雄"——记郭老和美术界的交往》,《美术》1978年第4期。
[3] 李珠:《彭城李氏——父亲李可染生平概述》,第35~37页。

厅工作,从事抗日爱国宣传画创作活动。1940年秋,三厅改组为文化工作委员会,转入文委会工作,至1943年春,共历时5年。"①

李可染后来回忆:"我自抗战还国以后,在武汉时代特别邀了抱石来参加政治部的工作,得到了他不少的帮助。武汉撤守后,由长沙而衡阳,而桂林,而重庆,抱石一直都是为抗战工作孜孜不息的。回重庆以后,政治部分驻城乡两地,乡部在金刚坡下,因而抱石的寓所也就定在了那儿。"②傅抱石在第三厅的工作并未在美术科,但他总希望参与到美术创作中。"以傅抱石的志向,他需要通过更深刻的方式表达抗争。傅抱石受郭沫若历史剧的影响,寻求从历史画中曲折表达愤懑和对命运的抗争。"③傅抱石一边创作,一边思考。他担心的不是画家自身的生存问题,而是如何回归绘画本身,中国绘画如何发展、如何在借鉴中寻求突破。关于中西艺术的融合,虽然在20年代已经有很多画家开始尝试,但中国画的发展需要社会实践的支持。30年代,经历了磨难的年轻画家,发现中国绘画发展的根基还是要回归传统,但与西方艺术相互融合才更有价值。只有创造具有个人特色、时代特色、东方情韵的新艺术才能立于不败之地。

武汉沦陷之后,第三厅还有部分成员陆续前往延安,为延安补充了急缺的美术力量。这批画家很快成为延安文艺创作的骨干。他们通过学员、教员和工作者身份的转换,丰富了延安文艺创作,也培养了许多新的画家。王式廓1936年考入日本国立东京美术学校,1937年回国参加抗日救亡活动。1938年1月到武汉,在军委会政治部第三厅从事美术工作,创作了《打回老家去》等宣传画。武汉沦陷后,王式廓去了延安,任教于鲁迅艺术文学院美术系。他此时画了大量巨幅抗日宣传画,像《保卫家乡》《大刀向鬼子们的头上砍去》《杀敌》《再上前线》等等。罗工柳1938年4月来到第三厅美术科,与卢鸿基一起负责版画木刻,并在昙华林认识了杨筠(罗工柳爱人),杨筠先去了延安,进入鲁艺学习,罗工柳完成筹备成立全国木刻抗敌协会,举办了全国木刻画展,请示阳翰笙、田汉后也离开武汉去了延安进入鲁艺,并与彦涵、华山、胡一川成立鲁艺木刻工作团,后来又成为鲁艺教员。还有王琦、冯法祀、周令钊、力群、张仃等也陆续

---

① 李珠:《彭城李氏——父亲李可染生平概述》,第2页。
② 郭沫若:《阴竹读画》,《沫若文集》第九卷,人民文学出版社,1959,第272页。
③ 万新华:《关于傅抱石早年经历的若干细节》,《中国书画》2009年第6期。

来到延安。著名版画家王琦回忆："我在三厅工作是从1938年4月到8月，在三厅呆了几个月以后，我就和冯法祀、王式廓一起商量去延安。7月下旬时，三厅的罗工柳去了延安'鲁艺'。8月我到了延安'鲁艺'，我是鲁迅艺术学院美术系第二期的学员，彦涵也是第二期的。我们的木刻老师是沃渣和胡一川，院长是周扬。我在这里第一次拿起木刻刀从事木刻创作。"①"大约在7月份，工柳和杨筠去了延安。过了一个多月，我和冯法祀也结伴去了延安，进入'鲁艺'美术系第二期学习，与工柳、杨筠、杨角、张晓菲、彦涵都是同窗好友。"②

当时除了一些年轻画家，有名气的画家也通过多种方式支援抗战。徐悲鸿当时已经是著名画家，有能力通过自己的方式支持抗日，1938年10月，他抵达新加坡时，正值盛暑天气。为了准备大量作品在画展上出售，他夜以继日在画案旁作画。有华侨朋友劝阻他，但他仍不分昼夜地作画。徐悲鸿回答："我是在为祖国苦难的同胞作画！"日夜操劳使其病倒，他腰疼未痊愈便筹备展览。华侨们踊跃捐款，支持祖国抗战。他卖得巨额画款，分文不取，自担路费。1939年，徐悲鸿和郁达夫看了金山和玉莹主演的抗日剧《放下你的鞭子》后，感触颇深，不久就创作了一幅同名油画。1941年，他又连续举办了六场展览，筹集了10余万美元，全部捐献。徐悲鸿是支援抗日出钱最多的画家。美术家参加抗战有两种方式，一是制作美术宣传品，如壁画、版画、漫画等，这些民众能直接看到，也很容易鼓舞民众；二是通过纯美术的创作，拍卖获得善款捐赠到前线，给广大抗战将士物质上的支持。

还有部分画家，例如倪贻德离开武汉后转道香港然后回到上海，1939春返回上海美专。鉴于身体原因，他希望褪去艺术与政治的关联，继续追求着所谓的"艺术只为艺术"，主张个人主义的现代派画风。

通过第三厅美术科美术抗战的实践，我们可以认识到政治和艺术可以统一，艺术只有为大众服务，以人民为本，才能为抗战胜利做出贡献。这也是郭沫若对艺术理解的核心观点。纯粹独立的艺术没有顾及本土的社会环境，忽视了大众的欣赏水平和承受能力，在抗战时期是不合时宜的。此时观众从业内人士扩大到全社会，美术宣传的方式方法要不断总

---

① 邵大箴主编《万山红遍——新中国美术60年访谈录 1949—2009》，人民美术出版社，2009，第108页。
② 王琦：《悼罗工柳同志》，《王琦美术文集》第4卷，第321页。

结有效的经验，并且也要让观众有学习与研究的机会，让他们逐渐接受绘画的现代新精神和绘画的新样式。第三厅美术科通过抗战美术宣传无疑做到了，它使许多平时无法接触到美术的大众能够更便捷地欣赏艺术。理解政治需要美术，战时美术是鼓舞士气的有效手段。

1938年正是抗日战争的焦灼阶段，武汉第三厅美术抗战的目的是鼓舞中国人民的抗战热情，坚定中华民族抗战必然胜利的决心。这个时期的美术揭露日军暴行、鼓舞士气的精神作用不是平常能够想象的。当代的美术大多是对历史的挖掘、整理，对艺术的再创作，而抗战时期由于战争的激烈，绘画面对现实的问题，不论观念、形式、题材，还是弘扬的旋律都要紧跟时代。中国传统绘画也经历了许多代人长期积累的经验与千年智慧的结晶，如果没有强大的外力是不可能改变其原本生态的。由于早期与帝国主义、封建专制的对立，以及抗战时期抗战宣传的实践，中国美术认知逐步转型，美术学科逐渐成熟，中国现代美术体系也在这一过程中逐渐形成。

五 美术科与其他抗战美术组织的互动

随着抗战局势的变化，美术抗战分散在多个区域。团结全国的美术文艺工作者，以新思想创作出更有时代感的新作品，激发全民的斗志显得尤为紧迫。日本对中国的侵略不仅是土地、资源的掠夺，更是文化的侵略。日本在占领区摧毁文化教育机构，销毁刊物书报，杀害爱国知识分子，实施奴化教育，对我民族进行文化清洗。很多画家抗战时期的创作，也是与敌寇面对面的斗争。他们通过大量作品抵抗日本的奴化教育、奴化宣传。

（一）漫画宣传队、中华全国美术界抗敌协会

由于隶属关系复杂，画家在本职工作中需要不断地协调，才能充分发挥自身作用。第三厅美术科下设漫画宣传队、美术工场，战地文化服务队直属第三厅。而第三厅外围的美术组织机构，其实也受到周恩来和中共中央长江局的支持。在第三厅成立之前，中华全国漫画界抗敌协会、中华全国木刻抗敌协会、全国漫画作家战时工作委员会等组织已经成立。这些组织都受到政治部及第三厅关于文艺界抗战救国的号召，并在组织成员方面与第三厅有很深的渊源。第三厅内部的文艺组织主要是漫画宣

传队,该队前身为上海的救亡漫画宣传队,成立于1937年8月,是由上海文化界救亡协会与上海漫画界救亡协会共同组织的,隶属国民政府军事委员会政训处宣传委员会。叶浅予为领队,张乐平为副领队,胡考、特伟、陶今也、梁白波、席与群是最初的成员,其他成员有张化(9月加入)、陆志庠、宣文杰(总秘书和总财务)等。1938年4月,宣传队划归第三厅,改名军委会政治部漫画宣传队(简称"漫画宣传队")。"三厅六处三科与战地文化服务队、全国慰劳总会等关系密切。其他在三厅的外围还有中华全国漫画界抗敌协会、中华全国木刻抗敌协会、全国漫画作家战时工作委员会等。"[1]

"1938年1月起,集结武汉之美术家们,即有组织美术会,以便利制作,加强美术宣传之议。到了六月六日始举行成立大会,定名为中华全国美术界抗敌协会,在武昌青年会举行展览会。七七周年纪念日又举行展览会一次。"[2] 此次中华全国美术界抗敌协会的成立,有个别别有用心的人未加入"木刻"这种对抗战宣传极有利的美术宣传种类,被当时抗战情绪高涨的木刻家们纠正才得以通过。"为了团结一致,共同抗日,文艺界先后成立了各门类抗敌协会。首先成立了'中华全国文艺界抗敌协会',不久'中国全国美术界抗敌协会'也宣告成立。在成立大会上,三厅美术科全体同志都前往参加。"[3] 中华全国美术界抗敌协会下设总务、组织、宣传、研究、出版五部,有会员近500人,远超第三厅美术科。当然第三厅美术科的官方背景,在国共合作唤起民族抗战中的象征意义更大,但实际上美术科的美术人才数量不及中华全国美术界抗敌协会。不过在国难当头的时刻,不同的团体组织团结起来,一致对外,总是积极向上的。这些美术团体和第三厅关系密切,"一是三厅协助筹建;二是组织成员与三厅成员多有重合;三是三厅与这些组织在美术宣传工作上互通有无"[4]。

(二) 美术科与鲁艺

鲁艺美术的崛起离不开扩散后的第三厅美术工作者。1938年为了抗

---

[1] 陈苏:《政治部第三厅的美术宣传与中共的组织策略》,硕士学位论文,中国艺术研究院,2016,第20页。
[2] 汪日章:《四年来美术运动之回顾与前瞻》,《抗战四年来的文化运动》下集,中央宣传部文化运动委员会文化运动丛书,第三册,1941。
[3] 王琦:《抗战美术的洪流——在武汉政治部第三厅》,《王琦美术文集》第6卷,第19页。
[4] 陈苏:《政治部第三厅的美术宣传与中共的组织策略》,硕士学位论文,中国艺术研究院,2016,第20页。

战，国共两党在武汉成立政治部第三厅，同时延安成立鲁迅艺术文学院。在这一年国共两党都意识到必须把艺术家们组织起来，才能最大化凝聚抗战力量。只是国共两党处境不同，政治部第三厅组织现有的艺术家抗战，而延安因为艺术人才缺乏而把培养抗战的艺术人才放在首位。其教育计划为"培养抗战艺术工作的干部，研究艺术理论，接受中国与外国各时代的艺术遗产，以至创造中华民族的新的艺术"①。鲁迅艺术文学院成立时中共已经明确了艺术理论的方向和立场，强调"从群众中来，到群众中去"。美术亦是如此，主张现实主义，扎根人民群众中，反映广大劳动人民的现实生活。这样的理念一直贯彻到解放战争时期。新中国成立后，这种思想更是进一步加强，直到如今，现实主义题材仍然是艺术创作的主旋律。

鲁艺的发展逐渐成为文艺抗战的重要组成部分，这就是培养时代需要的美术人才。第三厅把艺术家组织在一起抗战，但没有明确的艺术理念和核心价值观，只是在外力的重压下，艺术家被迫抱团抗战。但共产党认为抗战不是短时间能完成的，需要制订长期的计划和做好心理的准备。第三厅中后来去延安的画家就是对抗战最终胜利最有信心的一群人。这批艺术家在新中国成立后成为共和国美术发展的核心力量，他们的成长说明鲁艺文艺方针的正确性与预见性。

鲁艺在艺术上主张现实主义，从一开始就把根深深扎在现实生活的第一线。毛泽东在鲁艺成立大会上说："要在民族解放的大时代去发展广大的艺术运动，在抗日民族统一战线方针的指导下，实现文学艺术在今天的中国的使命和作用。"② 毛泽东还说："鲁迅艺术文学院要造就具有远大的理想、丰富的斗争经验和良好的艺术技巧的一派文艺工作者，这三个条件缺少任何一个便不能成为伟大的艺术家。"③ 毛泽东还为鲁艺题写了校训："紧张、严肃、刻苦、虚心"，并题词"抗日的现实主义、革命的浪漫主义"。鲁艺成为实现第三厅艺术理想的最佳归宿。

---

① 伯滋：《鲁迅艺术学院》，《剧场艺术》1940年第2卷第6~7期。
② 中共中央文献研究室编《毛泽东年谱1893—1949》中卷，人民出版社、中央文献出版社，1993，第62页。
③ 《抗日的现实主义、革命的浪漫主义——鲁迅艺术文学院》，《浙江日报》2007年2月2日，第4版。

结　语

　　用美术作为武器参加抗战，不比枪杆子差。美术可以唤起更多的群众参与到保家卫国、反抗侵略的斗争中。抗战胜利尤其新中国成立以后美术界的大团结进一步蓬勃发展，美术家们认识到绘画与军事、政治不能分开，促使美术（特别是中国画）从封建社会士大夫的专利在抗战洪流中走向群众。中国画在大时代的洪流中，开始转型蜕变，变得更有生命力。为了抗战胜利，不论任何形式的美术都加入了抗战事业，打破了传统美术技艺的束缚，扩大了抗战宣传。另外，抗战美术的理论基础开始建立，美术工作者在彷徨、犹豫、观望中明确了前进的方向，这就是走进群众，走进民众的生活，关注社会民生。美术家在抗战中最大的任务就是一切为抗战服务，美育作为抗战美术教育的基础得到进一步关注，西画创作题材发生转变与扩大，现实主义题材成为其主流。"我刚从大学出来便碰上全面抗战，初次踏上工作岗位，便进入革命文化人汇集的，由周恩来同志和郭沫若先生领导的武汉政治部第三厅，受到文艺界前辈们的熏陶，常常感到自己是幸运的，接着又在延安'鲁艺'经过革命艺术教育的洗礼，之后又加入'中华全国木刻界抗敌协会'，以木刻作为武器为全民抗战的神圣事业服务。当时是抗战利益高于一切，个人的理想、愿望都得服从于抗战利益的需要。如果说个人还有什么自我选择的话，那么，凡是有利于抗战有利于民族解放的事情，都应该是自己乐于去承担的最佳的自我选择。"①

　　第三厅美术科更大的意义是在武汉沦陷后，鼓励画家们继续创作。画家们不得不分流扩散转移，这次分流转移是中国美术史上一件大事，影响了未来新中国成立后中国美术发展的大方向。第三厅美术科大部分青年画家，对未来中国的绘画都有理想追求。第三厅的工作经历无疑对于每位画家都是一生的宝贵财富，很多画家回忆在第三厅美术科的经历时都引以为荣。此时看似没有稳定的美术创作条件，但面对民族的危亡，中国美术的发展却更加面向现实，摆脱了无谓的书斋学理思辨，转而面对实实在在的社会困境。

　　罗工柳自述："我在 20 岁前后，多次站在十字路口。在广州我已经有

---

① 王琦：《抗战时艺术家的熔炉》，《王琦美术文集》第 4 卷，第 342 页。

工作了，可以满足这种工作，但我不甘心，又跑到了杭州求学；在学校，当时有人为我办好了去美国留学的手续，船票都买好了，但我又放弃了出国留在国内；我可以在学校继续学下去，却又放弃了读书，跑到了武汉；当时可以跟三厅到重庆，又放弃了三厅到延安；在延安可以留在后方，但我放弃了，跑到前线，跑到敌人后方，跑到战争最紧张的华北平原去了，一点没有犹豫。"①

　　第三厅美术科美术工作者以青年为主，基本都受过西式美术教育，他们在第三厅解散后逐步明确了自己的创作方向，重新认识到只有民族的、传统的才更有价值。在国难时刻，研究学习传统是必须的，而且是急迫的。西方的美术机制解决不了中国本土的深层问题。这些尝试促进了现代美术体系的形成，也为新中国成立后对美术工作的组织管理积累了经验。第三厅美术科的画家们"直到解放后至今，其中的许多人都成为美术创作和组织、教育工作的骨干"②。"第三厅集中了当时国统区文化界的许多代表人物，发挥了宣传群众、组织群众的作用，团结了一整批进步知识分子，为新中国准备了一批文艺骨干。"③ 周恩来总理在全国第一次文代会上激动地讲："我们有两支文艺队伍，一支在解放区，一支在国统区，现在两支文艺队伍胜利会师了"。

---

① 刘骁纯整理《罗工柳艺术对话录》，山西教育出版社，1999，第44~45页。
② 郁风：《"能师大众者 敢作万夫雄"——记郭老和美术界的交往》，《美术》1978年第4期。
③ 阳翰笙：《第三厅——国统区抗日民族统一战线的一个战斗堡垒（一）》，《新文学史料》1980年第4期。

郭沫若何时出任救亡日报社社长

黄振南 李金桂[*]

摘 要：郭沫若曾任救亡日报社社长，学界多以为他在该报创刊伊始即任此职。此说源自该报总编夏衍的回忆。据该报刊载的信息和其他资料，可知其在沪期间实行委员制，未设社长。郭于该报迁粤改制之时方由编委改任社长。夏衍回忆失实和学界未经辨析，是创刊说盛行的原因。迁粤复刊说有该报报历为证，与郭的经历相符。

关键词：郭沫若；夏衍；《救亡日报》；社长

《救亡日报》于1937年8月24日诞生在黄浦江畔，初为上海市文化界救亡协会机关报，由国共两党出资创办。这份四开小报凝聚着各方人士的心血，是著名的抗战救亡媒体。文化巨擘郭沫若曾任该报社社长，这是事实。而其何时出任此职，学界多以该报创刊伊始为言。本文认为此说不确，应以1938年1月1日该报在粤复刊时为是，以下略加推考。

一 社长问题的初肇与衍化

《救亡日报》创刊初期，报社未设社长，自然不存在谁当社长的问题。无论是当时的媒介，还是时人撰写的著作，均未提及救亡日报社社长事。

1978年6月12日郭沫若先生在京逝世，曾主持上海市戏剧界救亡协会工作且为《救亡日报》记者的于伶先生于17日向郭沫若遗体告别后连夜撰文，称《救亡日报》创刊时，"党组织请郭老担任社长，夏衍与阿英

---

[*] 黄振南，广西文史研究馆馆员，广西师范大学历史系教授；李金桂，武汉大学历史学院博士研究生。

同志分任主笔与主编",但未言及此请是否落实和郭是否接受。[1] 即便如斯,郭与社长跏萼联芳,始见端倪。

与此同时,原《救亡日报》总编夏衍先生在悼念郭先生的文章中直白地写道:"他(郭沫若)创办了《救亡日报》,亲任社长。……在(上海沦陷)他临行前夕,我向他请示今后的办报方针,他毫不迟疑地说:'一切听(周)恩来同志的指示,具体事情由你负责,只有一条,我是社长,打官司的时候可以找我。'"[2] 不久夏先生还回忆说,在国共两党谈判创办该报时,是国民党上海市党部常务委员、上海市社会局长"潘公展主动提出"请郭当社长的,回忆中还有"蒋介石的嫡系陈诚首先来访问郭社长"之语。[3] 这么说来,潘的提议得到了落实,郭在该报创刊时便当社长之说,即源于此。

两位同时代人的不同说法分别被采纳,在后来一段时间内,形成了两种不同的叙事版本。

一是沿袭于先生的说法:郭被请当社长,但未确定郭是否就任。

1979年,南京师范大学吴泰昌教授所写的一篇文章,征引上述于文的话,[4] 自然也没有说到郭正式任社长之事。

而后,老报人吴颂平等先生为《救亡日报》编写了一份大事记,称国共代表商谈筹办该报时,"决定郭沫若任社长"[5]。吴先生曾在桂林时期的救亡日报社工作,此大事记历经两年多到各地搜集资料后编成,编者坦言:"由于历史的原因,当时在国统区办一张象'救报'这样的报纸,无法保存任何档案、会议记录,有关党对报纸如何指示,报纸对此如何贯彻执行,乃至报社内部的思想建设、组织建设以及经济上的大事,均乏文字记录;而事隔半个世纪,当年'救报'诸负责同志对此亦难有系统的回忆。所有这些我们都只能从老同志的回忆录中,从发表在报端的文章、消息中摘编一二,略窥端倪。"并云该"大事记经'救报'老同志审阅增删,

---

[1] 于伶:《言有尽意无穷——悲痛怀念卓越的无产阶级文化战士郭老》,《人民戏剧》1978年第7期。
[2] 夏衍:《知公此去无遗恨——痛悼郭沫若同志》,《人民文学》1978年第7期。
[3] 夏衍:《白头记者话当年——记救亡日报》,《新闻研究资料》第3辑,中国社会科学出版社,1980,第30、31页。
[4] 吴泰昌:《最初的〈救亡日报〉》,《新闻战线》1979年第4期。
[5] 吴颂平、赵宁:《〈救亡日报〉大事记》,载广西日报新闻研究室编《救亡日报的风雨岁月》,新华出版社,1987,第224页。

并广泛征求意见后"才公开发表的,①昭示此说得到多位当事人的首肯,可信度较高。

后来,广西日报社高级编辑万一知先生以上述大事记存在缺漏为由重写一份大事记,"决定郭沫若任社长"一句未变。②

根据这两份大事记的语义,郭沫若任社长是一个"决定"。这个决定由共产党作出抑或由国共两党作出,于此无须深究。但不能确定郭是否实任,则是其应有之义。

二是承袭夏先生的说法:郭在报纸创刊时就当社长。

先承夏说者,是传记类作品。20世纪80年代第一春,湖南师范学院(今湖南师范大学)教师卜庆华先生的《郭沫若评传》出版,书中说"他还创办了《救亡日报》,任社长"③。接着,陈明华、陈永志、闫焕东等先生均持此说。④ 90年代,此说仍流行。⑤ 进入21世纪后,此说亦长盛不衰。⑥

继而跟进的,是年谱编纂人。1982年,华东师范大学教师龚济民与其妻方仁念为郭沫若先生编写年谱,道明郭在《救亡日报》创刊时"任社长"。⑦ 次年,复旦大学中文系王继权与上海师范大学中文系童炜钢两位教师合编的另一部《郭沫若年谱》出版,亦持此说。⑧ 直到2017年中国社会科学院历史研究所原所长林甘泉等主编《郭沫若年谱长编》时,仍未改变这一说法。⑨

---

① 吴颂平、赵宁:《〈救亡日报〉大事记》,载广西日报新闻研究室编《救亡日报的风雨岁月》,第222~223页。
② 万一知:《〈救亡日报〉大事记(上)》,载李建平、张中良主编《抗战文化研究》第4辑,广西师范大学出版社,2010,第301页。
③ 卜庆华:《郭沫若评传》,湖南人民出版社,1980,第127页。
④ 陈明华编著《郭沫若》,黑龙江人民出版社,1982,第78页;陈永志:《郭沫若传略》,上海文艺出版社,1984,第160页;闫焕东编纂《郭沫若自叙》,山西教育出版社,1986,第563页。
⑤ 参见刘茂林等《郭沫若新论》,社会科学文献出版社,1992,第22页;王文英、刘轶《郭沫若:浦江潮起听凤鸣》,上海教育出版社,1999,第162页;等等。
⑥ 参见周靖波《郭沫若》,人民美术出版社,2000,第135页;魏红珊《郭沫若》,四川人民出版社,2002,第167页;邹廷清《郭沫若》,中国少年儿童出版社,2005,第134页;桑逢康《郭沫若人格》,河南人民出版社,2005,第63页;蔡震文,钟作英图《郭沫若画传》,江西人民出版社,2010,第129页;等等。
⑦ 龚济民、方仁念:《郭沫若年谱》上册,天津人民出版社,1982,第290页。
⑧ 王继权、童炜钢编《郭沫若年谱》上册,江苏人民出版社,1983,第332页。
⑨ 林甘泉、蔡震主编《郭沫若年谱长编(1892—1978年)》第二卷,中国社会科学出版社,2017,第700页。

再后来，发表在刊物上的相关文章也承袭此说。如1994年徐州工程学院教师蒋成德先据夏先生的回忆撰文称"《救亡日报》于1937年8月24日正式创刊了，……由郭沫若担任报社社长"[①]，后又为文说"1939年8月，上海市文化界救亡协会主办的《救亡日报》创刊，郭沫若担任社长，夏衍和阿美分任主笔和主编。"[②] 后者除创刊时间差错、阿英名字误写、主笔和主编沿袭于说外，"郭沫若担任社长"一仍其旧。至于邓涛先生所言《救亡日报》"社长郭沫若"，[③] 虽未注明出处，但与夏先生的回忆相同。

同样是表达郭在《救亡日报》创刊时就任社长之意，不同的作者在行文的微小差别中渐渐偏离了原意。《新闻研究资料》1980年出版的第3辑发表夏文后，于第5辑发表四川大学文学与新闻学院邱沛篁教授的大作，说"郭老积极筹划创办了《救亡日报》，并亲自担任社长"[④]。"亲自担任社长"虽无歧义，却在无形之中埋下了变调的伏笔。且因邱文发表后获四川省首届哲学社会科学研究成果奖，后邱教授任新闻研究所所长、博士生导师，其影响力促进了此说的传播，得到后来出版的多种传记类著作的采纳。[⑤] 重要的是，此说为后来表述方式的渐变立了根基。

上述曾为郭沫若编纂年谱的龚济民夫妇，后来为郭立传，并于1988年出版，内云"沫若摩拳擦掌……他与夏衍等人根据周恩来的指示，以救亡协会的名义创办了《救亡日报》，自任社长"[⑥]。从年谱中的"任社长"到传记中的"自任社长"，一个"自"字的嵌入，语义随之发生变化。这"自任"是否脱胎于邱教授的"亲自担任"，不得而知。

有了开路者，便有行路人。20世纪90年代以后，四川省社会科学院文学研究所秦川先生在《郭沫若评传》中写道："八一三上海抗战爆发后，根据周恩来的指示，以救亡协会名义办起《救亡日报》，郭沫若自任社

---

① 蒋成德：《肩负时代赋予的使命——夏衍所走过的编辑道路》，《彭城大学学报》1994年第3、4期。
② 蒋成德：《郭沫若从事编辑活动综述》，《郭沫若学刊》1996年第2期。
③ 邓涛：《郭沫若与〈救亡日报〉》，《党史博采（纪实）》2013年第3期。
④ 邱沛篁：《郭老与报刊》，《新闻研究资料》第5辑，中国社会科学出版社，1980。
⑤ 参见编委会编《郭沫若》，中国和平出版社，1996，第92页；桑逢康《郭沫若评传》，中国社会出版社，2008，第102页；梁满仓编写《郭沫若》，新华出版社，1990，第32页；等等。
⑥ 龚济民、方仁念：《郭沫若传》，北京十月文艺出版社，1988，第199页。

长"。① 接着，中共湖南省沅陵县委党史研究室张宗高撰文指出："他（郭沫若）与夏衍等人根据周恩来的指示，以救亡协会的名义创办了《救亡日报》，自任社长。"② 21世纪初，陕西省安康地委党校成国银副教授以及乐山市地方志办公室等编的《走近郭沫若》亦持此说。③

通过以上梳理可以看出，郭沫若任救亡日报社社长始自创刊时之说从无到有，从动议到确立，经历了如下表述方式的转变：

  中共党组织请郭担任社长
  国共代表决定郭任社长
  国民党官员潘公展提出请郭当社长，郭亲任社长
  郭亲自担任社长
  郭自任社长

（担）任—亲任—亲自担任—自任，仿佛文字游戏一般，把郭先生与社长的关系表述得有点令人晕乎：从"（担）任"到"亲任"再到"亲自担任"，是两次添字、衍字造成；而从"亲自担任"到"自任"，则是简化、缩写的结果。要知道，"（担）任"、"亲任"、"亲自担任"与"自任"语义是不相同的。

到底是任命、推举抑或自任，不在本文讨论之列。归根结底，郭任社长于创刊时之说，在这个表述变化的过程中得以坐实，正是："意匠如神变化生，笔端有力任纵横。"当然，求真相不应随波逐流，做学问尤当不磷不缁，即谓："须教自我胸中出，切忌随人脚后行。"

二 创刊说之误

那么，近半个世纪后夏衍先生这一回忆是否有罅隙和偏差？让我们从

---

① 秦川：《郭沫若评传》，重庆出版社，1993，第233~234页。
② 张宗高：《郭沫若与〈救亡日报〉》，《四川党史》1994年第5期；又载《党史博采》1995年第6期；又载《党史纵横》1995年第9期（署名"宗高"）；题名《狮吼摇天万里威——郭沫若与〈救亡日报〉》。
③ 成国银：《郭沫若与〈救亡日报〉》，《党史天地》2001年第12期；乐山市地方志办公室、沙湾区人民政府编《走近郭沫若》，巴蜀书社，2004，第15页。

该回忆撰写的背景与内容说起。

作为中国著名文学家、社会活动家和"左联"领导人，夏衍先生谦逊有加，秉承"尽可能'少谈自己'"的信条，他"除了1939年写过一篇《旧家的火葬》之外，从来没有写过回忆往事的文章"①。然而，在1980年纪念"左联"成立50周年前后，他的朋友不断怂恿他"写一点回忆文章"，盛情难却，他才"动了写一本自传体回忆录的念头"。②

这部回忆录动笔写作于1982年春，夏老时年82岁。历经两年多而就，名为《懒寻旧梦录》，1985年首次由三联书店出版，而后由多家出版社一版再版，影响甚巨。

其实，此书的写作耗时不止两年多。其中涉及《救亡日报》的部分，基本上是承袭上述1978年发表的《知公此去无遗恨——痛悼郭沫若同志》和1980年发表的《白头记者话当年——记救亡日报》两文而来。两相比较，有关郭沫若出任社长的内容大致不变，无须赘述。

至于夏先生将潘公展提议由郭沫若担任救亡日报社社长视为实任社长，是记忆失准造成的。此类失准，在这部回忆录中不止一处，他说《救亡日报》在沪期间，"每天到报社办公的人，只有钱杏邨、林林、我以及三个固定记者"③，就是例证。林林在纪念《救亡日报》成立三周年时曾说："在上海的时候，我是《救报》的朋友，我还不是当中的工作者。"④由此可知，夏先生所说林林到报社办公不足为信。

而夏先生有关郭沫若回国之初相关活动的回忆，也不准确。他说在上海时"曾和郭沫若、田汉一起……参加过一些社会活动——如欢迎救国会'七君子'出狱等等"⑤。实际上，1927年郭撰文抨击蒋介石而受到通缉后，于翌年初化装赴日躲避。后因抗战心切，他从日本"藉词送友登轮，抵沪时尚穿和服，袋内仅有日币五角"⑥。其到达上海时间为1937年7月27日，这时国民党的通缉令尚未取消，他的个人活动尚不公开。30日国

---

① 夏衍：《夏衍全集·懒寻旧梦录》，浙江文艺出版社，自序第1页。
② 夏衍：《夏衍全集·懒寻旧梦录》，自序第4页。
③ 夏衍：《夏衍全集·懒寻旧梦录》，第214页。
④ 林林：《在上海的时候》，《救亡日报》1940年8月24日，第4版。
⑤ 夏衍：《夏衍全集·懒寻旧梦录》，第203页。
⑥ 《七君子昨出狱，定今入京，沪文化界开会欢迎，同时并欢迎郭沫若》，《新蜀报》1937年8月1日，第3版。

民党宣布取消通缉令后，才还其自由身。① 时值沈钧儒等"七君子"被无罪释放不久，上海市文化界救亡协会将会员活动与欢迎"七君子"出狱活动合二为一，于8月8日在尚文小学大礼堂举办"全体会员谈话会"，同时"欢迎郭沫若、沈钧儒等"②。可知郭与"七君子"同为被欢迎的对象，而非与夏衍、田汉去参加欢迎"七君子"出狱的活动。

回到郭沫若出任社长这一议题上，夏先生的回忆也有失实情节。他说在1937年的国共合作蜜月期，"由于报头是郭沫若同志写的，下面又写明'上海文化界救亡协会机关报，社长郭沫若，总编辑夏衍'，因此出版之后，不到两天，樊仲云就通过汪馥泉问我，是否应按'协议'在总编辑名字后面，再加上樊仲云的名字，这遭到了我的拒绝"③。查《救亡日报》创刊之初的报头，除标明"上海市文化界救亡协会主办"外，并无"社长郭沫若，总编辑夏衍"字样（见图1），其他版面亦然。

图1 《救亡日报》在沪创刊号报头（1937年8月24日）

这种情况一直延续到整个在穗复刊时期和在桂再复刊前期（见图2、图3）。而开始在报头印上"社长郭沫若"字样，是在迁桂9个多月后的1939年11月1日（见图4）。报头犹如人的脸面，自己编的报纸，其模样应该有个大致印象，若夏先生下笔前翻阅一下，或许不会出现上面这些文字。

由此可以推测，潘公展提出请郭沫若出任社长，是国民党方面的一种姿态，它事关国共合作大局，且以郭的能力确能胜任，又为众望所归。但说郭实际到任，可能是夏衍先生的误记。缘何？尽管夏先生写此书时"大

---

① 《通缉令已取消，郭沫若返国，将入中央研究院供职》，《新蜀报》1937年7月31日，第3版。
② 《本市文化界昨热烈欢迎郭、沈等》，《申报》（上海）1937年8月9日，第9版。
③ 夏衍：《夏衍全集·懒寻旧梦录》，第213~214页。

图 2 《救亡日报》在穗时期的报头（1938 年 6 月 19 日）

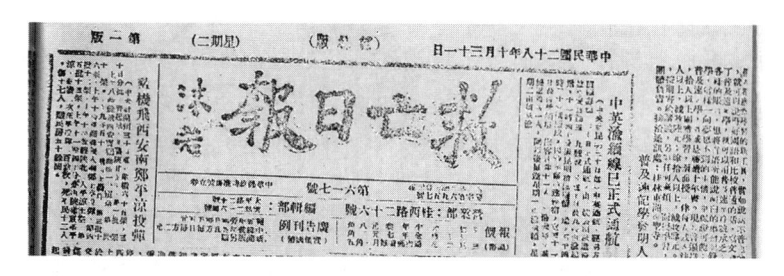

图 3 《救亡日报》在桂改版前的报头（1939 年 10 月 31 日）

图 4 《救亡日报》在桂改版当天的报头（1939 年 11 月 1 日）

部分的时间都用于搜集和查核各种各样的资料"，但当年一起参加上海市文化界救亡协会以及参与创办《救亡日报》的潘汉年、钱杏邨（阿英）、茅盾（沈德鸿）、冯乃超、成仿吾等人皆已故去，"幸存者已屈指可数"①，搜集资料实属不易。夏先生坦承："亲身经历过的、耳闻目睹过的记述，应该比辗转传闻和在历次运动中留传下来的'材料'真实一些，但我能够做到的，也只能是'力求'做到而已。上了年纪的人写回忆录，不可避免地会受到主客观各方面的制约，一是记忆力远远不如往年，对几十年前的往事，大事情大概不会记错，具体的细节（时日、地点等等）就难免会有

---

① 夏衍：《夏衍全集·懒寻旧梦录》，自序第 4、5 页。

差错；二是'交游零落，只今余几'，过去一起工作过的战友，健在的已经不多，要核实或查对往事，只能从他们遗留下来的为数不多的遗著中去寻觅了。"①

为了证明这一推断，下面的证据是不容忽视的。

一是郭先生本人没有说自己在《救亡日报》创刊时就当社长。

郭先生写有日记，但不连贯，陈漱渝先生从《郭沫若全集》中摘编的《郭沫若日记》（山西教育出版社，1997），内中《由日本回来了》记录1937年7月25~27日发生的事，《战区行》记录1938年9月15~23日发生的事，选自郭先生的《洪波曲——抗日战争回忆录》（该回忆录写于1948年8~11月，后载《郭沫若全集·文学编》第14卷）第十章，时在《救亡日报》创刊前后，均未提到该报的初肇，更未说到当社长的事。

平心而论，日记写于《救亡日报》创刊前近一个月，回忆录记录《救亡日报》创刊一个多月后的事，两者未提该报可以理解。好在《洪波曲——抗日战争回忆录》撰写之前7年，郭先生于1941年9月25日自编的《五十年简谱》，可以弥补其损缺。简谱中记载1937年的要事有：

> 七月二十五日只身由日本回国。二十七日抵上海。
> 八月参加《救亡日报》之组织。
> 九月赴南京，旋复回上海，编就《归去来》《沫若近作》《断断集》。十二月（实为十一月）二十七日由上海赴香港。
> 十二月与（于）立群相爱，六日同赴广州。②

爬梳以上郭先生亲笔写下的文字，一句"参加《救亡日报》之组织"，可以理解为他参加了出版该报的筹措工作，这与其他人的回忆相符。至于当没当社长，则没有说明。该报是在8月下旬出版的，若他真的当了社长，报社初创的繁忙事务恐怕使他难以脱身在金陵与沪上行走，甚至编成3部书。

---

① 夏衍：《夏衍全集·懒寻旧梦录》，自序第5页。
② 《郭沫若全集·文学编》第14卷，人民文学出版社，1992，第550页。

二是时人为郭先生撰写的传记等作品没有提到郭在《救亡日报》创刊时当社长。

中国向有不为活人作传的传统,可在20世纪30年代这一传统被突破,由杨殿夫先生撰写、上海民众出版社于1938年出版的《郭若沫传》便是其一。这部正文227页的传记,共设6章,记述郭先生从出生到在国民政府军事委员会政治部第三厅任职的经历。书中第6章"归国时代"记述他自东瀛回国后数月的活动,分"'别妇抛雏'回祖国""在轰炸中来去""出任政治部第三厅工作"3节,从节名即知没有涉及《救亡日报》出版情节,更未提及担任社长的事。

同年,由丁三编、广州战时出版社出版的《抗战中的郭沫若》一书,主要记录郭先生在广州、汉口、长沙的演讲、访谈、言论等,亦未提及郭在《救亡日报》创刊时当社长的事。

三是当时的媒体没有郭在《救亡日报》创刊时当社长的报道。

民国时期的报纸以刊载新闻和时事评论为主,是大众了解社情民意的重要载体。《救亡日报》还在筹办中,嗅觉灵敏的新闻工作者便已捕捉到信息,并公之于众。该报出版10天前的1937年8月14日,《神州日报》即报道其创刊背景、目的及各版面之负责人等,称该报"执笔者郭沫若等",还说该报的"短评由邹韬奋、傅东华、王壬(任)叔、谢六逸、郭沫若、夏丏尊负责"。① 同日的《河南民报》则称即将出版的《救亡日报》由"邹韬奋等创办",由"邹韬奋、傅东华、郭沫若、胡愈之、章乃器、王芸生、郑振铎等负责编撰"。② 同日的《新江苏报》亦称《救亡日报》将"由邹韬奋、傅东华、郭沫若、章乃器、王芸生、郑振铎等负责编撰"③。同日的《太原日报》则称《救亡日报》"由邹韬奋、傅东华、章乃器、王芸生等负责编撰",没有提到郭先生的名字。④ 无论是参与创办、负责编撰、当执笔者,还是与人一起负责短评版的工作,都没有明确表达出郭沫若当社长的意思。

如果说上述消息尚属《救亡日报》出版前的传闻,那么,该报问世后

---

① 《文化界救亡会出版〈救亡日报〉》,《神州日报》1937年8月14日,第3版。
② 《邹韬奋等创办〈救亡日报〉定十七日出版》,《河南民报》1937年8月14日,第3版。
③ 《沪文化界救亡协会筹办〈救亡日报〉,邹韬奋等编撰》,《新江苏报》1937年8月14日,第3版。
④ 《文化界救亡协会组〈救亡日报〉,邹韬奋等负责编撰》,《太原日报》1937年8月14日,第3版。

已为其他媒体知悉，同行中还是没有郭先生当社长的报道。如《晶报》在报道《救亡日报》初创 7 天后因故临时停刊时说：《救亡日报》"网罗新文化知名人士，如郭沫若、汪馥泉、沈雁冰诸先生达卅人"①。这"卅人"之说，显然来自该报创刊号报头右侧的编委名单（见图 5），实未言及郭先生当社长。

图 5 《救亡日报》创刊号报头右侧的编委名单

后来，沪版《救亡日报》因上海失守而停刊，《盛京时报》报道此事时称"《救亡日报》以郭沫若为主干"②，同时如此报道的还有《滨江日报》③《大同报》④ 等。穗版《救亡日报》停刊前夕，《社会日报》载文称"《救亡日报》，初在上海出版。'八·一三'炮声中，由郭沫若氏创办"⑤。"主干"不应理解为社长，"创办"不意味着当社长，当无疑义。

---

① 西阶：《〈救亡日报〉明日停刊》，《晶报》1937 年 8 月 31 日，第 2 版。
② 《〈救亡日报〉停刊》，《盛京时报》1937 年 11 月 24 日，第 1 版。
③ 《在南京发行之〈救亡日报〉亦逃亡向汉口》，《滨江日报》1937 年 11 月 25 日，第 1 版。
④ 《中央通信、〈救亡日报〉在沪停刊》，《大同报》1937 年 11 月 25 日，第 1 版。
⑤ 某君：《〈救亡日报〉在广州杰出之一女记者》，《社会日报》1938 年 10 月 4 日，第 2 版。

四是时人事后回忆没有说到郭在《救亡日报》创刊时当社长。

中华人民共和国成立后的上海市第二任公安局长扬帆，曾为上海市文化界救亡协会文艺组的成员，他回忆道："《救亡日报》也采取了国共合作的合法方式。主要编辑共四人"，共产党"方面是夏衍和阿英，国民党方面是汪馥泉和叶灵凤"，[1] 只字不提郭任职之事。抗战时期活跃于上海的文化人唐弢，在悼念郭沫若说："1937 年 8 月 24 日，由郭老出面，夏衍、阿英、于伶等同志编辑的《救亡日报》问世，在这张名为上海文化界救亡协会主办的报纸上，郭老经常有诗文发表。"[2] 虽提到了郭，却未说郭当社长。

在众多当事人的回忆中，胡愈之先生的这段话值得注意："文化界救亡协会的宣传部，在周寒梅的把持下是做不成什么事的……我们还提议出版宣传抗日救亡的报刊，于是办起了《救亡日报》，由郭沫若等任编委，夏衍具体负责。"[3] 胡乃上海市文化界救亡协会成立大会主席之一，还是协会会报委员会的成员，[4] 其所言郭任编委，有据可查，这就是刊载于《救亡日报》创刊号报头右侧的那份编委名单。

郭任编委无疑，任社长则无据，因为在沪时期的救亡日报社未设社长之职。这种情况，并非《救亡日报》独有，如《华北日报》"原为报务委员会制"，1932 年"经中央令行改为社长制"。[5]《民国日报》于 1943 年改为社长制后，在社长下设一位副社长。[6]《云南日报》于 1944 年改为社长制，正副社长下设多个室、股。[7] 这些例子说明，办报初始无社长制并非孤例。

---

[1] 扬帆口述，沈忆琴、张义渔整理（1980 年 5 月）《抗战初期上海抗日救亡运动的一些回忆》，《扬帆自述》，群众出版社，1989，第 293 页。

[2] 唐弢：《永恒的怀念——悼郭沫若同志》，载四川人民出版社编《呼唤春天的诗人》，四川人民出版社，1979，第 56~57 页。

[3] 胡愈之：《我的回忆》，江苏人民出版社，1990，第 43~44 页。

[4] 上海市文化界救亡协会会报委员会由"潘公展先生（上海市党部常务委员，上海市社会局长）、潘汉年先生（第八路军驻沪办事处代表）、胡愈之先生（文救会宣传部主任）、叶灵凤先生（会报出版部代表）、汪馥泉先生（会报编辑部代表）等五人组织之"。见同人《巩固我们的统一战线——本报第一百号致辞》，《救亡日报》1938 年 1 月 14 日，第 1 版。

[5]《〈华北日报〉改社长制，沈尹默昨就职》，《京报》1932 年 6 月 14 日，第 7 版。

[6]《〈民国日报〉改社长制，省党部推陈振之兼社长》，《中央日报》（昆明）1943 年 10 月 15 日，第 3 版。

[7]《〈云南日报〉改社长制》，《扫荡报》（昆明）1944 年 4 月 10 日，第 3 版。

《救亡日报》实行委员制的情况,在该报创刊一百号的纪念致辞中有所说明:"本报在上海出版时,是以建立统一战线为任务的上海市文化界救亡协会的会报。在上海市文化界救亡协会之下,设会报委员会。"① 此前,该报记者彭启一称上海市文化界救亡协会宣传部"有部长一人,副部长两人,秘书四人。下设《救亡日报》编辑委员会与国际宣传委员会"②。这么说来,救亡日报社由上海市文化界救亡协会会报委员会领导,该社编辑委员会还受协会宣传部的领导。这种集体交叉领导是时代的产物,它排挤了社长个人领导存在的空间。既然救亡日报社初始未设社长,也就不存在谁当社长的问题了。

三 复刊时说有理

委员制的运作方式有利有弊,当其弊端过大、阻碍报纸发展时,便被抛弃。社长制取而代之,事在《救亡日报》羊城复刊时。1939年8月24日,在《救亡日报》创刊两周年时,报社公布的《本报报历》写道:"二十七年一月一日(1938年1月1日)——在广州复刊,改由郭沫若先生任社长。"③"改由"一词有双重寓意:一为该报原为委员制而非社长制,二即郭原非社长,其社长之任,在穗复刊是起点。

迁穗复刊的《救亡日报》为何要改制?首要原因在于委员制的根基崩塌了。1937年11月12日上海被日军占领后,"文化界巨子郭沫若、潘公展、章乃器、邹韬奋诸先生……由沪联袂抵港"④。但身负要务的章、邹等"在港无暇多留"⑤,迅即转赴他处。"负责救济战区难民,筹集前方慰劳品"的潘公展则由香港取道赴汉口,"向当局报告上海一切情形。继以中央党部移川,潘氏因亦来川述职"。⑥ 胡愈之则由港往汉,"继续从事文化

---

① 同人:《巩固我们的统一战线——本报第一百号致辞》,《救亡日报》1938年1月14日,第1版。
② 彭启一:《文救会的宣传与组织》,《救亡日报》1937年9月12日,第2版。
③ 救亡日报社:《本报报历》,《救亡日报》1939年8月24日,第2版。
④ 《文化界救亡协会欢迎郭沫若等来粤》,《中山日报》(广州)1937年12月4日,第4版。
⑤ 《郭沫若等过港,同行者章乃器、邹韬奋等身负要务,已转程赴某地》,《新蜀报》1937年12月7日,第2版。
⑥ 《来川向中央述职,潘公展昨飞抵蓉》,《捷报》1937年12月9日,第1版。

工作"①。上海市文化界救亡协会的主要领导人已四散，领导《救亡日报》的会报委员会已无法履职。

其实，上海市文化界救亡协会会报委员会履职不力，在《救亡日报》迁穗之前便有端倪。集体交叉领导、多头并进导致职权不清，遇事相互扯皮造成管理混乱，令具体办报的人晕头转向，无法自已，只能在协会不同部门的不定期会议作出决定后接受出版任务，如 1937 年 9 月 24 日文救会宣传部发布的《本周宣传中心：消灭汉奸宣传大纲》将《救亡日报》第十二、十三期作为"消灭汉奸特辑"②；次日的文救会会员团体联席会议"建议《救亡日报》增辟'民众园地'栏"③；29 日的文救会宣传部会议"决定每周中心宣传大纲发表于《救亡日报》，供各团体会员参考"④……该报别无他途，唯有照办。如果说这样做还能保持一团和气也就罢了，但意想不到的事情还是发生了。10 月 27 日中国军队从上海闸北区撤兵引发了舆论的动荡，民众对淞沪战事的进展产生了忧虑情绪。第二天，《救亡日报》不仅刊登了潘公展的《为闸北撤兵敬告市民》和潘汉年的《坚定民族胜利的信心》，还于头版、第二版和中缝打出"主和者就是汉奸！"的大字标语，以号召军民继续坚持战斗。因此标语未经上海市文化界救亡协会开会商议即直接刊登，见报次日文救常务理事会议召开时，有一位理事质问："文救没有通过这一个标语，为什么竟在文救的机关报上登出？"负责文救会宣传工作的胡愈之先生与之展开辩论，解释该标语的内涵和刊登的必要性。⑤《救亡日报》不再逆来顺受，文救常务理事会也未因此惩罚该报，但裂痕由此而生，并埋下了摆脱委员制的伏笔。

申城沦陷，郭沫若等胸怀抗战救亡的鸿鹄之志，饮恨赴港，与救亡日报社派出的林林、叶文津、姚潜修等人组成的复刊先遣队会合，后共赴广州。甫一抵穗，郭即去拜访粤省要员，"打通党政军各方面之关系"，还参加了"好些次欢迎会，演讲会，也被官方的训练班请去演讲过"⑥，竭尽全力宣传抗战图存，为《救亡日报》复刊奔走呼号。精诚所至，金石为开，

---

① 《胡愈之等由沪赴港转汉》，《中山日报》（广州）1937 年 12 月 1 日，第 3 版。
② 《本周宣传中心：消灭汉奸宣传大纲》，《救亡日报》1937 年 9 月 24 日，第 3 版。
③ 《文救会会员团体联席会议纪实》，《救亡日报》1937 年 9 月 27 日，第 2 版。
④ 《文救会宣传部会议》，《救亡日报》1937 年 9 月 30 日，第 2 版。
⑤ 胡愈之：《回忆断片》，《救亡日报》1939 年 8 月 24 日，第 3 版。
⑥ 郭沫若：《洪波曲》，百花文艺出版社，1979，第 7 页。

郭的精明强干和架海擎天的社交才能，形成强大的感召力，促使第四战区副司令长官兼第四路军总指挥余汉谋邀请郭"到他军部里面去见了面"，表示"每月愿捐助毫洋一千元，按月支付；从12月便开始，可以作为开办费"。① 正是郭沫若带领复刊先遣队员们共同努力，以及社会各界之支持，使得《救亡日报》在穗顺利复刊。在上海市文化界救亡协会会报委员会、编委会解散的情况下，由郭沫若出任报社社长，实至名归，理所当然。以是观之，《救亡日报》刊登的《本报报历》称在穗复刊时"改由郭沫若先生任社长"云云，是可信的。

那么，这则《本报报历》为何未引起人们的注意呢？首先，这则报历刊载于1939年8月24日，距郭任社长几近1年零9个月，多被人们遗忘了。且其排在第2版底部，约占全版的1/8，不甚起眼，易被忽略。

其次，郭于1938年1月1日正式出任救亡日报社社长当天，恰逢第三战区前敌总指挥兼第十五集团军总司令陈诚（旋因南京国民政府迁至武汉，改任湖北省主席、武汉卫戍司令、第六战区司令长官、武汉中央政府革命军事委员会政治部部长）从武汉打来"有要事奉商，望即命驾"的急电，② 正好夏衍于1月5日赶到羊城，郭将《救亡日报》的事托付给他后，便于次日前往武汉筹备成立政治部负责宣传工作的第三厅，4月1日第三厅宣告成立，郭任厅长。③ 而后，郭为筹办"七七"周年纪念，赴前线慰问官兵、抗属，组建抗敌演剧队、宣传队、电影放映队等，忙得不可开交。尽管第三厅成立前他曾联系《救亡日报》解决日本反战作家鹿地亘夫妇的安置问题，且在广州沦陷后向陈诚争取过《救亡日报》迁桂的办报经费，但因其未直接参加具体的报务活动，夏衍成了实际主持报社的领导。故《救亡日报》报道郭的活动，多按中国人就高不就低的习惯，以第三厅厅长职掌为言，社长之职鲜有提及。

再次，《救亡日报》从广州迁到桂林复刊之初，还是没有刊登郭任社长的消息。时间的冲刷，使人们逐渐淡忘了老社长的任期。直到近10个月后的1939年11月1日改版，才在报头处注明报社社长的身份。

以上这些，纯属报章技术问题，却让人们未能准确了解郭真正的社长

---

① 郭沫若：《洪波曲》，第8页。
② 郭沫若：《洪波曲》，第9页。
③ 救亡日报社：《本报电贺郭沫若氏就第三厅厅长职》，《救亡日报》1938年4月3日，第2版。

任职时间。加之郭的多次回忆均未提及出任社长的事，学界的认知模糊也就不足为奇了。

说到底，《救亡日报》自己发表的报历是不容置疑的，郭于该报在广州复刊时担任社长，既是报社改制的结果，也与他的亲身经历，尤其他的能力和为报纸复刊之功匹配。

余　论

直言郭沫若在《救亡日报》创刊伊始便出任社长的，是该报德高望重的老总编夏衍先生，其后执此说的，均为跟风者。夏先生此说，来自数十年后的回忆，与当年该报报历记载郭于广州复刊时才当社长相左。根据论证，我们认为报历信息准确，而夏先生的回忆有误。其致误原因，上已粗析。归结起来，主要是人类记忆的局限性所致。

从神经科学的角度看，受制于大脑活动的影响，尤其是大脑皮质痕迹的消失，遗忘似乎是记忆的终点。法国著名学者保罗·利科（Paul Ricoeur）认为，遗忘是不可避免的，"我们发动记忆，目的是为了减缓遗忘的速度，甚至战胜它"，但是"人工记忆在这场不平等的战役中却是大输家"。[1]

时光对记忆的侵蚀，是人所无法改变的。英国著名心理学家巴特莱特（F. C. Bartlett）让受试者阅读一个名为《幽灵的战争》的北美民间故事，然后在不同的时间让实验对象回忆该故事的内容。结果发现随着时间的推移，实验对象通过省略将故事缩短了，再现的故事"在内容上有许多省略和转换"，还"补充一些联结的环节"。[2] 这说明记忆的再现不是简单的回顾，回忆者的回忆间隔时间越长，错误就会越多。这种情况，人尽皆然。

夏先生在近半个世纪后的回忆有瑕疵并不奇怪，郭沫若先生在香港回忆数年前的往事，就对缺乏文字资料，导致记忆难全犯愁："唯一的资料差不多是全凭自己的脑子中所残留的记忆。就象挖煤的一样，每天从自己

---

[1] 〔法〕保罗·利科：《记忆，历史，遗忘》，李彦岑、陈颖译，华东师范大学出版社，2017，第573页。

[2] 〔英〕弗雷德里克·C. 巴特莱特：《记忆：一个实验的与社会的心理学研究》，黎炜译，浙江教育出版社，1998，第84、108页。

的脑子里尽量的挖。然而存煤实在有限，挖出来的又多只是些碎屑，没有斤两。"①故有学者指出，回忆和口述史料"很可能因时间久远，记忆模糊，或受到个人情感和立场的干扰，当事人所述情况是不准确的，甚至是错误的"②。近年我们因工作之需，多次到事发地采撷抗战时期的口述史料，当事人的回忆就有颠三倒四、张冠李戴等情况，令人十分头疼。记忆的失真，尤其是时隔过久的回忆不可靠，需要多方考证，方可恢复历史的原貌。

有道是持之有据，言之成理，此乃治学者应当遵循的原则。在学风浮躁的当下，尤应强调这一原则。不假思索地引述成说，或者凭着想象说史，都有可能致误，如有人说《救亡日报》"注明为'上海文化界救亡协会机关报，社长郭沫若，总编辑夏衍'"③，便是子虚乌有的事。若作者下笔前去翻一下该报，就不会这样写了。又如，有人据图述史，对《救亡日报》创刊号作这样的解释："根据周恩来的意见，以郭沫若为社长，夏衍、阿英为主笔和主编的上海市文化界救亡协会机关报——《救亡日报》于1937年8月24日创刊。刊头为郭沫若手书。"④一看该图便知，"刊头为郭沫若手书"无误，而报头除由30人组成的编委会名单外，并没有社长、主笔、主编及其姓名。

值得注意的是，曾与郭沫若在国民政府军委会政治部第三厅共事的阳翰笙先生不用"社长"一词表述郭沫若与初创时期《救亡日报》的关系，而称"他（郭沫若）主持《救亡日报》"⑤，被后人采纳。⑥就像"创办""参与创办"不等于"当社长"一样，"主持"也不能与"当社长"画等号，这是人所共知的常识。

在更多的第一手史料发现之前，我们认为郭沫若先生在《救亡日报》创办之初任该报编委而非社长。其社长之任，始自1938年元旦该报在广州复刊之时。

---

① 郭沫若：《洪波曲》，第210页。
② 沈志华：《谨慎使用回忆录和口述史料》，《北京日报》2013年3月11日，第19版。
③ 刘小清：《郭沫若与〈救亡日报〉》，《福建党史月刊》2002年第2期。
④ 肖玫：《郭沫若》，文物出版社，1992，第85图图说。
⑤ 阳翰笙：《深切怀念郭沫若同志》，肖玫：《郭沫若》代前言。
⑥ 罗雨林：《罗雨林文博研究论集》，广东省地图出版社，2001，第550页；黄侯兴：《郭沫若正传》，江苏文艺出版社，2010，第93页。

古文字研究

甲骨文字形组类演变规律一例："于"字的考察[*]

刘 源 王梦薇[**]

摘 要：甲骨文为方便刻写，有简化变形的现象，过去学界多用早期、晚期字体来解释，这并非全面客观的意见，结合殷代与周初金文来看，甲骨文字中既有正体，也有变体，而且村北、村中南两系的不同字体类别中，正体和变体的分布有一定规律性。以"于"为例，此字有繁写的正体和简化的变体，其正体在师组、非王卜辞中出现较多，此外在出组、历组中偶见；但在宾、出、何、黄、历、无名等类字体中基本采用变体，原因是其适应大量刻写的需要。在殷金文和铭功纪勋类记事刻辞中，"于"字基本采用正体字形。

关键词：甲骨文；正体；变体；"于"；甲骨两系说

目前，甲骨文字体分类的研究已非常细致深入，其代表性成果即黄天树主编的《甲骨文摹本大系》[①]。在此基础上，我们认为可以进一步考察和研究甲骨文在不同组类的字体特点，从而更好掌握卜辞字体的变化规律，客观解释甲骨文字形异体较多的原因，加强对武丁至帝辛不同时代以及小屯村北、村中南不同区域甲骨文字体特征的认识。这方面的工作尚未系统地展开，但对于甲骨学、古文字学、殷商历史与考古的研究，有极为重要的意义，值得学界重视。

学者很早就注意到甲骨文字异体较多，并从不同时期有演进变化的

---

[*] 刘源，中国社会科学院古代史研究所、中国社会科学院甲骨学殷商史研究中心研究员；王梦薇，中国社会科学院大学博士研究生。

[**] 本文系古文字与中华文明传承发展工程规划项目"殷墟甲骨文史料解读"（G1603）、中国社会科学院学科建设"登峰战略"资助计划（编号 DF2023YS15）阶段性成果。

[①] 黄天树主编《甲骨文摹本大系》，北京大学出版社，2022年。

角度来解释。董作宾在《甲骨文断代研究例》中即指出："殷虚文字，在二百余年之间，形体的演进变化，是很有可观的，如果能依各种断代标准，逐一加以整理，很可以找出文字变化的线索和系统来，这在文字学上，将有极大的贡献。"① 董先生这一理念，放在今天来看也是极具指导意义的，提示我们全面考察从师组至黄组，从村北到村中南，不同组类、不同时期、不同区域的甲骨文字体变化情况，并探讨其中的规律。当然，董作宾由于历史局限，他提出的早期字体、晚期字体概念是存在问题的，我们认为董先生当时尚未认识到甲骨文同时存在着殷代文字的正体和变体。实际上所谓早期字体，如武丁时代字体是多种多样的，既有较正规字体，也有为了方便刻写而简化或变形的字体。裘锡圭指出，高去寻早已看出甲骨刻字不容易，使字形或书体发生变化，将字的实体变成虚廓，圆笔变成方笔，有的字省去笔画以便刻出，如果字形是由简变繁的一种演进，何以在早期反不更为象形。② 贝冢茂树也指出董作宾干支字形演变研究有重大缺陷，因为他忽略了子卜贞卜辞的干支表，贝冢先生解释说，之所以子卜贞的字体一半与早期一致，一半明显与后期相合，是因为第一期里，同时存在着殷王朝公家占卜机关，王族私人占卜机关和多子族私人占卜机关，公家占卜机关与多子族占卜机关的字体是完全相反的。③ 贝冢茂树实际上发现了非王卜辞字体有倾向于正体的特点，其研究非常细致且有见地。不过，由于学界对甲骨文兼有正体、变体尚无清晰认知，也有学者对董氏早晚字体说持基本认可的意见。④

在贝冢茂树发现子卜辞的字体与董作宾早期字体并不一致之后，花园庄东地卜辞的出土，进一步促使学者对董氏早期、晚期字体说产生怀疑。如发掘整理者指出，H3刻辞中不少字属于过去学术界公认的晚期字形，此种晚期字体比比皆是，说明这些所谓晚期字体早就出现了，只不过尚未流行，至帝乙、帝辛时期才被王的贞人集团接受，成

---

① 董作宾：《甲骨文断代研究例》，《董作宾先生全集》甲编，艺文印书馆，1977，第450页。
② 裘锡圭：《论"历组卜辞"的时代》，《裘锡圭学术文集·甲骨文卷》，复旦大学出版社，2012，第98页。
③ 〔日〕贝冢茂树：《评甲骨文断代研究的字体演变观》，《殷都学刊》1985年第4期。
④ 吴俊德：《〈甲骨文断代研究例〉析议》，《北市大语言学报》（台北）2019年第20期。

为广为流行的字体。① 王子杨也指出,花东卜辞中发现了过去认为到晚期卜辞中才出现的形体,可以肯定这些所谓晚期形体在商代早期就已存在了,只是早期卜辞的刻手很少使用这种形体。②

既然董作宾早期晚期字体理念已不适用于研究甲骨文演变规律的工作,那么我们就应找到更为合理与客观的新方法,即以金文为代表的殷代正规文字(正体)为标准来考察甲骨文各类字体的特点。实际上这种思路与方法,上述高去寻、裘锡圭等先生已经指出了。③ 甲骨两系的特点,学者多已注意到龟甲、牛胛骨使用上的差异,事实上两系刻手对待和处理正体字的态度也有区别,且反映出较明显的规律性,值得学界重视。学者已对不同组类字体进行了对比,裘锡圭指出历组的"酉"字,与师组大字、子组的字形接近;历组的"未"字,与师组、午组相同或相近;历组用"又",宾组"㞢""又"兼用;历组与师组、午组用"𢎥",宾组用"𠂉";历组与师组、午组用"弜",宾组用"勿";等等。④ 但裘先生的意见似未引起学界足够关注。蒋玉斌也采用裘锡圭商代文字正体、俗体的观点,考察了不同字体组类中"屯""子"的刻写方法。⑤ 类似这些研究方法,已揭示不同组类字体变化的一些规律,值得进一步推广与使用。以下我们选取甲骨文中常见的"于"字为例,以金文正体作为参照,考察此字在不同组类的刻写特点,借此说明甲骨两系字体的分布规律。

裘锡圭指出殷墟卜辞大量使用"于"字,并撰文研究过"于"字的动词、介词用法。⑥ 我们分析与研究"于"字在两系不同组类的字形特点,是较有意义的。关于此字的形音义,郭沫若认为"于"是"竽"的本字,并以此为例解释《说文》转注,李学勤曾专文予以介绍。⑦ 《甲骨文字诂

---

① 中国社会科学院考古研究所编著《殷墟花园庄东地甲骨》(一),云南人民出版社,2003,第20页。
② 王子杨:《甲骨文字形类组差异现象研究》,中西书局,2013,第186页。
③ 唐兰、张政烺等学者也均有此认识。
④ 裘锡圭:《论"历组卜辞"的时代》,《裘锡圭学术文集·甲骨文卷》,第98~99页。
⑤ 蒋玉斌:《释甲骨金文的"蠢"兼论相关问题》,《复旦学报》(社会科学版)2018年第5期。
⑥ 裘锡圭:《谈谈殷墟甲骨卜辞中的"于"》,《裘锡圭学术文集·甲骨文卷》,第527页。
⑦ 李学勤:《论郭沫若同志的〈商周古文字类纂〉》,郭沫若故居、中国郭沫若研究会编《郭沫若百年诞辰纪念文集》,社会科学文献出版社,1994。

林》按语也指出，裘锡圭认为"于"字本义是竽之象形。① 甲骨文"于"字有繁简两种字体，学界多认为繁写者是其本字，而简写者是省文。如李孝定认为"于"之繁体象竽之形，是管乐，《金文形义通释》认为可备一说。② 徐中舒亦认为"于"之繁体为本字，但理解为圆规之形。③ 在董作宾五期说影响下，学者多认为"于"之繁体为晚期字形，王子杨已指出花东卜辞等新材料的出现改变了这种看法，"于"之繁体早已使用于师肥、子组、花东等材料中，在出组、历草类中也有。④ 方稚松指出的铭勋纪功类刻辞中⑤，如宰丰骨、虎腿骨刻辞中，"于"字也基本使用繁体，这一点大家非常熟悉。

我们认为，殷金文与周初金文中"于"字普遍使用繁体"丂"，可说明这是一种当时主流的、用毛笔书写的正体；此外殷末周初金文中也有简化的"于"字，但数量不多，详见附图《金文编》所收字形。"于"字的这种正体，在殷墟卜辞中的分布，除了王子杨上举的几类，如师肥"丂"合 20582，出组"丂"英 1934（按：此版整体呈现较多正体风格，如西字也写为正体，大系 33504 定为出二类），历草类"丂"怀 1559，子组"丂"合 21565、"丂"英 1892，花东"丂"花 450（按：此版摹本不准确），还分布于师小字中，如"丂"合 20450、"丂"合 21113 等例。但在师组之后，无论是村北的宾、出、何、黄，还是村中南的历、无名等类字体中，"于"基本不用其正体。帝辛时代的鹿头骨和人头骨刻辞中使用繁体，如"丂"合 37743、"丂"合 38762。由此，我们可得出几点看法。其一，殷周古文字中，繁写的"于"字是其正体，其本义可能象管状乐器竽。其二，在殷金文与西周早期金文中，"于"字大多写作正体，以示庄严郑重。其三，师组大字与小字中，常见正体的"于"字，也出现简写的"于"字，可见当时为契刻方便，已摸索出简化方法，但可能在一些正式场合仍兼用正体。其四，子组多使用正体"于"字，花东类亦见其例，反映其刻手习惯仍倾向于使用正体。其五，宾、出、何、黄、历、无名等类卜辞基本使用简体"于"字，是应对大量契

---

① 于省吾主编《甲骨文字诂林》，中华书局，1996，第 3437 页。
② 张世超等编著《金文形义通解》，中文出版社，1996，第 1142 页。
③ 于省吾主编《甲骨文字诂林》，第 3537 页。
④ 王子杨：《甲骨文字形类组差异现象研究》，第 188 页。
⑤ 方稚松：《殷墟甲骨文五种外记事刻辞研究》，上海古籍出版社，2021。

刻常用字的要求，对字形进行简化。其六，铭勋纪功类记事刻辞使用正体"于"字，是因其契刻不怕花费时间，以达到毛笔书写的效果。最后要说的是，西周中期金文也逐渐废弃了繁写的"于"字正体，也是适应大量书写常用字的需要，体现出史官与时俱进的创新观念。

还有一个问题，即出组中有几例使用正体"于"字的情况，其出现原因尚不明确，有必要进一步探讨，值得学界关注与研究。

2024 年 7 月 15 日修订

图一　贝冢茂树绘制干支字表

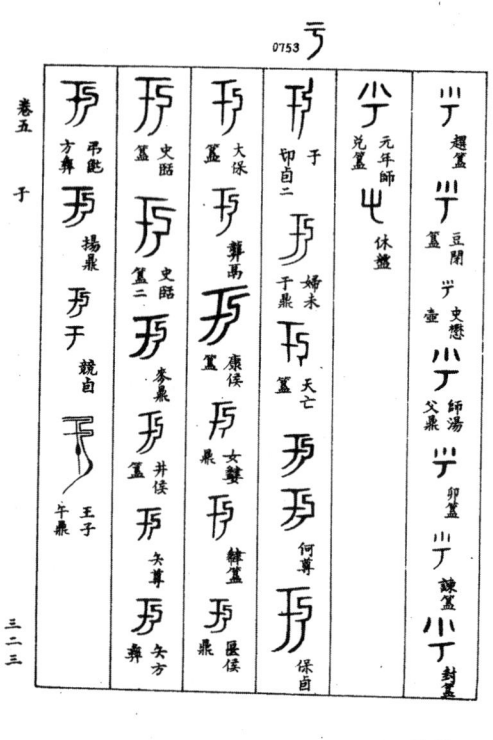

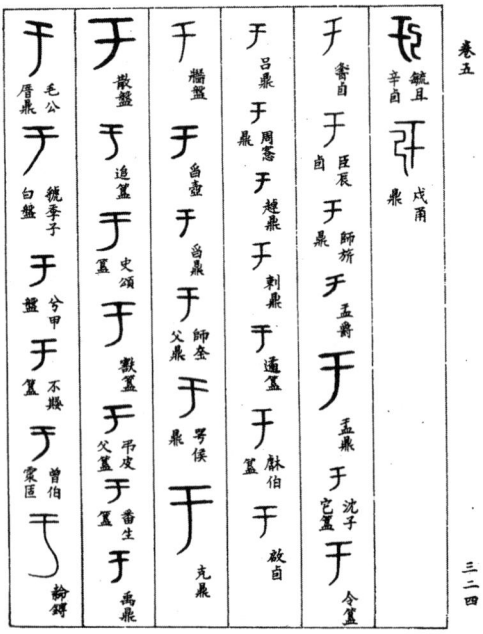

图二 《金文编》收录殷末周初"于"字

甲骨文字形组类演变规律一例:"于"字的考察

英 1934　　　　　　　　合 23035

图三　出组中所见正体"于"字

新见《逋盂新考》修改手稿与尚未面世的《两周金文辞大系考释续编》
——兼谈黄盛璋与郭沫若先生之交谊

王一凡 关砚文[*]

摘 要：北京宣南书局新见《逋盂新考》修改手稿一封，标题被修改为《逋盂所见西周女君与政治》。应是黄盛璋先生在原文于《人文杂志》正式发表后，拆出修改的文章。手稿3张6页，并附纸2处增补。除对个别字、词的修改外，增修内容还涉及西周时期历史地理问题、小臣逋鼎的时代、西周铜器中女君的权力与政治关系等问题。再查黄盛璋先生与郭沫若先生信件往来、回忆文章与相关文献，该修改手稿应是未曾面世的《两周金文辞大系考释续编》中的一篇，是黄盛璋先生秉承郭沫若先生嘱托，对"新出与未收的铜器"所"作补录或续编"。

关键词：逋盂；《两周金文辞大系》；续编；郭沫若；黄盛璋

《两周金文辞大系图录考释》是一部极其重要的金文研究、两周历史研究著作，是郭沫若先生倾注极多心血的作品。据李红薇先生梳理，该书版本多达八种。[①] 近来，北京宣南书局新见黄盛璋先生原刊发在《人文杂志》1982年第5期的《逋盂新考》修改手稿一封，再查黄盛璋先生与郭沫若先生之交谊、《黄盛璋先生八秩华诞纪念文集》等文献，未曾面世的《两周金文辞大系考释续编》逐渐显露。

---

[*] 王一凡，中国社会科学院考古研究所助理研究员；关砚文，西安汉长安城国家大遗址保护特区管理委员会助理馆员。

[①] 李红薇：《郭沫若金文著作的文献学研究——以〈两周金文辞大系〉为中心》，中国社会科学出版社，2023，第9页。

一 《逋盂所见西周女君与政治》：
新见《逋盂新考》修改手稿

逋盂 1967 年 7 月出土于陕西省西安市丰镐遗址（出土地点位于今西咸新区沣西新城马王街道新旺村西北 200 米），同出的还有铜匜一件。[①] 逋盂侈口，深腹，圈足，双附耳，腹内有铭文 49 字。内容围绕周王内宫之事，人物涉及天君（太后）和姒后（王后）。

黄盛璋先生在《人文杂志》1982 年第 5 期第 98~102 页正式发表有《逋盂新考》[②] 一文，文章考释了逋盂铭文，并讨论了其中涉及的西周地理、作器者的身份与作器年代、西周时期的奴隶与天君（女君）等问题，具有重要价值。

笔者 2022 年 3 月 18 日于北京宣南书局购得《逋盂新考》正式发表后的修改手稿一封，保存基本完整，有多处修改及两处贴纸增补。据观察，这封修改手稿则应是黄盛璋先生从正式发行的《人文杂志》中拆出，并将第 97 页上的他人文章用红叉删除，重新装订粘贴而成。标题也被修改为《逋盂所见西周女君与政治》。

本文首先将介绍分析黄盛璋先生对《逋盂新考》原文的修改，再将探讨更改标题及内容的原因，最终由此得见这封修改手稿与《两周金文辞大系考释续编》的关系。

二 刊后增补、附纸两处：修改内容
考察与涉及相关问题

该修改手稿共 3 张 6 页，页码为 97~102。第 97 页是前文《史籍方志中关于陕西水旱灾情的记述》的最后一页，为奇数页。修改者为装订方便，将偶数页第 98 页上的文章首页置于最上，将第 97 页置于背后并用红叉删除，然后装订。在第 100 页下方和第 101 页上方各贴纸一张进行增补，全文其余亦有多处修改。这里按照原文顺序，逐录于此。

[①] 陕西省博物馆：《陕西长安沣西出土的逋盂》，《考古》1977 年第 1 期。
[②] 黄盛璋：《趩（逋）盂新考》，《人文杂志》1982 年第 5 期，第 98~102 页。

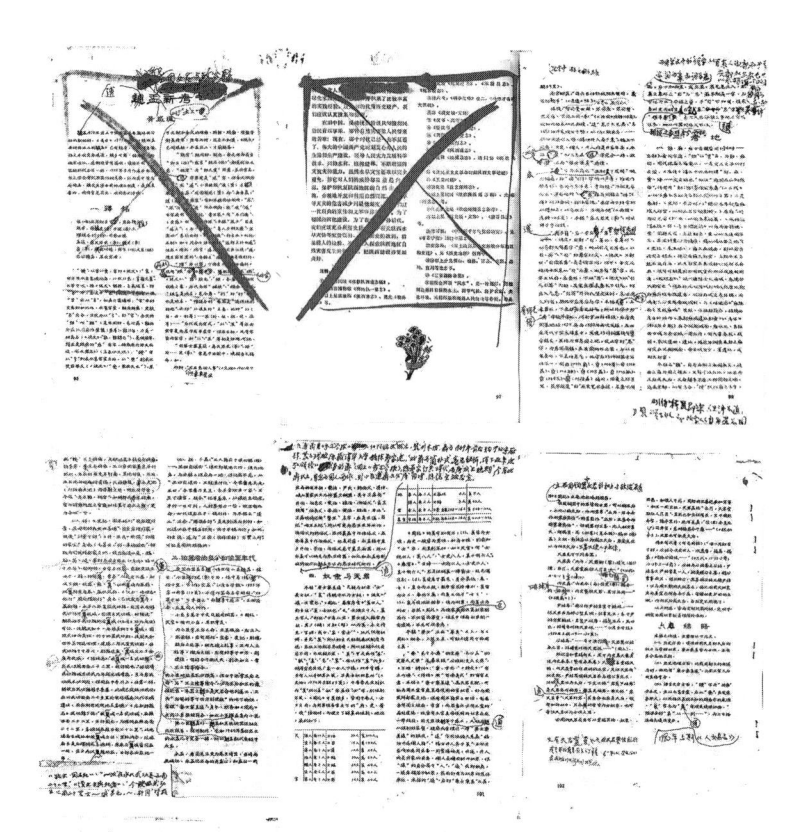

图一 新见修改手稿

1. 全文中,"逋"字的"辶"旁,由原来的"走"换为"辶"。
2. 文章标题由《逋盂新考》修改为《逋盂所见西周女君与政治》。
3. 第 98 页 11 行,删去"丁亥"。

4. 第 98 页 11 行，"君在⿱宀叟"改为"君在雒（雍）"。

5. 第 98 页 37 行，对"⿰彳登"字进行重新隶定：二行"土"上一（不明何意）。

6. 第 98 页 38 行，删除"阶"字。

7. 第 98 页 50 行，收有"缀"字后加入"，所从"。"隥"改为"此字"。

8. 第 98 页 63 行，柞钟铭文加入"柞锡载朱黄鋚，"。

9. 第 99 页页首加入："克钟：锡克车马乘"。

10. 第 99 页 4 行，扬簋铭文加入"王若曰：扬，作司工，"。

11. 第 99 页 10、11 行，"逗"字改为"此字"。

12. 第 99 页 12 行，"枣"字改为"棻"字。

13. 第 99 页 20 行，"即"字改为"象"字。

14. 第 99 页 20 行，"鼻"字上加注"下加须毛形"。

15. 第 99 页 29 行，"皀"字改为"此字"。

16. 第 99 页 30 行，开头加"有须毛"。

17. 第 99 页 30 行，删除"从""孔引气"，改"气"字后","为"。"。

18. 第 99 页 30~31 行，删除"所以此字必为'鼻'字较早字形"，改为"须"字。

19. 第 99 页 43 行，"分化为二。"后加入：名词为鼻，动词为息。西周金文中的"须"字从首表人面部，而于页左部加三条毛形以表胡须，与此部□□为名、动异体。

20. 第 99 页 44 行，在"更为明显"后加入：胡须之象形本字，而和。

21. 第 99 页 44~45 行，删除若干字，因字迹不清，不可明辨。

22. 第 99 页页末加入：《引得》释鼠即沫，但讲□道：（后字迹不清）。

23. 第 100 页，用铅笔将所有的"荣"京改为"芳"京。

24. 第 100 页，将"麓"字从第二个开始，用"~"代替。

25. 第 100 页 27 行，在"武功县"后加"城"字。

26. 第 100 页 28 行，"在武功县西南二十二里"改为"在雍州武功县西南二十二里"。

27. 第 100 页 40 行下贴纸增补：

《路史·国名纪》："~城在永兴武功县西南二十二里",《读史方舆纪要》："今陕西武功县西南二十里古~城是也，~，邰同"，皆据《括地志》转抄。明康海《武功县志》："古~城在县南八里，漆村东，古有邰氏之国"，又说"今县南三十里有~城者，前汉徙置之耳"。后者当即圪塔庙之汉城址。扶风法禧村出土汉陶罐上有"~亭"戳记，眉县文化馆也征集到一件汉陶罐有"~亭"戳记。法禧村出土窖藏铜器，其中鼎铭有"~"，法禧村一带有大量汉代瓦砾堆积，出土有大型汉代陶水管等，以北，以东是秦汉时大墓葬地。法禧村在原武功县杨陵镇西南不远，因此有人认为秦汉时~县城在扶风的法禧村一带（尹盛平《从先周文化看周族的起源》，《西周史研究》229~230页），但法禧村一带并无古城遗址，自唐以来所指之~城，仍当在圪塔庙古城，此城为汉~县，是否来自西周城，尚待发掘。（笔者按："~"即"釐"字）

28. 第101页11行后于页首贴纸增补：

小臣逋鼎《考古学报》仅附铭文拓片，器形未附。鼎为1949年前后购于北京厂肆，器已残破，原藏清华大学，据陈梦家述："此鼎为简朴式，毫无纹饰，项下收束，近于《颂续》8的鼎"（同上《考古学报》），陈梦家订其时代当属"成王晚期"，今有此鼎（笔者按：应指逋盂）出土，肯定为同人所作，则小臣逋鼎必属同时，陈说全被否定。

29. 第101页53行，改"妄图"为"企图"。
30. 第102页2行，加入节标题：五 西周铜器中女君的权力与政治关系。
31. 第102页8行，"昭王太后。"后加入：王姜又使人于太保，
32. 第102页11行，"征人"后加入：用作父丁尊彝，黿。
33. 第102页12行，改著录号为：集5.2674。
34. 第102页14行，改"非余"为"琲珎"。
35. 第102页27行，"证明"后加入"此"字。
36. 第102页32行下，增补：

又有天君簋"鼋，癸亥，我天君飨饮酉（酒）赏贝，毕征斤贝，用作父丁尊彝。（集7.4020）"癸亥（60）在丙午后19日，仍在同地□（斤）。

37. 第102页50行，改"五　结语"为"六　结语"。
38. 第102页61行，改"鼻"字为"须"字。
39. 第102页末，补《人文杂志》1982年5期。

总体观之，这次修改增补，除对个别字、词的修改外，主要集中在四个方面。

第一，利用《路史·国名纪》《读史方舆纪要》《括地志》《武功县志》和法禧村铜器窖藏、法禧村汉代陶罐上的"鳌亭"戳记等，探讨了西周时期鳌城的地望，黄盛璋先生认为在圪塔庙古城。加强了文章对西周时期历史地理问题的讨论。

第二，利用新出逨盂的年代，补充分析了小臣逨鼎的年代也应为恭王时代。

第三，新辟出第五节"西周铜器中女君的权力与政治关系"，着重强调了逨盂、天君鼎、内史鼎、尹姞鬲、公姞鬲等所见西周时期的女君权力与在西周政治系统运行中的地位。

第四，重新分析了西周金文中的"须"字。

三　"按最高的要求完成"：《两周金文辞大系考释续编》

将已公开发表的《逨盂新考》，改名为《逨盂所见西周女君与政治》，内容亦做大量修改的原因，应是为了收入某一专题论文集或专著。而黄盛璋先生毕生所念，是对《两周金文辞大系考释》（简称《大系》）的补充与"续编"。这些信息，在黄盛璋与郭沫若二位先生的往来信件与数篇回忆追念文章中可见一斑。因此，我们认为这封修改手稿，应与黄盛璋先生多次提及的《两周金文辞大系考释续编》有关。

黄盛璋先生刊发于《社会科学战线》1978年增刊的《永不能忘的忆念——悼念郭沫若院长》一文中，有如下信息。

1957年黄盛璋先生向郭沫若先生提出，《两周金文辞大系考释》有

"两项工作应该补做"：

> 一是要通俗与普及，加注、翻译出普及版，便利工农兵与一般干部购买与阅读；二是新出与未收的铜器，应作补录或续编。①

1957年2月13日，郭沫若先生回信黄盛璋先生：

> 《大系》近曾略加校补，当由科学出版社出版。本拟作"补录"，将近年新器补入，顾至今未能竟事。你如有意加注，自是善事。②

这封回信同时也收录在《郭沫若书信集》中，③ 在《永不能忘的忆念——悼念郭沫若院长》文后，黄盛璋先生附上了回信手稿的照片。

同时，文中还体现出黄盛璋先生想请郭沫若先生帮助调或借调到考古研究所，编纂《金文合集》，并帮他整理完成《两周金文辞大系考释续编》。④

> 《两周金文辞大系考释续编》请他（郭沫若）指导，我（黄盛璋）做具体工作，这是他（郭沫若）1972年信中希望我（黄盛璋）做的。我（黄盛璋）向他（郭沫若）汇报已经着手两、三年，将仿效《金文丛考》和《大系》的做法，《续编》编成后，仍请他署名出版。⑤

> 《大系考释》还有待充实修订，特别是新的铜器不断出土，不仅需要大量的增补，有些本身就直接涉及《大系考释》中断代、分国以及某些具体的解说。初生的牛犊，无所顾虑，每当新器发现，除向他请教和讨论外，也数次直言不讳地指出《大系考释》中某些年代或说法要改，郭院长并不以我所说为狂妄。⑥

1972年冬黄盛璋先生去信郭沫若先生问及《补录》做得如何时，郭沫若先生回信说：

---

① 黄盛璋：《永不能忘的忆念——悼念郭沫若院长》，《社会科学战线》1978年增刊。
② 黄盛璋：《永不能忘的忆念——悼念郭沫若院长》，《社会科学战线》1978年增刊。
③ 黄淳浩编《郭沫若书信集》（下），中国社会科学出版社，1992，第239页。
④ 黄盛璋：《永不能忘的忆念——悼念郭沫若院长》，《社会科学战线》1978年增刊。
⑤ 黄盛璋：《永不能忘的忆念——悼念郭沫若院长》，《社会科学战线》1978年增刊。
⑥ 黄盛璋：《永不能忘的忆念——悼念郭沫若院长》，《社会科学战线》1978年增刊。

新见《遹盂新考》修改手稿与尚未面世的《两周金文辞大系考释续编》

> 《大系》已没有工夫和兴趣继续搞了，如您愿意搞，请您费心吧！①

这说明，至迟在 1972 年以后，郭沫若先生就将《两周金文辞大系考释续编》的撰写工作全权交予了黄盛璋先生。

文中还体现了黄盛璋先生对续编《大系》的写作思路与体例构想：

> 我（黄盛璋）以为《续编》很是急需，从 1974 年以后，我就着手准备这一工作，仿照他（郭沫若）《全文丛考》的作法，新收与未收之器逐一考证，而研究重点则放在分国、次为断代，最后集结为《续编》，结实的建筑首先要有牢固的基础。②

黄盛璋先生还曾向郭沫若先生报告这一想法，郭沫若先生是"明确表示支持"的。③

黄盛璋先生十分希望郭沫若先生为《两周金文辞大系考释续编》题写书名和题词：

> 《两周金文辞大系考释续编》想请他挥毫题签和题词之类。④

然而，郭沫若先生并未能看到《续编》的问世，留下遗憾。黄盛璋先生写道：

> 今后唯一可以报答他老人家对我的浇灌与滋培的就是《大系》的《续编》与改编，这是他老人家生前期望于我的，只要生存，我一定按最高的要求完成，以告慰于郭院长在天之灵。⑤

在黄盛璋先生另一篇文章《郭院长关于新出铜器三器的考释及其意义——纪念郭沫若院长》中，有与之呼应的信息，可见《大系续编》的编

---

① 黄盛璋：《永不能忘的忆念——悼念郭沫若院长》，《社会科学战线》1978 年增刊。
② 黄盛璋：《永不能忘的忆念——悼念郭沫若院长》，《社会科学战线》1978 年增刊。
③ 黄盛璋：《永不能忘的忆念——悼念郭沫若院长》，《社会科学战线》1978 年增刊。
④ 黄盛璋：《永不能忘的忆念——悼念郭沫若院长》，《社会科学战线》1978 年增刊。
⑤ 黄盛璋：《永不能忘的忆念——悼念郭沫若院长》，《社会科学战线》1978 年增刊。

纂工作,是黄盛璋先生夙兴夜寐的:

在1956年新版《大系》的序言中,郭院长提到"拟成《补录》,容暇当努力为之"。①

"拟作《补录》"、"顾至今未能竟事"。②

已没有功夫和兴趣继续搞了,您如愿意搞,请您费心吧。③

从1974年以后我(黄盛璋)就着手搜集《大系》所没有的足以断代、分国的铜器,逐一进行考证,仿照他《金文丛考》的做法,最后结集为《大系续编》。④

在《夏鼐日记》中,还记有:

(1977年1月29日星期六)黄盛璋同志来谈关于《金文合集》编纂事。⑤

1992年春末,黄盛璋先生在山东被采访时,依然对郭老让其续编《大系》之事念念不忘:

郭老又读到扶风强家村所出的师载鼎铭文,嘱黄盛璋可做深入研究。还说《大系续编》不必挂郭沫若的名字,单以黄盛璋的名义出版即可。⑥

---

① 黄盛璋:《郭院长关于新出铜器三器的考释及其意义——纪念郭沫若院长》,《社会科学战线》1980年第3期,第220页。
② 黄盛璋:《郭院长关于新出铜器三器的考释及其意义——纪念郭沫若院长》,《社会科学战线》1980年第3期,第220页。
③ 黄盛璋:《郭院长关于新出铜器三器的考释及其意义——纪念郭沫若院长》,《社会科学战线》1980年第3期,第220页。
④ 黄盛璋:《郭院长关于新出铜器三器的考释及其意义——纪念郭沫若院长》,《社会科学战线》1980年第3期,第220页。
⑤ 夏鼐:《夏鼐日记》卷八,华东师范大学出版社,2011,第76页。
⑥ 翀之:《才思敏捷 思虑过人——访历史地理铜器与古文字学家黄盛璋》,载陕西师范大学、宝鸡青铜器博物馆主办《黄盛璋先生八秩华诞纪念文集》,中国教育文化出版社,2005,第415页。

（1976年7月5日，是黄盛璋先生最后一次见郭沫若先生）

从1957年黄盛璋先生向郭沫若先生提出《两周金文辞大系考释》有"两项工作应该补做"；到1972年郭沫若先生将《大系补录》的工作全权交给黄盛璋先生，并"明确表示支持"；再到1992年春末，黄盛璋先生仍对续编《大系》念念不忘，黄盛璋先生与郭沫若先生的交往始终围绕《两周金文辞大系考释》的"续编"和铜器研究、历史地理等问题。这些往来，无不体现出两位先生对《大系》续编的深厚情感与牵挂。而黄盛璋先生向郭沫若先生汇报的，关于续编《大系》的写作思路与体例构想中所说的"研究重点则放在分国、次为断代"，与修改手稿《逋盂所见西周女君与政治》中加强历史地理问题的分析，铜器时代的探讨等做法也是呼应的。

综合各类信息看，我们认为这份题为《逋盂所见西周女君与政治》的修改手稿，应是为未曾面世的《两周金文辞大系考释续编》积累的材料。目前《续编》的情况，在《黄盛璋先生八秩华诞纪念文集》中《论文分类目录》里，则有如下信息：

《两周金文大系续编》郭沫若1972、1976年两次嘱咐进行多年，后付西周历法与语法二表，待最后出版。[①]

结　语

综上所述，已公开发表于《人文杂志》1982年第5期的《逋盂新考》，被黄盛璋先生重新改名为《逋盂所见西周女君与政治》，并附纸修改，是对"新出与未收的铜器"所"作补录或续编"，应是要将修改后的文章收入《两周金文辞大系考释续编》。但时至今日，我们未能看见这部巨著的问世。笔者偶得此封修改手稿，备感重要，刊布于此，致以最崇高的敬意。同时，铭记郭、黄二位先生《两周金文辞大系考释续编》的未竟事业。

[①] 陕西师范大学、宝鸡青铜器博物馆主办《黄盛璋先生八秩华诞纪念文集》，第445页。

文献学视野下的图录与学术史中的郭沫若

——李红薇《郭沫若金文著作的文献学研究》读后

苏 辉[*]

摘 要：李红薇专著《郭沫若金文著作的文献学研究——以〈两周金文辞大系〉为中心》是从文献学入手，发凡起例，校勘矜慎，结合学术史视野来系统阐释郭沫若青铜器和金文研究方法、思路、渊源的前沿力作，堪称理解郭沫若相关成就的津梁。由此可引发对郭沫若旅日期间学术取径、与日本学界互动及时代背景影响等问题的深入思考，郭沫若在日本的出土文献探索过程其实是20世纪初中国从传统学问向现代学术转型的一个折射镜像。

关键词：郭沫若；《两周金文辞大系图录考释》；青铜器金文；文献学；学术史

郭沫若是20世纪学术史中的代表性人物，在文学、艺术学、历史学、考古学、古文字学、文献学等领域成果卓著，建树丰赡。青铜器和金文研究在郭沫若探索古代生涯中占有重要的一席之地，而《两周金文辞大系》（下文简称《大系》）及其《图录》更是其最重要的代表作，二者互为表里，相辅相成，在金文研究从古代到现代学术转型过程中矗立了一座高峰，也是相关领域研究者案头必备的参考书。郭氏身后两周甚至商周时代的金文新出材料不胜枚举，研究成果更是日新月异，但无论从规模还是价值而言都无法取代《大系》，对这部学术名著的研究和订补工作一直以来都是学界关注的重要问题，其中朱凤瀚领衔整理的《张政烺批注两周金文辞大系考释》是一个带有承前性质的总结。2024年李红薇的博士学位论文《郭沫若金文著作的文献学研究——以〈两周金文辞大系〉为中心》（下面简称李著，如有引文不再特别标示，只出页码）出版，为郭沫若《大

---

[*] 苏辉，中国社会科学院古代史研究所副编审。

系》的图录、考释做了系统、全面的梳理和考索，钩深索隐、辨难析疑，在前人的研究和评价基础上又提出了不少新的认识，必将成为青铜器金文研究者和郭沫若研究者案头的常用工具书。

一 阐释《大系》的前沿成果

李著对以《大系》为中心的郭沫若金文研究进行了全面的考察，有两方面的优点值得特别介绍。

（一）从版本校勘入手，辨章学术

选题和方法对于学术专著而言具有极其重要的地位，不仅是著作的灵魂和核心，更是决定研究成败的关键因素。任何研究均非孤立存在的独岛，都是在继承前人成果的基础上进行总结、推进或更新，恩斯特·迈尔的名言"几乎对任何科学问题的研究都将必然地引向对其历史的研究"[1]，指明了学术史视野的重要性，没有学术史的眼光和把握，所谓的前沿问题和意识也就如沙滩上的高塔一般无从谈起，故李著选题的意义恰如书中"绪论"所引李学勤先生的话："学术史一定包含若干对该门学术起重大作用的学术人物。考察这样的学术人物，会使人们更多地了解该门学术的进步历程，而窥见其在将来的发展方向。"[2] 在20世纪学术史上发挥重大作用的学术人物中一定包括郭沫若，他在创造学术史的同时也走进了学术史，《大系》已经用无可辩驳的创新意识和学术价值印证了他的贡献，而李著对于《大系》及郭氏相关金文论著的研究，在选题上就已经凸显了学术意义的重要性。

《大系》从1932年出版以来，经过了1935年的《图录》《考释》合编定本，1957年批校本，到《郭沫若全集·考古编》本，各个版本之间改动较大，"郭沫若的不少观点前后修改较多且几无说明，各个著作不同版本之间的变动也不统一"（279页），甚至收藏机构的藏本还保留有郭沫若不同时期的眉批，再加上学术观点的调整和变化，"同一个字形，在不同著作或同一著作不同版本中也往往意见不一，并非均依时间为序变动"。（280~281页）《大系》各个版本均有盈缩挖补，疏漏之处在所难免。

---

[1] 〔美〕洛伊斯·N.玛格纳：《生命科学史》（第三版）"序言"，刘学礼主译，上海人民出版社，2012，第1页。

[2] 李学勤：《〈容庚青铜器学〉序》，载陈英杰主编《容庚青铜器学》，学苑出版社，2015。

作为青铜器金文研究的必备常用书，《大系》的论述引用率很高，如果引文恰好碰到各本有异的情况，会影响到论证的可靠性。清人孙德谦对此深有体会："读书之应用善本，余于《校读例》中已略言之矣，顾彼就校书言，此则专论读书矣。盖读书贵得善本，若读本而不得其善者，所读之书倘信以为善本，则所失匪浅，将有误读而误解，为人嗤鄙者矣。"① 李著在集齐各本的基础上进行全面而细致的校勘比对，耐心分析研究它们之间的特征和差异，最后评价诸版的优劣，得出结论："02 版与 57 版不同而与 35 版一致的这类情况多达上百处，并非作者放弃后来观点而回改依从 35 版，而是全集编委会选择的底本存在问题。"（280 页）"1957 年修改版才是最接近作者原意的学术性善本。"（11 页）如果李著不专门指出此点，相信大多数学者只会以手头存有的《大系》版本为准，或许个别人在使用《大系》的过程中会感觉 02《全集》版不如 57 版，但在李著之前没有学者进行过全面深入的考证。古人读书，讲究要选精校善本看，这不仅可以避免不必要的失误，也是有无常识的表现，这在传统学术领域尤其重视。张之洞《书目答问·略例》指出："读书不知要领，劳而无功；知某书宜读而不得精校精注本，事倍功半。"② 因此，李著这个结论非常有价值，王世民为该书作序时非常赞赏此点，特别标举以示彰显。

在校对过程中，李著发现了《郭沫若全集·考古编》金文著作的编辑问题，并以专门一节进行考辨，不少谬种流传之处得以澄清，其中最明显莫过于《考古编》第八卷《大系考释》卷首语提到的"《两周金文辞大系图录》，一九三四年由三联书店出版"的误解，这一点李著在"一处误读牵出的连环错——兼说涉及《大系》版本的各类错误"进行了仔细的拨正，指出既没有 1934 年的《大系》，也不存在三联书店的版本，顺带还纠正了后来根据《考古编》引述而导致的种种糟点臆说（295~301 页）。

因此，无论对著者郭沫若还是《大系》读者而言，李著在校释阐述方面都是有突出成绩的功臣。

（二）《考释》《图录》并重，考镜源流

图录类古书的目录学传统和源流影响深远，具体到青铜器图录，宋、清两代的学术积累，加上民国初年的新史学思潮激发和西方多学科理论的视野

---

① （清）孙德谦著，黄曙辉整理《古书读法略例》，广西师范大学出版社，2006，第 152 页。
② 范希曾编《书目答问补正》，中华书局，1963，第 3 页。

拓展，至20世纪30年代已经具备了从量变到质变的转型节点。《大系》《图录》在考释解读之外，更有特点的是兼有分期断代与分域比较，其实质问题是时空视域下的出土文献考证怎么导向历史学研究。郭沫若将金文以西周按时代先后、东周按国别分区，图形则大体遵循考古类型学的原理，融会贯通，进行中国古代社会的探索，取得了举世瞩目的成就，其中史料编排与历史脉络、背景的契合是《大系》《图录》成功的关键，也是创造性的体例和方式，可见历史与出土文献的研究都是从史料出发，但整体或单个史料必须在特定的历史框架中进行运用，才能发挥系统的优势。

李著在版本校勘的比较过程中，同时还运用考镜源流的方法，对郭沫若的具体研究结论和成书构思进行追溯，"利用校勘学方法，以对校法逐字逐句比对同一著作的不同版本，并综合运用本校、他校、理校等方法，参以郭沫若其他论著，依时间为序，梳理其观点演变脉络，综合考察，找到作者生前关于某问题的最终意见"。（"摘要"第2页）通过系统的比较分析，李著指出："35年版《大系》大体写于1934年，是在32版《大系》基础上增删改写而成的。作者的观点变化极大，无论是器物数量、次序排列还是具体到铜器断代、铭文考释、史实解读等等，几乎每件器都做了修改，实属两个不同的文本系统。作者详加增订的35版《大系》甫一问世，申明初版作废。"（280页）并分析归纳了四种原因："第一，有些器物，早年仅能看到摹本或翻刻本，后来见到更为清晰的拓本，释字随之跟进。……第二，新材料的发现促使其对原有观点反思。……第三，接受其他学者的观点，修正之前的错误。……第四，作者后来对一些问题作了重新思考，有了新的认识，推翻旧说。"（281~284页）

对于《图录》的研究和分析是李著的一大亮点，一般而言，学者引用《大系》主要在金文考释部分，对于《图录》甚少措意，或者仅仅将其当作考释附属的参考图，李著通过对郭沫若所选图片进行史源学的探究，进而钩稽出《图录》的体例，通晓他依次以照片、全形拓、普通拓片、线图作为优选等次，除此之外，纂述缘由、编排体例等均体现了郭沫若的学术思路。"《图编》器物排定次序与《录编》有很大差别，并非与《考释》编次一一对应"（97页），其中的关窍就在于《录编》与考释配套，故相互映射，《图编》则以类近相比的原则来排列，形制、纹饰相近的器物收在一起，显示出郭沫若有意通过《图编》践行考古类型学的方法。"《图录》的价值绝不是《考释》的配图或附录。《图录》除首次刊布的百余件新材料外，更多的是体现了作者新的学术理念与新的学术思考。……郭沫若面对的几乎都是没有明确考古信息的铜器，但他仍能从无字句处钩沉出不同时代铜器的特点，董理出铜器发展序列，其研究不再只停留于证经补史的文字层面，更深入到以考古类型学思想关照形制纹饰演变之过程。"（106页）

同样重视出土文献和历史研究的王国维在郭沫若之前倡导"二重证据法"，在传统的学术研究中，学者们大多只关注传世文献与传世文物。然而，现代考古学的传入为这一领域带来了新的突破。当传世文献、传世文物与出土文物三者之间的交互作用逐渐被重视时，"二重证据法"的应用价值得到了更加显著的体现。郭沫若的青铜器金文研究就是在这一背景下，通过《大系》的图录和考释将三种史料融会贯通，做出了卓越的贡献。

李著在《图录》的分析中，除了学术思想的层面之外，还有其他观点值得肯定，其中关注到所选拓片的边款钤印的学术史价值，认为02年版《录编》抹除拓片引文的做法有违鉴藏的通例，遗失了必不可少的学术史信息，（70~71页）并特别举曾伯霥簠二为例，批评57年版和《考古编》版本删去了35年版原有的"胡吉宣氏藏拓轴。承借印"注解，惋惜拓片隐含的历史文化内涵流失阙逸。（49页）确实，图文附录信息的学术史追索也是非常有意义的问题，对于考察郭沫若的交游大有裨益，如胡吉宣是浙江慈溪人，燕京大学教授胡濬康（可庄）之子，1918年肄业于北京大学，所著《字原》（马衡为之题字《幽求室字说》）[1] 书前印有郭沫若来函一通作为序语，其中就提到了借曾伯霥簠拓轴之事。

子珛先生史席：

大札诵悉，曾伯霥亘（簠）拓轴，洵瑰宝。远道惠假，感荷无拟。鸿文四种，已盥读，释亘（簠）最饶精义，不朽之业也。尊集何时可出，能将全豹见示否？序当遵命，并郑重为之，庶不至于佛头着秽耳。拓轴影毕即奉赵，先草数行驰谢，祈释廑念。

专覆，顺颂

文祺

郭沫若再拜

七月十一日

---

[1] 马思猛编著《马衡年谱长编》中册，故宫出版社，2020，第553页。

郭沫若收到寄送来的《字原》后又致信胡吉宣致谢，郭沫若纪念馆馆藏该信："承赠大作《字原》十部，感谢感谢！芜函蒙印出真成佛头著秽矣。拙作图录印刷颇费时，大约来月中当可出版。"① 往返之间，学谊高张，正可见历史渊源与文化底蕴。至于57年版删去借胡吉宣拓轴的说明，或许与当时政治环境有关，同样也是学术史上不可忽视的一笔。

李著中一些细节的探索，如《考释》比《图录》先脱稿，但《图录》先行出版，这个问题颇耐人寻味。李著在考索郭沫若与文求堂函件后指出，《图录》有部分拓片来自罗振玉，郭沫若在得知罗氏也在编辑《三代吉金文存》时，急欲抢在其前出版《图录》，以提升价值。（36～37页）这对于了解民国时代的学术风气也有帮助。

需要特别指出的是，李著含有大量的表格，并对《大系》的优缺点都有非常详细的说明，就文字考释做了大量的札记，书后附录还有郭沫若金文著述编年长编、著录简称表，便于学者翻检查询。全书资料翔实，结论审慎，为读者利用《大系》提供津梁。

洪亮吉《北江诗话》认为："藏书家有数等：得一书必推求本原，是正缺失，是谓考订家，……次则辨其板片，注其错讹。是谓校雠家。"② 如果把上述引文中的"藏书家"换成"文献学研究"，可以借以说明李著兼有"推求本原，是正缺失"的考订和"辨其板片，注其错讹"的校雠，其设问分门别类，辨析不遗分毫，是对郭沫若著作进行文献学研究的力作，书中许多表格和阐述具有工具书特点，堪称这部史学名著最合适的使用手册。

二 学术史研究的未竟之意

李著对于郭沫若青铜器金文研究的脉络梳理非常成功，由此追溯学术史上的郭沫若也就顺理成章，尤其是郭沫若旅日期间钻研历史和古文字之际，中国正处于从传统学术方式向现代学科模式转型的重要关口，各种思潮蜂拥而至，相互争鸣颉颃，自然而然其著作也打上了时代的烙印，他能够在学术上做出突破前人的贡献也是适逢其会。因此，对《大系》的文献

---

① 黄淳浩编《郭沫若书信集》（上），中国社会科学出版社，1992，第400页。
② （清）洪亮吉著，陈迩冬校点《北江诗话》，人民文学出版社，1998，第46页。

学考索构成了郭沫若学术史研究的重要一环，从中可折射出20世纪上半叶中国学术史发展演变的脉络。

在郭沫若的出土文献研究中，必须提到王国维对他的影响，谢保成论述郭沫若学术路数上对王国维的继承，也是学脉的前后接续。① 如果再放宽视野，就会发现二者人生的一部分履历惊人地相似，表现在许多方面。首先，他们都拥有深厚的旧学基础，熟读经典。其次，他们都对理科有所涉猎，这种跨学科的知识背景可以提供独特的思维方式和分析角度。两人都在日本求学的经历中开拓了学术视野，汲取了先进的研究方法。再次，在研究取径中，他们都以文学、哲学起步，逐渐转向史学、文献学、古文字学等领域。唐兰对"甲骨四堂"的风格和贡献评语中指出："雪堂导夫先路，观堂继以考史，彦堂区其时代，鼎堂发其辞例。"② 其实王国维"考证古史"和郭沫若"抉发辞例"的本质是共通的。郭沫若在阅读王国维的著作时，由于凭信王氏对容庚学术前景的评价，而径直向容庚去信联系，这为他的青铜器和金文研究提供了较大的帮助，这种学术交流的跨时空中介也是王国维。二人之间唯一的差异在于信仰，导致他们在中国发展道路上采取守旧与革命的不同取向，但这并不妨碍郭沫若以"先获我心"的观感，在史学研究上对王国维的赞赏与借鉴。

郭沫若赴日时间上跨越1914～1923年、1928～1937年两个阶段，前后累计共有20年。以往的研究者对此的叙述或考察大都比较笼统，不外乎他受了西化教育的熏陶，接触到米海里司等学者的著作，获得考古学、艺术史等学科的新理论启发，这段经历对他在文学创作和学术研究中起到了不可或缺的作用。日本是他知识进修和学术成熟的地理场域，属于天天沉浸其中且能发挥潜移默化作用的外部环境，如果对此重视不够，就会在认识学术史上的郭沫若时遭遇模糊不清的隔膜。我非常赞同学者对于当前研究薄弱环节的评论："（郭沫若）所有这一切辉煌与成就，都与日本联系在一起。日本在这里当然不仅仅是一个地域的概念，而是郭沫若生存与活动其间的一个社会环境、一种文化环境。因此，'郭沫若与日本'，理应成为郭沫若研究学术领域的一个具有丰富内容的重要方面。然而目前的现状却是：这方面的研究在整个郭沫若研究学术领域中是最薄弱的一个环节，甚

---

① 谢保成：《郭沫若学术思想评传》，北京图书馆出版社，1999。
② 唐兰：《天壤阁甲骨文存》"自序"，辅仁大学，1939，第105～106页。

至存在着许多完全未被触及的空白点。"① 不管考察角度是文学史还是学术史上的郭沫若,目前研究郭沫若旅日时期的论著确实非常不够,这点批评是完全成立的,甚至可以进一步说,学术史上的郭沫若这个课题园地相比之下更加荒芜,有待大加开垦耕耘。当然是由于资料不足、郭沫若自述经历涉及不多等各种客观原因,尤其抗日战争爆发后郭沫若毅然回国,他与日本友人之间的情谊在中日敌对国关系的大背景下不宜多谈,尽量采取淡然处之的文字方式,这对于双方都可以避免不必要的麻烦和打扰。今后海外文献档案还有待继续发掘,包括但不限于郭沫若在日本期间读书、书信、交往史料,这些对于研究他在日期间的学术思想演变等问题会有直接的推动作用。

若要探寻郭沫若学术思想的来源,不能不重视当时日本整个学术环境和风尚演变的影响。20世纪初期的日本传统汉学式微,顺应现实而又结合了现代西方式理性主义的中国学、东洋学逐步兴起,② 强调国家、民族理念,寻找新史料,注重新观念,运用新方法,解决新问题的潮流蔚然成风,对日本史学界产生重大影响。现代考古学的著作和思想也在这一时段通过滨田耕作等的介绍而传入日本,滨田的《通论考古学》是当时通行的教材,徐坚认为滨田耕作在考古学理论和方法引入中国上影响深远,从全面和整体上对中国考古学的贡献十分突出。③ 这是可以成立的。

郭沫若翻译米海里司《美术考古一世纪》,提到自己专研考古学的开端是受滨田耕作的影响,④ 他除了借鉴米海里司的想法和观点之外,也应该参考了滨田的考古学思想,以及同时流行的蒙特柳斯考古类型学,⑤ 甚至还包括安特生的考古工作⑥。几位外国考古学家的治学路径投射到郭沫若脑海中,对他编辑《大系图录》分别产生了什么影响,这类问题没有学者进行过细致的比较和分析,大多数相关研究只是止步于关联米海里司。

---

① 蔡震:《"郭沫若与日本"在郭沫若研究中》,载四川郭沫若研究中心、四川郭沫若研究会、中国郭沫若研究会编《当代视野下的郭沫若研究》,巴蜀书社,2008。
② 钱婉约:《从汉学到中国学:近代日本的中国研究》,中华书局,2007。王向远:《白鸟库吉与日本汉学向东洋学的转变》,《国际汉学》2020年第4期。
③ 徐坚:《暗流——1949年之前安阳之外的中国考古学传统》,科学出版社,2012,第370~371页。
④ 〔德〕米海里司:《美术考古一世纪》,郭沫若译,上海书店出版社,1998。
⑤ 俞旦初:《二十世纪初年西方近代考古学思想在中国的介绍和影响》,《考古与文物》1983年第4期。
⑥ 林甘泉、黄烈主编《郭沫若与中国史学》,中国社会科学出版社,1992,第154页。

从学术史的角度看，在对《图录》本身的史料来源、编辑思路和体例等内容做过探讨之后，还可以延伸到与同时代中外学界出版的青铜器图集进行比较，如滨田耕作 1919 年和 1922 为泉屋博古馆编的《泉屋清赏》和《泉屋清赏别集》、1932 年东京帝室博物馆出版的《周汉遗宝》、1933～1935 年梅原末治编辑出版的 7 册《欧米搜储支那古铜精华》，中国学者如 1934 年于省吾《双剑誃吉金图录》，容庚编的青铜器系列汇编《宝蕴楼彝器图录》（1929 年）、《颂斋吉金图录》（1934 年）、《武英殿彝器图录》（1934 年）、《海外吉金图录》（1935 年）、《善斋彝器图录》（1936 年），等等，通过学术贡献的排比，可见郭沫若《图录》的特色除了隐含考古类型学的方法之外，还包括编辑思路是以问题为导向，宗旨是为研究主题服务，这是郭沫若超迈同辈学者的创新思路，其目的不仅在于揭示文物的外在形态，更要洞察其史料内蕴与相互的关联，致力于将散落的历史碎片进行拼合和整理，挖掘揭示出文物背后的深层历史与文化价值，以期尽可能发挥与科学发掘品近似的作用。

郭沫若对于文物的关注不仅仅发端于逃亡日本时，还可以往前追溯到在日求学期间，当时东瀛流行考古热，精英阶层的人员都将收藏、探求文物作为业余爱好，郭沫若在九州帝国大学医学部的老师中山平次郎博士既是病理学界的元老和权威，在考古学方面渊博的学识和造诣也广为人知，以"九州考古之父"著称。1955 年郭沫若访日曾专程拜访中山平次郎教授，在寓所一起欣赏他收藏的中国文物。[①] 这样的交游际遇在郭沫若留学期间并不是孤例，他在撰写《卜辞通纂》时曾去函另一位老师小野寺教授，咨询其所识的藏友中是否有可提供甲骨拓片者，[②] 同学钱潮后来回忆："小野寺教授时邀沫若与我上他家作客。他很喜藏古董，中国的古陶瓷器也不少。"[③] 这些事在郭沫若的自传《创造十年》中都不见记录。以往研究郭沫若在日本进行学术研究的思想转变比较粗线条，大多依据其自述转写或进行一定程度的引申发挥。自述当然权威，但口述史料也不是完全没有问题的，因为它带有主观的选择或遗忘甚至歪曲，研究者需要客观、全面

---

① 武继平：《郭沫若留日十年 1914—1924》，重庆出版社，2001，第 82、95~96 页。
② 林甘泉、蔡震主编《郭沫若年谱长编（1892—1978 年）》，中国社会科学出版社，2017，第 505~506 页。
③ 钱潮：《回忆沫若早年在日本的学习生活》，《中国现代文艺资料丛刊》第 4 辑，上海文艺出版社，1979。

掌握材料，并能够作身临其境式的核验。相较而言，武继平的《郭沫若留日十年 1914—1924》一书对这方面的细致探索具有突出的优点，与微观史学思路和人类学田野调查的方式契合，可为后续研究郭沫若相关课题者借鉴。

郭沫若在阅读甲骨文金文的书籍方面得益于东洋文库的藏书，这是采纳了文求堂老板田中庆太郎的建议。郭沫若通过在冈山六高读书时期的德语老师同时也是知名左翼作家的藤森成吉介绍，与东洋文库主任石田干之助结识，得偿所愿可以出入东洋文库。田中老板获知郭沫若的留日履历，一定也知道藤森与石田是同学关系，所以才提此建议。[1] 学术史上草蛇灰线的指引弥足珍贵，都是推动郭沫若进入学术研究领域并取得巨大成就的水下浮力。1924 年成立的东洋文库，来源于《泰晤士报》通讯员莫理循（George Ernest Morrison）1897~1917 年在华期间收集的 2.4 万册藏书，范围涉及各个领域[2]，若能根据当时馆藏目录，结合其学术成果来考察郭沫若的阅读数量和学术视野拓展，会是很有意思的课题。由此引申，郭沫若与东洋文库的关系，利用里面的藏书积累并更新了什么知识，结交了多少学术圈的朋友，在哪些方面受到了影响和启发，等等，这些问题都没有得到专门而深入的探究，都是今后需要重点关注的研究方向。

从中国古代学术发展的传统而言，文献学和学术史从来密不可分，李著将二者结合起来分析郭沫若的青铜器金文研究，打开了另一扇观察郭沫若学术的窗户，这方面还有更多的工作需要继续努力探索。学术史中的郭沫若是一个非常重要的课题，需要学者今后从更广的视野进行耕耘，如此将获得多维度的认识和新得，有力地推动郭沫若研究持续深入。

2025 年 1 月初稿

---

[1] 蔡震：《文化越境的行旅——郭沫若在日本二十年》，文化艺术出版社，2005，第 255~256、288 页。
[2] 周振鹤：《从莫理循文库到东洋文库》，《读书》1994 年第 7 期。

翻译研究

试论郭沫若翻译文学语言的色彩感*

咸立强**

摘 要：郭沫若文学翻译语言一直都在探求语言的色彩感及其可能的实现方式。郭沫若译诗中的颜色词运用既表现出诗人译诗追求中译者主体性特质，也表现出诗人在翻译实践中融合古今再造现代文学语言的努力。具体来说，途径有三：第一，尽量吸纳原诗语言的色彩感，建构新诗语言颜色表达方式；第二，通过对原语文本中颜色词的添、删、改，重建语言的色彩感；第三，通过颜色词的添译和位置重排等方式，借鉴中国传统诗歌对仗手法，以色彩对照等方式，重构原诗语言的色彩感。以对仗的方式使用颜色词，以对比的方式带给读者鲜明的色彩感，这是中国传统诗词擅长的表达方式，现代文学语言色彩感的表达就深受此传统的影响，也是中国现代文学传承古典文化因子的重要表现。三种方式，第二种最能代表译者郭沫若的个人色彩感及颜色审美情趣。

关键词：郭沫若；翻译文学；文学汉语；色彩感

1920年初，郭沫若在写给张东荪、俞颂华、舒新城的信中谈到眼球、视野与书籍横行的关系问题。[①] 在《印象与表现——在上海美专自由讲座演讲》中，郭沫若以科学数据分析了人的压觉、听觉、视觉，以辨别阈（Unterschiedsschwelle）的差异说明人"光觉算是最灵敏"[②]。郭沫若对视觉的认识在语言文字方面的影响，就是对语言色彩感的注意。郭沫若强调优

---

* 本文系国家社科基金一般项目"郭沫若翻译文学中的文学汉语想象与实践研究"（立项批准号：23FZWB070）阶段性成果。
** 咸立强，华南师范大学文学院教授。
① 郭沫若：《致张东荪、俞颂华、舒新城》，《时事新报·学灯》1920年9月1日。另见黄淳浩编《郭沫若书信集》（上），中国社会科学出版社，1992，第178页。
② 郭沫若：《印象与表现——在上海美专自由讲座演讲》，《时事新报·艺术》1923年12月30日。

秀的诗歌"形式要使韵律、色彩、感触都配合得适当"①，新的国语要追求"字面的色彩和感触"，"除掉意义之外，应该要追求它的色彩，声调，感触。同意的语言或字面有明暗、硬软与沉抑的区别。要在适当的地方用有适当感触的字"。②郭沫若谈《周易·贲》六四爻辞："贲如，皤如，白马翰如；匪寇，婚媾"，点出"此侧重色感"。③"色感"即"追求它的色彩"，强调视觉的美。郭沫若早期谈文偏重为艺术而艺术，如《曼衍言》云："奇花异木可以娱目畅怀而不能充饥果腹，欲求充饥果腹，人能求诸稻粱"，"毒草的彩色也有美的价值存在，何况不是毒草。人们重腹不重目，毒草不为满足人们的饕餮而减其毒性"。④区别艺术与实用，强调实用重口腹，艺术重娱目，即"侧重色感"，这些主张可能是受了"德国新起的所谓表现派"⑤等的影响。郭沫若翻译文学语言"侧重色感"的具体的表现就是颜色词的选择，以及恰到好处地对其进行排列组合，其中自然也就显示出郭沫若的色彩（包括单色及色彩搭配等）偏好。

诗歌重色是传统，颜色对（用色彩词相互对举的格式，有艳彩对、淡彩对、黯彩对等）是格律诗常用手法。现代人的色彩感越来越细腻，色彩学⑥作为一门新的科学在"五四"新文化运动中也传入中国，现代作家对语言色彩感的把握与表现也越来越准确，现代新人对颜色（色彩）的表现尤为重视。1920年2月，宗白华发表了《新诗略谈》，提出了一个"诗的定义"："用一种美的文字——音律的绘画的文字——表写人的情绪中的意境。"谈到诗歌文字的两种作用：（一）音乐的作用，（二）绘画的作用。宗白华谈到"绘画的作用"时指出，"文字中可以表写出空间的形相与彩色"，"诗恰是用空间中闲静的形式——文字的排列——表现时间中变动的

---

① 郭沫若：《诗歌漫谈》，《作品》1962年第1卷第3期。
② 郭沫若：《怎样运用文学的语言》，《郭沫若全集·文学编》第19卷，人民文学出版社，1992，第308页。
③ 郭沫若：《中国古代社会研究》，《郭沫若全集·历史编》第1卷，人民出版社，1982，第61页。
④ 郭沫若：《曼衍言（一）》，《创造》（季刊）1923年2月第1卷第4期。
⑤ 郭沫若：《创造十年》，《郭沫若全集·文学编》第12卷，人民文学出版社，1992，第77页。
⑥ 张聿：《色彩学述要》，上海《美术》1919年第2期。刘以祥：《色彩学》，商务印书馆，1931；俞寄凡：《色彩学ABC》，世界书局，1931；吕澂：《色彩学纲要》，商务印书馆，1933；向培良：《舞台色彩学》，商务印书馆，1936。

情绪思想"。^① 1926年2月4日，王独清写了《再谭诗》，提出了自己"理想中最完美的'诗'"的公式："（情+力）+（音+色）= 诗"，认为诗歌创作"最难运用的便是'音'与'色'，特别是中国底语言文字，特别是中国这种单音的语言构造不细密的文字。"^② 王独清认定传统的单音字不适合表达"'音'与'色'"，但是从他的论述中可知，他强调的也不过是颜色词的选择及通感手法的使用。1926年5月13日，闻一多发表了《诗的格律》^③，提出了新诗创作的"三美"理论，其中，"建筑的美"与宗白华"空间的形相"有相通之处，"绘画的美"与宗白华提到的"彩色"相通。宗白华只是提到"彩色"，没有展开，闻一多"三美"理论最模糊的就是"绘画的美"。现代新诗倡导者从一开始就重视语言的色彩感，却没有像现代色彩学那样形成严密的逻辑体系，郭沫若、宗白华、闻一多、王独清等人在这方面其实都没有提出多少新见，他们反复强调的无非就是颜色词的对比及通感手法的使用等。所有这些，我们在传统诗歌里都能找到。

就文学语言色彩感的问题而言，无论是相关观念的提出，还是具体的语言实践，郭沫若比宗白华、闻一多、王独清都要早一些，是真正的先行者。如果我们要在这四个人中找到一条能够连起来的线，这条线就是郭沫若。郭沫若与其他几位都曾是极好的朋友，对其他几位都产生过积极的影响。长期以来，人们并没有注意到郭沫若文学创作与文学翻译语言的色彩感问题，原因所在，无非有二：第一，郭沫若有关语言色彩感的观点不成体系，只是散见于各种文字，也没有像王独清那样将其与法国象征派等现代理论联系起来；第二，郭沫若的相关思想及实践带有浓郁的传统气息，与人们对其作为真正的新诗人的预期不相符。以郭沫若翻译文学论，语言色彩感表现出的传统倾向更为显著。有人认为郭沫若翻译文学中表现出来的向传统靠拢的倾向是一种反动，甚至被讥为"骸骨之迷恋"，但是就新诗及新诗人的真正确立而言，郭沫若的表现正是新诗及新诗人确立应有的表现，用郭沫若的话说便是："诗的形式是 Sein 的问题，不是 Sollen 的问题。做诗的人有绝对的自由，是他想怎样就怎么样。"^④ 艺术无所谓新旧，或者说应该超越新旧。革命文学转向后，郭沫若在某些历史时期将"讲究

---

① 宗白华：《新诗略谈》，《少年中国》1920年2月15日第1卷第8期。
② 王独清：《再谭诗——寄给木天、伯奇》，《创造月刊》1926年第1卷第1期。
③ 闻一多：《诗的格律》，《晨报副刊·诗镌》1926年5月13日。
④ 郭沫若：《雪莱的诗·小序》，《创造》（季刊）1923年2月第1卷第4期。

色彩"视为有闲阶级的颓废的艺术:"讲究雕琢,讲究色彩,讲究声韵,讲究神味的,这不是和抽鸦片烟的艺术是完全相通的吗?"① 有闲才"讲究",表明这些都是行有余力才能更好地实现的艺术追求。抛开新旧及阶级等问题,客观地呈现郭沫若翻译文学语言中的色彩感,梳理其呈现的方式,也就把握住了郭沫若文学汉语现代性想象与实践的某一独特路径及其特点。

一 颜色词的添、删、改

郭沫若文学翻译语言一直都在探求语言的色彩感及其可能的实现方式。郭沫若译诗中的颜色词运用既表现出诗人译诗追求中译者主体性特质,也表现出诗人在翻译实践中融合古今再造现代文学语言的努力。具体来说,途径有三:第一,尽量吸纳原诗语言的色彩感,建构新诗语言颜色表达方式;第二,通过对原语文本中颜色词的添、删、改,重建语言的色彩感;第三,通过颜色词的添译和位置重排等方式,借鉴中国传统诗歌对仗手法,以色彩对照等方式,重构原诗语言的色彩感。以对仗的方式使用颜色词,以对比的方式带给读者鲜明的色彩感,这是中国传统诗词擅长的表达方式,现代文学语言色彩感的表达就深受此传统的影响,也是中国现代文学传承古典文化因子的重要表现。三种方式,第二种最能代表译者郭沫若的个人色彩感及颜色审美情趣。就颜色添译而言,又可以细分为明添、暗添、改添三种方式。

郭沫若在语言色彩感方面的追求赋予了其文学翻译一种审美特质。郭沫若译诗《云鸟曲》中一节:"宛如一闺秀,藏在金屋里,幽夜怀所欢,肠断魂难慰,独自抚鸣琴,芳情漾幽闺。"② 对应的原诗节为:"Like a high-born maiden/In a palace tower, /Soothing her love-laden/Soul in secret hour/With music sweet as love, which overflows her bower." 穆旦将这一诗节译为:"好像是名门的少女/在高楼中独坐,/为了抒发缠绵的心情,/便在幽寂的一刻/以甜蜜的乐音充满她的绣阁。"③ 对比原诗、郭沫若和穆旦两

---

① 郭沫若:《我的童年》,《郭沫若全集·文学编》第11卷,人民文学出版社,1992,第128页。
② 郭沫若:《雪莱的诗》,《创造》(季刊)1923年2月第1卷第4期。
③ 〔英〕珀西·比希·雪莱:《雪莱诗选》,穆旦译,中国宇航出版社,2018,第66页。

个人的译诗，可知穆旦的译诗在某些细微的地方似乎更忠实。两位译者似乎都有意用典。郭沫若译诗中的"金屋"容易让人想起黄金屋、金屋藏娇等典故，而穆旦译诗中的"高楼"也能让人想起"高楼休独倚"这样的诗句，这些都是中国文化传统内部的互文。郭沫若与穆旦上述译诗最大的差异，除了新旧诗形外，主要就是颜色词的运用。"金屋"之金、"幽闺"之幽，都能带给人以色彩感。《云鸟曲》另一个诗节中的诗句："又如玫瑰花，藏在碧叶里"，"碧叶"的"碧"就是绿色，而"玫瑰花"在这里给人的感觉就是红色。与"碧叶"对应的是"green leaves"，郭沫若并不译为"绿叶"，"碧"除了表达"绿"色之外，还蕴含着别样的审美。"我爱你所爱的一切，/欢乐的精灵哟！我爱绿荫葱茏的春郊，/我爱群星灿烂的苍昊；/我爱金雾诞生时的/清秋的夕暮与晴朝。"① 诗句中的"夕暮"与"晴朝"构成对仗，"暮""雾"等 m 声母的字与黑暗的意思相关，或许"因为发音时口唇先须闭合，给人郁卒之感"②。"'暮色苍茫'，与'晚色苍茫'一字之差，韵味大不相同，究其原因，还是和'暮'字的字形有关。'暮'的原字即'莫'"，初始写法表示太阳落在草莽中，"只说'暮色'便已现出雄浑苍茫之象"。③ "金雾"之"金"是颜色词，代表美好灿烂，"绿荫葱茏"也是令人惬意的色彩，它们构成诗中的亮色调，与"暮""雾"代表的暗色调形成对比。暗色调被亮色调包围起来，诗句结尾先言"夕暮"再说"晴朝"，整体上给人积极向上的情感色调。

《鲁拜集》译诗第8首中的诗句："The leaves of life keep falling one by one"，郭沫若译为："生命的绿叶叶叶地飘堕不停。"④ 其他汉译者都将"leaves"译成"叶"或"树叶"，唯有郭沫若译为"绿叶"，用了颜色词"绿"。黄克孙将这个诗句译为："枫树生涯叶叶飘。"⑤ 枫树叶落，给人带来的颜色感觉，绝对与绿色无关。黄杲炘译之为："生命之叶一片片飘落在泥尘。"⑥ 生命之叶未必是绿色。落叶在中国文化语境里一般与黄、枯黄等颜色相连，落叶与生命的枯萎相联系，落叶的色彩不应是代表生命的

---

① 郭沫若：《雪莱的诗》，《创造》（季刊）1923年2月第1卷第4期。
② 江弱水：《诗的八堂课》，商务印书馆，2017，第61页。
③ 鲁枢元：《文学的跨界研究：文学与语言学》，学林出版社，2011，第152页。
④ 郭沫若：《波斯诗人莪默伽亚谟（译诗百零壹首）》，《创造》（季刊）1922年11月第1卷第3期。
⑤ 〔波斯〕奥玛珈音：《鲁拜集》，黄克孙中译，译林出版社，2009，第37页。
⑥ 〔波斯〕奥马尔·哈亚姆：《柔巴依集》，黄杲炘译，上海译文出版社，1982，第3页。

绿。郭沫若在这首译诗中偏偏将落叶意象与绿色联系起来，并非随意为之，应与他着手翻译时的生命体验及译歌德"人生的金树长青"① 等经验有关。

《鲁拜集》译诗第91首第3行："And lay me, should in the living leaf."郭译首刊本及泰东版皆是："葬我在绿叶之下。"1955年新文艺出版社版改为："葬我在落叶之下。"1955年人民文学出版社版改为："请把我埋葬在落叶之下。"整首诗的诗形从12/11/7/11改成了12/11/10/11，整齐了许多。将"living leaf"译为"绿叶"，神完气足，也呼应了第8首译诗第4诗行中的"绿叶"。将"绿叶"改为"落叶"，凸显了死亡的意象，与埋葬更相契合，但是在第8首第4诗行"绿叶"不改的情况下，只修改第91首第3诗行，让人感到怪异，且与living意思相左。黄杲炘译此句为"用葡萄青青的叶瓣把我装殓"，② "青青的叶瓣"即"绿叶"；黄克孙译为"遗身愿里葡萄叶，/葬在名花怒放中"③。虽然没有使用绿色形容词，但"名花怒放"也就暗示葡萄叶应为绿色。当然，郭沫若也可能是想要读者领悟《鲁拜集》译诗中有一个从"绿叶"到"落叶"的变化轨迹，将第91首译诗视为生命的逝去，而后在第92首译诗中从死灰之中迸出葡萄。若是如此，则带颜色词"绿"的首刊本译诗更契合原诗的审美意蕴，改译后的版本表达的则是郭沫若重新建构后的诗歌审美蕴含。

我认为郭沫若用"落"替换颜色词"绿"是修改中的败笔。至于郭沫若将"葬我"改成"请把我埋葬"，似乎就是为了凑字数，使整首诗形式更为整齐。凑字数而导致啰唆，难道说郭沫若的审美能力在下降？或者啰唆在诗形整齐的追求之外另有目的？小说《未央》开篇写道："爱牟好象一个流星坠落了的一样，被他的大的一个儿子的哭声，突然惊醒了转来。"④ 那时候郭沫若只有两个孩子，小说中的爱牟也是只有两个孩子，故"大的一个儿子"即"大儿"。后来有了五个甚至更多的孩子，"大的一个儿子"与"大儿"意思那时才不一定相同。在能够使用"大儿"而无异议的情况下，郭沫若偏用"大的一个儿子"这样带有欧化色彩的显得有点儿啰唆的表述，我觉得效果很好，更能表现爱牟被吵醒后的精神状态。

---

① 〔德〕歌德：《浮士德》上卷，郭沫若译，群益出版社，1947，第94页。
② 〔波斯〕奥马尔·哈亚姆：《柔巴依集》，黄杲炘译，第91页。
③ 〔波斯〕奥玛珈音：《鲁拜集》，黄克孙中译，第196页。
④ 郭沫若：《未央》，《创造》（季刊）1922年11月第1卷第3期，第1页。

《鲁拜集》第 91 首译诗的啰唆，似乎也可以做类似理解。"葬我"改为"把我埋葬"，除了单音词变为合成词，句法也变了，有些啰唆的表达使语气弱化了许多。

郭沫若译诗偏爱绿色，多处添译绿色系词汇。添译至少有两种情形：一种是无中生有，原文中没有颜色词，郭沫若在翻译时添加了颜色词；一种是音译中使用了颜色词。第二种严格意义上来说不能算是添译，但是从语言对译的角度来说，译语增添了颜色词却又是事实，如《浮士德》中出现的人物 Barbara 与 Sibylle，郭沫若分别译为"白婢儿""稽碧叶"[①]，绿原将这两个人名分别译为"贝贝辛""西比尔"[②]，姜铮将这两个名字分别译为"白贝尔欣""西比勒"[③]。姜铮也是研究郭沫若翻译的学者，"白贝尔欣"之"白"很有可能受了郭沫若翻译的影响。总之，通过比较不同译者的翻译选择可以见出，郭沫若在这两个人物姓名的音译方面，较为明显地表现出了对颜色词的偏爱。《英诗译稿》中 Crawford 的诗"Trees"，郭沫若将"Poplars"译为"白杨树"，将"The Blue Spruce"译为"白皮松"，歌咏白皮松的诗节中，第三和第五诗行皆是"Little tree"，郭沫若都将其译为"白皮松"。这首译诗所用的"白"字，都是添译。如果考虑到"The Blue Spruce"现在一般译为"蓝云杉"，郭沫若对"blue"视而不见，偏偏要将其译为"白皮松"，这也可以视为颜色词的改译。诗句"Steals lingering like a river smooth, /Along its grassy borders."郭沫若译为："有如一道草原中的绿溪，/静悄悄地蜿蜒着流泻。""绿溪"之"绿"，就是添译。"The waves beside them danced, but they/Out-did the sparkling waves in glee"，郭沫若译为"湖中碧水起涟漪，/湖波踊跃无花乐"[④]，"碧水"之"碧"也是添译。雪莱诗《招"不幸"辞》中的"There our tent shall be the willow"译为"杨柳青青兮将为罗衾"[⑤]。"青青"即绿色，这个译词就属于添译。查良铮译之为"让垂柳作我们的帐篷"[⑥]，并不用颜色词"青"或"绿"。

---

① 〔德〕歌德：《浮士德》，郭沫若译，创造社出版部，1928，第 301 页。
② 〔德〕歌德：《浮士德》，绿原译，人民文学出版社，1994，第 97 页。
③ 〔德〕歌德：《〈浮士德〉新译新解》，姜铮译解，中国文联出版社，2019，第 141 页。
④ 郭沫若译《英诗译稿》，上海译文出版社，1981，第 102~103、10~11、22~23 页。
⑤ 郭沫若：《雪莱的诗》，《创造》（季刊）1923 年 2 月第 1 卷第 4 期。
⑥ 〔英〕雪莱著，查良铮译《招苦难》，《雪莱抒情诗选》，人民文学出版社，1958，第 54 页。

与添译相对的是删减。颜色词的删减有两种：一种是略而不译，一种是意译造成的隐形删减。德语中，"blauer Herbsttag"指的是清秋佳日，直译则是"蓝色的秋"。英语中也是如此，雪莱诗句"skies are blue and bright"，郭沫若译为"天宇犹清明"，[①]并不直译为"天宇是蓝色的和明亮的"，也不译成"天空很蓝很漂亮"。汉语中说"碧空万里"，"碧"指的就是"blue"。在表示天气很好的时候，中外文学表达中的颜色感知极为相似。但是，由于文化等方面的原因，"蓝"这个词在传统汉语中远不如"blauer"在德语中受欢迎，德语常用蓝色喻高贵，如"Er hat blaues Blut in den Adern"（他出身高贵）等。"天空是蓝色的""秋天是蓝色的"这类的句子表述主要来自翻译，传统汉语并不如此表述，即便是放在现代汉语里也会让人觉得很笨拙。

郭沫若译《迷娘歌》有两个版本，最初的版本文言气息浓郁，将"vom blauen Himmel weht"译成"吹自青天青"，后来改译成"吹自晴碧的天上"。马君武译为"碧天无翳风微凉"，郁达夫译为"吹落自苍空昊昊"。几位汉译者都没有将"blauen"译为"蓝色"，他们用"青天""碧天"，却不用"蓝天"或"蓝色的天空"。这里的字词选择没有什么节奏韵律方面的原因，更多的应该是中国青绿色彩文化影响的结果，正如丰子恺所说："天的色彩也是 blue，文学中则用青、苍，又用碧。"[②] 处在中国传统文化向着现代转型过程中的一代作家，他们习惯性地使用"青天""碧天"。随着时间的流逝，新一代的汉语使用者才越来越习惯使用"蓝天"。郭沫若初译时，不知是否因为欣赏郁达夫译诗中"昊昊"的缘故，他在自己的译诗中用了"青天青"这样的诗语，诠释起来很难具体说明白何为"青天青"，但是读来又给人一种莫名的诗意。后来，郭沫若将其改为"吹自晴碧的天上"，诗句的意思虽然清晰多了，但是诗歌语言特有的那种审美张力似乎也随之消失了。

二 以对仗的形式强化译语的色彩感

尽量吸纳原诗语言色彩感，以汉语的方式强化诗行间的色彩对比，在

[①] 郭沫若：《雪莱的诗》，《创造》（季刊）1923年2月第1卷第4期。
[②] 丰子恺：《文学的写生》，《文学与绘画》，岳麓书社，2012，第28页。

色彩对比中扩展译诗的审美空间，这构成了郭沫若翻译文学语言的重要特征。郭沫若晚年译诗《伦敦贫民区怀德洽陪尔》（WHITECHAPEL）："In vain the silence and green/Of meadows Apriline;/In vain the clear white rain"，郭沫若译为："哪儿有四月的牧场/碧绿而静悄悄；/白净的雨也没有了——"原诗中"绿"与"白"两种颜色对比鲜明，但是隐含在诗句中，并没有被特别凸显出来。郭沫若通过词句的重新安排和恰到好处的分行，使得"碧绿"和"白净"这两个译词分别处于这一节诗最后两个诗行的开端，两个在语法逻辑上离得较远的颜色词，在汉译诗行中以对仗的方式被赋予了一种紧密的关系，以及更为广阔的审美空间。《灵魂》（The Soul）："The white wave's surge from pole to pole,/And still green depth--the sea's my soul!"郭沫若译为："白浪滔天天接地，/琉璃万顷深无界！"①"白浪"对应的是white wave，"琉璃"对应的是green depth，原诗中上一句里的white与下一句里的green相对，"白"对"绿"，色彩对比鲜明。郭沫若译诗吸纳了原诗的色彩，所做调整就是以"琉璃"暗寓"绿"。当郭沫若以五七诗行译诗时，所采用的不仅是传统的五七诗行的节奏，还吸纳了传统诗歌的对仗手法，"绿"是形容词，能对"白"，却不能对"白浪"，为了能与"白浪"相对，郭沫若选择了名词"琉璃"。"琉璃"是青色的宝石，与白色的浪花正好相对。原诗中的两个颜色词都属于正常语序，没有借助分行等手段将两个颜色词置于句首的位置；郭沫若的译诗将这两个颜色词置于句首，颜色感愈加鲜明起来。

范晞文在《对床夜语》中论及杜甫诗时说："多欲以颜色字置第一字，却引实字来。如'红入桃花嫩，轻归柳叶新'是也，不如此则语既弱而气亦馁。"② 杜甫的这个诗句也被宗白华注意到了，他的观点与范晞文极为相似，或许就来自范晞文。宗白华说："'红'本属于客观景物，诗人把它置第一字，就成了感觉、情感里的'红'。它首先引起我的感觉情趣，由情感里的'红'再进一步见到实在的桃花。经过这样从情感到实物，'红'就加重了，提高了。"③ 在诗歌创作和观念上与宗白华都极为投契的郭沫若，或许在颜色词的使用上也与宗白华有极大的同感，宗白华的上述文字

---

① 郭沫若译《英诗译稿》，第88~89页、第76~77页。
② （宋）范晞文：《对床夜语》卷三，丁福保辑《历代诗话续编》，中华书局，1983，第424页。
③ 宗白华：《中国美学史中重要问题》，《宗白华全集》第3卷，安徽教育出版社，2008，第456页。

分析，用于分析郭沫若译诗中颜色词的运用，也很恰切。

在郭沫若的译诗中，将原本不在句首的颜色词置于诗行第一字的位置，并不罕见。前置颜色词于第一字的位置，有时似乎只是习惯使然，并非就是为了对仗，如《英诗译稿》中 William Wordsworth 的"The Daffodils"第一诗节第三诗行"A host, of golden daffodils"，郭沫若译为"金色水仙画成簇"①，"金色"对译"golden"，这个颜色词在译诗中就被前置到了诗行行首的位置。在译诗中将颜色词前置于第一字的位置且对仗，也就强化了全诗的色彩感，如郭沫若早期译诗《拿波里湾畔书怀》原诗第一节前四行，原诗如下：

The sun is warm, the sky is clear,
The waves are dancing fast and bright;
Blue isles and snowy mountains wear
The purple noon's transparent might.

郭沫若译诗："日暖天清，/海波跳跃速而明，/蓝岛雪山头/紫色阳光稳浸。"② "Blue"是原诗第三诗行第一词，"purple"是原诗第四诗行第二词，两个颜色词构成鲜明的对照，富有画面感。在郭沫若译诗中，对应的"蓝""紫"两个译词都占据了诗行第一字的位置，构成了对仗，从对照到对仗，郭沫若的翻译强化了诗歌的色彩感。英语语法重视句首位置，"Blue""purple"两个颜色词通过诗歌分行的方式前置，就是要凸显颜色感。郭沫若的译诗吸纳并强化了原诗的这种色彩感，与中国传统诗歌的语言表达方式更为接近。这句译诗的声调为"仄仄平平、仄平仄仄仄平平、平仄仄平平、仄仄平平仄仄"，也很有旧诗平仄的韵律感。

查良铮将上述诗句译为："暖和的日光，天空正明媚，/海波在急速而灼烁地舞蹈/日午把紫色的、晶莹的光辉/洒在积雪的山峰，碧蓝的岛。"③ 查良铮用现代汉语语法重组了原诗词语，表达自然流畅。两相比较，我们发现传统诗歌语言表达在译诗时并非一无是处，郭沫若译诗近乎蒙太奇式的意象拼贴，虽与原诗句语法迥异，却真切地传达了原诗意象的

---

① 郭沫若译《英诗译稿》，第22~23页。
② 郭沫若：《雪莱的诗》，《创造》（季刊）1923年2月第1卷第4期。
③ 〔英〕雪莱著，查良铮译《招苦难》，《雪莱抒情诗选》，第57页。

色彩感，且实现了颜色词的对位翻译，这种处理方式不见于其他译者的译诗。孙铭传自作聪明地将郭沫若译诗改为"蓝岛雪峰/在紫色午阳中稳浸"①，"在"字实属多余，破坏了郭沫若译诗意象的拼接方式。胡光廷的翻译用了传统诗歌的语言："日光和煦天气清，/波涛掀舞迅而明，/列屿一碧山雪白，/亭午紫艳荣澈涵明晶。"② 原诗包含的颜色词在胡光廷译诗中都出现了，"山雪白"还译出了"snowy"的色彩感，郭沫若译"雪山头"只是隐含"白"。但我觉得"雪山头"比"山雪白""雪山白"要好，因为"雪山头"除了能隐含"白"之外，还有山峰的意思。从"海波"到"山头"，其中有一个视线由低到高的变化过程，蓝、白、紫色彩的层次感也非常鲜明。此外，郭沫若译诗的处理方式与杜甫的诗篇很相似，都是以颜色词作为句首第一字，而后由虚入实，从情感到实物，结果又强化了颜色词带来的感觉。

郭沫若译《鲁拜集》第6首，便是构建语言色彩感的典型案例。"大卫的歌唇已锁；/黄莺儿用着毗勒危语高歌，/'葡萄酒，葡萄酒，红的葡萄酒哟！'/把蔷薇花苍白的脸儿唱酡。"③ 郭沫若在这首译诗中使用了"黄""红""苍白"等表示颜色的词。颜色对比鲜明，色彩感强。丰子恺说："文学中的色彩描写，除夸大之外，又最常用红与绿的强烈的对比。像前例中的'酒绿灯红''青鬓红颜''红亭翠馆'等便是。"④ 黄杲炘译诗："大卫的双唇紧锁；但是夜莺啊/使血色涌上玫瑰萎黄的脸颊——/她，操着神妙的佩雷维语尖叫：/来！来呀！来酒！来红酒！来红酒啊！"⑤ 黄莺与夜莺的差异暂且不论，黄莺之名自带颜色，"黄"这个颜色词进入诗境。原诗末句"That sallow cheek of hers to incardine"中的"sallow"意思是"灰黄""蜡黄（尤指面色）"，郭沫若译成"苍白"，顶多只能算是意译，黄杲炘译"萎黄"恰当。然而，郭沫若译诗似乎坚持让每种颜色都只出现一次："黄"用在了"黄莺"上，蔷薇花病态的脸色就只好用"苍白"；"红"用于形容葡萄酒，蔷薇花苍白的脸变红就只能用"酡"。郭沫若的译诗在颜色调配方面明显经过了一番斟酌，而蔷薇花的颜色由"苍

---

① 孙铭传：《论雪莱"Naples 湾畔悼伤书怀"的郭译》，《创造日》1923 年 6 月第 37 期。
② 〔英〕雪莱：《那本勒斯湾畔愁中书愁》，《翻译月刊》1947 年第 1 卷第 3 期。
③ 郭沫若：《波斯诗人莪默伽亚谟（译诗百零壹首）》，《创造》（季刊）1922 年 11 月第 1 卷第 3 期。
④ 丰子恺：《绘画与文学》，岳麓书社，2011，第 27 页。
⑤ 〔波斯〕奥马尔·哈亚姆：《柔巴依集》，黄杲炘译，第 2 页。

白"变"酡（红）"，色彩对比感也更强烈。黄杲炘译诗凸显了红色，"血色"与出现两次的"红酒"，使红这种颜色非常醒目地出现了三次，虽然比郭沫若译诗更忠实，却不如郭沫若译诗色彩丰富且更符合中国传统诗歌的颜色调配原则。黄克孙译诗："绕梁音绝歌人渺，犹有啼鹃格调高。酒酒连声玫瑰酒，欲将双颊染樱桃。"① 全诗都没有使用具体可感的颜色词，"樱桃""玫瑰"作为意象，只有暗示色彩的作用。若言暗示，究竟暗示的是"红"还是"萎黄"，全诗也没有建构可供理解的语境。总体而言，黄克孙译诗的色彩感最差，郭沫若译诗的色彩感最强。郭沫若这首译诗中的色彩表现，就像丰子恺所说，"用言语当作材料"，重建了诗人所要表现的"色彩的大体印象"。②

郭译《鲁拜集》第 16 首，也表现出译者色彩建构的努力。"人所系心的现世的希望易灰，/或则一朝繁荣，而又消毁，/比如那沙面的白雪，/只扬得一两刻的明辉。"③ "灰"与"白"，构成了对照。译诗以"沙面的白雪"比喻"现世的希望"，"灰""毁""辉"押 ui 韵，属灰堆韵，契合诗歌表达的思想情感。黄克孙译诗："富贵当年想石崇，银鞍金络气如虹。可怜雪落平沙里，曾几何时日又中。"④ "崇""虹""中"押 ong 韵，属中东韵。灰堆韵与中东韵在情感表达上迥然相异，两位译者对此诗情调的理解显然大不相同。黄克孙译诗不用"灰""白"颜色词，"金""银"二字却也可以视为颜色词。只是郭沫若译诗中的颜色词根植于原诗字词的属性，如"灰"是 ash 的对译，"易灰"之"灰"虽是动词，因其所处位置，比用"灰烬"对译更具色彩感。至于"白"，则是"雪"（snow）的属性。郭沫若通过词句的适当安排，使译诗带有了鲜明的色彩对比感。相比之下，黄克孙译诗"金""银"的色彩对比感就显得勉强且出处可疑。

歌德的诗歌名篇《迷娘歌》先后由马君武、郁达夫、郭沫若等译成中文。歌德是现代色彩学研究的先驱之一，罗曼·罗兰说："大家都知道他（即歌德）是一个完全属于'视觉'的人。"⑤ 王静在《光与影的世界：歌德与视觉艺术》开篇写道："歌德一般被视为画家诗人、视觉诗人，这种

---

① 〔波斯〕奥玛珈音：《鲁拜集》，黄克孙中译，第 27 页。
② 丰子恺：《文学的写生》，《绘画与文学》，第 72 页。
③ 郭沫若：《波斯诗人莪默伽亚谟（译诗百零壹首）》，《创造》（季刊）1922 年 11 月第 1 卷第 3 期。
④ 〔波斯〕奥玛珈音：《鲁拜集》，黄克孙中译，第 47 页。
⑤ 〔法〕罗曼·罗兰：《歌德与贝多芬》，梁宗岱译，广西师范大学出版社，2002，第 80 页。

称谓主要突出了视觉艺术在歌德文学与艺术活动中的关键作用",视觉对歌德具有的根本的重要性还在于,"歌德称自己的诗歌创作主要来自对视觉的重视"①。歌德的诗歌创作重视视觉,在文字上的具体表现之一,就是颜色词的选择和使用。《迷娘歌》原诗第二诗行:"Im dunkeln Laub die Goldorangen glühn",马君武译为:"园亭暗黑橙橘黄",②将"Laub"错译成了"园亭","暗黑"与"橘黄"的颜色并处在一个诗行之内也不能给读者带来美感。"Dunkeln"相当于英语里的"dark",可指天色变黑、颜色变深。马君武的"暗黑"之译,属性模糊难辨,读者不知道是光线缺失造成的黑,还是树叶遮蔽带来的黑。郁达夫将此诗句译为:"金黄的橙子,在绿叶的阴中光耀。"③ 郁达夫将"Dunkeln"视为绿叶之"阴","阴"即"荫"。绿荫带给人的感觉应该是光线暗,而不是叶子绿,但是绿荫有绿的色感。"阴影的亮度递进模式,不仅使物体本身所具有的亮度和黑暗度的色值变得混乱,而且还会干扰到物体局部色彩的清晰程度及色彩之间的交互作用。"④ 郭沫若认为郁达夫的翻译"译语本自信雅","Dunkeln"之译应该也是"信"而"雅"。然而,郭沫若的翻译却与郁达夫大不同。郭沫若初译为:"浓碧之中,橙子燃黄金。"⑤ 后又将其改译为:"葱茏的碧叶里,桔子金黄。"⑥ 初译版本以"燃"字写色,这是通感,张爱玲后来在《倾城之恋》中也用过。"她直觉地知道它是红得不能再红了,红得不可收拾,一蓬蓬一蓬蓬的小花,窝在参天大树上,壁栗剥落燃烧着,一路烧过去。"⑦ 郭沫若在改译时删掉了添加的修辞手法,译语变得平实了,但是"浓碧"改成"葱茏的碧叶",却不是口语化或文言改白话那般简单的事,我认为郭沫若的这一改译强化了诗句的色彩感。郭沫若说:"诗可以有韵,而诗不必一定有韵。读无韵的抒情小品,人们每每称其诗意葱茏。"⑧ 这里

---

① 王静:《光与影的世界:歌德与视觉艺术》,中国社会科学出版社,2022,第1页。
② 〔德〕贵推著,马君武译《米丽客 Mriyuon 歌》,《马君武诗稿》,文明书局,1914,第42页。
③ 〔德〕歌德著,郁达夫译《迷娘的歌》,《沉沦》,泰东图书局,1926,第95页。
④ 〔美〕鲁道夫·阿恩海姆:《艺术与视知觉》,中国社会科学出版社,1984,第259页。
⑤ 〔德〕歌德著,郭沫若译《迷娘歌》,《创造周报》1923年5月第1期。
⑥ 〔德〕歌德著,郭沫若译《迷娘歌·译文之二》,《沫若译诗集》,人民文学出版社,1956,第30页。
⑦ 张爱玲:《倾城之恋》,北京十月文艺出版社,2019,第179页。
⑧ 〔德〕歌德:《少年维特之烦恼》,郭沫若译,创造社出版部,1928,郭沫若《序引》第1页。

的"诗意葱茏"即诗味浓的意思,"葱茏"与"浓"对应,却又比"浓"带有更多的生机活力。在郭沫若的文字里,"葱茏"可以形容各类美好的对象,如"在那时钟声的响亮含韵葱茏,/虔诚的祈祷正是热烈的受用";①"峨眉三山横亘天外,葱茏磅礴"②。"葱茏"这类词汇,郭沫若在本义、隐喻义等不同的层面上使用,灵活多变,既显示了其强大的语言运用能力,也在这些常用词汇上刻下了自身的语言烙印。

郭沫若显然将"Dunkeln"视为形容叶子颜色深,绿叶深碧也会形成暗的感觉。但是,马君武和郁达夫之译,并非指绿叶浓碧带来暗的感觉。马君武的翻译对原诗理解错误,郁达夫的翻译中的"阴"点出的是橘与叶的位置关系,郭沫若的两个翻译版本都着意突出颜色对比。郭沫若显然觉得金黄与阴暗的色彩对比不美,浓碧与金黄的对比才美。碧绿的叶、金黄的果,构成鲜明的色彩对照,洋溢着生机与活力。这才是郭沫若用词的特色。叶圣陶曾将郭沫若诗句"不过我觉得还软弱一点,/我应该要经过爆裂一番"改为"虽然我还软弱了一点,/还需要经过一番锻炼",③窃以为"爆裂"才是激情昂扬的郭沫若的诗人本色,"锻炼"表现出中学教师常见的谨慎口吻。情感浓烈是郭沫若文学创作的整体特色,他在语言文字的使用上喜欢给读者造成炸裂般的感觉,非常喜欢使用色彩亮丽、对比鲜明的颜色词。

诗无达诂,不同的译者各按照自己的理解进行翻译,新的译语的生成既与原语直接相关,也离不开译者主体的创造。仅就诗语的创造而言,我以为郭沫若的翻译更具诗情画意。苏轼《赠刘景文》诗云:"一年好景君须记,最是橙黄橘绿时。"④"橙黄橘绿"构成对仗,颜色对比鲜明,画面感强。《迷娘歌》之译通过颜色的对比建构起强烈的画面感。通过翻译寻找自己的话语,并不意味着照搬照抄,而是由此探索语言资源的整合与再创造。在译语的创造性使用上,原诗只是提供了一种创造新语的可能,将这种可能变成现实,需要译者的创造性努力,用郭沫若自己的说法,便是诗人译诗。诗人译诗在《迷娘歌》翻译上的一个重要体现,是引入或者说

---

① 〔德〕歌德:《浮士德》第1部,郭沫若译,第59页。
② 郭沫若:《未央》,《创造》(季刊)1922年11月第1卷第3期。
③ 商金林:《虚心领教 从善如流——郭沫若〈爱祖国爱人民的诗人屈原〉的两个版本》,载赵笑洁主编《郭沫若研究年鉴·2019》,中国社会科学出版社,2021,第58页。
④ (宋)苏轼:《赠刘景文》,王水照、朱刚《苏轼诗词文选评》,上海古籍出版社,2003,第161页。

继承了中国传统诗词颜色对仗法。

三 郭沫若偏爱青绿色系译词

语言的色彩感表现的是书写者的印象，这印象源于实际的经验，却在语言组合再现过程中糅进了书写者自我的艺术感觉和主观体验。以郭沫若译《少年维特之烦恼》为例，维特自杀后，人们看到的样子是："Er lag ggen das Fenster entkräftet auf dem Rücken, war in völliger Kleidung, gestiefelt, im blauen Frank mit gelber Weste."[1] Burton Pike 译为："He lay toward the window, inert, on his back, booted and completed clothed, in the blue coat and yellow vest." David Constantine 译为："He lay on his back, towards the window, all the strength gone out of him, fully clothed, with his boots on, in the blue frock-coat and buff-yellow waistcoat." R. D. Boylan 只是简单地译成："He was in fulldress costume。""Blau"与英语"blue"对等，一般译为"蓝色"。英译者要么如 R. D. Boylan 一样选择不译，要么将其对译为"blue"。汉译者比英译者多了一种选择，表现为三种翻译形态：第一，跟随 R. D. Boylan 不译，如罗牧等；第二，译为"青色"，如郭沫若、杨武能等；第三，译成"蓝色"，如韩平、韩耀成等。三种翻译处理，"青色"之译最流行，接受也最广泛。

少年维特身穿"青衣黄裤"。郭沫若以"青"译"blau/blue"，其他汉译者多译为"蓝"。"他是对着窗子仰睡在地上的，衣服未脱，长靴，青色燕尾服，黄色的肩掛（挂）。"[2] "青"字的选择，除了古代文化的影响、颜色感知上的个人差异外，我觉得很可能与郭沫若的日本体验相关。秦丰吉的日译文，也是用"青"对译"blue"，如"青地の飾りのない燕尾服""青い燕尾服"[3] 等。日语中的"青空""青天井""青海""青信号（绿灯）"等，都是为了翻译造出来的词，"青"对译的便是"blau/blue"。对于"青"这个颜色词的偏好，郭沫若与日译者秦丰吉非常相近，与其他汉译者颇不相同，我将郭沫若翻译文学中的这类表现都视为日本体验下的

---

[1] Goethe, Johann Wolfgang Von, *Die Leiden Des Jungen Werther*, Husum/Nordsee: Hamburger Lesehefte Verlag, Print. Hamburger Leseheft; Heft 115, p. 94.

[2] 〔德〕歌德：《少年维特之烦恼》，郭沫若译，第189页。

[3] ギヨオテ作，秦丰吉译《若きヴェルテルの悲み》，东京新潮社，1917，第145、232页。

语言文化呈现。

郭沫若新诗《岸上·其二》写道:"深不可测的青空!/深不可测的天海呀!"① 这里的"青空"用的应该便是日译词。郭沫若译文中的"掛"似是"褂"字的误排,但也未必,曹雪松《少年维特之烦恼剧本》中两个字都用。"青色燕尾服黄色的肩褂","这青色燕尾服……这黄色的肩掛(挂)……我第一次见绿蒂时……第一次和她跳舞时……都是穿的这套衣服。"② "褂"是中国传统服装词汇,"肩掛(挂)"则容易让人明白这是西洋服装。罗牧用的也是"肩掛(挂)":"穿着长鞋,青色燕尾服,和黄色的肩掛(挂)。"③ 杨武能则直接以"背心"译之:"长筒皮靴,青色燕尾服,再配上黄色的背心。"④ 侯浚吉和关惠文都不用"青色",选用"蓝色":"身上着装整齐:长统靴、蓝燕尾服和黄背心。"⑤ "身上穿着蓝色燕尾服,还有黄色背心。"⑥ 用合成词"青色"或"蓝色",则燕尾服与肩掛(挂)/背心一般分列在两个短句里,若只用一个"蓝"字,则并入一个短句,如韩耀成译文"蓝燕尾服和黄背心"⑦ 和韩平译文"蓝燕尾服和黄背心"⑧。中国青年出版社推出的《少年维特之烦恼》里的一些插图,维特穿的燕尾服是纯蓝色。颜色可以分为暖色(积极色)和冷色(消极色)。红、黄等颜色属于暖色,有助于产生积极的、有生命力的和努力进取的思想;蓝、绿等颜色属于冷色,适合表现那种不安的、温柔的和向往的情感。赵铭彝回忆南国社成员一起去杭州写生,都戴着蓝色领结,"蓝色代表了和平适中,恰好反映了小资产阶级的思想"⑨。少年维特的形象正是小资产阶级的代表,他的着装亦代表了小资产阶级的审美情趣。

康定斯基认为黄色能带给人刺激、骚扰、急躁、粗重等感觉,蓝色可以表示宁静直至超脱人世的悲伤,"黄色是典型的现世色彩。它绝不可能

---

① 郭沫若:《岸上·其二》,《郭沫若全集·文学编》第1卷,人民文学出版社,1985,第151页。
② 曹雪松编《少年维特之烦恼剧本》,泰东图书局,1927,第1、91~92页。
③ 〔德〕歌德:《少年维特之烦恼》,罗牧译,北新书局,1934,第228页。
④ 〔德〕歌德:《少年维特之烦恼》,杨武能译,人民文学出版社,1999,第116页。
⑤ 〔德〕歌德:《少年维特之烦恼 亲和力》,侯浚吉等译,上海译文出版社,1998,第102页。
⑥ 〔德〕歌德:《少年维特之烦恼》,关惠文译,民主与建设出版社,2020,第180页。
⑦ 〔德〕歌德:《少年维特之烦恼》,韩耀成译,译林出版社,1995,第126页。
⑧ 〔德〕歌德:《歌德文集》,韩平译,中央编译出版社,2010,第83页。
⑨ 赵铭彝:《涓流归大海》,中国戏剧出版社,2004,第208页。

有深奥的含义。只要混入蓝色就可以使其成为一种病态的色彩。它与人的疯狂（不是忧郁症或疑病症，而是语无伦次的精神错乱）有些类似"。① 人们认为忧郁是蓝色的，故有"蓝色的忧郁"这个说法，"'蓝色'表示沮丧，'黑色'与死亡的联系等，显然都是受西方文化和印欧语言影响的结果"②。研究色彩学的歌德说："如果黑暗是透过半透明介质看到的，介质本身就是一束入射光照亮的，一种蓝色会出现……由于黄色总是与光相伴，所以可以说蓝色仍然带来了黑暗的原则。"③ "维特装"的颜色搭配应是歌德精心安排的，是其矛盾心理的外在呈现。

少年维特穿的燕尾服颜色究竟译为青色好还是蓝色好？这里就涉及中德文化的差异，不同的文化往往有不同的色系认知和表达。青草指绿色的草，北京话里的"青布"指的就是黑布，鲁迅小说《铸剑》里眉间尺穿的"青衣"是黑色的衣服，《少年维特之烦恼》译文中的"怎样地想蒙得一番青眼呀"④ 中的"青眼"指的是黑眼珠，"不同的颜色名称，对人们的知觉意味着相同的颜色，而相同的颜色名称有时又意味着不同的颜色"，"在一个以农耕为生存基础的部落文化中，会出现许多用来描述牛的颜色的细微差别的词汇，但是，却没有太多的颜色来描述蓝色与绿色的差异"。⑤ 维特初见夏绿蒂时，便注意到了对方的"黑色眼仁"（schwarzen Augen），与中国传统文化中所说"青眼"相符。小说中其他女性，如B姑娘，眼珠就是"blauen"（蓝色）的，郭沫若将"blauen Augen"译为"湖色的两眼"，并不像韩耀成等译者那样译成"蓝眼珠"，也不译成"青眼"或"黑色眼珠"。与"青"相比，"湖色"色感更模糊。只有在翻译花的颜色时，郭沫若才译成蓝色，如"Da haußen sind auch immer Blumen, gelbe und blaue und rote"被译成"这外边常常都在开花，黄的，蓝的，红的"。⑥ 郭沫若在一本译著中同时用"青""蓝"对译 blau，不是粗心乱译，而是根据自身的审美倾向及原文意思，斟酌处理的结果。在晚年完成

---

① 〔俄〕瓦西里·康定斯基：《论艺术里的精神》，吕澎译，四川美术出版社，1986，第80页。
② 于逢春：《论汉语颜色词的人文性特征》，《东北师大学报》1999年第5期。
③ Goethe, *Theory of Colours*, translated from the German with Notes by Charles Lock Eastlake, London: John Murray, 1980, pp.61-310. 转引自王静《光与影的世界：歌德与视觉艺术》，第172页。
④ 〔德〕歌德：《少年维特之烦恼》，郭沫若译，第46页。
⑤ 〔美〕鲁道夫·阿恩海姆：《艺术与视知觉》，中国社会科学出版社，1984，第271页。
⑥ 〔德〕歌德：《少年维特之烦恼》，郭沫若译，第131页。

的《英诗译稿》中，郭沫若将"mantle of blue"译成"青披衫"①，并不译成"蓝衫"，表现出对"青"色的偏爱。

"青"色在中国古代文化里涵盖的颜色范围甚广，青、蓝、绿的颜色感觉时有混杂。《创业史》里的改霞看到"高原上的麦田，呈现出返青期的葱绿"②。作家张一弓则在小说里写道："满山的麦苗儿返青了，青得发蓝，麦苗儿上的水珠也湛蓝湛蓝的。"③两个作家都形容麦苗返青。姚小平认为："'青'很早就不仅指植物绿色，而且也指绿色植物的生态：草木萌动，生意盎然。"返青的"青"，在上述两个作家的笔下，主要用来指植物的生态。返青的麦苗的颜色，一个作家用的是"葱绿"，一个用的却是"湛蓝湛蓝"。两个作家皆不用"青"字，除了避免用字重复之外，可能与现代颜色词体系日趋完善有关。据姚小平考证，颜色词"绿"出现于周秦时期，"蓝"出现在唐宋时期。④古人青绿蓝颜色的混淆，中西皆然。日本学者上田敏在《现代艺术十二讲》中写道："现今的人能注意古人所不注意到的地方。试看从前的 Homeros 的诗中，青与绿混同而不区别，即可以知 Homeros 的时代人对于青与绿是不能区别的。即在今日，乡下地方的人也还是如此的。文明人则能判然辨识其区别。"⑤"青"的意义在现代汉语中"分别包括在'绿'和'蓝'中，而且所指事物很有限"⑥，因此很多时候"青"字作为颜色词体现出来的更多的是使用者的个人偏好。

刘白羽在《一个温暖的雪夜》中写道："这是天已发青，银白的雪花却还扑簌簌的降落。"⑦"天已发青"就是黎明时候的天色，具体来说就是青白色。青还与紫相关，紫气东来，东来的紫气有时也被叫作"青气"。"青云"指代头发时，"青"指的就是黑。唐李贺《大堤曲》诗云："青云教绾头上髻，明月与作耳边珰。"⑧唐杜牧《阿房宫赋》里的"绿云扰扰，梳晓鬟也。"⑨"青云""绿云"皆指黑色的头发。"青云"这个词在汉语

---

① 郭沫若译《英诗译稿》，第58~59页。
② 柳青：《创业史》，中国青年出版社，1991，第101页。
③ 张一弓：《犯人李铜钟的故事》，中原农民出版社，1986，第101页。
④ 姚小平：《基本颜色词理论述评——兼论汉语基本颜色词的演变史》，《外语教学与研究》1988年第1期。
⑤ 〔日〕上田敏：《现代艺术十二讲》，丰子恺译，湖南文艺出版社，2004，第75页。
⑥ 刘丹青：《现代汉语基本颜色词的数量及序列》，《南京师大学报》1990年第3期。
⑦ 刘白羽：《一个温暖的雪夜》，《刘白羽文集》第1卷，华艺出版社，1995，第591页。
⑧ （唐）李贺撰，董乃斌校点《李贺诗编》，辽宁教育出版社，1997，第4页。
⑨ （唐）杜牧：《阿房宫赋》，《杜牧诗文鉴赏辞典》，上海辞书出版社，2016，第133页。

文化中已经象征化、隐喻化了，颜色属性被极大地削弱了。但是，汉语对称表达的特性，常常使得颜色属性被极大削弱的语词在表达中重新获得了颜色，如"夜是这般愁，风雨满街头。我的红唇尝红酒，我的青春葬青楼"①，歌词中的"红"是颜色词，"青"的颜色属性早就被削弱了，可是在对句式的表达中又恢复了颜色属性，"青"与"红"相对，非常醒目。

郭沫若在小说《菩提树下》中写道："园子正中有一株高大的菩提树。四月初间我来的时候还没抽芽，树身是赤裸着的，我们不知道它的名字。我们猜它是栗树，又猜它是柿子树。但不久渐渐转青了，不是栗树，也不是柿树。"② 这里的"青"就是绿色，却也不宜用"绿"字替换，"转青"只是淡淡的绿色。鲁枢元认为，像中国文学里的"苍松翠柏"，"如果仅仅翻译成'绿色的（green）松柏'，那不知要流失多少意味与神韵！"③ 颜色的阈值虽然中西相同，但人对颜色的具体感知和表达迥然相异，不能简单置换。"在未到宜宾之前，江水是带着青色的。江面的宽度和一切的风物与故乡所见的并没有怎样的悬殊。然而一到宜宾，情形便大不同了。宜宾是金沙江和岷江合流的地方。船过宜宾城的时候，远远望见金沙江的红浪由城的东南涌来，在东北角上和比较青色的岷江江水刀截斧断般地平分了江面。江面增宽了一倍，青色的水逐渐吞蚀着红水的面积，不一会终竟使红水从江面上消灭了。"④ 这里的"青"指的是河水清澈，即碧水。《白云》诗云："鱼鳞斑斑的白云，/波荡在海青色的天里；/是首韵和音雅的，/灿烂的新诗。"⑤ "海青色"即蔚蓝。唐代诗人李白喜欢"通过白、青的色彩渲染，造成一种凄凉感，去突出离人之苦及思妇之愁，使诗歌产生了一种落寞感伤的情感氛围。"⑥ 郭沫若新诗创作中白、青色彩的运用却不然，两种色彩渲染出的是愉悦感，是对于中日环境天地万物泛神论式的接受与喜欢。另外，旧体诗词用色喜欢对仗，如黄遵宪《夜起》诗云：

---

① 《〈女财神〉插曲的"风雨之歌"曲词》，《神州日报》1937年6月21日。
② 郭沫若：《菩提树下》，《郭沫若全集·文学编》第10卷，人民文学出版社，1985，第238页。
③ 鲁枢元：《文学的跨界研究：文学与语言学》，第175页。
④ 郭沫若：《创造十年》，《郭沫若全集·文学编》第12卷，人民文学出版社，1992，第347页。
⑤ 郭沫若：《白云》，《郭沫若全集·文学编》第1卷，第191页。
⑥ 鲁枢元：《文学的跨界研究：文学与语言学》，第257页。

"正望鸡鸣天下白，又惊鹅击海东青。"①罗振亚认为黄遵宪的这两句诗有着"整饬妥帖的严谨格式"，"仍然透着古典诗词夺人的神韵和魅力"。②在"青""白"两种颜色的使用上，郭沫若显然也受到了传统文化的熏陶，同时也有所超越、有所变化。除了情感氛围表现上的不同外，在颜色对比的具体呈现方式等方面最明显地表现出从旧体诗词向着现代新诗体式的转移。

朱湘指出郭沫若新诗创作的一个特点为"单色的想象"，③朱湘在文章中列举的诗句用的大多是"赤"，与郭沫若革命诗人的身份很相符。实际上，郭沫若很喜欢青色系。青、白、赤都频繁地出现在郭沫若的笔下，只是在单篇文学作品里，郭沫若不太喜欢使用杂色，而是爱用单色，即喜欢驰骋其"单色的想象"。蔡震说："所谓'单色的想象'即是建立在从对于色彩的感受而生的想象力，它在本质上应该是一种源于自然美的美感方式，并且达到了艺术感觉上的自觉意识。我以为，郭沫若在创作中显露的单色想象力，应该是受到日本传统文化对于色彩的美学偏爱的影响的。"④郭沫若对"青"字的理解和使用，既秉承了中国传统文化复杂的审美意蕴，又蕴含着自己的理解和审美追求。从"青"到"红"，郭沫若文学语言"单色的想象"的变迁充分表现了"语言（或任何符号系统）和想象力互相滋养"⑤。

维特死时身着"全套服装"，应该包含裤子，可是原文与译文都没提及裤子，郭沫若在《〈少年维特之烦恼〉序引》中倒是写出了维特的全套服装，包括裤子。"死时着青色燕尾服，黄色肩褂，黄色腿裤，长靴，靴胴棕色。"郭沫若在《序引》中还用了"肩褂"一词。"肩掛（挂）"、"肩褂"与"背心"，显示了中西服装文化的差异给翻译带来的难题。郭沫若的用词未免有些随意，"肩掛（挂）"在1772年9月6日书简中对应的却是"背心"："我最初同绿蒂跳舞时所穿的青色无饰的燕尾服，我到决心脱换了它，真是好不容易；旧得太不成样子了。我又做了一套，领襟，袖

---

① 黄遵宪：《夜起》，《人境庐诗草》，商务印书馆，1937，第144页。
② 罗振亚：《日本因素影响的正负效应与中国新诗的主体超越》，《四川大学学报》（哲学社会科学版）2023年第4期。
③ 朱湘：《郭君沫若的诗》，《晨报副刊》1926年4月10日。
④ 蔡震：《文化越境的行旅：郭沫若在日本二十年》，文化艺术出版社，2005，第80页。
⑤ 〔英〕菲利普·费尔南多-阿梅斯托：《观念的跃升：20万年人类思想史》，赵竟欧译，中信出版社，2023，第32页。

口,完全同旧的一样,并且背心和裤子也是黄色的。"郭沫若将维特的这套装束简称为"青衣黄裤"。① 用"青衣黄裤"概括维特死时所穿服装,并不完全准确,却非常吻合汉语表达习惯,"青衣"既是中国古已有之的词语,同时"青衣"与"黄裤"相对,色彩对比鲜明。至于为何不用"蓝衣黄裤",最主要的原因应是译者主体的颜色词偏爱。颜色词的偏爱,有政治原因,有审美原因,当然也有其他方面的一些原因。郭沫若在《斥反动文艺》中写道:"什么是蓝?人们在这一色下边应该想到著名的蓝衣社之蓝,国民党的党旗也是蓝色的。"《郭沫若全集·文学编》第16卷的编辑者注释曰:"因其成员制服为蓝衣黄裤,故又名'蓝衣社'。"② "蓝衣社"出现之前,1926年大冶总工会领导的纠察队员身着"蓝衣黄裤,胸前系着红领结"。③ 纠察队员的服装"蓝衣黄裤",也就是"青衣黄裤",只是不知道是否穿了黄背心。在1932年至1933年,金山接受上海党的地下组织任务,"到淞沪铁路机厂去进行蓝衣剧社的活动"④。摘引上述材料,主要是为了说明"蓝衣""蓝衣黄裤"在20世纪20~30年代的中国其实很流行,少年维特的奇装异服,对于国人来说应该是服装样式上的不同。

郭沫若译《少年维特之烦恼》时,国民党内还没成立复兴社,郭沫若也还没有实现革命文学的转向,他在译文中用"青衣"而不用"蓝衣"的原因,应该是觉得蓝色所代表的消极忧郁等与他理解和接受的维特形象不甚相符。具体来说,原因大概如下。郭沫若将少年维特当成了"五四"的产儿,凸显的是维特身上狂飙突进的精神风范,消极忧郁的精神特质无形中也就被削弱了,"青"比"蓝"更合适表达对维特形象的肯定。十里洋场的上海推崇洋马褂,倾向传统的北京钟爱蓝大褂,曹靖华在《忆当年,穿着细事切莫等闲看!》中详述过自己从北京到上海遭遇的穿衣波折。洋马褂与蓝大褂的区别,主要不在于蓝这个颜色,而在于一截穿衣与两截穿衣的区别,或者说中装与西装的差别。郭沫若在《月蚀》中叙述带家人去黄浦滩公园玩,妻子问为什么必须穿洋服,"我"回答说:"穿和服也可

---

① 〔德〕歌德:《少年维特之烦恼》,郭沫若译,第14、115、8页。
② 郭沫若:《斥反动文艺》,《郭沫若全集·文学编》第16卷,人民文学出版社,1989,第290页。
③ 中国人民政治协商会议湖北省委员会文史资料研究会编《湖北文史资料》第3辑,1989,第56页。
④ 金山:《回忆蓝衣剧社》,载文化党史资料部征集工作委员会编《中国左翼戏剧家联盟史料集》,中国戏剧出版社,1991,第102页。

以，穿印度服也可以，只有中国衣服是不行的。上海几处的公园都禁止狗与华人入内，其实狗倒可以进入，人是不行。"① 华洋之别最直接的表现便是服装。郭沫若不用蓝衣，或许是不想让读者联想到蓝大褂这种传统的服装样式。但是，人们对"蓝大褂"的理解与接受，似乎也不尽相同。张爱玲长篇小说《半生缘》中，曼桢"穿了件深蓝布旗袍，上面罩着一件淡绿的短袖绒线衫"，看到世钧打量自己，就笑道："你看我穿着蓝布大褂，不像个拜寿的样子是吧？"这就是将"蓝布旗袍"称为"蓝布大褂"了。旗袍可以称大褂，袍子似乎也可以。石翠芝"穿着件翠蓝竹布袍子，袍叉里微微露出里面的杏黄银花旗袍"。② 这样的服装搭配，与蓝上衣黄背心的维特装非常相似。没有证据表明石翠芝的着装受到了维特的影响，但是张爱玲让笔下的人物穿着这样的黄蓝颜色搭配，很难说没有维特影响的因子。《红岩》里的江姐穿的也是蓝布旗袍，"这个女同志是个安详稳重的人，不到三十岁，中等身材，衣着朴素，蓝旗袍剪裁得很合身"。蓝布旗袍似乎是平民女性的装束，但是"一双时髦的半高跟鞋……时新的细绒大衣"③等描写又给人很时髦的感觉，文本也用了"时髦"这个字眼。余虹指出："'蓝旗袍、半高跟鞋、细绒大衣'这些语词所描写的服饰完全可以是小资产阶级小姐的，这便为江姐形象的具体化提供了背离作者意图的阅读可能。"④ 余虹的分析提醒我们，服装所显示的意蕴可能是复杂的，分析不宜简单化。王安忆在《荒山之恋》中描述金谷巷的女孩，"黄军服早已不穿了，穿的是藏青涤卡的拉链衫，下身倒是一条黄军裤，裤腿宽宽的"⑤。这些女孩子的装束似乎也可归入"青衣黄裤"系列。衣裤的具体样式和名称虽有不同，颜色搭配却有相通，"青衣黄裤"不断地以各种形式在作家们的笔下复活。

郭沫若对维特"青衣黄裤"的概括性描述广为国人接受，郑振铎的《文学大纲》、叶灵凤的《贺柬》、杨武能的《〈少年维特之烦恼〉译序》、屠一宝的诗《维特头七祭》等都采用了这个表述，这个选择正是"五四"精神在文学翻译中的遗响。这样的人物装束带着一股与众不同的叛逆精

---

① 郭沫若：《月蚀》，《郭沫若全集·文学编》第9卷，人民文学出版社，1985，第43页。
② 张爱玲：《半生缘》，北京十月文艺出版社，2019，第31、53页。
③ 罗广斌、杨益言：《红岩》，中国青年出版社，2000，第46、56页。
④ 余虹：《文学知识学》，北京大学出版社，2009，第88页。
⑤ 王安忆：《荒山之恋》，长江文艺出版社，1993，第87页。

神，或者说是人物叛逆精神的形式化。1955年发行的电影《无因的反叛》（Rebel without a Cause），主演詹姆斯·迪恩身穿红夹克、蓝色牛仔裤，一身装扮成了那个时代青年反叛的标志。每个时代的叛逆青年都在寻找合适的标签张扬自我、宣示人间。蓝色是中国底层百姓常穿的颜色，读书人穿青衫。《阿Q正传》中，阿Q与小D展开了一场"龙虎斗"，"在钱家粉墙上映出一个蓝色的虹形"。有钱有势的钱家是粉色，底层的阿Q与小D则是蓝色；未庄人从阿Q手里买东西，邹七嫂"买了一条蓝绸裙"，赵白眼的母亲或赵司晨的母亲买了一件"孩子穿的大红洋纱衫"。[①] 鲁迅未必有意通过颜色写出农村社会的阶层，信笔写来却正是社会分层的服色表现。西方国家称工人阶级为"蓝领"（blue-collar），蓝色衣领也是社会分层的标志。"有些势利眼的人判断经济上的穷富和社会地位的高低，就是要看你包装的这层皮。"[②] "人靠衣装"指的就是这种古今中外都有的社会风气。作家琦君在《咖啡色的年龄》中写道："想起母亲当年常住在农村，穿着又长又大的衣服，总是蓝色。'穿红着绿'好像与她一生都无缘。"[③] 沈从文在诗《曙》中写道："维特式的衣服在社会上极容易找寻，/维特式的殉情却很少。"[④] 沈从文觉得维特式衣服容易找寻，或许就是与普通中国人多穿蓝色衣衫有关。维特是一个先锋式的人物，他的衣着颜色可与《琵琶行》中的司马青衫相似，却不宜与中国内地广大妇女群体的衣着颜色相似。时至今日，农村女性穿蓝色衣服的越来越少见，新一代译者翻译成蓝衣，年轻的读者却又觉得似乎比青衫时髦些，这时候的"蓝"究竟是忧郁的色彩，还是像闻一多在新诗《色彩》中所歌吟的："蓝教我以高洁"[⑤]，抑或兼而有之，恐怕又是新的见仁见智的话题了。

---

① 鲁迅：《阿Q正传》，《鲁迅全集》第1卷，人民文学出版社，2005，第530、535页。
② 柳萌：《穿衣的烦恼》，《女子的服饰 第二件红毛衣》，人民文学出版社，2017，第43页。
③ 琦君：《咖啡色的年龄》，《读书与生活》，人民文学出版社，2021，第156页。
④ 沈从文：《曙》，《沈从文全集》第15卷，北岳文艺出版社，2002，第157页。
⑤ 闻一多：《色彩》，《闻一多全集》第1卷，湖北人民出版社，1993，第105页。

版本研究

郭沫若译《约翰沁孤的戏曲集》的版本演变考及文化伦理阐释[*]

张　勇[**]

摘　要：郭沫若最早翻译了爱尔兰作家约翰沁孤的六部戏剧，成为中爱文化与文学交流的先行者之一，为爱尔兰文学在现代中国的传播奠定了深厚的基础，该译作结集为《约翰沁孤的戏曲集》，1926年2月由商务印书馆发行，译者署名为郭沫若。除此之外，还有一本署名为郭鼎堂《约翰沁孤的戏曲集》也同时由商务印书馆发行，但是在设计、装帧以及封底等处存在较大差异。《约翰沁孤的戏曲集》中含有丰富的文化内涵，通过解析可以辨析郭沫若在20世纪20年代文化思想以及文艺观念的延续与变化。

关键词：郭沫若；约翰沁孤；版本；文化交流

文学翻译是郭沫若留给后世的重要文化遗产，他翻译并出版了《少年维特之烦恼》《浮士德》等多部世界名篇，如果从历史纵向和时代横向的角度来讲，郭沫若的翻译成绩并不逊色于他的文学创作，但是由于版本缺失、时代久远、研究薄弱等方面的原因，郭沫若翻译的时代价值和文化内涵都或多或少被历史长河所遮蔽，有些甚至被淹没。

一

对于郭沫若的各体创作我们应该较熟悉了，目前已有38卷本《郭沫若全集》问世，其中包括《文学编》18卷、《历史编》8卷、《考古编》

---

[*] 本文系国家社科基金一般项目"郭沫若手稿、手迹收集、整理、研究与数字化建设"（项目编号：23BZW124）阶段性成果。

[**] 张勇，中国社会科学院郭沫若纪念馆研究员。

10卷，而且《女神》《屈原》《李白与杜甫》等经典文本不断再版发行，它们都在当代读者阅读的视野之内。但郭沫若翻译作品一直不被世人熟知。郭沫若的"译著之富，人所难及"①，据笔者统计，郭沫若结集出版的各种译作共30部之多②，其中涉及德国、俄国（苏）、法国、美国、日本、印度、英国、波斯和爱尔兰9个国家的作者，英语、德语、俄语及日语四个语种的作品，从译本选择、语言水准、国别区域等角度来说，郭沫若的"译事活动对于中国新文学的影响，对于后世的影响，除了鲁迅几乎无人可比"。③

先抛开译作的水准、体裁等方面的因素，郭沫若在文学翻译上较为鲜明的特征便是他多翻译前人所未翻译的作品，尝试性地对国外文学家的经典作品进行开创性的翻译与传播工作，多开风气之先。因此，郭沫若的翻译尤其对于近现代中国读者并不熟悉的爱尔兰文学在国内的译介起到了重要的作用。郭沫若所翻译的爱尔兰作家共计7位，分别是A. P. 格雷夫斯、艾·野、查理·渥尔夫、吉姆司·斯提芬司、妥默司·麦克东那、威廉·伯特勒·叶慈以及约翰沁孤（现多译为辛格）。前6位诗人的译作都是出现在《英诗译稿》中，郭沫若对于这些诗人的作品只是边阅读边翻译的，其翻译带有随机性，另外，这6位诗人的诗作数量少，篇幅短小。从翻译内容、作品容量等方面而言，在郭沫若翻译的诸多爱尔兰作家中，约翰沁孤是最为重要的一位，郭沫若几乎将他的所有创作都翻译成中文，并以单行本的形式出版发行，可见，在对爱尔兰作家作品的翻译中，约翰沁孤对郭沫若的吸引力是要远胜于其他6位的。

爱尔兰文学对于20世纪初的中国读者来说还是一片非常陌生的领域，最早将爱尔兰文学介绍到中国来的是茅盾，他在1919年撰写了《夏脱》，着重对叶芝的生平进行了介绍，随后他翻译的叶芝剧本《沙漏》（The Hour-Glass）刊登在1920年《东方杂志》第17卷第6期上，开启了爱尔兰文学在中国传播的先声。相对于文学翻译而言，茅盾更注重的是对爱尔兰文学的介绍和研究，如他的《近代文学的反流——爱尔兰的

---

① 周恩来：《我要说的话》，《新华日报》1941年11月16日。
② 30部包括生前所结集出版的29部，以及去世后由郭庶英和郭平英整理的《英诗译稿》，其中《浮士德》（上、下）（共两卷）、《生命之科学》（上、中、下）（共三卷）都合计为一部译作。
③ 杨武能：《筚路蓝缕 功不可没——郭沫若与德国文学在中国的译介和接受》，《郭沫若学刊》2000年第1期。

新文学》一文主要是侧重对叶芝文本的评述。真正接过茅盾爱尔兰译介工作接力棒的便是郭沫若，他在1925年5月翻译完成了近12万字的六部约翰沁孤戏剧作品。无论是从翻译的系统性，还是译作的重要性来讲，郭沫若所翻译的约翰沁孤作品都是爱尔兰文学在中国的传播与接受中重要的一环。

约翰沁孤出生于1871年，是爱尔兰近代著名的作家，被誉为"爱尔兰文艺复兴时期最杰出的戏剧家"[1]，在其短暂的生命历程中共创作出《骑马下海的人》（1903）、《谷中的暗影》（1905）、《圣泉》（1905）、《西域的健儿》（1907）、《补锅匠的婚礼》（1908）、《悲哀之戴黛儿》（1910）六部戏剧。郭沫若是将约翰沁孤的六部剧作"翻译介绍到中国的第一个译者"[2]，他将上述六部戏剧全部翻译为中文后，命名为《约翰沁孤的戏曲集》，1926年由商务印书馆出版发行。郭沫若不仅翻译了约翰沁孤的六部戏剧作品，而且在单行本的译作中撰写了《译后》，着重对约翰沁孤的生平、文学作品的主要特色等方面进行了详细的介绍与评述，并认为"他的每篇剧本里面都有一种幻灭的哀情流荡着，对人类的幻灭的哀情，对于现实的幻灭的哀情"[3]。

郭沫若翻译约翰沁孤的戏剧作品所具有的开创性意义，表现在他通过约翰沁孤作品的翻译，强化了20世纪20年代中国文化界对于爱尔兰文学的全面了解与深刻认知，因为约翰沁孤作品中语言对话、人物形象塑造多是爱尔兰民众生活的真实再现，通过对其作品的翻译，能够全面而直接地将爱尔兰的语言习惯、人文风情等文化要素介绍到文化转型期的现代中国。因此通过阅读郭沫若的译著，我们可以直观地了解爱尔兰民众的"心理，表情，性格"[4]，可以说，他对爱尔兰文艺复兴代表作家约翰沁孤全部剧作的翻译，填补了我国翻译文学史这方面的空白。

二

约翰沁孤的全部剧本被郭沫若翻译介绍到中国来，在"五四中国"

---

[1] 王佐良、周珏良主编《英国20世纪文学史》，外语教学与研究出版社，2018，第107页。
[2] 孟昭毅、李载道主编《中国翻译文学史》，北京大学出版社，2005，第159页。
[3] 郭沫若：《约翰沁孤的戏曲集·译后》，《约翰沁孤的戏曲集》，商务印书馆，1926，第2页。
[4] 郭沫若：《约翰沁孤的戏曲集·译后》，《约翰沁孤的戏曲集》，第3页。

时期是独一无二的，对于爱尔兰文学的关注、对于约翰沁孤的探究，折射出郭沫若宽广的文化视野和扎实的学术积淀。翻译《约翰沁孤的戏曲集》，得益于郭沫若较为专长的英语语言能力。郭沫若 30 部译作的语种主要是德语、日语、英语和俄语。在这四种语种中，郭沫若不太擅长俄语，因此他所翻译的《战争与和平》是由 Garnett 的英译本转译为汉语而成的，如《新俄诗选》在初版时署名为李一氓和郭沫若，但在《沫若译诗集》出版时，郭沫若并未将《新俄诗选》的内容收入其中，而且明确该译作主要是由李一氓所译。德语与日语比较精通，主要还是得益于其留学日本的经历，这两种语言是郭沫若在课程学习和日常生活中所必备的，因之他翻译了《少年维特之烦恼》《浮士德》等德语世界名著。其实郭沫若接触和学习最早的外语是英语。从成都高等学校理科开始，也就是郭沫若在 20 世纪初期处于青少年时期，他便开始阅读美国诗人朗费罗的"The Arrow and the Song"（《箭与歌》）原文，在阅读时基本没有语言障碍，其间"一个字也没有翻字典的必要便念懂了"，而且"感觉着异常的清新"，并且"悟到了诗歌的真实的精神"[①]。郭沫若此时所掌握和熟记的英文单词，大多数不是日常词汇，属于比较"高阶"的部分，例如 circumstances（境遇）、extortion（勒索）、extravagance（奢侈）、Monarchy（君主政体）、aristocracy（贵族）、obscene（猥淫的）、despoticm（专制政体）、confine（境界）、occupation（业务）等。在中学读书期间，郭沫若的英语成绩是非常优秀的，现存的两份成绩单显示，他的英语成绩分别是嘉定府官立中学堂的 98 分和分设中学堂的 93 分。良好的英语基础为郭沫若翻译英文作品打下了坚实基础。再加之到日本留学后，医学学校的课程安排中英语也是必修科目之一，这种持续性的英语学习，使之更加专业化、精准化和实践化，为其全面阅读、理解和研究英文作品打下了坚实基础，同时也拓展了他的阅读视野和范围，而他对英文作品的翻译则更多出自其内心情感自觉的认同。"重振爱尔兰文化传统"的爱尔兰文学"在语言和技巧的创新上也做出了独特贡献"[②]，大大拓宽了以文化传播与交流为目的的郭沫若翻译活动的视野，"从本质上说，从事文学翻译就是推动世界各族人民之间心与心的交流，

[①] 郭沫若：《我的作诗的经过》，《郭沫若全集·文学编》第 16 卷，人民文学出版社，1989，第 211 页。

[②] 王佐良、周珏良主编《英国 20 世纪文学史》，第 126 页。

就是架设通向理解和友谊的桥梁"①。

因此，郭沫若对爱尔兰文艺复兴代表作家约翰沁孤全部剧作的翻译，填补了我国翻译文学史这方面的空白。约翰沁孤的全部剧本被翻译介绍到中国来，在当时是独一无二的，在今天也是较为少见的。因此，郭沫若翻译的《约翰沁孤的戏曲集》，可说是中国现代翻译文学史上的珍品之一。② 郭沫若应是中爱文化交流与文明互鉴史上不可或缺的重要一环，今天再来研读他相关译作的重要性便不言而喻。

三

翻译作品的研究长期以来多以对译文内容的考察为主，有关译文版本的演变、版本间的变迁等方面的研究并不多见，但对于郭沫若翻译作品研究而言，我认为译文版本的研究与译文内容的研究具有同等重要的地位和价值。郭沫若翻译作品鲜明的特点就是不同译作间版本数量差异性较大，如《少年维特之烦恼》"据不完全统计，至少印过不下于 50 版"③。

郭沫若所翻译的国外文学作品，在出版方面有一个特点就是新中国成立后再版的较少，只有《少年维特之烦恼》《浮士德》《鲁拜集》《生命之科学》《赫曼与窦绿苔》《华伦斯坦》《美术考古一世纪》《政治经济学批判》《艺术的真实》《隋唐燕乐调研究》《社会组织与社会革命》《沫若译诗集》等 13 部再版过，即便是再版，在时间上也多集中在新中国成立初期，在类别上多以社会科学类的译作为主，文学类的译作不多。

对于郭沫若文学翻译作品的研究目前虽然有一定的成果积累，但从总体上来说还是与郭沫若译作译本数量与质量不成正比，特别是很多译本基本上还无人涉及，《约翰沁孤的戏曲集》就是其中一例，甚至有些学者在对此部作品进行介绍时，译作名称都是完全错误的④。郭沫若翻译的文学类作品，除了《少年维特之烦恼》《浮士德》等几部耳熟能详的名著外，

---

① 陈恕：《爱尔兰文学在中国——世纪回眸》，《外国文学》2011 年第 4 期。
② 孟昭毅、李载道主编《中国翻译文学史》，第 161 页。
③ 《二十世纪中国实录》第一卷，光明日报出版社，1997，第 1062 页。
④ 陈恕在论文《爱尔兰文学在中国——世纪回眸》中就将郭沫若翻译约翰沁孤译作写为"《辛格戏剧作品选》（商务印书馆，1926）"，但实际上商务印书馆 1926 年出版发行的郭沫若译作为《约翰沁孤的戏曲集》。

很多不太被读者和研究者熟知,特别是如约翰沁孤这样比较小众的作家,本来在国内读者中的知名度就不太高,再加之《约翰沁孤的戏曲集》自从20世纪20年代出版后,至今一直没有再版过,只是在1962年6月号的《剧本》月刊上,郭沫若对《约翰沁孤的戏曲集》中《骑马下海的人》一剧略作修改后重新发表。

郭沫若译介的《约翰沁孤的戏曲集》,目前能够查询到的译本共有两个版式。其中一个译本装帧较为简约,为小32开本,封面为一对外国男女在进行交谊舞的表演,在其下方用美术字题写了译作名称,扉页为竖排版,从右向左依次为译者名、译作名和出版社名,该版本使用质量较差的次道林纸印刷而成,现今已经发黄变脆,另外装订较为简单,留存至今的多已开脱散落。另外一个译本装帧则比较精致,为大32开硬皮本,书脊则印有烫金译作名、译者名,扉页上有该作品的英文名称、作者以及翻译者姓名,下半部则为中文译名、译者姓名和出版社等信息,印刷纸张也为质量较好的木造纸,此版本保存至今还基本如初。上述两个版式的译本,除了这些外在显现的差异外,最主要的区别便是译者的署名,较为简洁版式的署名为"郭鼎堂译",而精装本的署名则为"郭沫若译"。那么这究竟是两个不同的版本,还是同一版本不同的版式呢?对于这个问题,以往的研究者多有误判。两个版式的著作权页中,都标明着出版时间为"中华民国十五年二月初版",也即该译作是1926年2月出版的,在版权页中仅有的两处不同,分别是定价和译者名。简洁版的定价为"每册定价大洋一元,外埠酌加运费汇费",译者"郭鼎堂";精装版的定价为"纸布面每册定价大洋壹元肆角,外埠酌加运费汇费",另外精装版的版权页还增加了发行所、分售处以及相关信息的英文说明。从以上信息的对比中,我们可以明确肯定的是这两个译本属于同一版本,同为1926年2月的初版本,也就是说郭沫若翻译的《约翰沁孤的戏曲集》迄今为止只出版过一次,仅有一个版本存世,上述两个译本,仅仅是装帧不同而已。由此版本的考究便可以褪去"作为后来者,却不宜先将先行者正确的表述愈弄愈错,反而使得历史的面目模糊起来"[1]的疑惑。

还有一个要阐释的问题,那就是为什么同一版本不同版式的《约翰沁

---

[1] 咸立强:《郭沫若译〈约翰沁孤的戏曲集〉的三种名称》,《现代中文学刊》2020年第5期。

孤的戏曲集》，却使用了"郭沫若"与"郭鼎堂"两个译名呢？邵华在《郭沫若笔名"郭鼎堂"始用于何时？》一文中认为"译述者（《约翰沁孤的戏曲集》《异端》《新时代》），著者（《塔》）署名都是'郭沫若'（包括《异端》中《译者序》的署名），至一九三〇年以后出版的重版本才将署名改为'郭鼎堂'。但书的内容、文字和排版也都和初版时一样没有更动"①。很显然，《约翰沁孤的戏曲集》并未再版过，因此他的结论是存在偏差的。郭沫若使用"郭鼎堂"这一笔名，最早应该就是在1926年2月《约翰沁孤的戏曲集》初版时，而不是在1930年才开始的。那么，为什么这个时候要使用"郭鼎堂"的笔名呢？

此时郭沫若使用"郭鼎堂"作为《约翰沁孤的戏曲集》简约本的译者名，从较为隐曲的角度显示了他对于文学翻译的认知与理解，他认为"翻译是一种创造性的工作，好的翻译等于创作，甚至还可能超过创作。这不是一件平庸的工作，有时候翻译比创作还要困难"②。正是在此种理念的指引下，他在翻译《约翰沁孤的戏曲集》时并不是被动地进行简单的语言转换，而是投入自我理念的再创作，而使用一个新的译者名，便是对这种文学创作活动的呼应与强化。译者名"郭鼎堂"刊印在简约本之中，简约本售价较为低廉，购买的读者相对较多，这也是郭沫若希望被广大读者接受的创作心理的体现。

四

关于郭沫若文学翻译作品，虽然有过诸多争议性的话题，如有对其翻译思想的质疑，也有对其译本翻译错误的更正，还有对其翻译活动的指责等，但无论如何，郭沫若翻译作品的数量之大、种类以及题材之丰富是客观存在的，他的翻译影响力也是毋庸置疑的。现在对于研究者来讲，如何多角度、全方位、整体性去探究郭沫若翻译文学作品的价值与内涵，特别是对其翻译作品的"背景和动力是什么？是域外刺激，是学术制度变化，是新资料新方法的推动，还是政治情势、国家危机和国际环境的作用"③

---

① 邵华：《郭沫若笔名"郭鼎堂"始用于何时？》，《图书馆杂志》1983年第4期。
② 郭沫若：《谈文学翻译工作》，《郭沫若全集·文学编》第17卷，人民文学出版社，1989，第73页。
③ 葛兆光：《余音·序》，《余音》，广西师范大学出版社，2017，第v页。

等诸多问题都要进行全面细致的梳理与探究，特别是对《约翰沁孤的戏曲集》这样不太为读者所熟知的译文文本的分析与解读，也将会对研究郭沫若的文学创作、思想变化以及文化取向等产生积极而深远的影响，具体来讲大致有如下几点。

首先，《约翰沁孤的戏曲集》的翻译改变了郭沫若历史剧创作的风格与方法，使之更加具备戏剧创作的元素。

从翻译的实质上来说，"文学翻译的创造性性质是显而易见的，它使一件作品在一个新的语言、民族、社会、历史环境里获得了新的生命"[1]。特别是对于郭沫若这种文学创作者兼翻译家来说，翻译的创造性转变可以通过自己的文学创作来实现，可以说"他的创作，无论从思想、内容和形式各方面，都受到外国文学的影响"[2]。

翻译活动对郭沫若文学创作的影响是显而易见的，郭沫若在《我的作诗的经过》一文中明确表达了自己早年在翻译泰戈尔、雪莱、惠特曼、歌德、海涅等国外著名诗人诗作的过程中，产生了创作的冲动与意识。除了诗歌以外，郭沫若的历史剧创作也同样受到了翻译的影响。

郭沫若是中国现代文学史上重要的戏剧创作者，他的《屈原》《蔡文姬》等历史剧一度成为"当时最有影响的戏剧之一"[3]，郭沫若的戏剧创作与白话新诗的创作是同步的，1921年泰东图书局《女神》初版本的题名全称就是"《女神（剧曲诗歌集）》"，文本中的"第一辑"《女神之再生》《湘累》《棠棣之花》三篇均为严格意义上的戏剧作品。虽然如此，此时期郭沫若戏剧创作的元素较为简单，"戏"味不足，表现之一便是戏剧人物形象设置较为简单，人物关系处理较为直接。

人物形象是戏剧创作的重要因素，"戏剧艺术的对象是人，塑造鲜明、生动的人物形象是戏剧的中心任务"[4]。通常我们对于郭沫若历史剧人物形象的关注大多落脚到屈原、信陵君、蔡文姬、武则天等中心人物上，诚然上述人物是郭沫若剧作所主要表现的对象，但仅仅有他们还远不能构成完整的戏剧结构，特别是郭沫若在戏剧创作的方法上，并非以戏剧冲突来推

---

[1] 谢天振：《翻译研究新视野》，福建教育出版社，2015，第62页。
[2] 戈宝权：《谈郭沫若与外国文学的问题——在郭沫若研究学术讨论会上的发言》，《四川大学学报丛刊·郭沫若研究专刊》1979年第2辑。
[3] 朱栋霖、吴义勤、朱晓进主编《中国现代文学史1915—2016》（上），北京大学出版社，2018，第311页。
[4] 贺大绥、丁世洁主编《文学鉴赏论纲》，警官教育出版社，1996，第209页。

动整个戏剧情节的发展。在郭沫若的历史剧中，有一个侧面是我们以往研究中所忽略的，那就是群体角色概念的引入及其创作实践。

自20世纪20年代后期《聂嫈》起，郭沫若的历史剧创作在主要人物之外，设计了众多配角式的，甚至是没有任何台词和动作的人物，这便与老舍、曹禺等人的戏剧创作有了明显的不同。如《屈原》剧中除有屈原、婵娟等18个有具体姓名的角色外，还有"女官、女史、群众、卫士、歌舞及奏乐者各若干人"[①]；《虎符》剧中除有信陵君、如姬等27个有具体姓名的角色，还有"卫士及群众各若干人"[②]；《高渐离》剧中除有高渐离、李斯等17个有具体姓名的角色，还有"卫士、宦者、童男女等若干人"[③]；《孔雀胆》剧中除有17个有具体姓名的角色，还有"番将、卫士、宫女各若干人"[④]；《南冠草》剧中有"皂隶及兵勇若干人"[⑤]；《蔡文姬》中有"胡兵、胡婢、胡乐队、胡舞队等若干人。曹丞相府侍者、铜雀台歌姬等若干人"[⑥]；《武则天》剧中则有"宫娥、黄门、侍卫等各若干人"[⑦]。显然，在郭沫若主要的历史剧中，"士兵""宫女""侍者"等非中心人物都是戏剧创作中非常重要的组成部分，绝不是可有可无的元素。那么，这种创作手法从何而来呢？对于这个问题，郭沫若自己有过明确论述，他说：

> 《聂嫈》的写出自己很满意，而尤其得意的是那第一幕里面的盲叟。那盲目的流浪艺人所吐露出的情绪是我的心理之最深奥处的表白。但那种心理之得以具象化，却是受了爱尔兰作家约翰沁孤的影响。[⑧]

郭沫若如果没有翻译并仔细体味、理解过约翰沁孤的戏剧作品，是不

---

① 郭沫若：《郭沫若全集·文学编》第6卷，人民文学出版社，1986，第287页。
② 郭沫若：《郭沫若全集·文学编》第6卷，第427页。
③ 郭沫若：《郭沫若全集·文学编》第7卷，人民文学出版社，1986，第3页。
④ 郭沫若：《郭沫若全集·文学编》第7卷，第133页。
⑤ 郭沫若：《郭沫若全集·文学编》第7卷，第207页。
⑥ 郭沫若：《郭沫若全集·文学编》第8卷，人民文学出版社，1987，第15页。
⑦ 郭沫若：《郭沫若全集·文学编》第8卷，第127页。
⑧ 郭沫若：《创造十年续编》，《郭沫若全集·文学编》第12卷，人民文学出版社，1992，第234页。

会有如此感知的。约翰沁孤的戏剧中没有宏大的历史叙事，也没有赫赫有名的历史人物，主要是对下层民众日常生活的描写和复述，如《补锅匠的婚礼》是描写爱尔兰流浪汉生活的独幕喜剧；《骑马下海的人》是展现阿兰群岛渔民日常生活的作品；《圣泉》描述的是一男一女两个瞎乞丐的曲折故事。以上的列举可见约翰沁孤创作的主要特点便是"深深地植根于现实生活之中"，"真实地反映爱尔兰农民的生活"[1]。这种方法对郭沫若的历史剧创作理念产生了重要影响，他开始在《女神之再生》《棠棣之花》《湘累》等早期历史剧创作实践的基础上，逐步将历史剧的创作拉回现实生活之中，让普通民众参与戏剧进程，通过对一件件日常生活中常见事物的描写，并借助诸多普通民众形象的塑造，来推动中心人物命运走向以及戏剧冲突的发展。这是郭沫若历史剧创作中涉及创作方法、行文方式、戏剧结构以及主题架构等方面的重要变化，而这无疑便是从译介《约翰沁孤的戏曲集》开始的。

其次，《约翰沁孤的戏曲集》的翻译强化了郭沫若情感下移的倾向与信心。

如果说在译诗中"可以听到郭沫若的心声，可以看到郭浓烈的感情色彩"[2]是其翻译活动的第一阶段主要特征的话，那么关注底层民众的社会生活、思想变迁、情感表述等方面的内容就是其第二阶段翻译活动的重要特征。《约翰沁孤的戏曲集》就是他第二阶段译作中此方面典型而集中的展现，而此方面的转变对于郭沫若自身来说，具有双向奔赴的作用与意义。约翰沁孤并不是爱尔兰顶级的文学家，他创作作品的数量也不多，在国际上的知名度也不高，郭沫若倾力通译了其绝大多数作品，将他介绍给东方中国的民众，我想郭沫若阅读此作家作品后产生情绪共鸣是绝对不可忽略的重要因素。郭沫若通过译介约翰沁孤的作品，深刻而全面地认为：

> 爱尔兰文学里面，尤其是约翰沁孤的戏曲里面，有一种普遍的情调，很平淡而又很深湛，颇象秋天的黄昏时在洁净的山崖下静静地流泻着的清泉。日本的旧文艺里面所有的一种"物之哀"（Mono no

---

[1] 王佐良、周珏良主编《英国20世纪文学史》，第104页。
[2] 夏定冠：《郭沫若与外国文学》，《新疆大学学报》1979年第1—2期。

aware）颇为相近。这是有点近于虚无的哀愁，然而在那哀愁的底层却又含蓄有那么深湛的慈爱。①

对于译作情感表达的关注，对于作者情调演变的感知，无疑既全面展现了郭沫若"融情于译文"的翻译风格与特色，同时又承续了郭沫若第一阶段译诗"寄情"的特性。我们在《约翰沁孤的戏曲集》中随处都可以读到具有浓郁情感特色的语句，如在《骑马下海的人》中老妇人毫里亚得知自己的儿子葬身于大海之中，悲伤地表示"我也用不着在夜里不睡觉的哭着，祈祷着了。我也用不着在冬祭后撑手不见掌的黑夜里去取圣水了，不怕那海水就怎样地使着别的妇人痛哭，我也不管了"②。《补锅匠的婚礼》同样也是描写老妇人玛利，当自己儿子因不能付给教士费用，而无法举办婚礼后，她情绪激动地说道："他们走掉了，我这腿软得连一根灯草也可以打得倒；我这脑袋子里面吵得甚么似的，就给河里的水在响一样，又像山溪水涨起来，又像在下着雨的光景。"③ 郭沫若用最平实的语言翻译着这段老妇人的独白，其目的就是要让悲哀的情感自然平缓地流露出来，就像人行走、吃饭、睡觉一样，这种情感是有异于郭沫若译诗和白话新诗创作时激情四溢的表达状态的。

郭沫若对于约翰沁孤戏剧中情感的关注程度，已经远远超越了单纯文字、语言转述的基本要求，郭沫若对于约翰沁孤戏剧的主题内涵，特别是情感表达进行了细致翔实的分析与研判，他认为约翰沁孤在戏剧创作中：

> 所同情的人物都是下流阶级的流氓和乞丐。他的每篇剧本里面都有一种幻灭的哀情流荡着，对于人类的幻灭的哀情，对于现实的幻灭的哀情。但他对于现实，对于人类也全未绝望，他虽然没有积极的进取的精神鼓动我们去改造这个人类的社会，但他至少是指示了我们，这个虚伪的，无情的，利己的，反复无常的社会是值得改造的。他的世界是很狭隘，但是世间上那一处的世界和他这儿所表现的是两样的呢？在这个世界未能根本地改造以前，他所藉以为唯一的安慰，唯一的解脱的，是人类心中尚未完全消灭的一点相互间的爱情。爱的力量

---

① 郭沫若：《创造十年续编》，《郭沫若全集·文学编》第12卷，第234页。
② 郭沫若：《约翰沁孤的戏曲集》，第313页。
③ 郭沫若：《约翰沁孤的戏曲集》，第202~203页。

他是极端地尊重着的。①

由这段表述可以明显看出，郭沫若译介《约翰沁孤的戏曲集》的出发点，就是要寻找社会改造、民族复兴的路径与方式。结合郭沫若在译介《社会组织与社会革命》后自我方向选择的变化，他开始走出幻想，走向现实社会革命；开始专注民众疾苦，专力社会历史变革，此时郭沫若开始逐步走出早期单一泛神论崇拜的束缚，将努力的视角定格于民族解放与复兴的道路上，并特别指出了"爱尔兰人有哀愁的精神，而也富于民族解放的英勇精神"②，希望借助约翰沁孤作品中所展示的民族精神，探究东方古老民族复兴的路径，这明显表现出郭沫若由一位浪漫主义诗人向投身火热革命的知识分子的巨大转变。

再次，《约翰沁孤的戏曲集》的翻译显现了郭沫若进行中西文化交流和文明互鉴的强烈意识。

翻译活动从方法和过程来讲，本质上就是一种不同语言、不同地区、不同民族间的文化交流活动。将外来语言转换成母语，其实就是不同文化间互相碰撞、转换和交融的过程。

其一，对于翻译对象的选择就是一次异域文化间的相互认同与交流，选择哪个国家、哪个作者、哪本译作，这无疑是经过了缜密的比对的。郭沫若高度重视对翻译对象的选择，他特别指出，"翻译工作者必须具有高度的责任感。他不能随便抓一本书就翻，他要从各方面衡量一部作品的价值和它的影响。在下笔以前，对于一部作品的时代、环境、生活，都要有深刻的了解"③。如果从更深层次来理解以上表述，其实也就是译者选择翻译某部作品，就是对这部作品所代表文化的认同与赏析。同理，郭沫若在20世纪20年代译介《约翰沁孤的戏曲集》，表明了他对于约翰沁孤所处文化，也就是爱尔兰文化探究、理解的欲望，以及让此文化与中国文化相互交往的愿望。如果说郭沫若在《马克思进孔庙》一文中对于中外文化交流与融合的看法还较为生硬、简单的话，那么到了《约翰沁孤的戏曲集》等一大批译作完成后，他的中外文化交流、文明互鉴的意识则更为自觉，方

---

① 郭沫若：《〈约翰沁孤的戏曲集〉译后》，《约翰沁孤的戏曲集》，第 2 页。
② 郭沫若：《创造十年续编》，《郭沫若全集·文学编》第 12 卷，第 235 页。
③ 郭沫若：《谈文学翻译工作》，《郭沫若全集·文学编》第 17 卷，第 73 页。

法更为读者与民众所接受,由此郭沫若也完成了中西文化交流意识与方式的巨大变革。

其二,文学翻译并非简单地进行不同语言文字逐一对应的互译,而主要是要达到整体性的阅读效果,能够将不同语法体系、用词习惯的语言转换成本民族民众能够普遍接受的话语,这其实并不是一件轻松的事情。与其说这是一次文学再创作的过程,不如说是文化创造性发展的过程,特别是对郭沫若这样的文学创作者兼翻译家来说更是如此。郭沫若在翻译约翰沁孤的戏剧时格外注重这一点,他特别强调要"使多数人能够了解上当然可以收些效果"[1],比如在《西域的健儿》中,看热闹的女子们议论儿子刺杀父亲的事情时,郭沫若就将父亲译作了"老子","老子"一词既表达了父亲的称谓,又与下层民众语言相符,使得中国读者能够较为容易读出此时戏剧情节发展和人物特性,所以"我们读他的译作常常感到好象在读他自己的创作,似乎根本不存在两国文字的界限,没有移植的痕迹,因为他把原作的精神实质和艺术风格溶注在自己的笔端,进行了思想与艺术的再创造"[2],也就是:郭沫若的译介活动是中国文化与爱尔兰文化之间的"再创造"。

结　语

在目前的郭沫若研究中有关其翻译的研究并不是重要方面,而在对郭沫若翻译的研究中,类似《约翰沁孤的戏曲集》这类再版较少的译作同样不是重要方面,之所以如此,主要是因为郭沫若研究的历史惯性。郭沫若的翻译应该是与创作研究占有同等重要地位的,而《约翰沁孤的戏曲集》一类的译作也应该如《少年维特之烦恼》的译作一样,获得大致相同的关注热度。《约翰沁孤的戏曲集》的翻译成功,再一次昭示了郭沫若敏锐的学术视野、广博的文化情怀以及深厚的学术底蕴,重视对此类作品的解读,才能真正揭示出文化巨匠郭沫若的深厚文化内涵。

---

[1] 郭沫若:《约翰沁孤的戏曲集·译后》,《约翰沁孤的戏曲集》,第3页。
[2] 楼适夷:《漫谈郭沫若同志与外国文学》,《悼念郭老》,生活·读书·新知三联书店,1979,第340~341页。

《卜辞通纂》的版本及递嬗

李红薇

摘 要：《卜辞通纂》因选片精良、内容安排合理、解释通俗，自面世以来学者交相推许，滋养了一代又一代学人，至今仍为学习甲骨文的入门津梁。该书自1933年行世至今已逾九十年，目前共有七个版本，在各批次出版印刷时常有不同程度的修改，版式、序跋、附录、内容等方面多有变动。有鉴于此，我们依次梳理了《卜辞通纂》各个版本的特点、价值等，并对诸版之间的流传递嬗关系作了考述。

关键词：郭沫若；《卜辞通纂》；版本；递嬗

1933年5月郭沫若编撰的《卜辞通纂》（以下简称"《通纂》"）由日本文求堂书店出版。《通纂》综合研究了"卜辞之菁粹者"八百余片，且首次刊布了百余片新见甲骨材料，据内容系统地分为干支、数字、世系、天象、食货、征伐、畋游、杂纂八大类，不仅在文字考释方面多有创见，更涉及断片缀合、卜法文例、商代史等多个领域。又因选片精良、内容安排合理、解释通俗，自行世以来学者交相推许，滋养了一代又一代学人，可以说是最早的甲骨学读本，堪为学习甲骨文的入门津梁。

时人刘节评价"其书之重要，出其所著诸书之右"[1]。1947年中央研究院院士选举时，傅斯年提名郭沫若为院士候选人，提名表中"被提名人资格之说明"一栏写道：[2]

---

* 本文系中国社会科学院"青启计划"（项目编号：2024QQJH075）、中国历史研究院"甲骨科技分析科研创新团队"（项目编号：LSYCX2024001）的阶段性成果。

** 李红薇，中国社会科学院郭沫若纪念馆助理研究员。

[1] 刘节：《评介〈卜辞通纂〉》，《燕京学报》1933年第13期。

[2] 王戎笙：《傅斯年与郭沫若》，《文史哲》2005年第3期。

> 其于殷商卜辞，分别排比，尤能自成体系，其所创获，更不限于一字一词之考订，殆现代治考古学之最能以新资料征史者，合乎第一项之规定。
> ……
> 《卜辞通纂》民国卅一年出版，① 东京文求堂发行。此书选传世卜辞之菁粹者凡八百片，分类排列，比珈释词，创见极多，为研究殷墟卜辞一最有系统之作。

可以说郭沫若正是凭借《通纂》获得学界认可和推崇，奠定了其在学术史上"甲骨四堂"的重要地位。

《通纂》自1933年行世至今已逾九十年，目前共有七个版本。该书在各批次出版印刷时常常有不同程度的修改，版式、序跋、内容等方面多有变动。本文依次介绍各版本的大致情况、价值特点等。

一 1933年初版《卜辞通纂》（以下或简称"初版"）

1933年5月10日由日本文求堂书店出版发行，据作者手稿影印，石印本一帙四册。

作者于内封以毛笔题写书名"卜辞通纂一卷考醳（释）三卷索引一卷"。全书包括"卜辞通纂""别录之一""别录之二""序文""后记""述例""索引"，主体内容又分为图版著录、卜辞释文及考释。其中正编中的甲骨主要取自《殷虚书契前编》《殷虚书契后编》《殷虚书契菁华》《戬寿堂所藏殷虚文字》《铁云藏龟》《铁云藏龟之余》《龟甲兽骨文字》七种书籍。"别录之一"包括中央研究院历史语言研究所在安阳发掘的"大龟四版"等考古资料以及何遂的藏品。"别录之二"为郭沫若所见当时流到日本的部分甲骨。

该书综合研究了"卜辞之菁粹者"913片（包括不少此前未曾刊布的新材料），据其内容系统地分为干支、数字、世系、天象、食货、征伐、畋游、杂纂八大类。

---

① 引按："卅一"有误，当为1933年，即民国廿二年。

书后有文求堂书店主人田中庆太郎之子田中震二编制的人名及地名索引表，以便读者检阅。书末另有手写的勘误、铅排版的正误表及再勘误。

值得注意的是，据版权页、《郭沫若致文求堂书简》等史料可知，该书于1933年5月5日印刷、10日发行，而出版后作者仍在不断订正、勘误，直至5月30日《再勘误》才最终校好。也就是说，《通纂》所附的《〈卜辞通纂〉再勘误》《正误表》乃全书印行后补印单独收入，此乃初版独有，后来的诸版《通纂》均不见。一些公私藏家购得的初版《通纂》或多有遗落，[①] 为此蔡哲茂先生曾专门在先秦史研究室网站上发布，以引起学界留意。[②]

二 1977年朋友版《卜辞通纂》（以下或简称"77朋友版"）

1977年7月10日，日本朋友书店影印出版，精装一册，印制200部。

1932年11月2~8日，郭沫若前往京都访日本甲骨藏家，在恭仁山庄拜访了著名汉学家内藤湖南，返回市川后随即作了一首《访恭仁山庄》，请田中代为转寄。[③] 据《通纂·述例》云："《殷虚书契前编》八卷，罗振玉，略称《前》。此书多精品，然价值甚昂，余所未能备，蒙内藤湖南博士惠赠一部，志此鸣谢。"郭沫若刚涉足甲骨学即从罗王之书入门，1929年9月19日请托容庚从国内为其代购《殷虚书契》前后编，后以八金的低价购得缺了两页的《殷虚书契后编》，而因《殷虚书契前编》需要二百金，一直无力购置。同年12月4日因撰写《甲骨文释》（后改名为《甲骨文字研究》）之需致信容庚求借《殷虚书契前编》，数次延长借期，一年后才归还容氏。[④] 可见《殷虚书契前编》对于郭沫若从事甲骨文研究工作至关

---

① 初版《通纂》再勘误第三条："同第455片与456片乃一片之折，上下正相衔接。"1983年版《通纂》第456片释文下空白处增补"此与上片为一片之折"。《合集》忽略了郭沫若的缀合意见，仍分列为9500、5604两个编号，这也从侧面反映出《合集》当时利用的初版《通纂》很可能并没有《再勘误》页。

② 蔡哲茂：《卜辞通纂再勘误表》，先秦史研究室网站，2009年2月19日，https://www.xianqin.org/blog/archives/1227.html。

③ 马良春、伊藤虎丸主编《郭沫若致文求堂书简》，文物出版社，1997，第264页。

④ 广东省博物馆编《郭沫若致容庚书简》，文物出版社，2009，第165、173、189、192、199页。

《卜辞通纂》的版本及递嬗

重要。但直到编列《通纂》时得蒙内藤湖南惠赠，郭沫若才拥有了《殷虚书契前编》这部书。《通纂》出版后郭沫若寄赠了内藤湖南一部，表示感谢。

77朋友版《通纂》即以1933年5月5日郭沫若赠给内藤湖南的初版为底本影印（见图一），并增加了伊藤道治所撰长文《日本所见甲骨录》为附录。

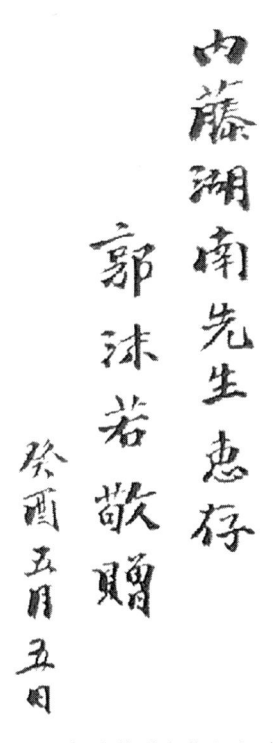

> 内藤湖南先生惠存
> 郭沫若敬赠
> 癸酉五月五日

图一 1933年5月5日郭沫若赠内藤湖南《卜辞通纂》题词

内封背面载有一封王廷芳致土江澄男的信函：

土江澄男先生：您四月十二日来函收悉。您在信中所谈到的关于在日本出版郭沫若院长著作《卜辞通纂》事，我已报告了郭院长，他说请日本朋友们自己决定。郭院长现正住院疗养，不能题辞，尚希鉴谅。

顺致

友谊的问候！

王廷芳

一九七六年四月二十九日

王廷芳时任郭沫若的学术秘书，土江澄男是日本京都朋友书店的会长，也是后来该书的发行者。由信文可知，1976年4月12日土江澄男曾致信郭沫若，希望由日本朋友书店重新出版《通纂》，并请郭沫若题词，郭沫若得知后慨然同意出版，但因身体抱恙住院疗养，并没有题词。该书的出版也是郭沫若与内藤湖南等中日学者之间友好往来的一个见证。

三 1983年考古学专刊版《卜辞通纂》（以下或简称"83考古学专刊版"）

1983年6月，科学出版社将《通纂》作为"考古学专刊甲种第9号"出版，精装一册，印制2700部。

1954年11月1日郭沫若致函尹达：

> 容庚先生近来和我通了两次信，对于《两周金文辞大系图录》作了仔细校对和补充。该书，人民出版社有意重印，但尚未着手。性质太专门，似以改由科学院出版为宜。您如同意，我想把它作为一所的出版物。该书拟即请容庚核校补充。他的两信及资料附上，请一阅。
>
> 《卜辞通纂》《殷契粹编》《石鼓文研究》似均宜改由科学院出版。如您同意，请与人民出版社接洽一下。《卜辞通纂》与《殷契粹编》似可托于省吾校补。①

1955年10月30日再次致函尹达：

> 日前已面谈，《卜辞通纂》及《殷契粹编》不拟作什么添改，如科学出版社决定印，只须校勘一下错字即可付印。②

透过以上两封信文可知，20世纪50年代《卜辞通纂》等书人民出版社原本有意重印，但郭沫若考虑到书籍内容的专业性，建议改由科学出版社出版，本不拟作增改，只建议编辑校勘一下错字即可付印。

---

① 黄淳浩编《郭沫若书信集》下册，中国社会科学出版社，1992，第173页。
② 黄淳浩编《郭沫若书信集》下册，第186页。

随后，科学出版社将其列为"考古学专刊"之一种，延请于省吾帮助校阅，并将作者同意的校语录在眉端。60年代初，编辑傅学苓重新编制了颇为翔实的索引。① 更换了一些不甚清晰的拓本，或作了摹本。70年代，科学出版社曾作编辑加工记录，经作者审阅后，或校勘原稿或录在眉端。详参傅学苓回忆《卜辞通纂》的出版情况：

> 1958年考古研究所请于省吾先生校阅，并将郭老同意的校语录在眉端。1962年科学出版社重编了详细的索引，郭老为索引题了字。原书所收拓片中不够清晰或照片年久褪色的，由历史研究所甲骨文合集组提供了一些新拓本；没有新拓本的，由姚孝遂、陈雍同志作了摹本。七十年代在准备出版考古学专刊本时，科学出版社曾作编辑加工记录，经郭老逐录审阅后，据以校勘了原稿或录在眉端。《全集》本又作了校勘、注释，作为《考古编》第2卷，于1983年6月出版。②

初版《通纂》单独附有正反铅字排印于一纸的再勘误及正误表。1983年科学出版社再版时，已直接于正文中补改替换，或增加眉批。

四　1976年大通版《卜辞通纂》（以下或简称"76大通版"）

1976年5月，台湾大通书局印行。精装一册。版权页出版者题"大通书局"，出版时间题一九七六年五月初版，未题撰人。

此书虽题为《卜辞通纂附释文索引》，实际上就是考古学专刊甲种第9号的《卜辞通纂》，但有意回避了作者信息（见表一）。值得注意的是，此书虽标"考古学专刊甲种第9号"却比科学出版社正式出版的更早，索引部分亦与83考古学专刊版《卜辞通纂》相同，只是删掉了郭沫若为索引题写的三行字。

---

① 1962年6月22日郭沫若为索引题字："本书索引系科学出版社傅学苓同志所制，有此，对于阅者和研究者会增加不少便宜。对傅同志的忘我劳动表示谢意。"
② 傅学苓：《郭沫若考古著作出版概况》，中国出版工作者协会编《中国出版年鉴（1983）》，商务印书馆，1983，第82~84页。

表一　1983年考古学专刊版与1976年大通版《卜辞通纂》对比

	1983年考古学专刊版《通纂》	1976年大通版《通纂》
出版说明	出版说明 本书是著者考释甲骨卜辞，论述卜辞中反映殷代社会历史的第一部专著。初版本一九三三年在日本东京印行。这次作为中国社会科学院考古研究所考古学专刊出版，著者加了一些校语或眉批。考古研究所曾遵照著者意见，请于省吾教授校阅，并将校阅意见录于眉端。经著者同意，我社为之进行了校订及编辑加工，书中有些拓片及照片不甚清晰，则为之更换拓片或附摹本，并重编了索引。 一九七八年六月	出版說明： 本書是考釋甲骨卜辭，論述卜辭中反映殷商社會歷史的一部專著。曾於一九三三年在日本東京印行，此為修訂本，增加校語和眉批，初版本部分拓片及照片不清晰者，亦予更換拓片或附摹本。本書附有索引，索引根據考據及眉批編制，以詞、詞組或卜辭習語為單位，頗便檢索。
序末	(郭沫若手书序末，署"郭沫若"，"一九三三年一月十一日今书 脱成後序于江户川畔文鸿楼")	(郭沫若手书序末，"一九三三年一月十一日今书 脱成後序于江户川畔文鸿楼")

296

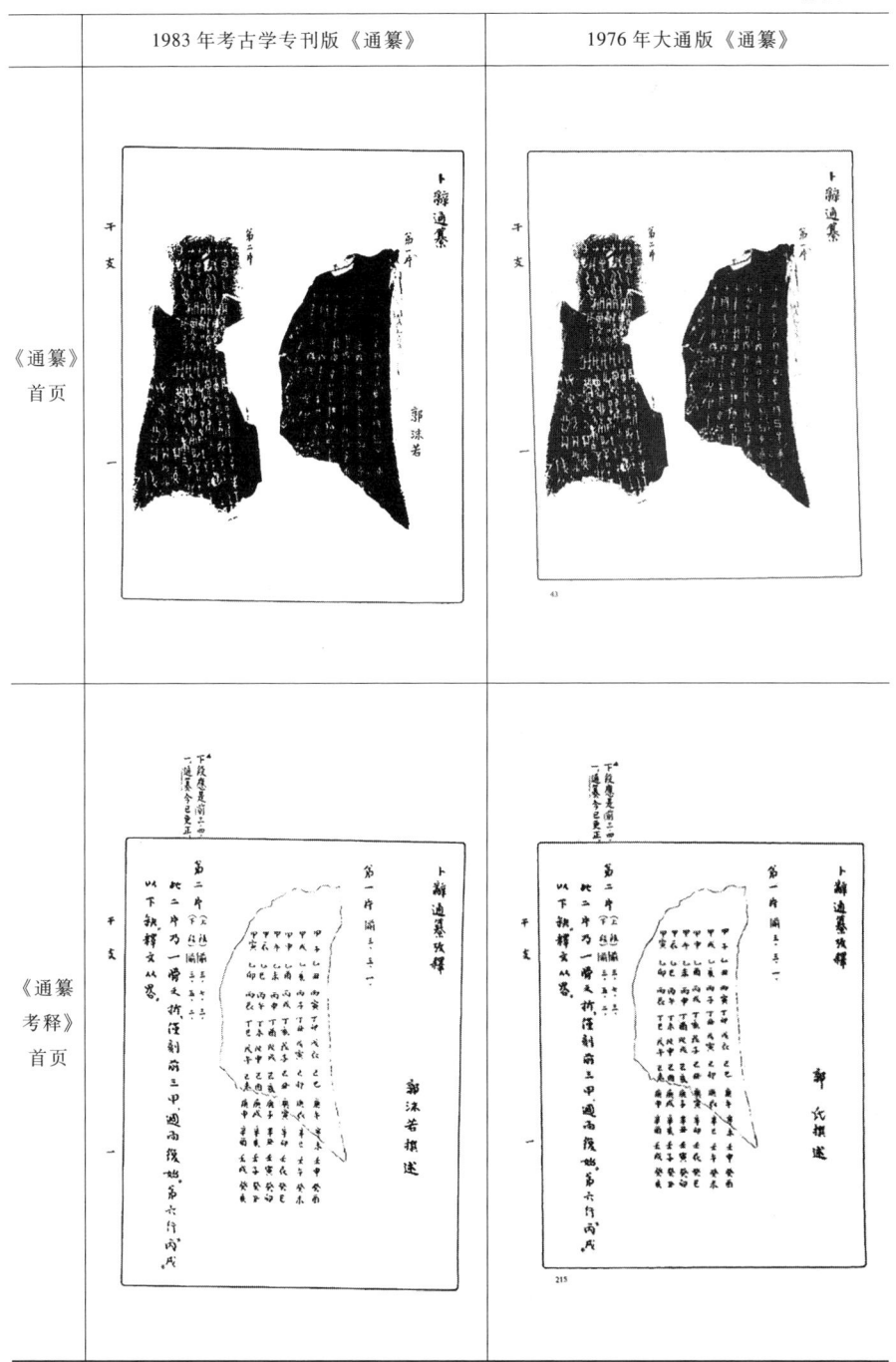

续表

	1983年考古学专刊版《通纂》	1976年大通版《通纂》
《通纂》首页		
《通纂考释》首页		

此外，该版还较1983年考古学专刊版增加了两页排印的目次（见图二）。

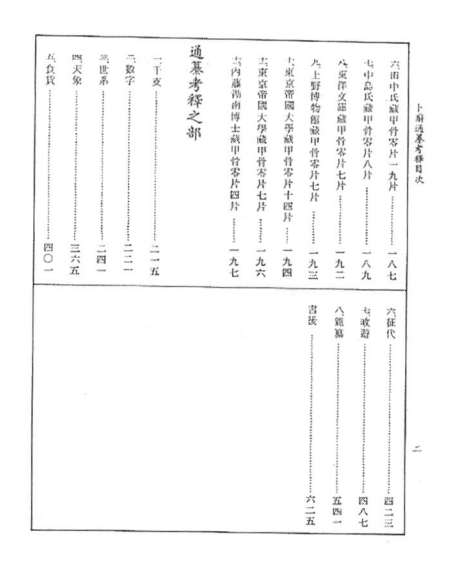

图二　1976年大通版《卜辞通纂》目次

五　1983年全集版《卜辞通纂》

1983年6月，科学出版社出版，精装本。为《郭沫若全集·考古编》之一种，印制17700部。

郭沫若逝世后，1978年10月相关部门成立"郭沫若著作编辑出版委员会"（以下或简称"编委会"），裒辑郭沫若生前出版过的文学、历史、考古方面的著作，后编成《郭沫若全集》三十八卷，分《文学编》《历史编》《考古编》三部分，分别由人民文学出版社、人民出版社和科学出版社出版。各卷自1982年陆续出版，至2002年全部出完，历时20年。

《郭沫若全集·考古编》收入作者考古、古文字方面的著作，共十卷，包括：《甲骨文字研究》（第一卷），《卜辞通纂》（第二卷），《殷契粹编》（第三卷），《殷周青铜器铭文研究》《商周古文字类纂》（合为第四卷），《金文丛考》（第五卷），新辑《金文丛考补录》（第六卷），《两周金文辞大系图录考释》（第七、八卷），《石鼓文研究》《诅楚文考释》（合为第九卷），其余单篇新辑作《考古论集》（第十卷）。其中第一、九卷分别出版于1982年，第二卷出版于1983年，第十卷出版于1992年，余七卷2002年才面世。

《考古编》的编辑工作由夏鼐负责，黄烈协助，张政烺任顾问。傅学苓承担全部编辑、校勘、注释工作。《考古编》第二卷收录了《通纂》，卷首附有编委会撰写的《说明》，增补了校勘和注释。吉林大学的陈雍在姚孝遂的指导下为《通纂》的部分甲骨片作了摹本。①

六　2002年全集版《卜辞通纂》

2002年10月，科学出版社出版，精装本。为《郭沫若全集·考古编》之一种。

2002年《郭沫若全集·考古编》十卷终于全部印成，其中第二卷仍为《通纂》。

七　2017年全集版《卜辞通纂》

2017年1月，科学出版社出版，精装本。为《郭沫若全集·考古编》之一种。

2017年科学出版社重印出版《郭沫若全集·考古编》（十卷），第二卷仍为《通纂》。

综上，初版《通纂》与1983年考古学专刊版《通纂》属于两个不同系统。1977年朋友版《通纂》实为初版的重印本。1983年考古学专刊版则以初版《通纂》为母本，增加了眉批、编辑校语等，抽换了不清晰的拓本、重编了索引并附有部分甲骨的摹本，1983年全集版进一步增补了校勘和注释。2002年、2017年全集版实系1983年全集版的重印。厘清版本系统后可知，《通纂》主要有初版和考古学专刊版两种异本（见图三）。

---

① 郭沫若著作编辑出版委员会：《〈考古编〉编后记》，《郭沫若全集·考古编》第10卷，科学出版社，1992年。

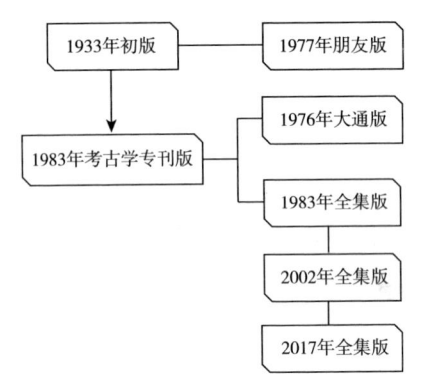

图三　《卜辞通纂》版本流传示意

史料辩证

新见郭沫若"关于先秦哲学资料选的意见"的信札考释[*]

张沛林[**]

摘　要：新发现的中国社会科学院古代史研究所科研处藏郭沫若信札，是1955年10月31日郭沫若致侯外庐，对《中国哲学史资料选辑》"先秦之部"选目的反馈意见。信札中关于《管子·明法》"比周以相为匿"，"匿"字为"医"字之误及《明法》写作年代的说明，反映出郭沫若在完成《管子集校》过程中具体学术观点的改变，展现了他在古代篇籍断代方面的方法与认识。

关键词：郭沫若；侯外庐；《管子集校》

2021年8月，中国社会科学院古代史研究所科研处在整理所藏侯外庐先生捐赠图书时，在一册生活·读书·新知三联书店1950年版的《中国思想通史（第二卷·上册）》中，发现了一封郭沫若先生"关于先秦哲学资料选的意见"的信札，[①] 应是他寄给侯外庐的工作信函。录文如下：

关于先秦哲学资料选的意见
一、在第九类中建议加入《皋陶谟》、《洪范》及《礼记》中的

---

[*] 本文系中国社会科学院重大创新项目"中华文明'五个突出特性'的历史维度、内在逻辑和发展脉络研究"（2023YZD036）以及"古文字与中华文明传承发展工程"阶段性研究成果。

[**] 张沛林，中国社会科学院古代史研究所、中国历史研究院中国早期文明研究基地助理研究员。

[①] 该信札写于中国科学院专用信纸上。信纸上首为隶书"中国科学院"五字，纵线8格，有界框。界框左侧为中英文电报挂号信息，界框下标注中国科学院所在地址。信札为行草书写，正文与标题、署名共计十五行。信纸两叠，折角（即信的中心位置）露出书外，破损较为严重，但未伤及字迹。

《乐记》《学记》《儒行》诸篇。

　　二、在十一类中《管子·地员篇》似可加入。

　　三、十三类中《庄子》中的《盗跖篇》可考虑，此篇一般认为庄子后学所作，恐相当晚。

　　四、十五类中《管子·明法》、《君臣》、《八观》（原稿误作规）之篇宜列在《商君书》后。《明法》与《韩非子·有度篇》大同小异，《有度篇》谈及齐、楚、燕、魏之亡，均在韩非死后，足证该文非韩作。《明法》"比周以相为匿"，《有度》作"比周以相为也"，可见"匿"乃"医"之误，秦人以为"也"字。是则《明法》亦秦人作品，非早期法家。《君臣》《八观》均较晚。

　　五、二十二类中，《管子·幼官》（《玄宫》）、《轻重己》似亦可加入。

　　郭沫若　十，卅一。

　　由该信札可以引出几个问题，首先是他写作的时间与目的。1964年11月中华书局出版的由中国科学院哲学研究所中国哲学史组编纂的《中国哲学史资料选辑》"先秦之部"中，"先秦之部说明"写道："这一部分的选目是在一九五五年由一个委员会制定的。参加这个委员会的有侯外庐同志、北京大学中国哲学史教研室部分同志和本组部分同志。郭沫若院长也曾给予指示。"①　无论从通信人员还是信札内容看，所谓"先秦哲学资料选"即指这部后来出版的《中国哲学史资料选辑》"先秦之部"。从"说明"的语义看，该书的选目工作初步完成于1955年，亦包括郭沫若给予的指示。所谓"指示"，很有可能即指这封信，或该信是"指示"之一，故这封信札应写于1955年10月31日。②

　　中华书局出版的《中国哲学史资料选辑》（简称《选辑》）按经典分为十九个部分，如《尚书》《管子》《礼记》等，这与信札中所体现的类目明显不合。"先秦之部说明"中提到，"选目的编排原来是以人物为纲

---

① 中国科学院哲学研究所中国哲学史组编《中国哲学史资料选辑·先秦之部》，中华书局，1964，第4页。

② 同日，郭沫若曾致信尹达，可证郭当日有精力从事信件的回复工作。详见黄淳浩编《郭沫若书信集》下册，中国社会科学出版社，1992，第188页。又，杨树达《积微翁回忆录》载1955年10月31日，"郭鼎堂得余《管子集校校语》，复书云，当尽量采纳余所说"。参见杨树达《积微翁回忆录·积微居诗文钞》，上海古籍出版社，2006，第410页。

新见郭沫若"关于先秦哲学资料选的意见"的信札考释

的,可是秦汉以前的著作的作者有时很难确定。例如《管子》,固不能认为是管仲的作品,即《吕氏春秋》,也不好就归在吕不韦的名下。由于这样的考虑,我们改为以书为纲,仍附原来的篇目,以备参考。"① 核验所附"以人或学派为纲各家选目参见表",第九类为"思孟学派(曾子、子思)",篇目中有《洪范》《乐记》《学记》《儒行》,无《皋陶谟》;第十一类为"许行及其他农家",《地员》记载了"最为详细的土壤分类思想",②的确可以归入农家,但最终并未选入;第十三类为"庄子",未选用《盗跖篇》;第十五类为"商鞅及早期法家",所选用的篇目有《管子》的《君臣》,且已置于《商君书》篇目之后。但按郭的意见,《君臣》形成时期较晚,或应放在第二十类"韩非子"前后。而《明法》《八观》并未选用;第二十二类为"邹衍及其他阴阳家",《管子·幼官》与《轻重己》均符合,也未被选用。可见,信札中所说的类与《选辑》原来计划编排的类目相合。从最终出版的图书篇目看,编写组对郭沫若提出的建议,有选择性地采纳了。

该信札唯一提到的具体学术问题,是郭沫若认为《管子》中的《明法》与《韩非子》中的《有度》"大同小异",构成不同古籍传抄或引用中的异文关系。故《明法》中的"比周以相为匿","匿"字应为"也"字之误,当如《有度》作"比周以相为也"。

《管子·明法》:

> 今主释法以誉进能,则臣离上而下比周矣。以党举官,则民务交而不求用矣。是故官之失其治也,是主以誉为赏,以毁为罚也。然则喜赏恶罚之人,离公道而行私术矣。比周以相为匿,是忘主死交,以进其誉。故交众者誉多,外内朋党,虽有大奸,其蔽主多矣。③

《韩非子·有度》:

> 今若以誉进能,则臣离上而下比周;若以党举官,则民务交而不求用于法。故官之失能者其国乱。以誉为赏,以毁为罚也,则好赏恶

---

① 中国科学院哲学研究所中国哲学史组编《中国哲学史资料选辑·先秦之部》,第4页。
② 张固也:《〈管子〉研究》,齐鲁书社,2006,第342页。
③ 黎翔凤撰,梁运华整理《管子校注》,中华书局,2004,第916页。

罚之人释公行，行私术，比周以相为也。忘主外交，以进其与，则其下所以为上者薄矣。交众与多，外内朋党，虽有大过，其蔽多矣。①

谛审《明法》《有度》相关片段，无论是从章句还是意思，二者的确可以视作"异文"，但诸多文字细节有着差别。若"比周以相为匿"当作"比周以相为也"，则"则民务交而不求用矣"，"矣"字是否可以说是"于法"之讹？且《管子》中有《明法解》一篇，有"故《明法》曰：'比周以相为慝，是故忘主死交，以进其誉'"语。"匿"与"慝"同，是污秽之义。②"比周以相为匿"，王念孙以为即"犹言朋比为奸"之义。③按郭沫若的意见，"医"即"殹"，同于句末语气词"也"，因为"相对于东方诸国'也'来讲，'殹'曾经是秦的方言形式"。④若"匿"为"医"之误，则可以断定《明法》为战国末期秦人创作。

关于《明法》的著作年代，1954年9月28日郭沫若在《十批判书》的《后记之后》中谈道："《管子》书中多法家言，但不限于一家。如《法法》《任法》《明法》诸篇其理论确渊源于慎到，而为韩非所本。"又，"这些主张，很明显地是慎到与韩非之间的桥梁。《明法篇》别有《明法解》，逐句解释，如一经一传，分明是师弟之间所传授的讲义录，至少这一篇或许即是慎到在稷下学宫里的教本"⑤。写作《十批判书》以及之后的一段时间内，郭沫若应长期主张《明法》在《有度》前，即《韩非子》袭用了《明法》的文句。但这一认识发生了转变，时间当在他编撰《管子集校》期间。在《管子集校》的"以党举官则民务交而不求用矣"条中，郭氏指出，"'用'谓功用，即有用、无用之用。《韩子·有度》增'于法'二字，则作为使用解矣。足征《有度篇》之作者出于抄袭，而为时较晚"⑥。仅隔一条校记，他却"作了两个自相矛盾的判断"⑦：

---

① （清）王先慎撰，钟哲点校《韩非子集解》，中华书局，1998，第33页。
② 详见（清）孙诒让著，梁运华点校《札迻》，中华书局，1989，第202页。
③ 详见黎翔凤撰，梁运华整理《管子校注》，第917~918页。
④ 〔日〕大西克也著，任锋译，宋起图校《"殹""也"之交替——六国统一前后书面语言的一个侧面》，《简帛研究》2001年上卷，广西师范大学出版社，2001，第625页。
⑤ 郭沫若：《十批判书》，人民出版社，1954，第431页。
⑥ 郭沫若、闻一多、许维遹：《管子集校》，科学出版社，1956，第766~767页。
⑦ 张固也：《〈管子〉研究》，齐鲁书社，2006，第315页。

沫若案："比周以相为匿",《韩非·有度篇》作"比周以相为也"。准此,可知"匿"乃"医"字之误。秦文以"殹"为"也"。如《诅楚文·告湫渊》"将之以自救也",《告巫咸》及《告亚驼》"也"字均作"殹"。秦《新郪虎符》"虽毋会符,行殹",秦《石鼓文》"汧殹沔沔",殹亦也字。殹从医声,"殹"既可用为"也",则医自可用为"也"矣。又下文"能匿而不可蔽",彼"匿"字亦是"医"字之误。《有度篇》作"能者不可蔽"。"也"与"者",古亦每相混用。《明法篇》与《有度篇》文字大同小异,当出一人之手。《有度篇》说及荆、齐、燕、魏之亡,可知决非韩非所作。考魏亡于秦王政二十二年,楚亡于二十四年,燕亡于二十五年,齐亡于二十六年,而韩非则死于十四年。故《有度篇》必作于秦王政二十六年以后。《有度篇》既可断定为秦文,则《明法篇》亦必系秦文无疑。此二误为"匿"之"医"字,即为绝好之内证。"比周以相为匿",后《解》"匿"字作"慝";"能匿而不可蔽"后《解》作"能不可蔽",竟删去"匿"字;可见作《解》者非秦人,乃不通秦语之汉人所为也。[①]

这则按语与信札的内容相合,研讨更为详细。不仅从形、义方面分析了"匿"乃"医"字之误,判断《明法》与《有度》为同一人撰写。而且通过《明法解》将《明法》的"能匿而不可蔽"删去"匿"字,判断《明法解》的作者是不解秦语的汉代人,作为"匿"乃"医"字之误的旁证。

新中国成立之初的郭沫若身兼数职,各项工作繁多,用余力在闻一多、许维遹初稿的基础上整理《管子集校》,用时仅八个月,前后校阅只有两年,增订文字却多达百余万字。[②] 虽然有助手协助,但这样的速度仍让人惊叹,书中观点存在差异,出现这样相近的两则认识上有矛盾的校记也不难理解。

[①] 郭沫若、闻一多、许维遹:《管子集校》,第767~768页。
[②] 《〈管子集校〉叙录》:"整理工作费时凡十阅月,中因出国,曾中辍者两月。"《〈管子集校〉校毕书后》:"本书之增订,计自一九五三年十一月接受许、闻初稿加以整理,至今二校校毕为止,费时整整两年。"王廷芳谈道:"该书原稿40万字,经他整理后增至130多万字,是原稿字数的3倍多,实际上该书出版时达到170万字。"王廷芳:《忆郭老勤奋治学二三事》,《秘书工作》2005年第8期。

值得注意的是，郭沫若对《明法》为战国末期秦人所作的印象尤为深刻。他不仅在该信札中唯独讨论了这个问题，十余天后，即1955年11月17日，郭沫若又在《〈管子集校〉校毕书后》中谈到"《管子》一书乃战国秦汉文字总汇，秦汉之际诸家学说尤多汇集于此"，首先举出的就是"《明法篇》乃韩非后学所为"。我们也可以通过信札看出，郭沫若这种深刻印象，正源于他对"'匿'乃'医'之误"的"发明"。虽然，从近代以来出土的秦国简牍、铜器铭文看，"殹"字很难见到省作"医"的例子。而若说"匿"为"殹"之误，则"殹"必先误作"医"。但这并不能取消郭氏见解的合理性，且可以说这一见解"目光如炬"，显示出郭沫若对先秦文字的熟识与敏感，展现出他利用文献自身讹误问题进行文献断代的重要方法。

郭沫若留日佚文考证与研究现状

熊 辉[**]

摘 要：郭沫若作为中国现当代文学史上的著名作家，其创作历程和作品流变历来受到学界关注。郭沫若留日史料的发掘整理成绩斐然，单就留日期间创作史料的搜集而言，就考证出他早期在日本创作的若干白话新诗，断定这是中国新诗史上的首批作品；同时，郭沫若创作的部分诗歌散见于日本报刊、书信和其他文章中，考证这些诗歌佚作并使其回到读者和研究者的视野中，是丰富郭沫若研究的必经之路；郭沫若留日期间创作的日文作品散佚各处，对之加以搜集整理是廓清他早期文艺思想的重要举措，其中的部分文章已被翻译成中文，推动了郭沫若研究的纵深发展。当然，搜集整理郭沫若留日史料是一项艰巨的任务，也会受到多种因素的制约，唯有克服障碍且持之以恒地努力，方可迎来郭沫若研究的突破。

关键词：郭沫若；留日佚文；新诗创作；史料搜集

郭沫若1914年赴日本留学，先后受斯宾诺莎、泰戈尔、惠特曼、歌德等人的影响而走上文学创作道路，并在戏剧创作、考古研究、历史研究和文字学研究等方面造诣匪浅。郭沫若缘何成就至此？这当然涉及复杂的个体成长和社会发展问题，但也与郭沫若留日经历的影响密不可分，故而搜集整理他的留日史料不但有助于呈现郭沫若留日概况，而且有助于深入认识郭沫若文学创作和思想精神的嬗变过程，是一项有价值的学术课题。目前，国内外学术界对郭沫若留日史料的发掘、整理和研究工作日臻完善，本文则对其留日时期佚文史料的整理和研究加以综述，以在充分认识现有

---

[*] 本文系四川省哲学社会科学基金重大项目"巴蜀现代作家海外史料翻译整理与研究"（SCJJ23ZD15）项目成果。
[**] 熊辉，四川大学外国语学院教授。

研究的基础上展望未来的学术前景。

一　留日白话诗考证

据统计，在1914年1月初抵日本至1918年9月入读九州帝国大学，"郭沫若创作新旧体诗歌共24首，其中5首为口语自由体新诗"[1]。除考证郭沫若早期的古体诗创作外，也有人对他早期"口语自由体新诗"的创作时间展开专门讨论。

郭沫若在《五十年简谱》中说他开始创作口语新诗的时间是1916年，[2] 有可能创作于该时期的新诗有5首：一是《死的诱惑》，最早于1919年9月29日发表在《学灯》；二是《新月与白云》，最早于1919年10月2日发表在《学灯》；三是《别离》，最早于1920年1月7日发表在《学灯》；四是《Venus》，最早于1921年8月5日收入上海泰东书局初版的《女神》；五是《〈辛夷集〉小引》，最早于1923年4月收入上海泰东书局初版的《辛夷集》。关于这几首白话新诗的创作时间，郭沫若本人存在两种不同的说辞：一是《创造十年》第三部分说是作于1918年[3]，二是《我的作诗的经过》中称为安娜而作于1916年[4]。不管这批白话新诗创作的时间是1918年还是1916年，其在中国新诗史上都具有划时代的意义，尤其对早期中国新诗史的写作会产生强烈甚至颠覆性的冲击。因此，确立郭沫若这5首新诗作品的创作时间是一个重大的学术课题，目前国内学术界倾向于认可郭沫若的第二种说法，即认为这些诗歌

---

[1] 武继平：《郭沫若留日十年（1914—1924）》，重庆出版社，2001，第160页。

[2] 郭沫若在《五十年简谱》中说："作长期之日文通信并开始写新诗。"郭沫若：《五十年简谱》，《郭沫若全集·文学编》第14卷，人民文学出版社，1992，第545页。

[3] 郭沫若：《创造十年》，《郭沫若全集·文学编》第12卷，人民文学出版社，1992，第64页。

[4] 郭沫若在《我的作诗的经过》中说："把我从这疯狂的一步救转了的，或者怕要算是我和安娜的恋爱吧？但在这儿我不能把那详细的情形来叙述。因为在民国五年的夏秋之交有和她的恋爱发生，我的作诗的欲望才认真地发生了出来。《女神》中所收的《新月与白云》《死的诱惑》《别离》《维奴司》，都是先先后后为她而作的。《辛夷集》的序也是民五的圣诞节我用英文写来献给她的一篇散文诗，后来把它改成了那样的序的形式。还有《牧羊哀话》里面的几首牧羊歌，时期也相差不远。"郭沫若：《我的作诗的经过》，《郭沫若全集·文学编》第16卷，人民文学出版社，1992，第213页。

创作于1916年。① 但武继平认为将其归为1916年的创作"至今仍然不能说已经得到了具有说服力的科学验证"②。如果单纯从作品内容来判断，这5首爱情诗很有可能写于1916年，因为郭沫若是在该年与佐藤富子处于热恋之中。但实际上这也是站不住脚的，因为这些诗歌的结构和诗歌中的景物描写等均不符合郭沫若在冈山时的情景，"一般被郭沫若本人或甚多的研究者划为1916年作品的那一批口语新诗，由于作品中出现有博多湾的自然景物而显然不能断定为1916年之作。"③ 因此武继平认为这些作品的写作时间有待进一步考证，原因如下。

首先从景物描写的特点来看，郭沫若在新诗创作中采用的背景基本上是写实的，因此这几首新诗作品中的背景也应该具有类似的风格。以《女神》及当时其他作品的创作为例，郭沫若作品中的景物基本上是他当时所居住的博多湾的写实，阅读这5首新诗作品就会发现，其中的景物描写不是1918年9月之前其所居的东京或冈山之写照，由此可推断这些诗歌并非作于东京一高或冈山六高期间。由于《〈辛夷集〉小引》是用英文创作的散文，可以暂时将其排除在考察的范围，而《Venus》和《白云》两诗中没有现实生活的景物描写也难以考证。所以，仅以《死的诱惑》和《新月》两首诗进行讨论。《死的诱惑》中有这样两行："窗外的青青海水／不住声地也向我叫号。"其中"窗外的青青海水"倘若秉承了郭沫若诗歌创作中景物书写属实的特点，那他写诗时的居所应该是窗外能见到大海，"但我们只要一瞥1916年的冈山市区地图，就不难确认当年郭沫若居住过的4处住址都离海较远。较近的海岸在冈山市的南

---

① 郭沫若"1915、1916年间已用白话译诗，比胡适还早，而所译的诗，比胡适1916年、1917年的'尝试'都高明，《牧羊歌》不比沈尹默的《月夜》逊色，至于周作人写散文诗《小河》，那已经是1919年的事了。我们有理由说：郭沫若是我国最早试作新诗的诗人之一，这些试作是我国最早具备新诗特质的作品。"见陈永志《论郭沫若的诗歌创作》，上海外语教育出版社，1994，第25页。郭沫若1916年前后与安娜恋爱期间创作的几首诗"完全是现代新诗的格调"。见李斌《郭沫若传》，作家出版社，2018，第55页。"《死的诱惑》《新月与白云》，大约是1916年秋冬的作品；《维奴司》(《Venus》)、《别离》(《残月黄金梳》)当写于1917年春。……那么郭沫若是最早试作新诗的人便当之无愧了。像《死的诱惑》这样的作品，不仅1916年胡适写不出来，而且在《尝试集》中也不多见"。见秦川《郭沫若评传》，中国文联出版社，2016，第42页。
② 武继平：《郭沫若留日十年（1914—1924）》，第171页。
③ 武继平：《郭沫若留日十年（1914—1924）》，第174页。

部，从郭沫若居住的地点不可能望见大海。这一点确凿无疑"①。因此，这首诗应该不是郭沫若在冈山时期的创作。同理，《新月》中有如下诗行："月儿呀！你好像把镀金的镰刀。/你把这海上的松树斫倒了，/哦，我也被你斫倒了！"其中，根据"海上的松树"这个意象可以推断这首白话新诗也不是郭沫若 1916 年居住在冈山时的作品。

其次从意象使用习惯来看，以郭沫若早期在冈山创作的旧体诗很少涉及大海为据，《死的诱惑》《新月》因有"海"的涉入而不属于他在冈山时期的创作。郭沫若大量使用"海"意象始于他创作《女神》时期，而非在冈山六高期间："通过考察得知，郭沫若留学日本冈山时期留下的一批旧体诗中，除了由冈山渡濑户内海到四国的高松游览栗林时写下的《与成仿吾同游栗林园》中出现过'海光'一词以外，郭沫若在冈山留学 3 年时间里创作的全部旧体诗中，'海'这个词没有出现过一次。……类似大海、海岸的松林等意象开始出现于郭沫若的口语新诗是在他从冈山六高毕业并迁居位于福冈的博多湾以后。冈山南面并不是没有海，但那是平静如湖的濑户内海，照理不符合郭沫若的性格。如果可以说《女神》给 20 年代的中国人的肌体注入了强韧的生命力，那么这种顽强不息的生命力则是郭沫若在博多湾的大海（尤其是她狂暴而充满力量的一面）和海岸郁葱挺拔的松林中体会、感觉和获得的。"② 这种创作特点，可再次证明大肆写"海"的《死的诱惑》不属于郭沫若的早期创作。也就是说，郭沫若诗歌创作中开始出现"海"及与海有关的物象，是在他到达博多湾之后才发生的转变，由此可以推断《死的诱惑》《新月》两首与"海"有关的诗篇是他到福冈之后创作的作品。以上分析，从侧面证明对郭沫若留学日本期间居所的"知识考古"是有价值的，至少可以发现居住地与他创作行为和作品景物之间的隐秘联系。

再次从诗歌文本的"互文性"来看，白话诗《新月》是对郭沫若早期古体诗《新月》的改写。换句话说，郭沫若的旧体诗《新月》属于他 1914 年 1 月至 1918 年 8 月间的"早期作品"，但白话新诗《新月》不作于该时期，顶多后者与前者之间存在强烈的互文关系，与他 1916 年前后的诗歌存在某种内在关联。郭沫若五言绝句版的《新月》内容如下：

---

① 武继平：《郭沫若留日十年（1914—1924）》，第 172 页。
② 武继平：《郭沫若留日十年（1914—1924）》，第 172~173 页。

"新月如镰刀,/斫上山头树。/倒地却无声,/游枝亦横路。"将这两首同题不同体的诗篇加以对照阅读就会发现如下两个方面的异同。第一,两首诗均使用了意象"新月"和"树",只是古体诗中的"新月"被直接喻为"镰刀",而在新诗中加了修饰词变成"镀金的镰刀";古体诗中的树是"山头树",而新诗中的树是"海上的松树"。第二,两首诗均使用了动词"斫",其意就是用锄头或刀具砍树木,这个动词在白话口语中用得比较少,在郭沫若熟悉的四川方言中也不常用,但他在新诗中坚持使用这个动词,足以见出两首诗之间的"亲缘"关系。因为新诗形式比较自由,所以郭沫若在创作时添加了若干修饰词,这也是二者存在差异的原因之一;同时,"山头树"变为"海上的松树",只能说明郭沫若生活环境发生了变化,"海"开始出现在他的生活及创作中。古体诗《新月》创作于何时呢?郭沫若在谈该诗的创作时曾说:"初学德文时'新月'一语作'Mondsichel'——直译时是'月镰',颇生新颖之趣。得此暗示,我曾作五绝诗一首。"① "初学德文时"是什么时候?郭沫若1914年7月进入日本第一高等学校的时候就开始学习德语,那他初学德语的时间应该是1914年下半年,他受到初学德语的启示而作诗的时间应该是学习德语后不久,所以这首诗的创作时间有可能是在一高期间。新诗《新月》创作也只可能是他1918年8月到福冈之后,诗兴所致将旧诗改成了新诗,将以前的场景改为现实的生活场景。

在此牵涉出郭沫若诗歌创作中的又一新问题,那就是他用新诗改写旧诗的创作现象,即"语内"自译现象。郭沫若用新诗翻译自己古体诗的案例"决非仅就《新月》这一首诗而言,收在《女神》里题为《离别》(1919年3月于福冈作)的口语新诗也有类似的情况。其旧体诗原型即《残月黄金梳》(1916年于冈山)。……1918年9月第一次创作高峰袭来之际,郭沫若不仅在短时间内创作了后来收入诗集《女神》之中的一大批轰动国内诗坛的口语新诗,同时有一段时期也夹带有将从前的旧体诗改写为口语诗发表的创作倾向"②。"旧诗新译"的创作现象对郭沫若而言并非新鲜事物,他本人在1924年曾旗帜鲜明地主张用白话文翻译古典文学,此主张想必是对他之前类似创作行为的经验总结。翻译不只是两种不同语言之

---

① 郭沫若:《儿童文学之管见》,《郭沫若全集·文学编》第15卷,人民文学出版社,1990,第281页。
② 武继平:《郭沫若留日十年(1914—1924)》,第174页。

间的意义转换，它还可以发生在同种语言的不同发展阶段，这种创作或翻译主张具有合理的理论依据。俄国语言学家罗曼·雅各布森（Roman Jakobson，1896—1982）在1959年发表的《论翻译的语言学问题》（On Linguistic Aspects of Translation）一文中，首次提出被学界广泛征引的所谓"翻译三分法"："语内翻译或曰重述系以同一语言的其他符号阐释其言语符号；语际翻译或曰翻译本体系以其他语言符号阐释（该语言的）言语符号；符际翻译或曰跨类翻译系以非语言符号阐释语言符号。"①其中，语内翻译（intralingual translation）是同一语言内部语码间的转换，比如现代英语对古英语的翻译，今人对古经书的翻译以及考古学对古代文化的考证和解读等均属翻译的范畴。郭沫若的"古文今译"也当属此范畴。在中国文学的演进过程中，历来就存在后人对前人作品的翻译或注释。在新文化运动的大背景下，白话文成了文学的正宗语言，而白话文与文言之间在语法、字形、读音以及适用人群等方面均有较大差异，"古书虽经考证、研究、标点、索隐，仍只能限于少数博识的学者，而一般人终难接近。于此今译一法实足以济诸法之穷，而使有用古书永传不朽"②。郭沫若用白话文来翻译自己的古体诗，有情感表达的需要，当然也有传播自己文学作品的诉求，关注这种创作现象有助于进一步理解郭沫若的早期作品，厘清他思想情感的变迁过程。

不管这几首白话新诗创作于1916年还是1918年，我们均会面对一个耐人寻味的问题：倒不是说郭沫若的早期文学创作成就的高低值得我们讨论，而是他开始口语自由诗创作的时间值得我们深思。中国新诗的历史究竟始于何时？这是个有争议的话题，学界大体以三个创作或翻译实例作为新诗创作历史的开端。首先是1917年2月发表的《白话诗八首》。胡适1917年1月在《新青年》杂志上发表《文学改良刍议》，随即在2月出版的《新青年》第2卷第6号上发表《白话诗八首》，虽然这些作品保留了旧诗的诸多痕迹，但这八首诗是中国新文学史上"首次刊登的白话诗，具有一定的影响"③。其次是1919年2月发表的《小河》。1919年10月，胡

---

① Jakobson. "On Linguistic Aspects of Translation," in R. A. Brower（ed.）, *On Translation*, Cambridge: Harvard University Press, 1959, pp. 232-239.
② 郭沫若：《古书今译的问题》，《郭沫若论创作》，上海文艺出版社，1983，第678页。
③ 刘长鼎、陈秀华编著《中国现代文学运动史料编年（1917—1927）》，山西高校联合出版社，1994，第3页。

适在《谈新诗》中认为周作人的《小河》"是新诗中的第一首杰作，但是那样细密的观察，那样曲折的理想，决不是那旧式的诗体词调所能达得出的"①。1935年9月，朱自清在《选诗杂记》中说："周作人随刘复作散文诗之后而作《小河》，新诗乃正式成立。"② 周作人的《小河》创作于1919年1月24日，于1919年2月15日发表在《新青年》第6卷第2号上，比胡适发表《白话诗八首》足足晚了两年时间。再次是1919年3月发表的译诗《关不住了》。《关不住了》（Over the Roofs）译自美国诗人蒂斯代尔（Sara Teasdale，1884—1933）的诗歌，胡适在1919年2月26日翻译完成，很快就在当年3月15日出版的《新青年》第6卷第3号发表。1920年8月15日，胡适在《〈尝试集〉再版自序》中说："《关不住了》一首是我的'新诗'成立的纪元。"③ 不管将以上哪个诗歌事件算作新诗历史的起点，国内新诗开始创作的时间早至1917年2月到1919年3月已成定论。而郭沫若在日本从事白话自由诗创作的时间要么是1916年，早于胡适发表《白话诗八首》的时间；要么是1918年，早于周作人发表《小河》的时间，也早于胡适发表译诗《关不住了》的时间，均不会晚于国内新文学运动时期诞生的新诗。这势必说明中国新诗创作的历史应该提前，更重要的问题是，中国新诗诞生的文化语境是否只是国内启蒙思潮下的新文化运动？换个角度来想，中国新诗乃至整个中国新文学史的书写是否应该将早期留学生的创作纳入观照视野之内，从而重新考察新文学诞生的语境，并重绘新文学地图？不管国内的新文学创作史和海外的白话文学史之间是否有必然的联系，抑或后者会对既定的前者形象和相关研究产生较大的冲击，五四前后的"海外新文学创作"都应该成为中国新文学史的有机构成部分，唯有如此才能建构起全面而合理的中国新文学整体观。

二　留日佚诗考证

郭沫若留学日本的时候创作了大量诗歌，除今天我们所见收入集子

---

① 胡适：《谈新诗》，《中国新文学大系·建设理论集》，上海良友图书印刷公司，1935，第309页。
② 朱自清：《选诗杂记》，《中国新文学大系·诗集》，上海良友图书印刷公司，1935，第15页。
③ 胡适：《〈尝试集〉再版自序》，《胡适文存》（卷一），亚东图书馆，1921，第295页。

《女神》《星空》《前茅》中的作品外，还有很多散见于报刊、书信和文章中的诗作未能集中面世，故搜集整理郭沫若留日时期的佚诗成为全集编撰和作品研究的重要突破口。

郭沫若留日时期诗歌佚作的搜集整理工作成效显著。蔡震不辞辛劳地长时间钩沉、整理、校勘，最后汇集起共得77篇95首未收入诗集中的作品，2008年在人民文学出版社以《〈女神〉及佚诗》为名出版。蔡震将这些作品分为三类："第一辑所列入篇目，为在报刊上发表之后，未曾辑入郭沫若编订出版的任何一部诗歌专集的散佚自由体新诗，包括散文诗、诗剧、儿歌等不同诗歌体裁。第二辑所列入篇目，为旧体诗作。第三辑所列入篇目，为见之于郭沫若文章、作品、书信中的诗篇，以及在报刊发表后曾辑入其诗歌作品合集的诗篇。"[①] 这些散佚在诗集之外的作品与已经出版成集的诗作交相辉映，衬托出郭沫若留日时期诗歌创作的成就。因此，辑录郭沫若留学时期散佚的诗作，具有不可低估的学术价值："从数量上看，郭沫若留学时期的这些佚诗与其收入几个诗歌专集的同期诗作数量大致相等，这本身已经十分值得关注了，但更值得思考的意义还不在于数量。这些佚诗，与已经入集的诗作，构成一个整体——郭沫若留学时期诗歌创作的整体。这会让我们阅读到郭沫若留学时期诗歌写作的全过程，会对这些诗歌作品有一个整体上的感受和领悟，会引发出在这些诗作之外的思考。"[②] 换句话说，如果不顾及这些佚诗而去研究郭沫若留学时期的诗歌创作和思想发展，那就相当于只阅读了郭氏一半的作品，自然是残缺而不完整的，研究结论的学理性可想而知；反之，这些散佚之作加上正式出版的诗集，不仅能让我们阅读到完整的郭沫若诗歌作品，还会引发更多有意义的学术思考。

武继平和魏建等人也加入了考证郭沫若留学期间佚诗的行列，他们关注的主要是未被收入诗集《女神》的诗歌作品。武继平关注的是新诗佚作，他2001年出版的《郭沫若留日十年（1914—1924）》认为，留日期间与《女神》同期创作但"未经作者亲手收入任何诗集的新诗佚作总共有14篇（其中一篇为剧作）"[③]，分别是：诗剧《黎明》（1919.11.14

---

① 蔡震：《留学佚诗的整理与思考》，《郭沫若生平文献史料考辨》，社会科学文献出版社，2014，第106页。
② 蔡震：《留学佚诗的整理与思考》，《郭沫若生平文献史料考辨》，第109页。
③ 武继平：《郭沫若留日十年（1914—1924）》，第246页。

《学灯》)、《解剖室》(1920.1.22《学灯》)、《抱和儿浴博多湾中》(1919.9.11《学灯》)、《芬陀利华》(1920.1.29《学灯》)、《某礼拜日》(1919.10.20《学灯》)、《香午》(1920.9.7《学灯》)、《两对儿女》(1919.10.18《学灯》)、《雷雨》(1920.9.7《学灯》)、《一个破了的玻璃杯》(1919.11.6《学灯》)、《葬鸡》(1920.9.30《学灯》)、《风》(1919.10《黑潮》1-2)、《狼群中的一只白羊》(1920.10.10《学灯》)、《箱崎吊古》(1919.11《黑潮》1-3)、《孤寂的儿》(1921.8.24《学灯》)等。随着时间的推移，郭沫若史料搜集整理工作不断取得进步，新发现的郭沫若佚文也逐渐增多。魏建关注的则是郭沫若留学期间的所有诗歌佚作，包括旧体诗和新诗。2010年3月，他在《郭沫若佚作与〈郭沫若全集〉》一文中指出，未收入《女神》的郭沫若同期诗歌作品有50多首："世人只知《女神》收入了郭沫若'五四'时期的诗歌，但很少有人知道《女神》时期的郭沫若还发表了50多首诗作（与《女神》中诗篇的数量差不多）。这些佚诗具有多样的风格、体式和追求，其中有相当多的作品并不具有'五四'时代的时代特征，并不带有浪漫主义或现代主义的艺术倾向，也并不是饱含火山爆发式的激情。阅读这些佚诗，有助于我们更为全面地认识'五四'时期的郭沫若，更有利于揭示当时郭沫若对中国新诗的多方面求索。"① 魏建不仅指出了未收录进《女神》中的佚诗数量，而且对这些作品的特质做了简要概述，为我们进一步了解并搜集郭沫若留日期间的佚文提供了方向。

搜集整理郭沫若流亡日本时期的旧体诗也卓有成效。蔡震在文章《流亡期间若干旧体佚诗考》中谈道："郭沫若在流亡日本的十年间，主要从事历史学和金文甲骨之学的研究，文学创作除自传的写作外问世之作不算多，新诗（自由体诗）作品更少，但他创作了不少旧体诗（古典格律诗）。这些旧体诗不是为发表而作，故均呈散佚之态，或录在书信中，或题写在画卷上，或书赠友人等。它们迄今多未曾被整理、汇辑（只有五六首后由诗人自己编入《潮汐集》中），所以其创作的情况，诸如时间、缘由、文本、内容等，多有需要予以考释、勘订者。"② 相对于郭沫若留学日本时散佚的新诗而言，旧体诗的搜集整理更加困难，因为很多作品仅是朋友间的

---

① 魏建：《郭沫若佚作与〈郭沫若全集〉》，《文学评论》2010年第2期。
② 蔡震：《流亡期间若干旧体佚诗考》，《郭沫若生平文献史料考辨》，第143页。

对酬而没有公开发表。蔡震重点考证了郭沫若的以下旧诗作品。第一，1933年2月7日，郭沫若在寄给田中震二的信中另附三页纸，其中两页书有同一首七绝，一用隶书，一为篆体。诗无题，亦无落款："清江使者出安阳，七十二钻礼成章。赖君新有余且网，令人长忆静观堂。"第二，在日本东京都三鹰市的亚洲文化图书馆"沫若文库"中，有一本名为《塞外诗集》的藏书，书的空白页上留有郭沫若创作的五首题扇诗手迹。第三，20世纪30年代，傅抱石在日本留学时与郭沫若过从甚密，后者曾为他的不少画作题诗。台湾收藏家保留着其中一首七绝诗："银河倒泻自天来，入木秋声气未摧。独对苍山看不厌，渊深默默走惊雷。"第四，郭沫若1935年春流亡日本时曾赠朋友一幅字，上有两首关于"杜鹃"的诗。第五，20世纪30年代，对华友好人士小原荣次郎在东京日本桥附近开设店铺"京华堂"，主要售卖中国文房四宝，后贩卖中国兰花草。小原荣次郎与内山完造是朋友，郭沫若流亡期间在国内所得稿酬通常是经内山完造汇至小原荣次郎处，再转到郭沫若手中，由此可见郭沫若与小原荣次郎之间关系非同一般。1935年春，小原荣次郎邀请郭沫若画两帧花卉相赠，后者欣然应允并在画有兰草的那张画上题有五言绝句："不用九畹滋，无须百亩树。有此一茎香，诗心自清素。"[1] 在另一篇文章中，蔡震整理出郭沫若1928年至1937年流亡日本期间创作的旧体诗（不包括挽联和对联）45首，他不仅考证了这些旧体诗的写作时间，还给它们标出了诗题，认为"这45首诗按其所咏内容，大致可以分为三类：人际交往：12首；咏物抒情：15首；人生感悟：18首。45首诗中除1首外，均作于1932年之后，也就是说，它们只是郭沫若流亡日本中期开始往后五年间的创作"[2]。这些旧体诗勾勒出郭沫若创作轨迹的演变：从早年创作旧体诗到东渡日本留学后创作新诗，再到后来流亡日本时同时创作新旧两种诗歌。郭沫若创作文体的变化折射出他的思想和精神状况，也体现出他诗歌审美观念的变化。郭沫若流亡日本时期创作的旧体诗是他生活、交友和思想的见证，是对郭沫若文学家形象的丰富，也是探讨他思想转变的重要史料。

---

[1] 以上所引郭沫若旧体诗的信息参阅蔡震《流亡期间若干旧体佚诗考》，《郭沫若生平文献史料考辨》，第143~158页。

[2] 蔡震：《"坐见春风入棘篱"——旧体诗创作的开始》，《郭沫若生平文献史料考辨》，第164页。

此外，考证题扇诗五首的创作时间也是学者们的兴趣所在。在日本东京都三鹰市亚洲文化图书馆的"沫若文库"中保存着郭沫若流亡日本期间遗留下的一批藏书、文稿、手迹等资料。其中，在一本《塞外诗集》的空白页上留有郭沫若亲笔写的五首题扇诗。因为没有任何"副文本"，所以很难断定这五首诗是何人何时所作，通过字迹可辨认出是郭沫若所写，但写于什么时间很难断定。有人认为这五首题扇诗写于"1935年夏天，至迟不会超过1936年夏天"①，但结合《塞外诗集》的出版时间及其他因素来看，蔡震认为题扇诗的写作时间应该是1933年夏天。

从不同学者对郭沫若留日期间诗歌佚作的统计数量和分析来看，目前相关史料的搜集整理工作还没有形成最后的"定稿"，表明郭沫若留日佚作还有待进一步发现。

三　日语佚文整理与研究

除诗歌作品外，郭沫若留日期间的其他佚文同样具有重要的史料价值，目前学术界对相关资料的搜集整理和研究也初见成效。

郭沫若留日时期创作的作品大体可以分为两类：一是表现以中国传统士大夫式的入世哲学为根基的爱国主义思想的作品，这类创作以1915年5月反对华"二十一条"爱国主义运动的勃发为最高潮；二是描写作者作为现代人之人格的觉醒以及这一过程中的苦闷，这类创作是他在1915年5月留日中国学生归国学潮中爱国热情受到打击之后，开始比较冷静地思考现实问题，也是在与佐藤富子一起生活之后开始转向探索自我内部的精神世界的结果。②武继平对部分作品的"传播史"做了梳理。比如《自然底追怀》一文，先是1934年2月发表在日本改造社刊物《文艺》上，中文版在同年3月、4月先后发表在《时事新报·学灯》《现代月刊》上，1936年10月又以《我在日本的生活》为题发表在《西北风》上，1979年1月手写体诗作发表在《新苑》杂志，1988年11月收录进王锦厚等编的《郭沫若佚文集》。武继平"将上述几种中译文与郭沫若当年发表在日本改造社的《文艺》杂志上的日文原文相对照，发现误译之处较多而认定不适合

---

① 丁茂远：《关于郭沫若〈题扇五首〉的说明》，《郭沫若学刊》2000年第1期。
② 武继平：《郭沫若留日十年（1914—1924）》，第161~170页。

作为第一手研究资料"①。因此，他直接以郭沫若1934年发表在日本杂志《文艺》上的日文原文为依据，参考1920年的书信（如《三叶集》等）和收入《潮汐集》中的日本一高预科及六高时代写下的一批旧体诗，重新翻译了《自然的追怀》，使其有了合理的中文版本。

发掘郭沫若留学日本时撰写的日文作品，是郭沫若佚文搜集和考证的重要内容。日本大阪印行的《朝日新闻》曾专门邀约郭沫若起草一篇谈论中国传统文化思想的文章，他以《两片子叶》（《芽生の二葉》）为名完成了约稿，并于1923年1月1日至2日在《朝日新闻》上连载。成仿吾很快就将这篇文章翻译成中文，冠名以《中国文化之传统精神》刊登在1923年5月20日《创造周报》第2号上，并在译文的最后对其时的学术界加以批判："不论是在一般的人或在专门的学者，不论是中国人或是外国人，没有像我们文化的精神与思想被他们误解得这样厉害的。外国人可不必说，即我们的新旧的学者，大抵都把他误解得已不成话。旧的先入之见太深，新的亦鲜能捉到真义，而一般假新学家方且强不知以为知，高谈东西文化及其哲学。在这样混沌的学界，能摆脱一切无谓的信条，本科学的精神，据批评的态度而独创一线的光明，照彻一个常新的境地的，以我所知，只有沫若数年以来的研究。"② 此翻译"后记"达到了两个目的：一是讲述了翻译此文的根本原因是肃清学界对中国文化精神的认识；二是突出郭沫若文章的学术价值。郭沫若很认同成仿吾的翻译，不仅将译文收入《文艺论集》一书，而且题目也保留了《中国文化之传统精神》而非当初的《两片子叶》，只是从《文艺论集》的第五版开始，该文就被删除了。成仿吾的译文只是翻译了《两片子叶》的主要内容，属于节译；后来译文又被郭沫若自行从《文艺论集》中删除，导致中国普通读者现在连节译本都难以看到，更不要说阅读郭沫若发表之初的全文了。这不能不说是郭沫若文献史料搜集整理的一大遗憾，好在蔡震在日本觅得此文，并将其完整地翻译出来，我们今天方可有幸见到此文的全貌。在这篇文章中，郭沫若认为中国传统文化精神体现在两个方面，即他文题所称的"两片子叶"：第一，"把一切的存在看作动的实在之表现"；第二，"把一切的事业由自

---

① 武继平：《郭沫若留日十年（1914—1924）》，第160页。
② 成仿吾：《〈中国文化之传统精神〉译后附议》，《创造周报》第2号，1923年5月20日。

我的完成出发"。但遗憾的是，中国传统文化的精神内核一直被人们歪曲理解，因此郭沫若在文章中发出号召："在万有皆神的想念之下，完成自己之净化与自己之充实以至于无限，伟大而慈爱如神，努力四海同胞与世界国家之实现的我们这种二而一的中国固有的传统精神，是要为我们将来的第二的时代之两片子叶的嫩苗而伸长起来。"① 蔡震认为郭沫若对待传统文化的态度有自身的独立价值："比较郭沫若在《两片子叶》中的主张，我们可以看到，他与横井小楠、福泽谕吉对待儒家传统文化思想的基本态度和基本认识如出一辙，所不同的只是，他在现代意义上对于传统文化精神所做的具体阐释。这才应该是郭沫若在'打倒孔家店'的时潮中发出与众不同的声音的主要原因。"② 由此可以看出郭沫若对传统文化思想的批判是以承认其固有根基为前提的，批判的仅仅是那些歪曲理解传统文化的做法，而与此同时，他是基于现代意义的立场去批判中国传统文化的，因此与五四时期"反传统"之流划清了界限。

整理郭沫若留日期间的日文著述也取得了一定进展。从留学到后来的流亡，郭沫若在日本前后生活了二十多年的时间，他用日文创作并在日本发表的作品不在少数，对这部分史料加以搜集整理有助于推动国内郭沫若研究的发展，充实并完善之前相关研究的不足。但目前对郭沫若这方面史料的搜集整理工作还比较欠缺，"在现已出版的有关郭沫若著译资料的记录中，譬如其著译系年、几种年谱等，关于这方面的情况虽有记载，但于其来龙去脉（写作、发表、日文本与中文本之关系等），多语焉不详，亦多有错记、漏记者。这些情况是关于郭沫若文学、学术活动最基本的文献史料，应该有一个准确、完整的记述"③。与此同时，郭沫若的日文著述活动"除文本之外，还包含他与日本社会、日本文化之间关系的一些值得发掘、关注的历史信息"④。这就大大拓展了郭沫若日文著述的范畴，对之加以发掘可以拓展中日之间思想文化交流的内容，可以了解郭沫若在日本期间的文学活动、学术活动，可以观察郭沫若在日本的社会关系和人际交往情况，甚至还可以从这些著述活动中分析郭沫若的写作动因等。蔡震经过多年努力，整理出17篇郭沫若的日文著述，根据作品内容姑且可以分为如

---

① 郭沫若：《两片子叶》，引自蔡震《郭沫若生平文献史料考辨》，第89页。
② 蔡震：《〈芽生の二葉〉：全貌与背景》，《郭沫若生平文献史料考辨》，第91页。
③ 蔡震：《在日本期间日文著述考》，《郭沫若生平文献史料考辨》，第179页。
④ 蔡震：《在日本期间日文著述考》，《郭沫若生平文献史料考辨》，第179页。

下几类。①

首先是文学作品 3 篇。一是和歌作品《狂歌》，该诗作于 1932 年秋，未公开发表过，抄录于致田中庆太郎的信中。二是散文作品《自然底追怀》（《自然への追怀》），1934 年 2 月发表在改造社创办的杂志《文艺》第 2 卷第 2 期。1934 年 3 月 4 日，以中文《自然底追怀》发表于上海《时事新报·学灯》第 70 期；1934 年 4 月 1 日，济民将其翻译成《自然之追怀》发表在《现代月刊》第 4 卷第 6 期；1936 年 10 月 20 日，又以《我在日本的生活》为名发表在《西北风》"日本特辑"。三是散文作品《武昌城下》，该作完成于 1933 年 7 月 12 日，日文版于 1935 年 5 月发表在改造社《改造》第 17 卷第 5 期上。这篇散文本来是应上海光华书局约稿所作，有六万到七万字的篇幅，但因光华书局拖欠版税之故而未能刊行。该作的中文版于 1936 年 3 月 16 日、4 月 1 日在《人间世》半月刊第 1 期、第 2 期上连载；1936 年 5 月 1 日至 7 月 16 日，《人世间》未刊部分连载于《西北风》半月刊第 1 期至第 6 期；后经过修改，1936 年 7 月 1 日至 1937 年 2 月在《宇宙风》半月刊上完整发表。

其次是论述中国传统文化和哲学思想的文章 3 篇。一是《两片子叶》（《芽生の二葉》），这是一篇讨论中国古代文化思想的文章，该文刊载情况已如前述。② 二是《天的思想——先秦思想的天道观》（《天の思想——先秦思想の天道观》），这是一篇讨论中国传统哲学思想的文章，1935 年 1 月 6 日写毕，由日本岩波书店作为"岩波讲座·东洋思潮（东洋思想诸问题）"第八回配本，1935 年 2 月出版。1936 年 5 月，该文的中文本《先秦天道观之进展》在上海商务印书馆初版；1945 年 3 月，收入重庆文治出版社出版的《青铜时代》；后收入《沫若文集》第 16 卷、《郭沫若全集·历史编》第 1 卷。三是《易的构成时代》（《"易"の构成时代》），该文是一篇讨论中国古代哲学思想的文章，于 1935 年 3 月 10 日写毕，同年 4 月发表在岩波书店出版的《思想》杂志第 155 期。1940 年 3 月，中文版《周易的构成时代》在长沙商务印书馆作为"孔德研究所丛刊之二"出版；

---

① 下文关于郭沫若日文或英文著述文章的信息主要参阅蔡震所著《在日本期间日文著述考》一文，载《郭沫若生平文献史料考辨》，第 180~200 页。不过，蔡震此篇文章的标题有值得商榷的地方，因为其中《我们的文学新运动》一文是用英文而非日文写作和发表的。

② 蔡震：《〈芽生の二葉〉：全貌与背景》，《郭沫若生平文献史料考辨》，第 87~90 页。

1946年，收入上海群益出版社出版的《青铜时代》，改题为《〈周易〉之制作时代》；后收入《沫若文集》第 16 卷、《郭沫若全集·历史编》第 1 卷。

再次是讨论政治民族问题的文章 3 篇。一是《现代支那政治论》，1933 年 10 月发表在改造社创办的杂志《改造》月刊第 15 卷第 10 期。二是《考史余谈》，这是一篇讨论民族问题的文章，于 1935 年 4 月 1 日发表在日本《同仁》月刊第 9 卷第 4 号，反驳了王伯平对于《中国古代社会研究》的批评，论述殷周各民族的发展及文化关系。该文既没有中文本发表过，在所有郭沫若著译篇目中亦无记载。三是《不能共存的医生和病菌——想到日本撒豆》（《共存できぬ医者と病菌——日本の豆まきにおもう》），这是一篇谈论中美日三国政治关系、追求和平的文章，完成于 1964 年 2 月 4 日，本不属于郭沫若留日时期的文章，但因为是用日文发表的，所以在此纳入观照范围。该文系郭沫若应日本读卖新闻社之约所作，以日文发表于 1964 年 2 月 23 日《读卖新闻》。迟至 1998 年 6 月，蔡震根据原作手稿的复印件翻译整理出这篇文章的中文本，采用郭沫若创作时的中文题目《立春前夜话撒豆》，发表在文化艺术出版社出版《郭沫若研究》第 12 辑。

复次是讨论中日文化关系的文章 2 篇。一是《中日文化之交涉》，这是一篇谈论中日文化交流的演讲稿。1935 年 10 月 5 日，郭沫若应东京中华基督教青年会总干事马伯援之邀，在位于神田保町的青年会礼堂做了一次题为"中日文化之交涉"的演讲，演讲词由陈斐琴、马皓分别记录，先后发表于 10 月 16 日上海《立报·言林》、10 月 28 日《国闻周报》第 12 卷第 42 期；11 月 1 日，发表在东京《东流》月刊第 2 卷第 1 期；12 月，该文以日文刊载于东洋协会的《东洋》月刊第 38 卷第 12 期，日文题目是《中日文化の交流》。二是《我的母国·作为日本文学课题》（《日本文學の課題としての吾が母國》），这是一篇从中日关系出发谈论文学发展的论文，完成于 1936 年 5 月 1 日，是受日本改造社《文艺》月刊邀约而作。1936 年 6 月，日文版发表于《文艺》月刊第 4 卷第 6 期；1936 年 7 月，菲戈翻译的中文版《我的母国·作为日本文学课题》刊载于《文学丛报》月刊第 4 期；1936 年 7 月至 8 月，又以《我的母国》为题连载于《西北风》半月刊第 6 期和第 7 期。

最后是学术研究文章 6 篇，这类文章又可细分为三类。第一，关于文学作品和作家讨论的文章3篇：《我们的文学新运动》（Our New Movement in Literature）是一篇介绍中国新文学运动的英语文章，该文1923年5月25日发表在大阪《每日新闻》之"支那介绍专号"；5月18日自译为中文《我们的文学新运动》，发表在1923年5月27日《创造周报》第3号；1923年6月24日，日文版后来又刊登在《北京周报》第70号。《雷雨》日文译本《序》是一篇谈论戏剧的文章，1936年1月23日写毕，收入东京汽笛社1936年2月初版的日文译本《雷雨》。1936年4月，中文版以《关于〈雷雨〉》为题发表在东京《东流》月刊第2卷第4期；后收入《沫若文集》第11卷，更名为《关于曹禺的〈雷雨〉》，略有删改；现收录在《郭沫若全集·文学编》第16卷。《吊鲁迅》（《鲁迅を吊ふ》）是一篇谈论鲁迅作品和精神永恒的文章，完成于1936年10月22日，是应东京帝国大学"帝国大学新闻社"的邀请而作。1936年10月26日，日文版发表于东京《帝国大学新闻》第644期；1936年11月16日，陈北鸥的译文以《坠落了一个巨星》为题刊载于《现世界》半月刊第1卷第7期；1936年11月，收入上海全球书店初版的《鲁迅的盖棺论定》。第二，关于文字研究的文章2篇。《释丙子》（《丙子の字に就て》）是一篇文字考据文章，完成于1935年11月27日，1936年1月发表在东京《书道》月刊第5卷1月号上；殷尘（金祖同笔名）将其译为中文并冠名《释丙子》，刊登在上海《说文月刊》1940年第1卷第10~11期。《为章太炎致金祖同论甲骨文书》（《章太炎先生の金祖同に與へて甲骨文を論ぜし書を評す》）是一篇讨论甲骨文的文章，完成于1936年5月22日。1937年7月，日文版发表于日本《书苑》杂志第1卷第5号；1940年10月15日，中文版以《甲骨文辨证序：为章太炎致金祖同论甲骨文书》为名，刊载于重庆《说文月刊》第2卷第6~7期；1941年11月，中文版作为序言，收入金祖同编撰的由上海中国书店影印出版的《甲骨文辨证》一书；后以《序甲骨文辨证》为题收入《郭沫若全集·考古编》第10卷。第三，关于艺术研究的文章1篇：《隋代大音乐家——万宝常》（《万宝常——彼れの生涯と艺术》）是一篇讨论中国古代音乐史的文章，完成于1935年7月13日。1936年1月，日文版发表于《日本评论》第11卷第1期，是郭沫若应日本评论社邀约而译的文章。1935年9月1日，《隋代大音乐家——万宝常》发表于上海《文学》月刊第5卷第3期；1937年8月，收入上海北新书局出版的《沫若近著》；后收入《沫若文集》第12卷、《郭沫若全集·历史编》第 4 卷。

考证郭沫若流亡日本时存疑的戏剧作品也是郭沫若佚文搜集整理的重要收获。郭沫若的《雁来红》应该标举为"存疑"而不是"存目",因为该作是否写成以及是否发表还未有定论。1935 年 9 月 10 日,日本东京的《杂文》(后改名为《质文》)杂志第 3 号刊登了《剧场艺术》创刊号的出版预告,在预计刊登的戏剧中列有郭沫若的《雁来红》。至于郭沫若的作品是否在《剧场艺术》的创刊号上刊登了,答案当然是没有,至少国内学界目前无人见过这个作品,但很多学者根据这则预告依然将《雁来红》列为郭沫若的作品,① 因为目前没有找到该作而标为"存目"。蔡震曾"请一位日本学者在日本帮助查找《雁来红》,他最后给我的答复是根本没有查找到《剧场艺术》这个刊物。这意味着《剧场艺术》可能因为种种原因未得出版发行"②,那郭沫若的《雁来红》至多算是未刊稿,而在郭沫若从日本带回国内的作品中,也从未有人发现过这个剧作,因此他是否创作过这个作品还不得而知。所以,"对于我们还不能肯定存在过的《雁来红》,不应该以存目的方式予以记录(可以存疑)。毕竟存目的意义是在于有或者有过这样一篇(部)文章(著作)"③。总之,这些日文作品是郭沫若学术思想的重要构成部分,是郭沫若文艺思想、政治思想、传统文化思想研究的主要资源。倘若不充分掌握这些史料,我们就不能全面充分地研究郭沫若的创作和思想活动。

当然,郭沫若史料搜集整理和研究工作是一项任重道远的学术课题。2010 年 8 月 21 日至 23 日,由中国郭沫若研究会、郭沫若纪念馆、国际郭沫若研究会(IGMA)和山东师范大学联合主办的"郭沫若文献史料国际学术研讨会暨国际郭沫若研究会学术年会"顺利举行,与会专家讨论认为:"郭沫若研究的文献史料搜集整理和研究是一个薄弱环节,本来应该

---

① 比如上海图书馆 1981 年 12 月编纂的《郭沫若著译系年》[收入《中国现代文学史资料汇编》(乙丙)之《郭沫若研究资料》],据此将《雁来红》作为郭沫若的作品编入系年:"载 1935 年 10 月《剧场艺术》创刊号。注:此篇篇目见自 1935 年 9 月 10 日《质文》第 3 期广告栏。《剧场艺术》由日本东京剧场艺术社出版。"见王训昭等编《郭沫若研究资料》(下),知识产权出版社,2010,第 1297 页。又比如龚济民、方仁念编著的《郭沫若年谱》中写道:"发表《雁来红》。载日本东京《剧场艺术》创刊号。"见龚济民、方仁念编著《郭沫若年谱》,天津人民出版社,1982,第 301 页。
② 蔡震:《郭沫若流亡日本期间若干史料、史事的考辨》,《郭沫若学刊》2004 年第 4 期。
③ 蔡震:《郭沫若流亡日本期间若干史料、史事的考辨》,《郭沫若学刊》2004 年第 4 期。

在 30 年前就开始的工作到今天才开始启动,而且由于郭沫若政治身份等等复杂因素,使相关文献资料搜集更为复杂。"[①] 相应地,郭沫若留日期间的史料搜集整理工作,则会因为时间和空间的阻隔,以及日本法律和资料文献的管理规定而面临另一重困难,这既是郭沫若留日史料搜集工作的遗憾,也是今后郭沫若研究学者需要继续攻克的难题。

[①] 贾振勇、魏建:《郭沫若研究迟到的"补课"——郭沫若文献史料国际学术研讨会暨国际郭沫若研究会学术年会述评》,《中国现代文学研究丛刊》2011 年第 3 期。

编后记

2024年是《甲申三百年祭》出版八十周年，本辑特约三篇文章组成专栏。《〈甲申三百年祭〉的出版及其他》通过对比国统区和解放区的出版情况，揭示了该作品在不同政治环境下的接受差异。《牵强附会 鼠目寸光——论民国时期反对者对郭沫若〈甲申三百年祭〉的批驳》分析阐释了国民党机关报《中央日报》所刊发的相关评论，指出了一些历史性、学理性错误，从另外一个角度进一步肯定了该作品的历史价值。《郭沫若〈甲申三百年祭〉引用史料考》详细梳理了相关史料，通过新发现的《李氏家谱》等材料，证实了李岩的真实存在，修正了以往的错误记载。

2024年10月19~20日，"郭沫若与中华优秀传统文化创造性转化与创新性发展"学术研讨会暨中国郭沫若研究会第八届会员代表大会在重庆西南大学举行，与会专家围绕《甲申三百年祭》、历史剧《屈原》、郭沫若的"人民本位"思想、郭沫若的翻译等议题展开热烈研讨。本辑选录了会上讨论《屈原》的几篇精彩论文，如《郭沫若历史剧〈屈原〉戏曲改编的"全景图"》《冤案模式与政治伦理悲剧——对郭沫若历史剧〈屈原〉的再考察》《"屈原阐释"的历史化与作为情感政治的〈屈原〉》《郭沫若"人民本位"观流变考——以五幕历史剧〈屈原〉的创作为中心》等。

本辑收录论文凡22篇，涉及文学研究、史学研究、古文字研究、翻译研究、版本研究以及史料辩证等诸多领域。其中版本研究系新增专栏，涉及郭沫若的译作《约翰沁孤的戏曲集》，甲骨学著作《卜辞通纂》的出版与修订，使读者通过个案窥见时代变迁对作品内容的影响。

在中国社会科学院、中国历史研究院的大力支持下，《郭沫若研究》先后被列入《中国社会科学院创新工程科研岗位准入考核期刊名录》、《中国人文社会科学学术集刊AMI综合评价报告（2022年）》核心集刊。为了进一步塑造本刊的品牌影响力，更好地体现作品的学术价值，本刊自总第19辑起，进行了图书电子（数字化）出版、信息网络传播等方面的推广,今后每辑刊载的文章均将上线中国知网（CNKI），欢迎大家阅读、下载、转引、订阅。我们的办刊宗旨是：坚持历史唯物主义立场、观点、方法，坚持正确的政治方向。秉承前辈大师的学术薪火与治学精神，强调原创性、创新性的首发论文，刊布海内外学者围绕郭沫若及同时代人进行研究的相关成果，重实证，去空疏，学术高端，增进交流，助力郭沫若研究发展与考古学、中国古代史、近现代史和文学等人文学科的学科建设。

郭沫若在甲骨、金文、战国文字、秦汉简牍等方面有众多建树，是古文字学从传统金石学向现代学科转型的重要奠基性人物。为落实习近平总书记"确保甲骨文等古文字研究有人做、有传承"的重要指示，传承郭沫若等老一辈学人的家国情怀和优良学风，助力冷门绝学建设，弘扬中华优秀传统文化，坚定文化自信，自下辑始拟专辟"冷门绝学"专栏，刊发甲骨学、青铜器与金文、简牍学、古文字学术史等方面的研究论文，欢迎广大学人积极踊跃投稿。

征稿启事

《郭沫若研究》为中国社会科学院郭沫若纪念馆和中国郭沫若研究会共同主办，刊出相关史料和专题论文，诚向海内外学界长期征求稿件。

1. 约稿对象：海内外知名学者、专业研究人员等。

2. 稿件主题：围绕郭沫若及同时代人进行研究，尤其欢迎新史料和文学、史学、考古学等方面的研究文章。要求选题新颖、论证严密。

3. 稿件篇幅：本刊鼓励就某一主题进行专门、细致的研究，对稿件篇幅不做要求。

4. 文章格式：摘要，篇幅 200 字左右。关键词，3~6 个，以分号隔开。正文，小四号宋体；引文用楷体，句首缩进 2 个字符。若需标注基金项目请于文章标题后出注 *。注释与参考文献标引为页下脚注，每页单独编号①②③……。其中参考文献的著录格式示例如下：

郭沫若：《屈原》，文林出版社，1942，第 129 页。

李尚信：《楚竹书中的特殊符号与卦序问题》，《周易研究》2004 年第 3 期。

M. I. Finley, *Politics in the Ancient World*, Cambridge University Press, 1979, pp. 11-12.

5. 作者简介（包括姓名、单位、职称）及联系方式，请另附一纸。

文章一经刊发，将送上样刊和稿酬，静候您的大作。

投稿信箱：gmryjnk@163.com

《郭沫若研究》编辑部
2025 年 1 月 30 日

图书在版编目(CIP)数据

郭沫若研究. 2025年. 第1辑：总第20辑/卜宪群，蔡震主编；张勇副主编. --北京：社会科学文献出版社，2025.6. --ISBN 978-7-5228-5301-7

Ⅰ.K825.6-53

中国国家版本馆CIP数据核字第20258C8Q52号

郭沫若研究 2025年第1辑（总第20辑）

主　　编／卜宪群　蔡　震
副 主 编／张　勇

出 版 人／冀祥德
组稿编辑／任文武
责任编辑／李　淼
责任印制／岳　阳

出　　版／社会科学文献出版社·生态文明分社（010）59367143
　　　　　地址：北京市北三环中路甲29号院华龙大厦　邮编：100029
　　　　　网址：www.ssap.com.cn
发　　行／社会科学文献出版社（010）59367028
印　　装／三河市东方印刷有限公司

规　　格／开　本：787mm×1092mm　1/16
　　　　　印　张：21　字　数：342千字
版　　次／2025年6月第1版　2025年6月第1次印刷
书　　号／ISBN 978-7-5228-5301-7
定　　价／128.00元

读者服务电话：4008918866

版权所有 翻印必究